I sincerely wish to thank the following highly competent people
who had the kindness to help me.

Es ist mir ein Bedürfnis, mich bei den nachfolgend genannten
kompetenten Persönlichkeiten zu bedanken,
die die Freundlichkeit hatten, mich bei meiner Arbeit zu unterstützen.

Desidero ringraziare di cuore le seguenti persone,
più che competenti, le quali hanno avuto la gentilezza di aiutarmi.

Je désire sincèrement remercier les personnes suivantes,
plus que compétentes, qui ont eu la gentilesse de m'aider.

Christine Aufderhaar, Berlin
Ellen Frau, San Francicso
Silvia Klemm, Firenze
Eva Schoenenberger-Groebner, Wien
Maître Michel Vigneau, Paris

Inhalt

Vorwort	7
Saiteninstrumente	15
Bestandteile und Zubehör	17
Spielarten	19
Blasinstrumente	21
Bestandteile und Zubehör	25
Spielarten	29
Schlaginstrumente	29
Bestandteile und Zubehör	35
Spielarten	37
Tasteninstrumente	37
Bestandteile und Zubehör	39
Spielarten	41
Mechanische Musikinstrumente	43
Elektrische/elektronische Musikinstrumente, Musikaufnahme- und Wiedergabegeräte	43
Sänger und Gesang	51
Gesangsarten und -technik	53
Die Sprache der Partituren	59
Tempo	59
Dynamik und Artikulation	65
Charakter und Ausdruck	71
Verschiedenes	107
Musiktheorie	119
Noten	139
Notenwerte	141
Intervalle	141
Gattungen und Formen	143
Die tägliche Sprache	159
Verben	159
Kleine Wörtersammlung	171
Der menschliche Körper	201
Die Berufe	205
Anhang	209
Französische Fachausdrücke	210
Deutsche Fachausdrücke	218
Englische und amerikanische Fachausdrücke	228
Jazz, Rock, Pop	238
100 berühmte Kompositionen	249
Register	261

Roberto Braccini

Practical Vocabulary of Music
Praktisches Wörterbuch der Musik

Vocabolario pratico della musica

Vocabulaire pratique de la musique

Englisch – Deutsch – Italienisch – Französisch
English – German – Italian – French
Anglais – allemand – italien – français
Inglese – tedesco – italiano – francese

Atlantis Musikbuch-Verlag

SERIE MUSIK ATLANTIS · SCHOTT
Band 8279

Für Cristina und Armin Brenner

ISBN 3-254-08279-6
Originalausgabe 1992
4. überarbeitete und erweiterte Auflage 12.–14. Tausend April 2005
© 2000 Schott Musik International, Mainz · BSS 47440
Umschlag: H.J. Kropp
unter Verwendung von Fotos von Theo Dollmann
Druck und Bindung: Clausen & Bosse, Leck
Printed in Germany

Vorwort

Das vorliegende Fachwörterbuch der Musik in vier Sprachen wendet sich an Musiker, Lehrer, Studenten und Laien, die die Übertragung fremdsprachiger Fachwörter suchen und verwenden möchten. Das Buch erhebt keinen wissenschaftlichen Anspruch. Es ist aus der Praxis heraus entstanden, ausgehend von der Sammlung von Anweisungen in unzähligen Partituren, Klavierauszügen und Notenstimmen. Zur Vervollständigung und Abrundung des Wortschatzes wurden Fachlexika und Fachwörterbücher ausgewertet. Zeitnahe Sachgebiete, wie zum Beispiel Jazz-, Pop- und elektronische Musik, sind eingeschlossen.

Hinweise zur Benutzung dieses Buches

Die in den einzelnen Kapiteln alphabetisch zusammengestellten Stichwörter gehen – mit Ausnahme der Kapitel „Englische und amerikanische Fachausdrücke", „Deutsche Fachausdrücke" und „Französische Fachausdrücke" – von der italienischen Sprache aus, wobei die korrekte Silbenbetonung durch Unterstreichung des betreffenden Vokals angezeigt wird. Die englische, deutsche und französische Übertragung schließen sich an. Jedes Stichwort ist mit fortlaufenden Zahlen versehen, die für alle Sprachen gelten. In einem Register erscheinen alle Stichwörter in alphabetischer Reihenfolge mit den ihnen zugeordneten Zahlen, denen die Abkürzung der zugehörigen Sprache beigefügt ist. Mit Hilfe dieses Registers kann man

1. ein fremdsprachiges Wort ins Deutsche,
2. ein deutsches Wort in eine Fremdsprache und
3. ein fremdsprachiges Wort in eine andere Fremdsprache übersetzen.

In allen Fällen geht man wie folgt vor:

Man trifft in einer Partitur beispielsweise auf das Wort „sempre". Vorausgesetzt, das Wort ist einem nicht bekannt, sucht man „sempre" im Register. Dort steht neben „sempre" ein I (für Italienisch) und eine Zahl. Nun erblättert man diese Zahl im vorderen Teil des Buches und findet dort die deutsche, englische und französische Bedeutung.

Sehr ausführlich formulierte Fachausdrücke (ab S. 210) wurden nicht ins Register aufgenommen, sondern müssen an Ort und Stelle entsprechend der alphabetischen Reihenfolge (ihres 1. Wortes) aufgesucht werden.

Abkürzungen:

I	Italienisch	F	Französisch	*m*	Maskulinum
E	Englisch	L	Latein	*f*	Femininum
D	Deutsch	Am.	Amerikanisch	*n*	Neutrum
				Pl	Plural

Indice

Prefazione	9
Strumenti a corda	14
Parti componenti ed accessori	16
Modi di suonare	18
Strumenti a fiato	20
Parti componenti ed accessori	24
Modi di suonare	28
Strumenti a percussione	28
Parti componenti ed accessori	34
Modi di suonare	36
Strumenti a tastiera	36
Parti componenti ed accessori	38
Modi di suonare	40
Strumenti musicali meccanici	42
Strumenti elettrici/elettronici, registrazione e riproduzione	42
Cantanti e canto	50
Modi di cantare e tecniche vocali	52
Il linguaggio delle partiture	58
Velocità	58
Dinamica e articolazione	64
Carattere ed espressione	70
Diversi	106
Teoria musicale	118
Note	138
Valori delle note	140
Intervalli	140
Generi e forma	142
Il linguaggio di ogni giorno	158
Verbi	158
Piccola raccolta di parole	170
Il corpo umano	200
I mestieri	204
Appendice	209
Terminologia francese	210
Terminologia tedesca	218
Terminologia inglese ed americana	228
Jazz, Rock, Pop	238
100 composizioni celebri	248
Indice alfabetico	261

Prefazione

Lo scopo di questo libro, che non deve essere inteso come una enciclopedia, è di poter aiutare qualsiasi persona interessata alla musica a trovare la traduzione d'una determinata parola nelle seguenti lingue: italiano, inglese, tedesco e francese. E stato concepito sfogliando innumerevoli composizioni. Alcune parole antiquate, oppure scritte con errori sono rimaste volutamente tali. Inoltre, un gran numero di dizionari specializzati sono stati consultati per completarne il suo vocabolario. Forme musicali recenti come la musica pop, il jazz e la musica elettronica sono ugualmente incluse.

Instruzioni per l'uso di questo libro

Tutti i capitoli sono raggruppati alfabeticamente. I termini italiani sono sempre menzionati per primi ad eccezione di quelli concernenti la terminologia inglese ed americana, la terminologia francese e quella tedesca. Seguono le traduzioni in inglese, tedesco e francese. Ogni rigo ha il suo numero, identico per le quattro lingue. Una linetta sotto una sillaba italiana indica dove cade l'accento. Tutte queste parole si ritrovano nell'indice alfabetico finale. Accanto ad ognuna di esse si trova l'iniziale della lingua alla quale appartiene (per es. E per l'inglese) ed il suo numero. Questo capitolo vi offre la possibilità di:

1. Tradurre una parola straniera in italiano.
2. Tradurre una parola italiana in una lingua straniera.
3. Tradurre una parola straniera in un'altra lingua straniera.

Nei tre casi, il modo di procedere sarà lo stesso. Esempio:

In una partitura, s'incontra la parola „immer" e si desidera sapere il significato in italiano. Nell'indice alfabetico, accanto a „immer" ci sarà la lettera D (tedesco) ed un numero. Basterà cercare questo numero in uno dei capitoli precedenti. Avendolo trovato, si vedrà alla sua destra „sempre" ed il termine corrispondente in inglese, tedesco e francese.

Le frasi specifiche dei differenti idiomi non sono riprodotte nell'indice finale. Il lettore dovrà cercarle (da pag. 210) per ordine alfabetico nella lingua desiderata.

Abbreviazioni:

I	Italiano	F	Francese	*m*	maschile
E	Inglese	L	Latino	*f*	femminile
D	Tedesco	Am.	Americano	*n*	neutro
				pl	plurale

Contents

Preface	11
Stringed instruments	14
Component parts and accessories	16
Playing techniques	18
Wind instruments	20
Component parts and accessories	24
Playing techniques	28
Percussion instruments	28
Component parts and accessories	34
Playing techniques	36
Keyboard instruments	36
Component parts and accessories	38
Playing techniques	40
Mechanical musical instruments	42
Electric/electronic musical instruments, recording of music and playback units	42
Singers and singing	50
Voice types and singing techniques	52
The language of the scores	58
Velocity	58
Dynamics and articulation	64
Character and expression	70
Miscellany	106
Music theory	118
Notes	138
Time value of notes	140
Intervals	140
Genres and forms	142
Every day language	158
Verbs	158
A small collection of words	170
The human body	200
The professions	204
Appendix	209
French specialist terms	210
German specialist terms	218
English and American specialist terms	228
Jazz, Rock, Pop	238
100 famous works	248
Index	261

Preface

This four-language dictionary of music is intended for musicians, teachers, students and amateurs who wish to understand and use specialist foreign terms. The book is not academic in scope; it is based on practical experience, derived from the examination of directions given on a large number of orchestral scores, piano pieces and transcriptions, and instrumental parts. In order to complement and clarify this vocabulary, specialist dictionaries and reference books have been consulted. Contemporary musical terms taken, for example, from the fields of jazz, pop and electronic music, have also been included.

How to use this dictionary

The entries are arranged alphabetically within the individual sections – except for English resp. American, German and French specialist terms – on the basis of initial headwords given in Italian. The correct stress is indicated by a short line under the appropriate vowel; English, German and French translations follow. Each headword is given an entry number which applies to all four languages; the headwords are then listed alphabetically in the index, along with their assigned numbers and an initial indicating the respective language. This index allows for:

1. the translation of a foreign word into English
2. the translation of an English word into another language
3. the translation of a foreign word from one language into another.

For each of the above, proceed as follows:

If, for example, you find the word "sempre" in a score – assuming that its meaning is unknown to you – look it up in the index. There you will find an "I" (for Italian) and the entry number. Now locate the number in the first part of the book, where you will find English, German and French translations of the word.

Detailed technical terms (from p. 210) have not been included in the index but have to be looked up there and then according to the alphabetical order (of their first word).

Abbreviations:

I	Italian	F	French	*m*	masculine
E	English	L	Latin	*f*	feminine
D	German	Am.	American	*n*	neuter
				pl	plural

Contenu

Préface	13
Instruments à cordes	15
Parties composantes et accessoires	17
Façons de jouer	19
Instruments à vent	21
Parties composantes et accessoires	25
Façons de jouer	29
Instruments à percussion	29
Parties composantes et accessoires	35
Façons de jouer	37
Instruments à clavier	37
Parties composantes et accessoires	39
Façons de jouer	41
Instruments musicaux mécaniques	43
Instruments électriques/électroniques, enregistrement et reproduction	43
Chanteurs et chant	51
Façons de chanter et technique vocale	53
Le langage des partitions	59
Vitesse	59
Dynamique et articulation	65
Caractère et expression	71
Divers	107
Théorie musicale	119
Notes	139
Valeur des notes	141
Intervalles	141
Genres et formes	143
Le langage de tous les jours	159
Verbes	159
Petite collection de mots	171
Le corps humain	201
Les métiers	205
Appendice	209
Terminologie française	210
Terminologie allemande	218
Terminologie anglaise et américaine	228
Jazz, Rock, Pop	238
100 œuvres célèbres	249
Index	261

Préface

Le but de ce livre est d'aider toute personne intéressée à la musique, à trouver la traduction d'un mot déterminé dans les langues suivantes: italien, anglais, allemand et français. Ce livre ne doit pas être considéré comme une encyclopédie. C'est en parcourant d'innombrables partitions musicales qu'il a été conçu. Un grand nombre de dictionnaires musicaux spécialisés ont été consultés pour en compléter son vocabulaire. Les formes musicales récentes comme la musique pop, le jazz et la musique électronique y sont également incluses.

Instructions pour l'usage de ce livre

Tous les chapitres sont groupés alphabétiquement. Les termes italiens sont mentionnés en premier à l'exception de ceux concernant la terminologie anglaise et américaine, la terminologie française et celle allemande. Suivent les traductions en anglais, allemand et français. Chaque ligne a son propre numéro qui est le même pour les quatre langues. Un petit trait sous un mot italien signifie qu'il faut accentuer cette voyelle. On retrouve tous ces mots dans l'index alphabétique. A côté de chaque mot se trouve l'initiale de la langue en question (par exemple E pour l'anglais). Ce chapitre vous donne la possibilité de:

1. traduire un mot étranger en français
2. traduire un mot français dans une langue étrangère
3. traduire un mot étranger dans une autre langue étrangère

Dans les trois cas, on procédera de la même façon. Exemple:

Dans une partition, il y a le terme „sempre" et on désire savoir ce qu'il signifie en français. On le cherche dans l'index alphabétique. A côté de „sempre" on trouvera la lettre I (italien) ainsi qu'un numéro. On cherchera celui-ci dans un des chapitres précédents. On verra alors „sempre" et le terme correspondant en anglais, allemand et français.

Les termes techniques décrits en détail (à partir de p. 210) n'ont pas été inclus dans l'index mais doivent être cherchés par ordre alphabétique dans la langue désirée.

Abréviations:

I	Italien	F	Français	*m*	masculin
E	Anglais	L	Latin	*f*	féminin
D	Allemand	Am.	Américain	*n*	neutre
				pl	pluriel

Strumenti a corda — Stringed instruments

1	arciliuto *m*	archlute
2	arpa *f*	harp
3	arpa a doppio movimento *f*	double action harp
4	autoarpa *f*	autoharp
5	balalaica *f*	balalaika
6	banjo *m*	banjo
7	cetra *f*	cittern
8	cetra da tavolo *f*	zither
9	cimbalom *m*	cimbalom
10	chitarra *f*	guitar
11	chitarra battente *f* / chitarra jazz *f*	jazz guitar
12	chitarra hawaiana *f*	Hawaiian guitar
13	colascione *m*	colascione
14	contrabbasso *m*	double bass
15	contrabbasso a pizzico *m*	slap bass
16	crotta *f*	crowd
17	ghironda *f*	hurdy-gurdy
18	Haardingfele *m*	Harding / Hardanger fiddle
19	lira *f*	lyre
20	liuto *m*	lute
21	mandolino *m*	mandolin
22	pochette *f*	kit
23	salterio *m*	psaltery
24	salterio tedesco *m*	dulcimer
25	sitar *f*	sitar
26	tiorba *f*	theorbo
27	viella *f*	fiddle
28	viola *f*	viola
29	viola da gamba *f*	viola da gamba
30	violino *m*	violin
31	violino di ferro *m*	nail violin
32	violoncello *m*	violoncello

Saiteninstrumente

Instruments à cordes

Erzlaute *f*	archiluth *m*	1
Harfe *f*	harpe *f*	2
Doppelpedalharfe *f*	harpe à double mouvement *f*	3
Akkordzither *f*	cithare d'amateur *f*	4
Balalaika *f*	balalaika *f*	5
Banjo *n*	banjo *m*	6
Cister *f*	cistre *m*	7
Zither *f*	cithare *f*	8
Zimbal *n* / Cymbal *n*	cymbalum *m*	9
Gitarre *f*	guitare *f*	10
Schlaggitarre *f* / Jazzgitarre *f*	guitare de jazz *f*	11
Hawaii-Gitarre *f*	guitare hawaïenne *f*	12
Colascione *m*	colachon *m*	13
Kontrabass *m*	contrebasse *f*	14
Schlagbass *m*	contrebasse jouée sans archet *f*	15
Chrotta *f*	chrotta *f*	16
Drehleier *f* / Radleier *f* / Leier *f*	vielle à roue *f*	17
Hardanger Fiedel *f*	violon de Hardanger *m*	18
Lyra *f*	lyre *f*	19
Laute *f*	luth *m*	20
Mandoline *f*	mandoline *f*	21
Taschengeige *f*	pochette *f*	22
Psalterium *n*	psaltérion *m*	23
Hackbrett *n*	tympanon *m*	24
Sitar *f*	sitar *m*	25
Theorbe *f*	théorbe *m*	26
Fiedel *f* / Fidel *f*	vièle *f* / vielle *f* / violon rustique *m*	27
Viola *f* / Bratsche *f*	alto *m*	28
Gambe *f*	viole de gambe *f*	29
Violine *f* / Geige *f*	violon *m*	30
Nagelgeige *f*	violon de fer *m*	31
Violoncello *n*	violoncelle *m*	32

	Parti componenti ed accessori	**Component parts and accessories**
33	anima *f*	sound post
34	archetto *m* / arco *m*	bow
35	astuccio *m* / custodia *f*	case
36	bischero *m* / pirolo *m* / voluta *f*	tuning peg / tuning pin
37	bottone *m*	endpin
38	cantino *m*	treble
39	capotasto *m*	capotasto / top nut
40	cassa armonica *f* / cassa di risonanza *f*	resonant body / sound-box
41	catena *f*	bass-bar / tuning bar
42	cavigliere *m*	peg box
43	colofonia *f*	rosin / resin
44	corda *f*	string
45	corda del sol *f* / quarta corda *f*	bass string
46	corda di budello *f*	gut string
47	corda d'acciaio *f*	steel string
48	corda di metallo *f*	metal string
49	corda di bordone *f*	drone string
50	corda di risonanza *f*	aliquot string
51	corda melodica *f*	treblestring / fretted string
52	corda simpatica *f*	sympathetic string
53	cordiera *f*	tailpiece / string holder
54	coro *m*	course
55	crini dell'arco *m pl*	hair of the bow
56	curva della meccanica *f*	neck / harmonic curve
57	effe *f*	sound-hole
58	fascia *f*	side / rib
59	filetto *m*	purfling
60	fondo *m*	back
61	manico *m*	neck
62	mentoniera *f*	chin-rest
63	parapenne *m*	plectrum guard
64	plettro *m*	jack / plectrum
65	ponticello *m*	bridge
66	punta *f* / nasello *m*	tip / peak / point
67	puntale *m*	tailpin / spike
68	riccio *m* / chiocciola *f*	scroll

Saiteninstrumente	Instruments à cordes

Bestandteile und Zubehör — Parties composantes et accessoires

Stimmstock *m*	âme *f*	33
Bogen *m*	archet *m*	34
Kasten *m*	étui *m* / housse *f*	35
Wirbel *m*	cheville *f*	36
Knopf *m*	bouton *m*	37
Sangsaite *f* / Singsaite *f*	chanterelle *f*	38
Kapodaster *m* / Saitenfessel *f* / Obersattel *m*	capodaste *m* / barre *f* / sillet *m*	39
Resonanzkörper *m* / Resonanzboden *m* / Schallkasten *m*	caisse de résonance *f*	40
Bassbalken *m* / Stimmbalken *m*	barre *f*	41
Wirbelkasten *m*	chevillier *m*	42
Kolophonium *n*	colophane *f*	43
Saite *f*	corde *f*	44
G-Saite *f*	quatrième corde *f*	45
Darmsaite *f*	corde de boyau *f*	46
Stahlsaite *f*	corde d'acier *f*	47
Metallsaite *f*	corde métallique *f*	48
Bordunsaite *f*	corde hors manche *f*	49
Aliquotsaite *f*	corde de résonance *f*	50
Melodiesaite *f*	corde mélodique *f*	51
Resonanzsaite *f*	corde sympathique *f*	52
Saitenhalter *m*	cordier *m*	53
Saitenchor *m*	jeu *m* / chœur *m*	54
Bogenhaare *n Pl*	crins de l'archet *m pl*	55
Mechanikbogen *m*	console *f*	56
F-Loch *n*	ouïe *f*	57
Zarge *f*	éclisse *f*	58
Einlage *f* / Ader *f*	filet *m*	59
Boden *m*	fond *m*	60
Hals *m*	manche *m*	61
Kinnhalter *m*	mentonnière *f*	62
Schlagbrett *n*	plaque de protection *f*	63
Spielblättchen *n* / Plektrum *n*	plectre *m*	64
Steg *m*	chevalet *m*	65
Spitze *f*	pointe *f*	66
Stachel *m*	pied *m*	67
Schnecke *f*	volute *f* / coquille *f*	68

69	rosa *f*	rose
70	ruota a sfregamento *f*	friction wheel
71	sella *f*	saddle
72	spalliera *f*	shoulder rest
73	tallone *m*	heel / frog
74	tastato	fretted
75	tastiera *f*	fingerboard / fretboard
76	tasto *m*	fret
77	tavola armonica *f*	table / belly
78	uncino *m*	fork
79	volta superiore *f* / sagoma superiore *f*	upper bout
80	volta inferiore *f* / sagoma inferiore *f*	lower bout
81	zoccolo *m*	pedestal

Modi di suonare — Playing techniques

82	alla corda	on the string
83	alla punta d'arco / colla punta d'arco, -di arco/-dell'arco	at the point / tip of the bow
84	al tallone *m*	at the heel / at the frog
85	arcata *f* / colpo d'arco *m*	bowing / stroke of the bow
86	arcata in giù *f*	down-bow
87	arcata in su *f*	up-bow
88	archeggiamento	whipped
89	balzato	bouncing / springing (bowing)
90	balzellato	bouncing / springing
91	barré	barré
92	bisbigliando (arpa)	tremolo (harp)
93	cambiamento di posizione *m*	shift
94	coll'arco *m*	with the bow
95	col legno *m* / picchettato	with the wood
96	con sordina / con sordino	muted
97	corda vuota *f*	empty string / open string
98	disperdere	to die out
99	doppia corda *f*	double stop
100	emissione *f*	speech / reponse

Saiteninstrumente	Instruments à cordes	
Rosette *f*	rose *f*	69
Streichrad *n*	roue de frottement *f*	70
Sattel *m*	sillet *m*	71
Schulterstütze *f*	coussin *m*	72
Frosch *m*	talon *m* / hausse *f*	73
mit Bünden versehen	avec sillets	74
Griffbrett *n*	touche *f*	75
Bund *m*	sillet *m*	76
Decke *f*	table d'harmonie *f*	77
Gabel *f*	fourchette *f*	78
Oberbügel *m*	courbe supérieure *f*	79
Unterbügel *m*	courbe inférieure *f*	80
Fuß *m* (Harfe)	cuvette *f* / socle *m*	81

Spielarten / Façons de jouer

auf der Saite / an der Saite	à la corde	82
an der Bogenspitze *f*	avec la pointe de l'archet / de/à la pointe	83
am Frosch *m*	au talon *m* / à la hausse *f*	84
Bogenführung *f* / Bogenstrich *m* / Strichart *f*	coup d'archet *m*	85
Abstrich *m*	tiré *m*	86
Aufstrich *m* / Anstrich *m*	poussé *m*	87
gepeitscht	fouetté	88
Springbogen *m* / fliegendes Staccato	bondi / staccato volant	89
gehüpft	sautillé	90
barré (Quergriff bei Gitarre / Laute)	barré	91
tremolo (Harfe)	trémolo (harpe)	92
Lagenwechsel *m*	changement de position *m*	93
mit dem Bogen	avec l'archet *m*	94
mit der Bogenstange *f*	avec le bois *m*	95
mit Dämpfer	avec sourdine / étouffé	96
leere Saite *f*	corde à vide *f*	97
ausschwingen	cesser de vibrer	98
Doppelgriff *m*	double corde *f*	99
Ansprache *f*	émission *f*	100

20	Strumenti a corda	Stringed instruments

101	gettato	thrown
102	ondeggiando	undulating
103	piccato / picchiettato	lightly detached
104	pizzicato	plucked
105	presso la tavola	near the sounding board
106	rimbalzando	rebounding
107	saltato	jumped
108	saltellato / balzellato	bouncing / springing
109	scordatura *f*	scordatura
110	senza sordina	without mute
111	separato / staccato	detached
112	spiccato / saltato	detached staccato (bowing)
113	strappato	torn / raked
114	strisciando	touching slightly
115	sulla tastiera / flautando	on the fingerboard
116	sul ponticello	close to the bridge

Strumenti a fiato — Wind instruments

117	armonica a bocca *f*	mouth organ
118	bombarda *f*	bombarde
119	bombardino *m*	euphonium / baritone
120	bombardone *m*	bombardon
121	cennamella *f* / ciaramella *f*	shawm
122	clarinetto *m*	clarinet
123	clarinetto piccolo *m*	soprano clarinet
124	clarinetto basso *m*	bass clarinet
125	clarinetto contrabbasso *m*	double bass clarinet
126	clarinetto contralto *m*	alto clarinet
127	contrafagotto *m*	double bassoon / contrabassoon
128	cornetta *f*	cornet
129	cornetta a pistoni *f*	valve cornet
130	cornetto *m*	cornett
131	corno *m*	french horn / horn
132	corno da caccia *m*	hunting horn
133	corno delle Alpi *m*	Alphorn / Alpenhorn
134	corno di bassetto *m*	bassethorn
135	corno di postiglione *m*	posthorn

Saiteninstrumente	Instruments à cordes	
geworfen	jeté	101
wogend	ondoyant	102
gestochen	piqué	103
gezupft / gezwickt	pizzicato / pincé	104
nahe am Korpus anzupfen	près de la table	105
abprallendes Stakkato	ricochet	106
gesprungen	sauté	107
gehüpft (Bogenstrich)	sautillé	108
Skordatur f	scordatura f	109
ohne Dämpfer	sans sourdine	110
abgesetzt / getrennt	détaché	111
deutlich getrennt	très détaché / très net	112
gerissen	arraché	113
streifend	en frôlant	114
nahe am Griffbrett	sur la touche	115
am Steg	près du chevalet	116

Blasinstrumente — Instruments à vent

Mundharmonika f	harmonica f	117
Bomhard m / Pommer m	bombarde f	118
Baritonhorn n	euphonium m	119
Basstuba f / Bombardon n	bombardon m	120
Schalmei f / Hirtenpfeife f	pipeau m / chalumeau m	121
Klarinette f	clarinette f	122
kleine Klarinette f	petite clarinette f	123
Bassklarinette f	clarinette basse f	124
Kontrabassklarinette f	clarinette contrebasse f	125
Altklarinette f	clarinette alto f	126
Kontrafagott n	contrebasson m	127
Kornett n	cornet m	128
Piston m / Ventilkornett n	cornet à pistons m	129
Zink m	cornet à bouquin m	130
Horn n / Waldhorn n	cor m	131
Jagdhorn n / Signalhorn n	cor de chasse m / bugle m	132
Alphorn n	cor des Alpes m	133
Bassetthorn n	cor de basset m	134
Posthorn n	cor de postillion m	135

	Strumenti a fiato	Wind instruments
136	corno inglese *m*	cor anglais (Engl.) / english horn (Am.)
137	corno di toro *m*	cow horn
138	cromorno *m*	crumhorn
139	dulciana *f*	dulcian
140	elicon *m*	helicon
141	fagotto *m*	bassoon
142	fischietto *m*	whistle / fife / pipe
143	flauto *m*	flute
144	flauto a becco basso *m*	bass recorder
145	flauto a becco contralto *m*	alto recorder
146	flauto a becco sopranino *m*	sopranino recorder
147	flauto a becco soprano *m*	soprano recorder (Am.) / descant recorder (Engl.)
148	flauto a becco tenore *m*	tenor recorder
149	flauto a tiro *m* / zufolo a pistone *m*	swanee whistle / piston flute
150	flauto contralto *m*	alto flute / bass flute
151	flauto di Pan *m* / siringa *f*	panpipes
152	flauto dolce *m* / flauto diritto *m*	recorder
153	flauto traverso *m*	transverse flute
154	flicorno *m*	flugelhorn / saxhorn
155	Heckelphon *m*	heckelphone
156	oboe *m*	oboe
157	oboe d'amore *m*	oboe d'amore
158	ocarina *f*	ocarina
159	oficleide *m*	ophicleide
160	ottavino *m* / flauto piccolo *m*	piccolo
161	piffero *m* / fiffero *m*	fife
162	piva *f* / cornamusa *f*	bagpipe
163	rankett *m* / rocchetta *f*	racket / rankett
164	sarrusofono *m*	sarrusophone
165	sassofono *m*	saxophone
166	sassofono baritono *m*	baritone saxophone
167	sassofono basso *m*	bass saxophone
168	sassofono contralto *m*	alto saxophone
169	sassofono soprano *m*	soprano saxophone
170	sassofono tenore *m*	tenor saxophone
171	serpentone *m*	serpent
172	sordone *m*	sordun

| Blasinstrumente | Instruments à vent | 23 |

Englischhorn *n*	cor anglais *m*	136
Stierhorn *n*	cor de vache *m*	137
Krummhorn *n*	cromorne *m*	138
Dulzian *m*	douçaine *f*	139
Helikon *n*	hélicon *m*	140
Fagott *n*	basson *m*	141
Pfeife *f*	sifflet *m*	142
Flöte *f*	flûte *f*	143
Bassblockflöte *f*	flûte à bec basse *f*	144
Altblockflöte *f*	flûte alto / flûte à bec alto *f*	145
Sopraninoblockflöte *f*	flûte à bec sopranino *f*	146
Sopranblockflöte *f*	flûte à bec soprano *f*	147
Tenorblockflöte *f*	flûte à bec ténor *f*	148
Lotusflöte *f* / Stempelflöte *f*	flûte lotine *f* / flûte à coulisse *f*	149
Altflöte *f*	flûte alto *f* / flûte basse *f*	150
Panflöte *f*	flûte de Pan *f* / syrinx *m*	151
Blockflöte *f*	flûte douce *f* / flûte droite *f*	152
Querflöte *f*	flûte traversière *f*	153
Bügelhorn *n* / Flügelhorn *n*	flicorne *m* / bugle à pistons *m*	154
Heckelphon *n*	heckelphone *m*	155
Oboe *f*	hautbois *m*	156
Oboe d'amore *f* / Liebesoboe *f*	hautbois d'amour *m*	157
Okarina *f*	ocarina *m*	158
Ophikleide *f*	ophicléide *m*	159
Pikkolo *n* / kleine Flöte *f*	petite flûte *f* / piccolo *f*	160
Querpfeife *f*	fifre *m*	161
Dudelsack *m* / Sackpfeife *f*	cornemuse *f*	162
Rankett *n* / Stockfagott *n* / Wurstfagott *n*	racket *m* / cervelas *m*	163
Sarrusophon *n*	sarrusophone *m*	164
Saxophon *n*	saxophone *m*	165
Baritonsaxophon *n*	saxophone baryton *m*	166
Basssaxophon *n*	saxophone basse *m*	167
Altsaxophon *n*	saxophone alto *m*	168
Sopransaxophon *n*	saxophone soprano *m*	169
Tenorsaxophon *n*	saxophone ténor *m*	170
Serpent *m* / Schlangenbass *m*	serpent *m*	171
Sordun *m*	sordun *m*	172

	Strumenti a fiato	Wind instruments
173	sousafono *m*	sousaphone
174	tromba *f*	trumpet
175	tromba bassa *f*	bass trumpet
176	tromba da jazz *f*	jazz trumpet
177	tromba naturale *f*	natural trumpet
178	tromba a pistoni *f*	valve trumpet
179	tromba a tirarsi *f* / tromba a tiro *f*	slide trumpet
180	trombone *m*	trombone
181	trombone a cilindri *m*	valve trombone
182	trombone contrabbasso *m*	contrabass trombone / double-bass trombone
183	trombone da jazz *m*	jazz trombone
184	trombone a tiro *m*	slide trombone
185	tuba *f*	tuba
186	tuba bassa *f*	bass tuba
187	tuba contrabbasso *f*	double-bass saxhorn
188	tuba wagneriana *f*	Wagner tuba
189	zampogna *f*	bagpipe
190	zufolo *m*	whistle / tin whistle

Parti componenti ed accessori — **Component parts and accessories**

191	ancia *f*	reed
192	ancia battente *f*	striking reed / beating reed
193	ancia doppia *f*	double reed
194	anello *m*	ring key
195	anello del pollice *m*	thumb-hold
196	apertura *f*	aperture
197	barilotto *m*	barrel socket
198	becco *m*	mouthpiece
199	bocchino *m*	mouthpiece
200	campana *f*	bell
201	camera d'aria *f*	windway / air-passage

Blasinstrumente	Instruments à vent	
Sousaphon *n*	sousaphone *m*	173
Trompete *f*	trompette *f*	174
Basstrompete *f*	trompette basse *f*	175
Jazztrompete *f*	trompette de jazz *f*	176
Naturtrompete *f*	trompette naturelle *f*	177
Ventiltrompete *f*	trompette à pistons *f*	178
Zugtrompete *f*	trompette à coulisse *f*	179
Posaune *f*	trombone *m*	180
Ventilposaune *f*	trombone à pistons *m*	181
Kontrabassposaune f	trombone contrebasse *m*	182
Jazzposaune *f*	trombone de jazz *m*	183
Zugposaune *f*	trombone à coulisse *m*	184
Tuba *f*	tuba *m*	185
Basstuba *f*	tuba basse *m* / contrebasse à pistons *f*	186
Kontrabasstuba *f*	contrebasse à pistons *f* / saxhorn contrebasse *m*	187
Wagner-Tuba *f* / Waldhorn-Tuba *f*	tuba Wagner *m* / tuba ténor *m*	188
Sackpfeife *f*	biniou *m*	189
Hirtenpfeife *f*	chalumeau *m* / pipeau *m*	190

Bestandteile und Zubehör	**Parties composantes et accessoires**	
Rohrblatt *n*	anche *f* / épiglotte *f*	191
aufschlagendes Rohrblatt *n* / Gegenschlagzunge *f*	anche battante f	192
Doppelrohrblatt *n* / Doppelzunge *f*	anche double *f*	193
Brille *f*	anneau *m*	194
Daumenring *m*	anneau du pouce *m*	195
Mundspalt *m* / Aufschnitt *m*	lumière *f* / ouverture *f* / biseau *m*	196
Birne *f* / Wulst *m*	baril *m* / barillet *m*	197
Schnabel *m*	bec *m*	198
Mundstück *n*	embouchure *f*	199
Schallbecher m / Stürze *f*	pavillon *m* / bonnet *m*	200
Kernspalt *m*	canal pour l'air *m*	201

	Strumenti a fiato	Wind instruments
202	capsula *f* / copri-ancia *m*	windcap
203	chiave *f*	key
204	chiave dell'acqua *f*	water key
205	cilindro rotativo *m*	rotary valve
206	cuscinetto *m*	plate / cup
207	foro *m*	finger-hole / tone hole
208	imboccatura *f*	mouth-hole / embouchure
209	linguetta *f*	tongue
210	macchina *f*	valve unit
211	meccanismo delle chiavi *m*	key work
212	padiglione *m*	bell
213	padiglione piriforme *m*	pear-shaped bell
214	pezzo di mezzo *m*	middle joint
215	pezzo inferiore *m*	lower joint
216	pistone *m*	piston / valve
217	pompa mobile a coulisse *f* / pompa a tiro *f*	slide
218	portamusica *f*	music lyre
219	ritorto *m*	crook
220	rotella *f*	shank
221	sacco *m*	double joint / butt
222	sordina a cappello *f*	hat mute
223	sordina a doppio cono *f*	double mute
224	sordina di cartone *f*	cardboard mute
225	sordina di metallo *f*	metal mute
226	sordina diritta *f*	straight mute
227	sordina hush-hush *f*	hush mute
228	sordina wawa *f*	wow-wow mute
229	tazza *f*	cup
230	testata con becco *f*	head joint with beak
231	tiro *m*	slide casing / case
232	traversino *m*	cross-stay
233	tubetto *m*	tube / staple
234	tubo piccolo *m* / aletta *f*	wing / tenor joint
235	vite *f*	screw

Blasinstrumente	Instruments à vent	
Windkapsel *f*	bocal *m* / capsule *f*	202
Klappe *f*	clé *f*	203
Wasserklappe *f*	clé d'eau *f*	204
Drehventil *n* / Zylinderventil *n*	cylindre à rotation *m*	205
Deckel *m*	plateau *m*	206
Griffloch *n* / Fingerloch *n*	trou *m*	207
Mundloch *n* / Ansatz *m*	embouchure *f*	208
Zunge *f*	anche *f*	209
Ventilmaschine *f*	mécanisme du piston *m*	210
Klappenmechanik *f*	mécanisme des clefs *m*	211
Aufsatz *m* / Schallbecher *m* / Schallstück *n*	pavillon *m*	212
Liebesfuß *m*	pavillon piriforme *m*	213
Mittelstück *n*	second corps *m*	214
Fußstück *n* / Unterstück *n*	patte *f* / troisième corps *m*	215
Ventil *n* / Pumpventil *n*	piston *m* / cylindre *m*	216
Zug *m*	coulisse *f*	217
Notenhalter *m*	pupitre portatif *m*	218
Stimmbogen *m* / Aufsatzbogen *m*	corps de rechange *m*	219
Walze *f*	rouleau *m*	220
Stiefel *m* / Bogen *m* / Doppelloch *n*	culasse *f*	221
Hutdämpfer *m*	sourdine à calotte *f*	222
Doppelkegeldämpfer *m*	sourdine à double cône *f*	223
Kartondämpfer *m*	sourdine en carton *f*	224
Metalldämpfer *m*	sourdine en métal *f*	225
Spitzdämpfer *m*	sourdine droite *f*	226
Huschdämpfer *m*	sourdine à calotte *f*	227
Wau-wau-Dämpfer *m*	sourdine wa-wa *f*	228
Kessel *m*	bassin *m*	229
Kopfstück mit Schnabel *n*	corps supérieur *m* / tête avec bec *f*	230
Scheide *f*	coulisse *f*	231
Quersteg *m*	barrette *f*	232
Hülse *f* / Stift *m*	corps *m*	233
Flügelröhre *f* / Oberstück *n*	petit corps *m* / petite branche *f*	234
Schraube *f*	vis *f*	235

	Modi di suonare	**Playing techniques**
236	attacco *m*	attack
237	campane in alto / padiglioni in alto	bell up / bell in the air / raise the bell
238	chiuso / tappato	stopped
239	colpo di lingua *m*	attack with the tongue
240	colpo di lingua semplice *m*	single tonguing
241	doppio colpo di lingua *m*	double tonguing
242	forchetta *f*	fork fingering / cross-fingering
243	frullato	flutter-tonguing
244	imboccatura *f*	embouchure / lip
245	metalizzare il suono / ottavizzare / quinteggiare	brassy overblowing
246	mettere la sordina	to mute
247	posizione normale	bell down
248	togliere la sordina	mute off / to take off the mute
249	triplo colpo di lingua *m*	triple-tonguing

Strumenti a percussione — Percussion instruments

250	almgloken *f*	almglocken
251	armonica / armonica a vetro *f*	glass harmonica
252	asse per lavare *f*	washboard
253	batteria *f*	drums
254	block cinese *m* / testa di morto *f* / wood block *m*	temple block / Chinese block / wood block
255	bongo *m*	bongo
256	cabaza *f*	cabaca
257	campana *f*	bell
258	campanaccio *m*	cowbell
259	campane doriche *f pl*	Dorian bells
260	campane tubolari *f pl*	tubular bells
261	campanelli *m pl*	glockenspiel
262	campanello *m* / campanella *f*	handbell
263	campanelli della messa *m pl*	sanctus bells
264	campanelli a tastiera *m pl*	keyed glockenspiel

| Blasinstrumente | Instruments à vent | 29 |

Spielarten / Façons de jouer

Deutsch	Français	Nr.
Anstoß *m*	attaque *f*	236
Stürze hoch / Schalltrichter hoch	pavillon en l'air	237
gestopft / gedeckt	bouché / étouffé	238
Zungenstoß *m* / Zungenschlag *m*	coup de langue *m*	239
einfacher Zungenstoß *m*	coup de langue simple *m*	240
Doppelzunge *f*	double articulation *f*	241
Gabelgriff *m*	doigté fourché *m*	242
Flatterzunge *f*	trémolo dental *m*	243
Embouchure *f* / Ansatz *m*	embouchure *f*	244
schmettern / überblasen	cuivrer / quintage / action d'octavier	245
Dämpfer auf / dämpfen	mettre la sourdine	246
natürliche Position	position naturelle	247
Dämpfer weg / Dämpfer ab	ôter la sourdine / enlever la sourdine	248
Tripelzunge *f*	triple articulation *f* / triple coup de langue *m*	249

Schlaginstrumente / Instruments à percussion

Deutsch	Français	Nr.
Almglocken *f Pl*	almglocken *f*	250
Glasharmonika *f*	harmonica de verre *f*	251
Waschbrett *n*	washboard *m* / planche à laver *f*	252
Schlagzeug *n*	batterie *f*	253
Tempelblock *m* / Woodblock *m* / Holzblock *m*	templeblock *m* / wood bloc *m* / bloc de bois m	254
Bongo *n* / Bongotrommel *f*	tambour bongo *m*	255
Cabaza *f*	calebasse *f*	256
Glocke *f*	cloche *f*	257
Kuhglocke *f*	cloche de vache *f*	258
dorische Glocken *f Pl*	cloches doriennes *f pl*	259
Röhrenglocken *f Pl*	cloches tubulaires *f pl*	260
Glockenspiel *n* / Stabglockenspiel *n*	jeu de timbres *m*	261
Handglocke *f*	clochette *f*	262
Messglöckchen *n* / Messklingeln *m Pl*	clochettes pour la messe *f pl*	263
Klaviaturglockenspiel *n*	timbres à clavier *m pl*	264

	Strumenti a percussione	Percussion Instruments
265	carillon *m*	carillon
266	carillon a tastiera *m*	carillon
267	cassa *f*	drum
268	cassa rullante *f* / cassa chiara *f*	tenor drum
269	castagnette *f pl* / nacchere *f pl*	castanets
270	castagnette con manico *f pl*	handle castanets
271	castagnette di metallo *f pl*	metal castanets
272	castagnette spagnole *f pl*	hand castanets
273	caccavella *f* / tamburo a frizione *m*	friction drum / string drum
274	catene *f pl*	chains
275	charleston *m*	hi-hat pedal
276	chocallo *m* / tubo sonoro *m*	chocolo / chocalho
277	cimbali *m pl*	antique cymbals
278	cimbalini *m pl*	finger-cymbals / crotales
279	claves *f pl* / bacchette *f pl* / legnetti da percuotere *m pl*	claves
280	conga *m* / rumba *m*	conga
281	corno da nebbia *m*	fog horn
282	cuculo *m*	cuckoo
283	cuica *f*	cuica
284	eolifono *m*	wind machine
285	flexaton *m*	flexatone
286	frusta *f*	whip
287	gong *m*	gong
288	gong cinesi *m pl*	tuned gong-carillon
289	grancassa *f*	bass drum / big drum
290	guiro *m*	guiro / scraper
291	incudine *f*	anvil
292	lastra *f*	steel plate
293	legno frullante *m* / tavoletta sibilante *f*	thunder stick / bull roarer
294	litofono *m*	litophone / stone discs
295	macchina per il tuono *f*	thunder machine

Schlaginstrumente	Instruments à percussion	
Turmglockenspiel *n* / Glockenspiel *n*	carillon *m*	265
Klaviaturglockenspiel *n*	carillon à clavier *m*	266
Trommel *f*	caisse *f*	267
Rührtrommel *f* / Rolltrommel *f* / Wirbeltrommel *f* / Tenortrommel *f*	caisse roulante *f*	268
Kastagnetten *f Pl*	castagnettes *f pl*	269
Stielkastagnetten *f Pl*	castagnettes à manches *f pl*	270
Metallkastagnetten *f Pl* / Gabelbecken *f Pl*	castagnettes de métal *f pl*	271
Tanzkastagnetten *f Pl*	castagnettes espagnoles *f pl*	272
Reibtrommel *f* / Brummtopf *m*	tambour à friction *m*	273
Ketten *f Pl*	chaînes *f pl*	274
Charlestonmaschine *f*	pédale hi-hat *f*	275
Chocolo *m* / Tubo *m*	chocolo *m*	276
antike Cymbeln *f Pl*	cymbales antiques *f pl*	277
Fingercymbeln *f Pl* / Crotales *f pl*	cymbales digitales *f pl* / crotales *f pl*	278
Holzstäbe *m Pl* / Klangstäbe *m Pl* / Klanghölzer *n Pl* / Rumbastäbe *m Pl* / Schlagstäbe *m Pl*	claves *f pl* / baguettes de percussion *f pl* / baguettes entrechoquées *f pl*	279
Conga *f*	conga *m*	280
Nebelhorn *n*	sirène de brume *f*	281
Kuckuckspfeife *f*	coucou *m*	282
Cuica *f*	cuica *f*	283
Windmaschine *f*	machine à vent *f*	284
Flexaton *n*	flexaton *m*	285
Peitsche *f* / Klappholz *n*	fouet *m*	286
Gong *m*	gong *m*	287
Gongspiel *n* (chromatisch)	jeu de gongs *m pl*	288
große Trommel *f*	grosse caisse *f*	289
Guiro m / Kürbisrassel *f*	guiro *m*	290
Amboss *m*	enclume *f*	291
Stahlplatte *f*	feuille d'acier *f*	292
Schwirrholz *n*	planchette ronflante *f*	293
Litophon *n* / Steinspiel *n*	litophone *m*	294
Donnermaschine *f*	machine pour le tonnerre *f*	295

	Strumenti a percussione	Percussion instruments
296	maracas *f pl*	maracas
297	marimba *f*	marimba(phone)
298	metal block *m*	metal block
299	metal<u>o</u>fono *m*	metalophone
300	mezza luna f / cappello cinese *m*	bell tree
301	mirliton *m*	kazoo / eunuch flute
302	naccherone *m*	nakers
303	piatti *m pl* / cinelle *f pl*	cymbals
304	piatti chiodati *m pl*	rivet cymbals / sizzle cymbals
305	piatti cinesi *m pl*	Chinese cymbals
306	piatti turchi *m pl*	Turkish cymbals
307	piatto ch<u>a</u>rleston *m*	charleston cymbal
308	piatto sospeso *m*	suspended cymbal
309	raganella *f*	rattle
310	raspa *f*	raspe / scraper
311	reco-reco *m*	bamboo scraper
312	richiamo per uccelli *m*	bird pipe
313	sansa *f* / mbira *f*	sansa
314	sapo cubano *m*	sapo
315	scacciapensieri *m*	jew's harp
316	sega *f*	musical saw
317	shaker *m*	shaker
318	sirena *f*	siren
319	sistro *m*	sistrum
320	sonagliera *f*	sleigh bells
321	son<u>a</u>glio *m*	rattle / clapper
322	spazzolino met<u>a</u>llico *m*	wire / rhythm brush
323	tamburello m / tamburo a cornice *m*	frame drum
324	tamburello basco *m* / tamburo basso *m*	tambourine / timbrel
325	tamburino provenzale *m*	tabor
326	tamburino *m*	tambourine
327	tamburo *m*	drum
328	tamburo a mano *m*	hand drum
329	tamburo di legno *m*	wood drum
330	tamburo di legno a fessura *m*	slit drum

Schlaginstrumente	Instruments à percussion	33
Kürbisrassel *f* / Rumbakugeln *f Pl*	maracas *m pl*	296
Marimbaphon *n*	marimba *m*	297
Metallblock *m*	metal block *m*	298
Metallophon *n*	métalophone *m*	299
Schellenbaum *m*	pavillon *m* / chapeau chinois *m*	300
Mirliton *m* / Flatsche *f* / Zwiebelflöte *f*	mirliton *m*	301
Nacara *f* (sarazenische Handpauke)	nacaire *m*	302
Becken *n Pl*	cymbales *f pl*	303
Nietenbecken *n Pl*	cymbales sur tiges *f pl*	304
chinesische Becken *n Pl*	cymbales chinoises *f pl*	305
türkische Becken *n Pl*	cymbales turques *f pl*	306
Charleston-Becken *n*	cymbale charleston *f*	307
hängendes Becken *n*	cymbale suspendue *f*	308
Ratsche *f* / Knarre *f* / Schnarre *f*	crécelle *f*	309
Raspel *f*	râpeur *m*	310
Bambusraspel *f*	reco-reco *m* / râpeur en bambou *m*	311
Vogelpfeife *f*	appeau *m*	312
Sansa *f* / Zanza *f*	sansa *f*	313
Sapo *m*	sapo *m*	314
Maultrommel *f* / Brummeisen *n*	guimbarde *f*	315
singende Säge *f*	scie musicale *f*	316
Schüttelrohr *n*	batteur *m*	317
Sirene *f*	sirène *f*	318
Sistrum *n*	sistre *m*	319
Schellengeläute *n*	sonnailles *f pl*	320
Schelle *f* / Rassel *f*	crécelle *f* / hochet *m*	321
Jazzbesen *m*	brosse *f* / balai de jazz *m*	322
Rahmentrommel *f* / Handtrommel *f*	tambour de cadre *m* / tambourin à main *m*	323
Schellentrommel *f* / Tamburin *n*	tambour de basque *m* / tambourin basque *m*	324
Provenzalische Trommel *f* / Tamburin *n*	tambour de provence *m* / tambourin provençal *m*	325
Tamburin *n*	tambourin *m*	326
Trommel *f*	tambour *m*	327
Handtrommel *f*	tambour *m*	328
Holztrommel *f*	tambour en bois *m*	329
Schlitztrommel *f*	tambour de bois *m*	330

	Strumenti a percussione	Percussion instruments
331	tamburo di latta *m* / tamburo di ferro *m*	steel drum
332	tamburo militare *m* / cassa chiara *f*	snare drum / sidedrum
333	tavola da frizione *f*	friction board
334	tavoletta *f*	bones
335	tam-tam *m*	tam-tam
336	timpani *m pl*	timpani *pl* / kettledrums *pl*
337	timpano a macchina *m*	machine drum
338	timpano cromatico *m*	chromatic timpano
339	timpano pedale *m*	pedal drum
340	tom-tom *m* / tamburo muto *m*	tom-tom
341	triangolo *m*	triangle
342	tubo sonoro di bambù *m*	bamboo brasilene
343	vibrafono *m*	vibraphone
344	xilofono *m*	xylophone
345	xilofono a tastiera *m*	keyed xylophone
346	xilomarimba *f*	xylomarimba

Parti componenti ed accessori **Component parts and accessories**

347	bacchetta *f*	stick / beater / striker
348	bacchetta da tamburo *f*	drum stick
349	bacchetta di cuoio *f*	leather stick
350	bacchetta di feltro *f*	felt stick
351	bacchetta di legno *f*	wooden stick
352	bacchetta di spugna *f*	sponge-headed stick
353	bacchetta imbottita *f*	padded stick
354	bacchetta per piatti *f*	cymbal stick
355	bacchetta per timpani *f*	timpani stick
356	battaglio *m* / battente *m*	clapper
357	battitoia *f*	drumhead / skin
358	bordoniera *f*	snare
359	caldaia *f*	shell
360	cerchio *m*	counter-hoop
361	fascia *f*	shell / body
362	mazza *f* / mazzuolo *m*	mallet
363	mazza del tambur maggiore *f*	drum major's baton

Schlaginstrumente	Instruments à percussion	
Steel-Drum *f* / Benzinfaß *n*	steel-drum *m*	331
Militärtrommel *f* / Kleine Trommel *f*	tambour militaire *m* / caisse claire *f*	332
Reibbrett *n*	planche de friction *f*	333
Brettchenklapper *f*	tablette *f*	334
Tam-tam *n*	tam-tam *m*	335
Pauken *f Pl*	timbales *f pl*	336
Maschinenpauke *f*	timbale mécanique *f*	337
chromatische Pauke *f*	timbale chromatique *f*	338
Pedalpauke *f*	timbale chromatique mécanique *f*	339
Tom-tom *n*	tom-tom *m*	340
Triangel *n*	triangle *m*	341
Bambusschüttelrohr *n*	bambou brésilien *m*	342
Vibraphon *n*	vibraphone *m*	343
Xylophon *n*	xylophone *m*	344
Klaviaturxylophon *n*	xylophone à clavier *m*	345
Xylomarimba *n*	xylomarimba *f*	346

Bestandteile und Zubehör   Parties composantes et accessoires

Schlägel *m*	baguette *f*	347
Trommelschlägel *m*	baguette de tambour *f*	348
Lederschlägel *m*	baguette de cuir *f*	349
Filzschlägel *m*	baguette de feutre *f*	350
Holzschlägel *m*	baguette de bois *f*	351
Schwammschlägel *m*	baguette d'éponge *f*	352
wattierter Schlägel *m*	baguette rembourrée *f*	353
Beckenschlägel *m*	baguette de cymbales *f*	354
Paukenschlägel *m*	baguette de timbales *f*	355
Klöppel *m*	battant *m*	356
Schlagfell *n*	peau supérieure *f* / peau de batterie *f*	357
Schnarrsaite *f* / Trommelsaite *f*	timbre *m*	358
Kessel *m*	fût *m*	359
Trommelreifen *m*	cadre *m*	360
Zarge *f*	fût *m*	361
Schlägel *m*	mailloche *f*	362
Tambourstab *m*	canne de tambour major *f*	363

	Strumenti a percussione	Percussion instruments
364	martello *m*	hammer
365	membrana *f*	drumhead / vellum
366	orlo *f*	rim / edge
367	pedale della gran cassa *m*	bass drum pedal
368	pelle *f* / membrana *f*	skin / vellum
369	risuonatore *m*	resonator
370	spazzole *f pl*	wire brushes / steel brushes
371	tiracorda *f*	strainer
372	verga *f*	twig brush

Modi di suonare — **Playing techniques**

373	al centro	stroked in the middle
374	colpo *m* / battito *m*	beat
375	colpo del battaglio *m*	bell stroke
376	colpo di tamburo *m*	drumbeat
377	con due bacchette	with two sticks
378	con la mano	with the hand
379	coperto / velato	muffled
380	percuotere	to strike
381	raschiare	to scrape
382	rullo di tamburo *m*	drum roll
383	rullo del timpano *m*	drum roll
384	scoperto	uncovered
385	scuotere	to shake
386	sfregare	to rub
387	sul bordo *m* / sull'orlo *m*	at the edge / on the rim
388	tendere	to tighten
389	velare / coprire	to choke / to damp / to muffle

Strumenti a tastiera — Keyboard instruments

390	armonio *m*	harmonium / reed organ
391	bandoneon *m*	bandoneon
392	celesta *f*	celesta
393	clavicembalo *m* / gravicembalo *m*	harpsichord
394	clavicordo *m*	clavichord

Schlaginstrumente	Instruments à percussion	
Hammer *m*	marteau *m*	364
Fell *n* / Paukenfell *n* / Trommelfell *n*	peau *f*	365
Rand *m*	bord *m*	366
Fußmaschine *f*	pédale de la grosse caisse *f*	367
Fell *n*	peau *f*	368
Resonator *m*	résonateur *m*	369
Besen *m Pl*	balais *m pl*	370
Saitenschraube *f*	pontet *m*	371
Rute *f*	verge *f*	372

Spielarten	**Façons de jouer**	
in der Mitte geschlagen	au centre frappé	373
Schlag *m*	battement *m* / coup *m*	374
Glockenschlag *m*	coup de cloche *m*	375
Trommelschlag *m*	coup de tambour *m*	376
mit zwei Schlägeln	avec deux baguettes	377
mit der Hand	avec la main	378
bedeckt	couvert / sourd	379
schlagen	frapper	380
schrapen	râper	381
Trommelwirbel *m*	roulement de tambour *m*	382
Paukenwirbel *m*	roulement de timbales *m*	383
unbedeckt	découvert	384
schütteln	secouer	385
reiben	frotter	386
am Rand *m*	sur le bord *m*	387
spannen / schränken	tendre	388
dämpfen / abdämpfen	étouffer	389

Tasteninstrumente — Instruments à clavier

Harmonium *n*	harmonium *m*	390
Bandoneon *n*	bandonéon *m*	391
Celesta *f*	célesta *m*	392
Cembalo *n*	clavecin *m*	393
Klavichord *n*	clavicorde *m*	394

	Strumenti a tastiera	Keyboard instruments
395	fisarmonica *f*	accordion
396	fisarmonica a bottoni *f* / fisarmonica bitonica *f*	button accordion
397	fisarmonica con tastiera di pianoforte *f*	piano accordion
398	organo *m*	organ
399	organo portativo *m*	portative organ
400	pianoforte *m*	piano
401	pianoforte a coda *m*	grand piano
402	pianoforte preparato *m*	prepared piano
403	pianoforte a un quarto di coda *m*	baby grand
404	pianoforte verticale *m*	upright piano
405	spinetta *f*	spinet
406	virginale *m*	virginal

Parti componenti ed accessori — **Component parts and accessories**

407	accoppiamento *m*	coupler
408	anima *f*	block
409	bilancia *f*	tongue
410	bottone *m*	press stud
411	bottoni dei registri *m pl*	draw-stops
412	canale *m*	groove / channel
413	canna *f*	pipe
414	canna ad ancia *f*	reed pipe
415	canna labiale *f*	labial pipe / flute pipe
416	cassa *f*	body / case
417	cassa espressiva *f*	swell-box
418	cilindro *m*	player roll
419	consolle *f*	console
420	coperchio *m*	roller / lid / fall
421	corde incrociate *f pl*	cross-strung / overstrung scale
422	cuscinetto *m*	cushion
423	doppio scappamento *m*	doublehopper / escapement
424	feltro *m*	felt
425	fori *m*	bore
426	grand'organo *m*	full organ / great organ

Tasteninstrumente	Instruments à clavier	
Handharmonika *f* / Akkordeon *m*	accordéon *m*	395
Knopfgriff-Akkordeon *m*	accordéon à boutons	396
Pianoakkordeon *n* / Schifferklavier *n*	accordéon à clavier *m*	397
Orgel *f*	orgue *m*	398
Portativ *n*	orgue portatif *m*	399
Klavier *n*	piano *m* / pianoforte *m*	400
Flügel *m*	piano à queue *m*	401
präpariertes Klavier *n*	piano préparé *m*	402
Stutzflügel *m*	crapaud *m*	403
Klavier *n* / Pianino *m*	piano droit *m*	404
Spinett *n*	épinette *f*	405
Virginal *n*	virginal *m*	406

Bestandteile und Zubehör / Parties composantes et accessoires

Koppel *f*	accouplement *m*	407
Kern *m*	biseau *m*	408
Zunge *f*	languette *f*	409
Knopf *m*	bouton *m*	410
Registerzüge *m Pl* / Züge *m Pl*	boutons de registres *m pl*	411
Windladenraum *m*	gravure *f*	412
Pfeife *f*	tuyau *m*	413
Zungenpfeife *f*	tuyau à anche *m*	414
Labialpfeife *f*	tuyau à bouche *m*	415
Gehäuse	buffet *m* / caisse *f*	416
Schwellkasten *m*	boîte expressive *f*	417
Walze *f*	cylindre *m* / rouleau *m*	418
Spieltisch *m*	console *f*	419
Deckel *m* / Welle *f* / Klappe *f*	couvercle *m* / rouleau *m*	420
kreuzsaitig	cordes croisées *f pl*	421
Polster *n*	garniture *f*	422
doppelte Auslösung *f*	coussinet *m* / double échappement *m*	423
Filz *m*	feutre *m*	424
Bohrung *f*	perce *f*	425
Hauptwerk *n*	grand orgue *m*	426

	Strumenti a tastiera	Keyboard instruments
427	manetta *f*	hard lever
428	mantice *m*	bellows
429	manuale *m*	manual
430	martello *m* / martelletto *m*	hammer
431	meccanica *f*	action
432	pedale *m*	pedal
433	pedale destro *m* / pedale di risonanza *m*	right pedal / sustaining pedal
434	pedale sinistro *m* / pedale del piano *m*	left pedal / damping pedal / soft pedal
435	pedale tonale *m*	sostenuto pedal
436	pedaliera *f*	pedal keyboard
437	perno *m*	centre pin
438	plettro *m*	plectrum / quill / jack
439	registro *m*	stop / register
440	salterello *m*	jack
441	scappamento *m*	escapement lever / hopper
442	segreta *f*	wind chest
443	sgabello *m* / panchina *f*	piano stool
444	smorzo *m*	damper
445	somiere *m*	windchest / sound-board
446	tangente *f*	tangent
447	tastiera *f*	keyboard
448	tasto *m*	key
449	tavola armonica *f*	sound board
450	telaio *m*	frame
451	trasmissione *f*	action
452	tremolo *m*	tremulant
453	tirante *m*	tracker
454	valvola *f*	pallet / valve

Modi di suonare

Playing techniques

455	a due manuali	double manual
456	a quattro mani	for four hands
457	arpeggiato	arpeggiated
458	a un manuale	single manual
459	con sordina	with damper

Tasteninstrumente	Instruments à clavier	
Manubrium *n*	registre *m*	427
Balg *m*	soufflet *m*	428
Manual *n*	manuel *m*	429
Hammer *m*	marteau *m*	430
Mechanik *f*	mécanique *f*	431
Pedal *n* / Pedalwerk *n*	pédale *f*	432
rechtes Pedal *n* / Fortepedal *n*	pédale droite *f* / pédale forte *f*	433
linkes Pedal *n* / Verschiebungspedal *n* / Dämpfer *m*	pédale gauche *f* / sourdine *f*	434
Tonhaltepedal *n*	pédale de prolongation *f*	435
Pedalklaviatur *f*	pédalier *m*	436
Achse *f*	axe *m*	437
Plektrum *n* / Kiel *m*	plectre *m* / bec *m*	438
Register *n*	registre *m* / jeux d'orgue *m pl*	439
Docke *f* / Springer *m*	sautereau *m*	440
Auslöser *m*	échappement *m*	441
Windkasten *m*	laye *f*	442
Klavierstuhl *m*	tabouret de piano *m* / banquette *f*	443
Dämpfer *m*	étouffoir *m* / sourdine *f*	444
Windlade *f*	sommier *m*	445
Tangente *f*	tangente *f*	446
Klaviatur *f*	clavier *m*	447
Taste *f*	touche *f*	448
Klangboden *m* / Resonanzboden *m*	table d'harmonie *f*	449
Rahmen *m*	cadre *m*	450
Traktur *f*	traction *f*	451
Tremulant *m*	tremblant *m*	452
Abstrakte *f* / Zug *m*	vergette *f* / tirant *m*	453
Ventil *n*	soupape *f*	454

Spielarten	**Façons de jouer**	
zweimanualig	à deux claviers manuels	455
vierhändig	à quatre mains	456
arpeggiert	arpégé	457
einmanualig	à un (seul) clavier manuel	458
mit Dämpfer	avec sourdine / en sourdine	459

	Strumenti a tastiera	Keyboard instruments
460	disposizione *f*	specification
461	due corde	two strings
462	mani incrociate / volteggiando	crossing hands
463	martellato	hammered
464	organo pieno *m*	full organ
465	passaggio del pollice *m*	passing the thumb under
466	perlato	pearly
467	peso del braccio *m*	armweight
468	peso del corpo *m*	bodyweight
469	registrazione *f*	registration
470	sostituzione delle dita *f*	change of finger
471	tocco *m* / attacco *m*	touch / action
472	togliere il pedale sinistro	take the damper away
473	tre corde	three strings
474	una corda	one string

Strumenti musicali meccanici

Mechanical musical instruments

475	carillon *m* / scatola musicale *f*	musical box / snuff box
476	orchestrion *m*	orchestrion
477	organetto automatico *m* / orologio a soneria *m*	musical clock
478	organo di Barberia *m* / organetto *m*	barrel-organ / street organ
479	orologio a carillon *m* / cariglione *m*	musical clock / musical box
480	pianola *f*	player piano

Strumenti elettrici/ elettronici, registrazione e riproduzione

Electric/electronic musical instruments, recording of music and playback units

481	altoparlante *m*	loudspeaker
482	ampiezza *f*	amplitude
483	amplificatore *m*	amplifier
484	attrezzature ritmiche *f pl*	rhythm units

Tasteninstrumente	Instruments à clavier	
Disposition *f*	disposition *f*	460
zwei Saiten	deux cordes	461
Hände kreuzend / übergreifen	mains croisées	462
gehämmert	martelé	463
volles Werk *n*	plein jeu *m*	464
Daumenuntersatz *m*	passage du pouce *m*	465
perlend	jeu perlé / perlé	466
Armgewicht *n*	poids du bras *m*	467
Körpergewicht *n*	poids du corps *m*	468
Registrierung *f*	registration *f*	469
Fingerwechsel *m*	substitution des doigts *f*	470
Anschlag *m*	toucher *m* / attaque *f*	471
mit aufgehobener Dämpfung	enlever la pédale gauche	472
drei Saiten	trois cordes	473
eine Saite	une corde	474

Mechanische Musikinstrumente

Instruments musicaux mécaniques

Spieldose *f*	boîte à musique *f* / tabatière à musique *f*	475
Orchestrion *m*	orchestrion *m*	476
Flötenuhr *f* / Flötenwerk *n*	pendule à carillon *f*	477
Drehorgel *f* / Leierkasten *m*	orgue de Barbarie *m*	478
Spieluhr *f*	pendule à carillon *f* / pendule à musique *f*	479
Pianola *n*	piano mécanique *m*	480

Elektrische/elektronische Musikinstrumente, Musikaufnahme- und Wiedergabegeräte

Instruments électriques/ électroniques, enregistrement et reproduction

Lautsprecher *m*	hautparleur *m*	481
Amplitude *f*	amplitude *f*	482
Verstärker *m*	amplificateur *m*	483
Rhythmusmaschine *f*	machine à rythme *f*	484

	Strumenti elettrici/ elettronici	Electric/electronic musical instruments
485	banda di frequenza *f*	frequency band
486	batteria elettronica *f*	electronic drums
487	battimento *m*	beat
488	canale *m*	channel
489	cancellare / annullare	to erase
490	chitarra elettrica *f*	electric guitar
491	colonna sonora *f*	soundtrack
492	comando del suono *m*	sound control
493	compressore *m*	compressor
494	correttore di tonalità *m* / regolatore del suono *m*	tone control
495	cuffia *f*	headphone
496	decibel *m*	decibel
497	dente di sega *m*	saw tooth
498	diaframma *m*	cartridge / pick-up
499	digitale	digital
500	disco *m*	record
501	distorsione *f*	distortion
502	eco *m*	echo
503	effetto sonoro *m*	tonal effect / sound effect
504	elaboratore *m*	computer
505	elaboratore musicale *m*	music computer
506	elettroacustica *f*	electroacoustics
507	elettrofono *m* / strumento elettrofono *m*	electrophone / electrophonic instrument
508	elettronica musicale *f*	musical electronics
509	entrata *f*	input
510	equalizzatore *m*	equalizer
511	filtro *m*	filter
512	filtro passabanda *m*	bandpass filter
513	frequenza *f*	frequency
514	generatore *m*	generator
515	generatore di suoni sinusoidali *m*	sine-wave generator
516	giradischi *m*	record player
517	grammofono *m*	gramophone (Engl.) / phonograph (Am.)
518	impulso *m*	impulse
519	larghezza di banda *f*	bandwidth
520	limitatore *m*	limiter

Elektrische/elektronische Musikinstrumente	Instruments électriques/ électroniques	45
Frequenzband *n*	bande de fréquences *f*	485
elektronisches Schlagzeug *n*	instrument de percussion électronique *m*	486
Schwebung *f*	battement *m*	487
Kanal *m*	chaîne *f*	488
löschen	effacer / annuler	489
Elektrogitarre *f*	guitare électrique *f*	490
Tonspur *f*	colonne sonore *f*	491
Klangsteuerung *f*	commande du son *f*	492
Kompressor *m*	compresseur *m*	493
Klangregler *m*	régleur de tonalité *m*	494
Kopfhörer *m*	casque d'écoute *m*	495
Dezibel *n*	décibel *m*	496
Sägezahn *m*	dent de scie *f*	497
Schalldose *f*	diaphragme *m*	498
digital	numérique	499
Schallplatte *f*	disque *m*	500
Verzerrung *f*	distorsion *f*	501
Echo *n* / Nachhall *m*	écho *m*	502
Klangeffekt *m*	effet sonore *m*	503
Computer *m* / Rechner *m*	calculateur *m*	504
Musikcomputer *m*	ordinateur musical *m*	505
Elektroakustik *f*	électro-acoustique *f*	506
Elektrophon *n*	électrophone *m*	507
Musikelektronik *f*	électronique musicale *f*	508
Eingang *m*	entrée *f*	509
Entzerrer *m*	égalisateur *m*	510
Filter *m/n*	filtre *m*	511
Bandpassfilter *m*	filtre passe-bande *m*	512
Frequenz *f*	fréquence *f*	513
Generator *m*	générateur *m*	514
Sinustongenerator *m*	générateur de sons sinusoïdaux *m*	515
Plattenspieler *m*	tourne-disques *m*	516
Grammophon *n*	gramophone *m*	517
Impuls *m*	impulsion *f*	518
Bandbreite *f*	largeur de bande *f*	519
Begrenzer *m*	limiteur *m*	520

	Strumenti elettrici/ elettronici	Electric/electronic musical instruments
521	lineare	linear
522	livello *m*	level
523	lunghezza d'onda *f*	wave-length
524	mellotron *m*	mellotron
525	memorizzazione *f*	storage
526	memorizzazione del suono *f*	sound storage
527	mescolatore di suono *m* / tavolo di missaggio *m*	sound mixer / mixing board
528	microfono *m*	microphone
529	microfono a condensatore *m*	condenser microphone
530	microfono a contatto *m*	contact microphone
531	microfono elettrodinamico *m*	electrodynamic microphone
532	microfono elettromagnetico *m*	electromagnetic microphone
533	microsolco *m*	long-playing record / LP
534	miscelare	to mix
535	mistura *f*	tone mixture / sound mixture
536	musica informatica *f*	computer music
537	nastro magnetico *m*	magnetic tape
538	onda *f*	wave
539	organo elettronico *m*	electronic organ
540	organo Hammond *m*	Hammond organ
541	oscillatore *m*	oscillator
542	oscillazione *f*	oscillation / beat
543	parametro *m*	parameter
544	playback *m*	playback
545	potenziometro *m*	potentiometer
546	produzione del suono *f*	sound production
547	puntina *f*	needle
548	quadrifonia *f*	quadrophony
549	quadro di distribuzione *m*	switchboard
550	reazione *f*	feed back
551	regia *f*	studio (transmitting station)
552	registratore *m*	tape-recorder
553	registratori a cassetta *m pl*	cassette recorder
554	registrazione *f*	recording
555	registrazione a più piste *f*	multitrack recording
556	registrazione dal vero *f*	live recording

Elektrische/elektronische Musikinstrumente	Instruments électriques/ électroniques	47
linear	linéaire	521
Pegel *m*	niveau *m*	522
Wellenlänge *f*	longueur d'onde *f*	523
Mellotron *n*	mélotron *m*	524
Speicherung *f*	mémorisation *f*	525
Klangspeicherung *f*	mémorisation du son *f*	526
Tonmischpult *n* / Mischpult *n*	mélangeur de son *m*	527
Mikrophon *n*	microphone *m*	528
Kondensatormikrophon *n*	microphone à condensateur *m*	529
Kontaktmikrophon *n*	microphone à contact *m*	530
elektrodynamisches Mikrophon *n*	microphone électrodynamique *m*	531
elektromagnetisches Mikrophon *n*	microphone électromagnétique *m*	532
Langspielplatte *f*	microsillon *m*	533
abmischen	mélanger / mixer	534
Tongemisch *n* / Klanggemisch *n*	mixage *m*	535
Computermusik *f*	musique par ordinateur *f*	536
Tonband *n* / Magnetband *n*	bande magnétique *f*	537
Welle *f*	onde *f*	538
elektronische Orgel *f*	orgue électronique *m*	539
Hammondorgel *f*	orgue Hammond *m*	540
Oszillator *m* / Schwingungserzeuger *m*	oscillateur *m*	541
Schwingung *f* / Schwebung *f*	oscillation *f* / battement *m*	542
Parameter *m*	paramètre *m*	543
Playback *n*	playback *m* / réenregistrement *m*	544
Potentiometer *n*	potentiomètre *m*	545
Klangerzeugung *f*	production du son *f*	546
Nadel *f* (Grammophon)	aiguille *f* (phono)	547
Quadrophonie *f*	quadrophonie *f*	548
Schalttafel *f*	tableau de distribution *m*	549
Rückkoppelung *f*	réaction *f*	550
Aufnahmestudio *n*	studio *m* / atelier *m*	551
Magnetbandgerät *n* / Tonbandgerät *n*	magnétophone *m*	552
Kassettenrekorder *m*	cassettophone *m*	553
Aufzeichnung *f* / Aufnahme *f*	enregistrement *m*	554
Mehrspurverfahren *n*	enregistrement à pistes multiples *m*	555
Mitschnitt *m* / Live-Aufnahme *f*	enregistrement original *m*	556

	Strumenti elettrici/ elettronici	Electric/electronic musical instruments
557	registrazione di dimostrazione *f*	demo tape
558	registrazione radiofonica *f*	radio recording
559	registrazione televisiva *f*	television recording
560	rettangolo *m*	rectangle
561	riduttore di rumore *m*	noise reduction / noise supression
562	riproduzione *f*	reproduction
563	risonanza *f*	resonance
564	rivelatore *m*	pick-up
565	riverbo *m*	reverb
566	rumore *m*	noise
567	scatola dell'altoparlante *f*	speaker cabinet
568	scurire	to cover
569	sequencer *m*	sequencer
570	sfiorare	to scan
571	sincronizzazione *f*	synchronization
572	sintetizzatore *m*	synthesizer / moog
573	sintesi del suono *f*	tone synthesis
574	sound sampler *m* (memorizzazione del suono)	sound sampler
575	spettro *m*	spectrum
576	stereofonia *f*	stereophony / stereo
577	strumenti a tastiera elettronica *m pl*	keyboards
578	strumenti generatori di effetti *m pl*	special effects equipment
579	suono sinusoidale *m*	sine tone
580	suono trasduttore *m*	sound transducer
581	supporti a lettura ottica *m pl*	compact disc / CD
582	taglio *m*	cut
583	tecnica digitale *f*	digital techniques
584	telecomando *m*	remote control
585	testina magnetica *f*	magnetic head
586	trasformatore *m*	transformer
587	trasformazione del suono *f*	sound modulation / sound shaping
588	trasmissione radiofonica *f*	radio transmission
589	trasmissione televisiva *f*	television transmission
590	transistor *m*	transistor

Elektrische/elektronische Musikinstrumente	Instruments électriques/ électroniques	
Demo-Aufnahme *f* / Demo-Band *n*	enregistrement de démonstration *m*	557
Rundfunkaufnahme *f*	enregistrement radiophonique *m*	558
Fernsehaufnahme	enregistrement télévisé *m*	559
Rechteck *n*	rectangle *m*	560
Rauschunterdrückung *f*	suppression du bruit *f* / amortissement du bruit *m*	561
Wiedergabe *f*	reproduction *f*	562
Resonanz *f* / Nachklang *m*	résonance *f*	563
Tonabnehmer *m*	pick-up *m*	564
Hall *m*	révérbération	565
Rauschen *n* / Geräusch *n*	bruit *m*	566
Lautsprecherbox *f*	haut-parleur en coffret *m*	567
decken	couvrir	568
Sequencer *m*	sequencer *m*	569
abtasten	lire / explorer	570
Synchronisation *f*	synchronisation *f*	571
Synthesizer *m*	synthétiseur *m*	572
Klangsynthese *f*	synthèse électronique *f*	573
Sound Sampler *m* / Naturklangspeicher *m*	soundsampler / enregistrement du son *m*	574
Spektrum *n*	spectre *m*	575
Stereophonie *f* / Raumklang *m*	stéréophonie *f*	576
elektronische Tasteninstrumente *n Pl*	claviers éléctroniques *m pl*	577
Effektgerät *n*	appareils générateurs d'effets *m pl*	578
Sinuston *m*	son sinussoidale *m*	579
Schallwandler *m*	transducteur acoustique *m* / transducteur de son *m*	580
Digitalplatte *f* / CD (Abkürzung für Compact Disc)	disque compact *m*	581
Schnitt *m*	coupure *f*	582
Digitaltechnik *f*	technique numérique *f*	583
Fernbedienung *f*	télécommande *f*	584
Magnetkopf *m* / Tonkopf *m*	tête magnétique *f*	585
Wandler *m*	transformateur *m*	586
Klangumwandlung *f*	transformation du son *f*	587
Rundfunkübertragung *f*	diffusion radiophonique *f*	588
Fernsehübertragung *f*	diffusion télévisée *f*	589
Transistor *m*	transistor *m*	590

	Strumenti elettrici/ elettronici	Electric/electronic musical instruments

591	trasmissione dal vivo *f*	live broadcast / live transmission
592	triangolo *m*	triangle / triangle-wave (oscillation)
593	uscita *f*	output
594	variazione del suono *f*	sound moderation
595	velocità del nastro *f*	tape speed
596	vibrazione *f*	vibration / wave
597	voltaggio *m*	voltage
598	volume sonoro *m*	loudness / intensity

Cantanti e canto   Singers and singing

599	baritono *m*	baritone
600	basso *m*	bass
601	basso buffo *m*	basso buffo
602	contralto *m*	contralto / alto
603	contraltista *m* / falsettista *m*	countertenor
604	educazione della voce *f* / formazione della voce *f*	vocal training / voice training
605	esercizio vocale *m*	vocal exercise
606	estensione vocale *f* / tessitura *f*	range
607	filar la voce	to spin the voice
608	fioritura *f* / gorgia *f*	florid ornaments
609	gorgheggio *m*	warble
610	gutturale	guttural
611	inflessione *f*	inflection
612	innalzare la voce	to raise the voice
613	messa di (in) voce *f* / impostazione *f*	placing of the voice
614	mezza voce	with half voice
615	mezzosoprano *m*	mezzo soprano
616	muta *f* / cambio della voce *m*	mutation
617	nasale	nasal
618	partitura vocale *f*	vocal score
619	portamento	carrying the voice
620	prima donna *f*	leading soprano
621	pronuncia *f*	pronunciation
622	rauco / roco	hoarse / raucous
623	registro *m*	register
624	respiro *m*	breathing pause

Elektrische/elektronische Musikinstrumente	Instruments électriques/ électroniques	51
Live-Sendung *f*	émission originale *f*	591
Dreieck *n* (besser: Dreieckschwingung)	triangle *m* / oscillation triangulaire *f*	592
Ausgang *m*	sortie *f*	593
Klangänderung *f*	modification du son *f*	594
Bandgeschwindigkeit *f*	vitesse de la bande *f*	595
Schwingung *f*	vibration *f*	596
Spannung *f*	voltage *m*	597
Schallstärke *f* / Lautstärke *f*	intensité du son *f*	598

Sänger und Gesang · Chanteurs et chant

Bariton *m*	baryton *m*	599
Bass *m*	basse *f*	600
Bass-Buffo *m*	basse bouffe *f*	601
Alt *m* / Altistin *f*	alto *m*	602
Kontratenor *m*	haute-contre *f*	603
Stimmbildung *f*	éducation de la voix *f*	604
Gesangsübung *f*	exercice vocal *m*	605
Stimmumfang *m*	registre *m* / tessiture *f*	606
den Ton ausspinnen	filer le son	607
Verzierung *f*	fioriture *f*	608
Gurgeltriller *m*	roulade *f*	609
kehlig	guttural	610
Tonfall *m* / Stimmfall *m*	inflexion *f*	611
die Stimme heben	lever la voix	612
Führung der Stimme *f* / Ansatz der Stimme *m*	pose de la voix *f*	613
mit halber Stimme	à mi-voix	614
Mezzosopran *m*	mezzo-soprano *m*	615
Mutation *f* / Stimmbruch *m*	mue *f*	616
nasal	nasal	617
Gesangspartitur *f*	partition vocale *f*	618
tragend	porter la voix	619
erste Sängerin *f*	première chanteuse *f*	620
Aussprache *f*	prononciation *f*	621
heiser / rau	rauque / enroué / éraillé	622
Register *m* / Stimmlage *f*	registre *m*	623
Luftpause *f* / Atempause *f*	respiration *f* / soupir *m*	624

625	ribattuta di gola *f*	ribattuta
626	schiarirsi la voce / la gola	to clear one's throat
627	soprano *m*	soprano
628	soprano drammatico *m*	dramatic soprano / high dramatic soprano
629	soprano leggero *m*	coloratura soprano
630	soprano lirico *m*	lyric soprano
631	soprano lirico spinto *m*	young dramatic soprano
632	tenore *m*	tenor
633	tenore drammatico *m* / tenore eroico *m* / tenore di forza *m*	heroic tenor
634	tenore lirico *m*	lyrical tenor
635	a bassa voce	to speak in a low voice / with a damped voice
636	a bocca chiusa	humming / with mouth closed
637	a mezza voce	with half voice

Modi di cantare e tecniche vocali

Voice types and singing techniques

638	afono	voiceless
639	appoggiare	to support
640	appoggio (sulla maschera) *m*	voice / breath support
641	arte del canto *f*	art of singing / vocal art
642	associazione corale *f* / società di canto *f*	choral society
643	atono	toneless
644	attacco dolce *m*	soft attack
645	attacco duro *m*	glottal attack
646	attacco sul fiato *m*	aspirated attack
647	a voce piena / spiegata	with full voice
648	bel canto *m*	beautiful singing
649	bisbigliare / sussurrare	to whisper
650	calare	to sing flat
651	canoro	for singing
652	cantare a prima vista	to sight-sing
653	cantare giusto	to sing in tune
654	canticchiare	to hum
655	canto parlato *m*	speech song

Sänger und Gesang	Chanteurs et chant	
Zurückschlag *m* (Verzierung)	ribattuta *f*	625
sich räuspern	s'éclaircir la voix / la gorge	626
Sopran *m* / Sopranistin *f*	soprano *m*	627
dramatischer Sopran *m* / hochdramatischer Sopran *m*	soprano dramatique *m*	628
Koloratursopran *m*	soprano léger *m*	629
lyrischer Sopran *m*	soprano lyrique *m*	630
jugendlich-dramatischer Sopran *m*	soprano dramatique lyrique d'agilité *m*	631
Tenor *m*	ténor *m*	632
Heldentenor *m*	ténor dramatique *m* / ténor héroïque *m*	633
lyrischer Tenor *m*	ténor lyrique *m*	634
mit leiser Stimme / mit gedämpfter Stimme	à voix basse	635
summen / mit geschlossenem Mund	à bouche fermée	636
mit halber Stimme	à mi-voix	637

Gesangsarten und -technik **Façons de chanter et technique vocale**

stimmlos	aphone	638
stützen	appuyer	639
Atemstütze *f*	appui du souffle *m*	640
Gesangskunst *f*	art vocal *m* / art du chant *m*	641
Gesangverein *m*	société chorale *f*	642
tonlos	atone	643
weicher Einsatz *m*	entrée douce *f*	644
harter Einsatz *m* / Glottisschlag *m*	attaque dure *f* / coup de glotte *m*	645
gehauchter Einsatz *m*	attaque murmurée *f*	646
mit voller Stimme	à pleine voix	647
schöner Gesang *m*	beau chant *m*	648
flüstern / lispeln	chuchoter / susurrer	649
zu tief singen	chanter trop bas	650
gesanglich	pour le chant	651
vom Blatt singen	chanter à vue	652
rein singen	chanter juste	653
trällern	chantonner	654
Sprechgesang *m*	chant parlé *m*	655

	Cantanti e canto: Modi di cantare e tecniche vocali	Singers and singing: Voice types and singing techniques

656	castrato *m* / evirato *m*	castrato
657	catena di trilli *f*	chain of trills
658	civettuolo	coquettish
659	classi vocali *f pl*	voice type
660	coro *m*	choir / chorus
661	coro della radio *m*	radio choir / radio chorus
662	coro di chiesa *m*	church choir
663	coro di fanciulli *m*	boys' choir
664	coro d'opera *m*	opera chorus
665	coro femminile *m*	women's choir / women's chorus
666	coro maschile *m*	men's choir / men's chorus
667	coro misto *m*	mixed chorus / choir
668	coro parlato *m*	choral speaking
669	coloratura *f*	coloratura
670	corde vocali *f pl*	vocal cords
671	crescere	to sing sharp
672	crudele	cruel
673	declamazione *f*	declamation
674	direttore del coro *m*	choral conductor / choirmaster
675	dizione *f*	diction
676	falsetto *f*	falsetto
677	gutturale	guttural
678	libretto *m*	libretto
679	lirica *f*	lyric
680	morire	to die
681	pietà *f*	pity / mercy
682	ridente / rioso	laughing
683	sbadigliare	to yawn
684	schiarirsi la gola	to clear one's throat
685	singhiozzando	sobbing
686	solmisazione *f*	solmization
687	sorridendo	smiling
688	sospiro *m*	sigh
689	sostenere	to support
690	soubrette *f*	soubrette
691	spinto	pushed
692	stonare	to sing out of tune
693	tecnica della respirazione *f*	breath control

| Sänger und Gesang: | Chanteurs et chant: |
| Gesangsarten und -technik | Façons de chanter et technique vocale 55 |

Kastrat *m*	castrat *m*	656
Trillerkette *f*	série de trilles *f*	657
kokett	coquet	658
Stimmgattung *f*	catégories de voix *f pl*	659
Chor *m*	chœur *m*	660
Rundfunkchor *m*	chœur de radio *m*	661
Kirchenchor *m*	chœur d'église *m*	662
Knabenchor *m*	chœur de garçons *m*	663
Opernchor *m*	chœur d'opéra *m*	664
Frauenchor *m*	chœur de femmes *m*	665
Männerchor *m*	chœur d'hommes *m*	666
gemischter Chor *m*	chœur mixte *m*	667
Sprechchor *m*	chœur parlé *m*	668
Koloratur *f*	colorature *f*	669
Stimmbänder *n Pl*	cordes vocales *f pl*	670
zu hoch singen	chanter trop haut	671
grausam	cruel	672
Deklamation *f*	déclamation *f*	673
Chordirigent *m*	chef de chœur *m*	674
Diktion *f* / Vortrag *m*	diction *f*	675
Falsett *n* / Fistelstimme *f*	fausset *f*	676
kehlig	guttural	677
Operntextbuch *n* / Textbuch *n*	livret d'opéra *m* / livret *m*	678
Lyrik *f*	lyrique *f*	679
sterben	mourir	680
Erbarmen *n* / Mitleid *n*	pitié *f*	681
lachend	en riant / rieur	682
gähnen	baîller	683
(sich) räuspern	s'éclaircir la voix	684
schluchzend	en sanglotant	685
Solmisation *f*	solmisation *f*	686
lächelnd	en souriant	687
Seufzer *m*	soupir *m*	688
stützen	soutenir	689
Soubrette *f*	soubrette *f*	690
gestoßen	poussé	691
detonieren / falsch singen	détonner	692
Atemtechnik *f* / Atembehandlung *f*	contrôle du souffle *m*	693

694	tecnica vocale *f*	vocal techniques
695	tossire	to cough
696	tremolando	tremolando
697	tremolare	to wobble
698	tremolo *m*	tremolo
699	usignolo *m*	nightingale
700	velato / fioco	veiled / husky
701	vendetta *f*	vengeance
702	vincere	to win
703	vocale	vocal
704	vocalizzo *m*	vocalise
705	voce *f*	voice
706	voce aspra *f*	harsh voice
707	voce chiara *f*	clear voice
708	voce cupa *f*	deep voice
709	voce di gola *f*	throat voice
710	voce di petto *f*	chest voice
711	voce di testa *f*	head voice
712	voce femminile *f*	female voice
713	voce granita *f*	solid voice
714	voce infantile *f*	child's voice
715	voce maschile *f*	male voice
716	voci miste *f pl*	mixed voices
717	zufolando / fischiettando	whistling

Sänger und Gesang: Gesangsarten und -technik	Chanteurs et chant: Façons de chanter et technique vocale	57
Gesangstechnik *f* / Stimmtechnik *f*	technique vocale *f*	694
husten	tousser	695
bebend / tremolierend	en tremblottant / en chevrottant	696
tremolieren / wackeln	chevroter	697
Tremolo *n*	trémolo *m*	698
Nachtigall *f*	rossignol *m*	699
verschleiert	voilé	700
Rache *f*	vengeance *f*	701
siegen	vaincre / gagner	702
vokal / sanglich	vocal	703
Vokalise *f*	vocalise *f*	704
Stimme *f*	voix *f*	705
barsche Stimme *f*	voix âpre *f*	706
helle/klare Stimme *f*	voix claire *f*	707
dunkle Stimme *f*	voix grave *f*	708
Kehlstimme *f*	voix de gorge *f*	709
Bruststimme *f*	voix de poitrine *f*	710
Kopfstimme *f*	voix de tête *f*	711
Frauenstimme *f*	voix féminine *f*	712
volle, kräftige Stimme *f*	voix pleine *f*	713
Kinderstimme *f*	voix enfantine *f*	714
Männerstimme *f*	voix masculine *f*	715
gemischte Stimmen *f Pl*	voix mixtes *f pl*	716
pfeifend	en sifflotant	717

Il linguaggio delle partiture

The language of the scores

Velocità

Velocity

718	a beneplacito	as you like
719	a piacere / a volontà	at one's pleasure
720	a tempo / in tempo / a battuta / a misura / in misura	in time
721	adagietto / adagino	somewhat faster and lighter than adagio
722	adagio	slow
723	adagissimo / lentissimo	extremely slow
724	ad libitum (L)	at one's pleasure
725	affrettato	hurried
726	allegretto	not as fast as allegro
727	allegrissimo / allegro assai	very fast / very lively
728	allegro	lively / cheerful
729	andante	walking pace
730	andantino	somewhat quicker or slower than andante
731	animato	animated
732	celeramente / celere	swiftly / swift
733	circolando	circulating
734	con celerità	with celerity
735	con fretta / in fretta	with haste / in haste
736	con lentezza	with slowness
737	con molta libertà	with much freedom
738	con moto / con movimento	with movement
739	con precipitazione	with precipitation
740	con qualche licenza	somewhat freely
741	con rapidità / con prestezza	with rapidity / with speed
742	con rigore	with rigour
743	con speditezza / con prontezza	with quickness
744	con velocità	with velocity
745	corrente / correndo	running
746	esitando / esitante	hesitating
747	frettoloso	in a hurry / hasty
748	grave	very slow
749	incalzante	pressing on

Die Sprache der Partituren

Le langage des partitions

Tempo

Vitesse

nach Belieben	à votre gré	718
nach Belieben	librement	719
im Takt / im Zeitmaß	en mesure / au mouvement / bien en mesure	720
ziemlich langsam / kürzer und schneller als Adagio	plus court et plus rapide que adagio	721
langsam	lent / adage	722
sehr langsam	très lent / extrêmement lent	723
nach Belieben	à volonté	724
eilig / übereilt	hâté	725
weniger bewegt als Allegro	moins rapide que allegro	726
sehr lebhaft / sehr schnell	très rapide / très vif	727
lebhaft / heiter	allègre	728
gehend / mäßig bewegt	en allant	729
schneller oder langsamer als Andante	plus lent ou plus rapide que andante	730
belebt	animé	731
rasch	rapidement / rapide	732
kreisend	en circulant	733
schnell	avec célérité	734
eilig / hastig	avec hâte	735
langsam	avec lenteur	736
mit großer Freiheit	avec beaucoup de liberté	737
bewegt	avec mouvement / avec allant	738
überstürzt	avec précipitation	739
mit einiger Freiheit	avec quelques licences	740
mit Schnelligkeit	avec rapidité	741
mit Strenge / streng im Takt	avec rigueur	742
mit Geläufigkeit	avec promptitude	743
mit Geschwindigkeit	avec vélocité	744
laufend / rennend	courant / en courant	745
zögernd / stockend	en hésitant / hésitant	746
hastig / hektisch	pressé	747
sehr langsam	très lent	748
drängend	talonnant	749

	Il Linguaggio delle Partiture: Velocità	The language of the scores: Velocity
750	larghetto	somewhat quicker and lighter than largo
751	largo	broad
752	largo assai	very slow
753	lentamente	slowly
754	lento / tardo	slow
755	libero	free
756	l'istesso tempo / lo stesso tempo / medesimo tempo	the same speed / the same pace
757	moderatamente	moderately
758	moderato	moderate
759	mosso	with movement
760	non presto	not fast
761	precipitato / precipitoso	precipitate / tumbling
762	prestissimo	extremely fast
763	presto	fast
764	prontamente / pronto	promptly
765	rapidamente / prestamente	rapidly
766	rapido	rapid
767	riprendendo / rimettendo	picking up again speed / picking up again volume
768	rubato / rubando	"robbed" / with some freedom
769	senza fretta	without haste
770	senza misura	without measure
771	senza strascicare / senza trascicare	without dragging
772	sollecito	prompt
773	sostenuto	sustained
774	spedito	quick
775	svelto	speedy
776	tempo anteriore / tempo precedente	former speed / previous tempo
777	tempo giusto	appropriate speed
778	tempo primo / tempo ordinario	original speed
779	tornando al tempo	returning to the original speed
780	tostamente / tosto	fleetly / fleet
781	velocemente / veloce	quickly / quick
782	vivace	vivacious

Die Sprache der Partituren: Tempo	Le langage des partitions: Vitesse	
kürzer und schneller als Largo	plus court et plus rapide que largo	750
breit	large	751
sehr langsam	extrêmement lent	752
langsam	lentement	753
langsam	lent	754
frei	libre	755
im gleichen Tempo / dasselbe Zeitmaß	le même mouvement / au même mouvement	756
in mäßiger Weise	modérément	757
gemäßigt / mäßig	modéré	758
bewegt	mû	759
nicht schnell	pas vite	760
überstürzt / überhetzt	précipité / bousculé	761
sehr schnell	très vite	762
schnell / mit großer Geschwindigkeit	vite	763
prompt	promptement / prompt	764
schnell	rapidement	765
schnell / zügig	rapide	766
wieder aufnehmend / zurücksetzend	en reprenant / en remettant	767
„geraubt" / ein wenig frei	volé / dérobé / en dérobant	768
ohne Eile	sans se presser	769
ohne bestimmtes Zeitmaß	sans mesure	770
ohne zu schleppen	sans traîner	771
schleunig	empressé	772
verhalten / getragen	soutenu	773
geläufig	expédié	774
geschwind	svelte	775
voriges Zeitmaß	au tempo précédent / au mouvement antérieur	776
richtiges Zeitmaß / angemessenes Zeitmaß	temps juste	777
erstes Zeitmaß / Anfangstempo	temps premier / mouvement initial	778
zum Zeitmaß zurückkehrend	en revenant au mouvement	779
hurtig	vite	780
rasch	rapidement / rapide	781
lebhaft	vivace	782

	Il Linguaggio delle Partiture: Velocità	The language of the scores: Velocity
783	vivacissimo	most vivacious
784	vivamente	lively

SINONIMI / SYNONYMS

Più presto / Faster

785	accelerando / sollecitando	getting faster / urging
786	accelerato	accelerated
787	affrettando / frettando	hastening / hurrying
788	andando / procedendo	going on / to proceed
789	animando	becoming more animated
790	avanti / avanzando	forward / moving forward
791	avvivando	enlivening
792	camminando	walking
793	doppio movimento	double the speed
794	incalzando	pressing
795	movendo / muovendo	moving
796	più tosto	swifter
797	più veloce	quicker
798	precipitando	precipitately / rushing
799	pressando / pressante	pressing
800	ravvivando	reviving
801	ravvivato	revived
802	rianimando	reanimating
803	riscaldando	warming up
804	ristringendo	restricting / drawing together again
805	sempre più animato	always more animated
806	serrato / serrando	tightly
807	spedendo	promptly
808	spingendo	pushing / pressing forward
809	stretto / ristretto	drawn together / tight
810	stringendo / serrando	drawing together / tightening
811	urgente	urgent

Die Sprache der Partituren: Tempo	Le langage des partitions: Vitesse	
sehr lebhaft	très vif	783
auf lebhafte Weise	vivement	784

SYNONYME / SYNONIMES

Schneller / Plus vite

beschleunigend	en accélerant	785
beschleunigt	accéléré	786
eilend	en pressant	787
vorwärts gehend / fortschreitend	en allant / en procédant	788
belebend / lebhafter werdend	en animant	789
vorwärts / vorantreibend	en avant / en avançant	790
neu belebend	en ranimant	791
gehend / vorangehend / vorwärts gehend	en marchant	792
doppelt so schnell	en doublant le mouvement	793
drängend	en talonnant	794
bewegend	mouvant	795
eiliger	plus vite	796
mit höherem Tempo	plus rapide	797
sich überstürzend / gehetzt	en précipitant	798
bedrängend	en pressant / pressez	799
wiederbelebend	en ravivant	800
wieder belebt	ravivé	801
wieder lebhafter	en ranimant	802
erwärmend	en réchauffant	803
enger werdend	en resserrant	804
immer belebter	de plus en plus animé	805
gedrängt	serré	806
beeilend	en se hâtant	807
stoßend / treibend	en poussant	808
eng / streng	serré	809
zusammendrängend / allmählich schneller werdend	en serrant	810
dringend	urgent	811

	Il Linguaggio delle Partiture: Velocità	The language of the scores: Velocity
	Più lento	**Slower**
812	allargando / slargando	broadening
813	allentando / slentando	loosening
814	allungando / dilungando	stretching out
815	calmando	calming
816	calmandosi	calming down
817	estendendo / espandendosi	extending
818	estenuandosi	getting exhausted
819	frenando / raffrenando	braking
820	indugiando	delaying
821	largando	widening
822	mancando	lacking
823	moderando	moderating
824	morendo	dying away
825	prolungando	prolonging
826	rallentando / lentando	getting slower / slowing down
827	rallentato	slower
828	rilasciando / rilassando	releasing
829	ritardando / tardando	retarding
830	ritardato	delayed
831	ritenuto / trattenuto	held back
832	spirando / espirando	fading away / dying out
833	stentando / penando	toiling / struggling
834	stiracchiando	tugging
835	stirando	stretching
836	strascinando / trascinando / trascicando / trainando	dragging
837	svanendo	vanishing
838	tirando	drawing / pulling
839	trattenendo / rattenendo / ritenendo	holding back
840	tratto	dragged
	Dinamica e articulazione	**Dynamics and articulation**
841	accentuato	accentuated
842	appoggiando	leaning
843	appoggiato / poggiato	leaned

Die Sprache der Partituren: Le langage des partitions:
Tempo Vitesse 65

Langsamer — Plus lent

breiter werdend	en élargissant	812
lockernd	en relâchant	813
verlängernd	en allongeant	814
beruhigend	en calmant	815
sich besänftigend	en se calmant	816
ausdehnend	en s'étandant	817
sich erschöpfend	en s'exténuant	818
bremsend	en freinant	819
zögernd	en s'attardant	820
verbreiternd	en élargissant	821
entschwindend / ausklingen lassend	en défaillant	822
mäßigend	en modérant	823
sterbend / ersterbend	en mourant	824
verlängernd	en prolongeant	825
langsamer werdend	en ralentissant	826
verlangsamt	ralenti	827
nachlassend	en relâchant	828
verzögernd	en retardant	829
verzögert	retardé	830
zurückgehalten	retenu	831
hinsterbend / ausatmend	en expirant	832
angestrengt	en peinant	833
zerrend	en tiraillant	834
dehnend	en s'étendant	835
schleppend / verschleppend	en traînant	836
entschwindend	en s'estompant / en s'effaçant	837
ziehend	en tirant	838
zurückhaltend	en retenant	839
geschleppt	traîné	840

Dynamik und Artikulation — Dynamique et articulation

betont	accentué / ponctué	841
stützend / betonend	en appuyant	842
gestützt	appuyé	843

	Il Linguaggio delle Partiture: Dinamica e articolazione	The language of the scores: Dynamics and articulation
844	articolando	articulating
845	articolato	articulated
846	ben ritmato	well rhythmed
847	con tutta la forza	with full force
848	estinto / spento	extinguished
849	forte	strong / loud
850	fortissimo	very loud
851	forzando	forcing
852	forzato	forced
853	glissando	sliding
854	legato / ligado	bound / tied
855	lontano	far away
856	marcando	marking
857	marcato	marked
858	mezza voce	half voice
859	mezzoforte	half loud
860	mezzopiano	half soft
861	molto accentuato	very accentuated
862	percosso	struck
863	pianissimo	extremely soft
864	piano	soft / low
865	più forte possibile	as loud as possible
866	più piano possibile	as soft as possible
867	portando	carrying over
868	portato	carried over
869	quasi niente	almost nothing
870	risaltato	emphasized
871	ritmico / ritmato	rhythmical / rhythmic
872	sferzando	whipping
873	sforzato / sforzando	forced / forcing
874	slegato / non legato	not slurred
875	smorzato	subdued
876	sottovoce	"under the voice" / in an undertone
877	staccato	detached
878	tremolando	trembling / tremolo
879	vibrato	vibrato / "vibrated"

Die Sprache der Partituren: Dynamik und Artikulation	Le langage des partitions: Dynamique et articulation	
artikulierend	en articulant	844
artikuliert	articulé	845
sehr rhythmisch	bien rythmé	846
mit voller Kraft / mit größter Kraft	de toutes ses forces	847
erlöscht / ausgelöscht	éteint	848
kräftig / stark / laut	fort	849
sehr laut	très fort	850
forcierend / stark betonend	en contraignant	851
forciert / stark betont	contraint	852
gleitend	en glissant / glisser	853
gebunden	lié	854
fern / weit / entfernt	lointain	855
markierend	en marquant	856
markiert	marqué	857
mit halber Stimme	à mi-voix	858
halblaut / mittelstark	mi-fort	859
halbleise / mittelleise	mi-doux	860
sehr betont	très accentué	861
geschlagen	percuté	862
sehr leise	très doucement	863
leise	doucement	864
so laut wie möglich	le plus fort possible	865
so leise wie möglich	le plus doucement possible	866
tragend	en portant	867
getragen	porté	868
fast nichts	presque rien	869
hervorgehoben	mis en relief	870
rhythmisch	rythmique / rythmé	871
peitschend	en cinglant	872
stark hervorgehoben	forcé / en forçant	873
ungebunden	non lié	874
gedämpft	amorti	875
„unter der Stimme" / mit leiser Stimme	à voix basse	876
abgestoßen / gestoßen	détaché / piqué	877
tremolierend / bebend	trembloté / trémolo	878
vibriert / Bebung *f*	vibré	879

SINONIMI / SYNONYMS

Più forte / Louder

880	accrescendo	augmenting
881	alzando	rising
882	ampliando	amplifying
883	aumentando	increasing
884	calcando / premendo	compressing
885	crescendo	growing louder
886	rafforzando / rinforzando	strengthening
887	rinforzato	strengthened
888	risvegliando / risvegliato	re-awakening
889	spiegando	unfolding
890	svegliando	wakening

Più piano / Softer

891	abbassando	lowering
892	acchetandosi / acquietandosi	becoming calmer
893	addolcendo	softening
894	affievolendo / indebolendo	weakening
895	allontanandosi / allontanando	receding / moving away
896	assottigliando	dwindling
897	attenuando	lessing
898	calando / calante	waning / lowering
899	cedendo	yielding
900	decrescendo	decreasing
901	diluendo	thinning out / weakening
902	diminuendo / sminuendo	diminishing
903	estinguendosi	extinguishing
904	evaporandosi	evaporating
905	perdendosi	decreasing to nothing
906	placando / mitigando	appeasing
907	raddolcendo / raddolcente	sweetening
908	scemando / deficiendo	getting less
909	smorzando	subduing

Die Sprache der Partituren: Le langage des partitions:
Dynamik und Artikulation   Dynamique et articulation   69

SYNONYME / SYNONIMES

Lauter / Plus fort

Deutsch	Français	№
vermehrend / zunehmend	en accroissant	880
erhebend	en élevant	881
erweiternd	en agrandissant	882
steigernd / vermehrend / zunehmend	en augmentant	883
betonend / drängend	en comprimant	884
anwachsend / anschwellend	en croissant	885
verstärkend	en renforçant	886
verstärkt	renforcé	887
wieder erweckend	en réveillant / réveillé	888
entfaltend	en déployant	889
erweckend	en réveillant	890

Leiser / Plus doucement

Deutsch	Français	№
absinkend	en abaissant	891
sich beruhigend	en s'apaisant	892
sanft werdend / abmildernd	en adoucissant	893
abschwächend / schwächer werdend	en affaiblissant	894
sich entfernend / entfernend	en s'éloignant	895
verringernd	en amenuisant	896
dämpfend	en attenuant	897
absinkend	en faisant descendre / en descendant	898
nachgebend	en cédant	899
abnehmend	en décroissant	900
auflösend / verdünnend	en diluant	901
vermindernd	en diminuant	902
verlöschend	en s'éteignant	903
verdunstend	en s'évaporant	904
sich verlierend / verebbend	en se perdant	905
besänftigend	en apaisant	906
sanfter werdend	en adoucissant	907
abnehmend	en amoindrissant	908
dämpfend / abschwächend	en amortissant	909

	Il Linguaggio delle Partiture:	The language of the scores:
70	Dinamica e articulazione	Dynamics and articulation

910	spegnendo	extinguishing
911	stinto / spento	extinguished
912	temperando	moderating
913	togliendo	taking away

Carattere ed espressione — **Character and expression**

914	a ballata	in a ballad style
915	abbandonandosi	abandoning oneself
916	abbandonatamente / abbandono (con)	with abandonment
917	a capriccio	capricious
918	accarezzando / accarezzevolmente / accarezzevole / carezzevole	caressing / cuddle
919	accoramento (con) / afflizione (con)	with grief
920	accorato	sorrowful / grieved
921	accuratamente / accurato	carefully / careful
922	accuratezza (con) / cura (con)	with care
923	adiratamente	wrathful
924	adirato / stizzito	angry
925	adorazione (con)	adoringly (with adoration)
926	adornando / ornando	adorning
927	adornato	adorned
928	aereo / arioso	airy
929	affabile	affable
930	affannato	breathless
931	affanno (con) / angustia (con) / affannosamente / affannoso	with anxiety / anxious
932	affettato / manierato	affected
933	affetto (con)	with affection
934	affettuosamente	affectionately
935	affettuoso	lovingly
936	agevole	at ease
937	agevolezza (con) / facilità (con)	with ease
938	aggiustamente	very measured
939	agiatamente	comfortable
940	agile / agilmente	agile / nimble
941	agilità (con)	with agility

Die Sprache der Partituren:	Le langage des partitions:	
Dynamik und Artikulation	Dynamique et articulation	71

auslöschend	en éteignant	910
erloschen / erlöscht	éteint	911
mäßigend	en modérant	912
wegnehmend	en ôtant	913

Charakter und Ausdruck Caractère et expression

wie eine Ballade	comme une ballade	914
sich hingebend	en s'abandonnant	915
mit Hingabe	avec abandon	916
launenhaft / kapriziös	capricieusement	917
liebkosend	en caressant / câlin	918
mit Betrübnis / trübselig	attristé	919
betrübt	chagriné	920
sorgfältig	soigneusement / soigné	921
mit Sorgfalt	avec soin	922
zornig / aufgebracht	coléreusement	923
erzürnt	en colère	924
mit Anbetung	avec adoration	925
zierend / schmückend	en ornant	926
verziert	orné	927
luftig	aéré	928
leutselig	affable	929
atemlos	essouflé	930
bangend	tourmenté / anxieusement	931
geziert / affektiert	affecté / maniéré	932
mit Zuneigung / liebevoll	avec affection	933
in herzlicher Weise	affectueusement	934
gemütsbewegend	affectueux	935
bequem	aisé	936
mit Leichtigkeit	avec aisance	937
genau im Takt	très en mesure	938
gemächlich / gemütlich	aisément	939
behände	agile / agilement	940
mit Behändigkeit	avec agilité	941

	Il Linguaggio delle Partiture: Carattere ed espressione	The language of the scores: Character and expression
942	agitato / concitato / agitazione (con) / concitazione (con)	agitated / with agitation
943	agreste / campestre / villanesco	rural
944	all'antica	in old style
945	alla contadina	like a peasant dance
946	alla maniera di / a la maniera	in the manner of
947	alla marcia	like a march
948	alla militare / militarmente	militarily
949	alla tedesca	in the style of German dance
950	alla turca	in Turkish style
951	alla zingara	in gipsy style
952	alla zoppa / zoppo	limping / lame
953	allarmato	alarmed
954	allegramente	briskly
955	allegrezza (con) / allegria (con)	cheerfully
956	all'ungherese / all'ongarese	in Hungarian style
957	altero / superbo	haughty
958	amabilità (con) / garbo (con)	with amiability
959	amabile / garbato	amiable
960	amaramente	bitterly
961	amareggiato	embittered
962	amarezza (con)	with bitterness
963	amaro	bitter
964	amore (con)	with love / lovingly
965	amorevole / amoroso	tenderly
966	amorevolmente / amorosamente	lovingly
967	ampiezza (con)	with breadth
968	ampio / disteso / steso	vast / spreading
969	ampolloso	inflated / bombastic
970	anelante / ansante	gasping / panting
971	angelico	angelic
972	angoscia (con)	with anguish
973	angoscioso / angosciosamente	anguished
974	anima (con)	with soul / with feeling
975	animo (con) / coraggio (con)	with courage
976	animoso / coraggioso	brave / courageous
977	ansia (con) / ansietà (con)	with anxiety
978	ansiosamente	anxiously
979	ansioso / trepidante	anxious
980	apatico	apathetic

Die Sprache der Partituren: Charakter und Ausdruck	Le langage des partitions: Caractère et expression	73
erregt / unruhig	agité / avec agitation	942
ländlich	champêtre	943
im alten Stil	dans le style ancien	944
wie ein Bauerntanz / bäurisch	comme une danse paysanne	945
nach Art der/des/von	à la manière de	946
wie ein Marsch	dans le caractère d'une marche	947
militärisch	militairement	948
nach deutscher Tanzart	à l'allemande	949
nach türkischer Art (im Stil der Janitscharen-Musik)	à la turque	950
nach Art der Zigeuner	à la tzigane	951
hinkend	boiteux	952
beunruhigt	alarmé	953
fröhlich / flott	allégrement	954
mit Fröhlichkeit	avec allégresse	955
nach ungarischer Art	à la hongroise	956
hochmütig	hautain	957
mit Liebenswürdigkeit	avec amabilité	958
liebenswürdig	aimable	959
in bitterer Weise	amèrement	960
verbittert / erbittert	aigri	961
mit Bitterkeit	avec amertume	962
bitter	amer	963
mit Liebe	avec amour	964
liebevoll	doux / tendre	965
in liebevoller Weise	tendrement	966
mit Weite / mit Ausdehnung	avec ampleur	967
weit / ausgedehnt / ausladend	ample / vaste	968
schwülstig	enflé / ampoulé	969
keuchend	haletant	970
engelhaft	angélique	971
mit Seelenqual	avec angoisse	972
angstvoll	angoissant	973
mit Seele / gemütvoll	avec âme	974
mit Mut	avec courage	975
beherzt / mutig	hardi / courageux	976
mit Bangen	avec anxiété	977
bangend	anxieusement	978
bange	anxieux	979
apathisch	apathique	980

	Il Linguaggio delle Partiture:	The language of the scores:
74	Carattere ed espressione	Character and expression

981	appassionatamente / sviscerato / appassionato / passionato	passionately / passionate
982	appenato	distressed
983	arcigno / scontroso	surly
984	ardente / rovente	ardent
985	ardentemente	ardently
986	arditamente	boldly
987	arditezza (con)	with boldness
988	ardito / temerario	daring
989	ardore (con) / lena (con)	with ardour
990	armoniosamente / armonioso	harmoniously / harmonious
991	arrabbiato / rabbioso	angry
992	arroganza (con)	with arrogance
993	artificiale / artificioso	artificial
994	arzillo	cheerily
995	asprezza (con)	with harshness
996	aspro	harsh
997	audace	audacious
998	audacemente	audaciously
999	audacia (con)	with audacity
1000	autoritario	authoritarian
1001	balbettando	stammering
1002	baldanza (con) / baldanzoso	with boldness / bold
1003	barbaro	barbarous
1004	barcollando / vacillando	staggering / tottering
1005	beato	blissful
1006	beffardo	mocking
1007	bellicoso / aggressivo	bellicose / aggressive
1008	bilanciato / equilibrato	balanced / well balanced
1009	bizzarro	bizarre
1010	bramosia (con)	with hankering
1011	bramoso / avido	greedy / craving
1012	bravura (con)	with skill
1013	brillante / lucente / luccicante	brilliant / shining / shimmering
1014	brio (con)	full of live
1015	brioso	full of pep / snappy
1016	brontolando	grumbling
1017	brusco / bruscamente	brusque

Die Sprache der Partituren: Charakter und Ausdruck	Le langage des partitions: Caractère et expression	75
leidenschaftlich	passionnément / passionné	981
bekümmert	peiné	982
mürrisch	hargneux / revêche	983
glühend / feurig	ardent / brûlant	984
brennend / heiß	ardemment	985
in kühner Weise	hardiment	986
mit Kühnheit / mit Verwegenheit	avec hardiesse	987
kühn / tollkühn	hardi / téméraire	988
voller Glut	avec ardeur	989
wohlklingend	harmonieusement / harmonieux	990
wütend / aufgebracht	enragé / rageur	991
anmaßend	avec arrogance	992
künstlich / gekünstelt	artificiel	993
munter / quietschfidel	guilleret	994
mit Schärfe	avec âpreté	995
harsch	âpre	996
kühn / verwegen	audacieux	997
in kühner Weise	audacieusement	998
mit Kühnheit	avec audace	999
autoritär	autoritaire	1000
stammelnd	en balbutiant	1001
mit Keckheit / keck	avec assurance / crânement	1002
barbarisch	barbare	1003
wankend / schwankend	en chancelant / en vacillant	1004
glückselig	bienheureux	1005
spöttisch	railleur	1006
kriegerisch / angreifend	belliqueux / agressif	1007
ausgewogen	balancé / équilibré	1008
sonderbar / wunderlich	bizarre	1009
mit Begierde	avec convoitise	1010
begierig / gierig	désireux / avide	1011
mit Bravour	avec bravoure	1012
glänzend / schimmernd	brillant / luisant / miroitant	1013
voll Lebhaftigkeit / schwungvoll	avec verve / enlevé	1014
pfiffig / voll Leben / spritzig	plein d'allant / entraînant	1015
brummend	grognon	1016
brüsk / barsch	brusque / brusquement	1017

1018	brutale	brutal
1019	burlando / motteggiando	joking
1020	burlescamente / burlesco	mockingly
1021	caldamente	warmly
1022	caldo	warm
1023	calma (con) / calmamente	calmly
1024	calmo / quieto	calm / quiet
1025	calore (con)	with warmth
1026	calorosamente / caloroso	heartily
1027	candido / candidamente	candid / candidly
1028	candore (con)	with candour
1029	cantabile	in a singing style
1030	cantando	singing
1031	canzonando	making fun / mocking
1032	caparbio / testardo	stubborn
1033	capricciosamente / capriccioso	capricious / whimsically
1034	carattere (con)	with character
1035	caricato	charged
1036	carino / leggiadro	nice / lovely / charming
1037	casto / illibato	chaste
1038	cavalleresco	chivalrous
1039	celeste / celestiale	heavenly
1040	chiamando	calling
1041	chiaramente	clearly / distinctly
1042	chiarezza (con)	with clarity
1043	chiaro / limpido / nitido	clear / limpid
1044	cinetico / motore	kinetic / motor
1045	civettando	coquettish
1046	civetteria (con) / civettuolo	coquettishly
1047	collera (con) / incollerito	with anger / with wrath
1048	colorato	coloured
1049	comico	comical
1050	commosso	moved
1051	commovente	moving / touching
1052	comodamente	comfortably
1053	comodo / commodo	feeling comfortable
1054	concentrato	concentrated
1055	consolante	consoling
1056	con somma bravura	with the highest virtuosity
1057	contemplativo	contemplative

Die Sprache der Partituren: Charakter und Ausdruck	Le langage des partitions: Caractère et expression	
brutal / roh	brutal	1018
scherzend / spaßhaft	moquant	1019
scherzhaft / possenhaft	de façon burlesque	1020
in warmherziger Weise	chaleureusement	1021
warm	chaud	1022
mit Ruhe	avec calme	1023
ruhig	calme / calmement	1024
mit Wärme / seelenvoll	avec chaleur	1025
herzlich / warmherzig	chaleureusement / chaleureux	1026
treuherzig	candide / candidement	1027
einfältig	avec candeur	1028
gesanglich / gesangvoll	chantant	1029
singend	en chantant	1030
spottend	moqueusement	1031
trotzig / eigensinnig / störrisch	têtu / entêté	1032
in launenhafter Weise / launisch	capricieusement / capricieux	1033
mit Charakter	avec caractère	1034
überladen	chargé	1035
reizend	mignon / charmant	1036
keusch / tugendhaft	chaste	1037
ritterlich	chevaleresque	1038
himmlisch	céleste	1039
rufend	en appelant	1040
in klarer Weise	clairement	1041
mit Klarheit / mit Deutlichkeit	avec clarté	1042
klar / hell	clair / limpide	1043
motorisch	cinétique / moteur	1044
kokettierend / kokett	en coquettant / coquet	1045
mit Koketterie	avec coquetterie	1046
mit Zorn / mit Entrüstung	avec colère	1047
farbig	coloré / plein de couleur	1048
komisch / ulkig	comique	1049
gerührt / bewegt	ému	1050
rührend	émouvant / touchant	1051
in bequemer Weise / behaglich	commodément	1052
sich wohl fühlend / bequem	à l'aise	1053
konzentriert	concentré	1054
tröstend	consolant	1055
mit höchster Virtuosität	avec la plus haute virtuosité	1056
beschaulich	contemplatif	1057

	Il Linguaggio delle Partiture:	The language of the scores:
	Carattere ed espressione	Character and expression

1058	convinzione (con)	with conviction
1059	convulso	convulsive
1060	coscienzoso	conscientious
1061	costante / stabile	steady / stable
1062	cristallino	crystalline
1063	cristiano	christian
1064	cullando	rocking
1065	cuore (con)	with heart
1066	cupo / fosco	gloomy / dusky
1067	curioso	curious
1068	danzante / ballabile	in a dance style
1069	debile / debole / fievole	weak
1070	debolezza (con)	with weakness
1071	debolmente	weakly
1072	decisione (con)	decisively
1073	deciso / risoluto	decided / resolute
1074	declamando	declaiming
1075	declamato	declaimed
1076	degno	worthy / dignified
1077	deliberatamente	deliberately
1078	delicatamente	delicately
1079	delicatezza (con)	with delicacy
1080	delicato	delicate / dainty
1081	delirando / vaneggiando	raving
1082	delirante / deliroso	raving
1083	delirio (con)	with frenzy
1084	delizia (con)	with delight
1085	deliziosamente	delightfully
1086	demoniaco	demonic
1087	denso / compatto	dense / compact
1088	descrittivo	descriptive
1089	desiderio (con) / vagheggiando	with desire
1090	desolato / sconsolato	desolate / disconsolate
1091	desto / sveglio	awake
1092	destrezza (con) / abilità (con)	with dexterity
1093	determinato	determined
1094	determinazione (con)	with determination
1095	devoto / divoto	devout
1096	dignità (con)	with dignity
1097	diligenza (con)	with diligence

Die Sprache der Partituren: Charakter und Ausdruck / Le langage des partitions: Caractère et expression

mit Überzeugung	avec conviction / pénétré	1058
zuckend	convulsé	1059
gewissenhaft	concencieux	1060
beständig / stetig	constant / stable	1061
kristallklar	cristallin	1062
christlich	chrétien	1063
wiegend	en berçant	1064
mit Herz	avec cœur	1065
düster / dumpf	sombre / morne	1066
neugierig	curieux	1067
tanzend / tänzerisch	dansant	1068
schwächlich / schwach	faible	1069
mit Schwäche	avec faiblesse	1070
in schwacher Weise	faiblement	1071
mit Entschlossenheit	avec décision	1072
entschlossen / entschieden	décidé	1073
deklamierend	en déclamant	1074
deklamiert	déclamé	1075
würdig / würdevoll	digne / plein de dignité	1076
in entschlossener Weise	délibérément	1077
in zarter Weise	délicatement	1078
mit Zartheit	avec délicatesse	1079
zartfühlend	délicat / mignon	1080
irreredend	en délirant	1081
geistesverwirrt	délirant	1082
im Delirium / in Raserei	avec délire	1083
mit Wonne	avec délice	1084
in entzückender Weise	délicieusement	1085
dämonisch	démoniaque	1086
dicht	dense / compact	1087
beschreibend	descriptif	1088
erwünscht / ersehnt	avec désir	1089
trostlos	désolé	1090
wach / aufgeweckt	éveillé	1091
mit Geschicklichkeit / mit Fertigkeit	avec adresse / avec dextérité	1092
bestimmt	déterminé	1093
mit Bestimmtheit	avec détermination	1094
andächtig	dévot	1095
mit Würde	avec dignité	1096
mit Sorgfalt	avec diligence	1097

1098	dinamico	dynamic
1099	discrezione (con)	with discretion
1100	disinvolto	unconstrained
1101	disinvoltura (con)	with unconstraint
1102	disordinato	untidy
1103	disperatamente	desperately
1104	disperato	desperate
1105	disperazione (con)	with despair
1106	disprezzo (con)	with scorn
1107	distante / in lontananza	distant / far away
1108	distinto / distintamente	distinct / distinctly
1109	divagando	wandering
1110	divertimento (con) / piacere (con)	with amusement / with pleasure
1111	doglia (con) / patimento (con)	with pain
1112	dolce	sweet / soft
1113	dolcemente	gently
1114	dolcezza (con)	with softness
1115	dolcissimo	very soft
1116	dolendo / soffrendo	suffering
1117	dolente / doglioso	in pain
1118	dolore (con) / duolo (con)	with pain
1119	doloroso / addolorato	painful / grieved
1120	dondolando	swinging
1121	drammatico	dramatic
1122	durezza (con)	with harshness
1123	duro	hard
1124	ebbrezza (con)	with rapture
1125	eccitato / eccitante	excited / exciting
1126	elegantemente	elegantly
1127	eleganza (con)	with elegance
1128	elegiaco	elegiac
1129	elevamento (con) / elevatezza (con) / elevato	with loftiness / elevated
1130	emozione (con)	with emotion
1131	energia (con)	with energy
1132	energico	energetic / forceful
1133	enfasi (con)	with emphasis
1134	enfatico	emphatic

Die Sprache der Partituren: Charakter und Ausdruck	Le langage des partitions: Caractère et expression	
dynamisch	dynamique	1098
mit Diskretion	avec discrétion	1099
unbefangen	désinvolte / d'aplomb	1100
mit Unbefangenheit	avec désinvolture	1101
unordentlich	désordonné	1102
verzweiflungsvoll	désespérément	1103
verzweifelt	désespéré	1104
mit Verzweiflung	avec désespoir	1105
mit Verachtung	avec mépris	1106
entfernt	distant / éloigné	1107
deutlich / in deutlicher Weise	distinct / distinctement	1108
abschweifend	en divaguant	1109
mit Vergnügen	avec amusement / avec plaisir	1110
mit Schmerz	avec douleur	1111
sanft / weich	doux	1112
in sanfter Weise	doucement	1113
mit Sanftheit / mit Sanftmut	avec douceur	1114
sehr sanft	très doux	1115
leidend	en souffrant	1116
schmerzend / peinvoll	douloureusement	1117
mit Schmerz	avec douleur	1118
schmerzlich / schmerzhaft	douloureux	1119
schaukelnd	en balançant	1120
dramatisch	dramatique	1121
mit Härte	avec dureté	1122
hart	dur	1123
wie im Rausch / trunken	avec ivresse	1124
aufgeregt / aufregend	excité / exitant	1125
in eleganter Weise	élégamment	1126
mit Eleganz	avec élégance	1127
elegisch	élégiaque	1128
mit Erhabenheit / erhaben	avec élévation / élevé	1129
mit Erregung / mit Gemütsbewegung	avec émotion	1130
mit Energie / mit Nachdruck	avec énergie	1131
energisch / nachdrücklich / markig	énergique	1132
mit Emphase	avec emphase	1133
emphatisch	emphatique	1134

1135	enigmatico	puzzling
1136	entusiasmo (con) / trasporto (con)	with enthusiasm
1137	epico	epic
1138	eroico	heroic
1139	erotico	erotic
1140	esagerato	exaggerated
1141	esaltante	exalting
1142	esaltato	exalted
1143	esaltazione (con)	with exaltation
1144	esasperato	exasperated
1145	esattezza (con)	with exactitude
1146	esatto / giusto	exact / right
1147	esile / sottile / tenue	slender
1148	espansione (con)	with expansion
1149	espressione (con)	with expression
1150	espressivo	expressive
1151	estasi (con)	with ecstasy
1152	estatico	ecstatic
1153	estro (con) / ispirazione (con)	with brightness
1154	estroso / ghiribizzoso	whimsical
1155	esultante / giubilante	exultant / jubilant
1156	esultanza (con) / esultazione (con) / giubilo (con)	with exultation / with jubilation
1157	etereo	ethereal
1158	facezia (con)	with jest
1159	facilmente	easily
1160	falso / traditore	false / treacherous
1161	fanatico	fanatic
1162	fantasia (con)	with fantasy
1163	fantasioso	fanciful
1164	fantastico	fantastic
1165	farsesco	farcical
1166	fascino (con)	with charm
1167	fastoso	sumptuous / costly
1168	fatica (con) / faticoso	with effort / tiring
1169	febbrile	feverish
1170	fermamente	firmly
1171	fermezza (con)	with firmness
1172	fermo	firm
1173	feroce	ferocious / fierce

rätselhaft	énigmatique	1135
mit Begeisterung / mit Überschwang	avec enthousiasme / avec transport	1136
episch	épique	1137
heroisch	héroïque	1138
erotisch	érotique	1139
übertrieben	exagéré	1140
begeisternd	exaltant	1141
überschwänglich / überspannt	exalté	1142
mit Überschwänglichkeit	avec exaltation	1143
aufgebracht	exaspéré	1144
mit Genauigkeit	avec exactitude	1145
genau / richtig	exact / juste	1146
schmächtig	grêle / mince / fluet / effilé	1147
mit Ausdehnung	avec expansion	1148
mit Ausdruck	avec expression	1149
ausdrucksvoll	expressif	1150
mit Verzückung / mit Ekstase	avec extase	1151
ekstatisch	extatique	1152
einer Eingebung folgend	avec inspiration	1153
schrullig / wunderlich	fantasque	1154
frohlockend	en exultant	1155
mit Jubel / mit Frohlocken	en jubilant	1156
ätherisch	éthéré	1157
mit Spaß	avec facétie	1158
in leichter Weise	facilement	1159
verräterisch / falsch	faux / traître	1160
fanatisch	fanatique	1161
mit Phantasie	avec fantaisie	1162
schwärmerisch	fantasque	1163
phantastisch	fantastique	1164
possenhaft	farceur	1165
mit Zauber	avec charme	1166
prächtig / prachtvoll	fastueux / somptueux	1167
mit Mühe / mühsam	avec peine / avec fatigue	1168
fieberhaft	fébrile	1169
entschieden	fermement	1170
mit Festigkeit	avec fermeté	1171
standhaft	ferme	1172
wild	féroce	1173

1174	ferocia (con)	with ferocity
1175	fervido	fervid
1176	fervore (con)	with fervour
1177	festeggiante	rejoicing
1178	festivo	festive
1179	fiducia (con)	with confidence / with trust
1180	fieramente	proudly
1181	fierezza (con)	with pride
1182	filando	spinning
1183	fine / fino	fine
1184	finezza (con)	with fineness
1185	fioreggiando / fiorettando	embellishing / decorating
1186	flebile	plaintive / faint
1187	flessibilità (con)	with flexibility
1188	fluidezza (con)	with fluency
1189	fluido / fluente	fluent
1190	focoso / fuocoso	fiery
1191	folleggiando	frolicsome
1192	follemente / folle	madly / mad / foolish
1193	forza (con)	with force
1194	fragile	fragile
1195	fragoroso / strepitoso	roaring
1196	francamente	frankly
1197	franchezza (con)	with frankness
1198	freddamente	coldly
1199	freddezza (con)	with coldness
1200	freddo	cold
1201	fremebondo / fremente	quivering
1202	fremito (con)	with thrill
1203	frenetico	frantic / frenzied
1204	freschezza (con)	with freshness
1205	fresco	fresh
1206	frivolo	frivolous
1207	frizzante	sparkling
1208	frusciando	rustling
1209	frustato	whipped
1210	fugace / sfuggevole	fleeting
1211	fulgido / splendido	resplendent / splendid
1212	fulminante / folgorante	fulminating
1213	funebre / funereo	mournful / funereal

Die Sprache der Partituren: Charakter und Ausdruck	Le langage des partitions: Caractère et expression	
mit Wildheit	avec férocité	1174
inbrünstig	fervent	1175
mit Inbrunst	avec ferveur	1176
feiernd	joyeusement	1177
festlich	air de fête	1178
mit Vertrauen	avec confiance	1179
in stolzer Weise	fièrement	1180
mit Stolz	avec fierté / avec panache	1181
spinnend	en filant	1182
fein	fin	1183
mit Feinheit	avec finesse	1184
verzierend	en fleurissant	1185
kläglich / wehmütig	plaintif	1186
mit Flexibilität	avec flexibilité	1187
in fließender Weise	avec fluidité	1188
fließend	fluide	1189
feurig	fougueux	1190
in närrischer Weise	en folâtrant	1191
närrisch	follement / fou	1192
mit Kraft	avec force	1193
zerbrechlich	fragile	1194
tosend / polternd	retentissant / éclatant	1195
freimütig	franchement	1196
mit Freimut	avec franchise	1197
kühl	froidement	1198
mit Kälte	avec froideur	1199
kalt	froid	1200
bebend / schnaubend	frémissant	1201
mit Beben / mit Schaudern	avec frémissements	1202
tobend	frénétique	1203
mit Frische	avec fraîcheur	1204
frisch	frais	1205
leichtfertig	frivole	1206
prickelnd	pétillant	1207
raschelnd	en froufroutant	1208
gepeitscht	fouetté	1209
flüchtig	fugace / fuyant	1210
glänzend	resplendissant / splendide	1211
blitzend	fulminant / fulgurant	1212
trauervoll	funèbre	1213

	Il Linguaggio delle Partiture: Carattere ed espressione	The language of the scores: Character and expression
1214	fuoco (con)	with fire
1215	furbescamente / furbo	cunning / artful
1216	furente / furioso / furibondo	furious
1217	furia (con) / furore (con)	with fury
1218	fuso	melted
1219	gagliardo	vigorous
1220	gaiamente	gaily
1221	gaiezza (con)	with gaiety
1222	gaio	gay
1223	galante	gallant
1224	galanteria (con)	with gallantry
1225	galleggiante	floating
1226	gaudio (con)	with happiness
1227	gelido	icy
1228	gemebondo / gemendo	moaning
1229	generoso	generous
1230	gentilezza (con) / compiacenza (con)	with kindness
1231	gentilmente / compiacente	kindly
1232	gigantesco	gigantic
1233	giocondo / festoso	playful / jolly
1234	giocoso	playful
1235	gioia (con) / letizia (con)	with joy
1236	gioioso	joyful
1237	gioviale	jovial
1238	giubilo (con) / giubilante	with jubilation / jubilant
1239	goffo / maldestro	awkward / clumsy
1240	gracile	frail
1241	gradevole / gradito / aggradevole	agreeable
1242	grandezza (con)	with grandeur
1243	grandioso	grandiose
1244	gravità (con)	with gravity
1245	grazia (con) / vaghezza (con) / grazioso	with grace / graceful
1246	grossolano / rozzo / ruvido	coarse
1247	grottesco	grotesque
1248	guerresco / guerriero	warlike
1249	gusto (con)	with taste
1250	idilliaco	idyllic
1251	immaginazione (con)	with imagination

Die Sprache der Partituren: Le langage des partitions:
Charakter und Ausdruck Caractère et expression 87

mit Feuer	avec feu	1214
pfiffig / schlau / schalkhaft	avec fourberie / rusé / malin	1215
rasend	furieux / furibond	1216
tobsüchtig	avec fureur / avec emportement	1217
schmelzend / verschmolzen	fondu	1218
stramm	gaillard	1219
in heiterer Weise	gaîment	1220
mit Heiterkeit	avec gaîté	1221
lustig	gai	1222
galant	galant / galamment	1223
mit Galanterie	avec galanterie	1224
schwimmend	flottant	1225
mit Wonne	avec bonheur	1226
eisig / starr	glacial	1227
stöhnend	gémissant	1228
großmütig / großzügig	généreux	1229
mit Liebenswürdigkeit / mit Gefälligkeit	avec gentillesse	1230
gefällig	gentiment / complaisant	1231
riesig	gigantesque	1232
fröhlich	gai	1233
spielerisch	enjoué	1234
mit Freude / mit Glückseligkeit	avec joie	1235
freudig	joyeux	1236
jovial	jovial	1237
jauchzend / jubelnd	avec allégresse / jubilant	1238
plump / linkisch / tölpelhaft	pataud / maladroit	1239
schmächtig	frêle	1240
angenehm	agréable	1241
mit Größe	avec grandeur	1242
großartig	grandiose	1243
mit Ernsthaftigkeit	avec gravité	1244
anmutig / graziös	avec grâce / gracieux / gracieusement	1245
grob / derb	grossier	1246
grotesk	grotesque	1247
kriegerisch	guerrier	1248
mit Geschmack	avec goût	1249
idyllisch	idyllique	1250
mit Vorstellungskraft	avec imagination	1251

	Il Linguaggio delle Partiture:	The language of the scores:
	Carattere ed espressione	Character and expression

1252	impaziente	impatient
1253	impazienza (con)	with impatience
1254	imperioso	imperious
1255	impeto (con) / foga (con)	vehemently
1256	impetuoso / tumultuoso	impetuous / tumultuous
1257	implacabile	implacable
1258	implorante	imploring
1259	imponente	impressive
1260	improvvisando	improvising
1261	inafferando	elusive
1262	incantato	charmed / enchanted
1263	incantevole / incanto (con)	charming / with enchantment
1264	incisivo	incisive
1265	indeciso	undecided
1266	indifferenza (con) / indifferente	with indifference / indifferent
1267	indignato	indignantly
1268	indistinto	indistinctly
1269	indolenza (con)	with indolence
1270	indomito	indomitable
1271	inebriante	inebriating
1272	infantile	childish
1273	infernale	infernal
1274	infiammato / acceso	inflamed
1275	infocato	burning
1276	infuriato	enraged
1277	ingegnoso	ingenious
1278	ingenuo	ingenuous
1279	innocenza (con)	with innocence
1280	inquietante	disquieting
1281	inquieto / irrequieto	restless
1282	insensibile	insensible
1283	insensibilmente	insensitively
1284	insinuante	ingratiating / stealthily
1285	insistenza (con)	with insistence
1286	insolenza (con)	with insolence
1287	in stile recitativo	recitative-like
1288	intensivo / intenso	intense
1289	intimo / interno	intimate / inward
1290	intrepido	intrepid

Die Sprache der Partituren: Charakter und Ausdruck	Le langage des partitions: Caractère et expression	
ungeduldig	impatient	1252
mit Ungeduld	avec impatience	1253
gebieterisch	impérieux / impérieusement	1254
mit Ungestüm / mit Wucht	avec impétuosité / avec fougue	1255
ungestüm / wuchtig	impétueux / emporté / tumultueux	1256
unerbittlich	implacable	1257
erflehend	implorant	1258
eindrucksvoll	imposant	1259
improvisierend	en improvisant	1260
unfaßbar	sans comprendre / insaisissable	1261
bezaubert	charmé	1262
zauberhaft	enchanteur / incantatoire	1263
einschneidend	incisif	1264
unentschlossen / unentschieden	indécis	1265
mit Gleichgültigkeit / gleichgültig	avec indifférence / indifférent	1266
entrüstet	indigné	1267
verschwommen / undeutlich	flou	1268
mit Trägheit	avec indolence	1269
zügellos / ungebändigt	indomptable	1270
betörend / berauschend	énivrant	1271
kindlich	infantile / enfantin	1272
höllisch	infernal	1273
entzündet	enflammé / allumé	1274
glühend	embrasé	1275
rasend	furieux	1276
erfinderisch	ingénieux	1277
naiv / einfältig	ingénu / naïvement / naïf	1278
mit Unschuld	avec innocence	1279
beunruhigend	inquiétant	1280
beunruhigt / mit Unruhe	inquiet / avec inquiétude	1281
empfindungslos	insensible	1282
gefühllos / gemütlos	insensiblement	1283
einschmeichelnd	insinuant	1284
mit Beharrlichkeit	avec insistance	1285
mit Frechheit	avec insolence	1286
rezitativisch	en style récitatif	1287
intensiv	intensif / intense	1288
innerst / innig / innerlich	intime / intérieur	1289
furchtlos	intrépide	1290

	Il Linguaggio delle Partiture: Carattere ed espressione	The language of the scores: Character and expression
1291	invettivando	abusive
1292	iracondo	irascible
1293	irato / iroso	irritated
1294	ironia (con)	with irony
1295	ironico	ironical
1296	irresoluto / titubante	irresolute
1297	irritante	irritating
1298	irritato	irritated
1299	lacero / squarciato	lacerated / torn
1300	lacrimoso / lagrimoso	tearful
1301	lamentoso / lagnoso	lamenting
1302	languendo / languidamente / languidezza (con)	languishing
1303	languido / illanguidendosi	languid
1304	largamente	broadly
1305	lasso / fiacco	tired / weary
1306	leggerezza (con) / leggermente	lightly / with lightness
1307	leggero / leggiero / lieve	light
1308	lesto	swift
1309	leziosamente	affected
1310	liberamente / licenza (con)	freely
1311	lieto / ilare / giulivo	cheerful / joyous / glad
1312	liquido	liquid
1313	liricamente / lirico	in a lyrical way
1314	liscio / piatto	smooth / even
1315	lucido / lucidamente	lucid
1316	lugubre / tetro / sinistro	gloomy / sinister
1317	luminoso	bright
1318	lusingando	alluring
1319	lusingato	flattered
1320	lustro (con)	with lustre
1321	luttuosamente	mournful
1322	maestoso	majestic
1323	maestria (con)	with skill / mastery
1324	magico	magic
1325	malinconia (con)	with melancholy
1326	malinconico / melanconico	melancholic
1327	malizioso	malicious
1328	marziale	martial
1329	maschio / virile	manly / virile
1330	meccanicamente	mechanically

Die Sprache der Partituren: Le langage des partitions:
Charakter und Ausdruck Caractère et expression

schmähend	invectivant	1291
jähzornig	coléreux	1292
zornig	irrité	1293
mit Ironie	avec ironie	1294
ironisch	ironique	1295
unentschlossen / zaudernd	irrésolu / en titubant	1296
aufreizend	irritant	1297
gereizt	irrité	1298
zerrissen	déchiré	1299
tränenvoll	larmoyant	1300
klagend / wehklagend	plaintif	1301
schmachtend / mit Schmelz	languissamment / avec langueur	1302
schmachtend	languissant / languide	1303
ausgedehnt	largement	1304
ermattet / ermüdet	las / lassé	1305
mit Leichtigkeit	avec légèreté / légèrement	1306
leicht / duftig	léger	1307
flink	leste	1308
geziert	avec affectation	1309
in freier Weise / frei im Vortrag	dégagé / librement	1310
fröhlich / vergnügt	joyeux	1311
flüssig	liquide	1312
lyrisch / gesanglich	d'une façon lyrique	1313
glatt / schlicht	lisse / plat	1314
klar	lucide	1315
unheimlich / bedrohlich	lugubre / sinistre	1316
leuchtend / hell	lumineux	1317
schmeichelnd	flatteur	1318
geschmeichelt	flatté	1319
mit Glanz	avec lustre	1320
trauernd	douloureusement	1321
majestätisch	majestueux	1322
mit Meisterschaft	avec maîtrise	1323
magisch	magique	1324
mit Schwermut	avec mélancolie	1325
schwermütig	mélancolique	1326
boshaft / verschmitzt	malicieux / espiègle	1327
kriegerisch	martial	1328
männlich	viril	1329
mechanisch	mécaniquement	1330

1331	meditando / meditativo	meditating
1332	melodico	melodic
1333	melodioso	melodious
1334	mestamente	mournfully
1335	mesto / afflitto	afflicted
1336	minacciosamente / minaccioso	threatening / menacing
1337	misteriosamente / misterioso	mysterious
1338	mistico	mystic
1339	mobile	flexible
1340	moderazione (con) / castigato	with moderation
1341	molle / floscio / mollezza (con)	flabby / with flabbiness
1342	monotono	monotonous
1343	morbidezza (con)	limply
1344	mordace / mordente	biting
1345	mormorando / mormorato	murmuring / rustling
1346	narrante / narrando	narrating
1347	naturalezza (con)	naturally
1348	nebbioso	foggy / misty
1349	nebuloso	nebulous
1350	negligentemente	negligently
1351	nervosamente	nervously
1352	nettamente	clearly
1353	nobilmente	nobly
1354	nobiltà (con)	with nobility
1355	noncuranza (con)	carelessly
1356	nostalgico	nostalgic / longing
1357	nutrito	nourished
1358	nuziale	nuptial
1359	offeso	offended
1360	ondeggiante / ondulante	undulating / rolling
1361	opaco	opaque / dull
1362	oppresso	oppressed
1363	orgoglioso / fiero	proud
1364	orrendo / orrido / spaventoso	horrifying
1365	osservanza (con) / rispetto (con)	with respect
1366	ostinatezza (con) / ostinazione (con)	obstinately
1367	ostinato / persistente	obstinate / persistent
1368	pacatamente	peaceably / peaceful
1369	pacato / pacifico	peaceable

Die Sprache der Partituren: Charakter und Ausdruck	Le langage des partitions: Caractère et expression	
sinnend / nachdenkend	en méditant / méditatif	1331
melodisch	mélodieux	1332
melodiös	mélodieusement	1333
auf betrübte Weise	tristement	1334
niedergeschlagen	affligé / triste / chagrin	1335
drohend	menaçant	1336
geheimnisvoll	mystérieusement / mystérieux	1337
mystisch	mystique	1338
beweglich	mobile	1339
mit Mäßigung	avec modération	1340
schlaff	mou / flasque / avec mollesse	1341
eintönig / monoton	monotone	1342
weichlich	avec douceur	1343
bissig / spitzig	mordant	1344
murmelnd / gemurmelt / rauschend	en murmurant / en gazouillant	1345
erzählend	en narrant	1346
mit Natürlichkeit	naturellement	1347
neblig / verschwommen	brumeux	1348
nebelhaft / unklar	nébuleux	1349
nachlässig / sorglos	négligemment	1350
nervös / nervig	nerveusement	1351
in klarer Weise	nettement	1352
edel	noblement	1353
mit Adel	avec noblesse	1354
mit Sorglosigkeit	avec nonchalance	1355
nostalgisch	nostalgique	1356
voll / gesättigt	plein / nourri	1357
hochzeitlich	nuptial	1358
beleidigt	offensé	1359
wogend / wallend	en ondoyant / onduleux	1360
undurchsichtig / matt / trüb	opaque	1361
unterdrückt	opprimé / oppressé	1362
stolz	orgueilleux / fier	1363
fürchterlich / entsetzlich	horrible / affreux	1364
mit Hochachtung	avec respect	1365
mit Hartnäckigkeit	avec obstination	1366
hartnäckig / eigensinnig	obstiné / persistant	1367
in ruhiger Weise	paisiblement	1368
ruhig / friedlich	paisible	1369

1370	pace (con)	with peace
1371	paradisiaco	paradisiac
1372	parlando	speaking
1373	passione (con)	with passion
1374	pastorale	pastoral
1375	pastoso	mellow
1376	patetico	pathetic
1377	paura (con)	with fear
1378	pauroso / paventato	fearful / timorous
1379	pazzamente / pazzescamente	madly / wantonly
1380	penetrante	penetrating / percing
1381	penoso	painful
1382	pensando	thinking
1383	pensieroso / pensoso	pensive
1384	pensosamente	thoughtful
1385	perseveranza (con) / costanza (con)	with perseverance / with steadfastness
1386	pesante	heavy
1387	pesato / ponderato	weighted
1388	piacevole / ameno / piacevolezza (con)	pleasant / pleasing
1389	piangendo / lacrimando	crying
1390	piangevole / piangente	weeping / weepy
1391	piccante / pungente	sharp / spiky / prikly
1392	pietoso	pitying
1393	pigro	lazy
1394	pio	pious
1395	pittoresco	picturesque
1396	placido / mite / mansueto	placid / mild / meek
1397	poetico	poetic
1398	pompa (con)	with pomp
1399	ponderoso	ponderous
1400	portamento (con)	with dignity / bearing
1401	posatamente / posato	calm / sedate / sedately
1402	possente / potente / poderoso	powerful
1403	precisione (con)	with precision
1404	preciso	precise
1405	pregando	praying
1406	profondo	profound / deep
1407	pronunciato / pronunziato	pronounced
1408	provocante	provocative

Deutsch	Français	Nr.
mit Frieden / mit Seelenfrieden	avec paix	1370
paradiesisch	paradisiaque	1371
sprechend / redend	en parlant	1372
mit Leidenschaft	avec passion	1373
nach Art der Hirten	pastoral	1374
geschmeidig	moelleux	1375
pathetisch	pathétique	1376
angstvoll	avec effroi	1377
ängstlich / furchtsam	peureux / craintif	1378
wahnsinnig / verrückt	follement	1379
durchdringend	pénétrant / perçant	1380
mühselig	pénible	1381
denkend	en réfléchissant	1382
gedankenvoll	pensif	1383
nachdenklich	gravement	1384
mit Ausdauer / mit Beständigkeit	avec persévérance / avec constance	1385
schwer / schwerfällig	pesant / lourd	1386
wohl erwogen / bedächtig	pesé / réfléchi	1387
angenehm / erfreulich	plaisant / avec agrément	1388
weinend	en pleurs	1389
weinend / weinerlich	larmoyant	1390
scharf / stechend	piquant / pointu	1391
mitleidig / barmherzig	charitable	1392
träge / behäbig	paresseux	1393
fromm / ergeben	pieux	1394
malerisch	pittoresque	1395
friedlich / sanftmütig / gutmütig	débonnairement / placide	1396
dichterisch	poétique	1397
mit Feierlichkeit / mit Prunk	avec pompe	1398
gewichtig	pondéré	1399
mit Haltung	avec maintien	1400
gesetzt / bedächtig	posément / posé	1401
mächtig / gewaltig	puissant	1402
mit Präzision	avec précision	1403
präzis	précis	1404
betend	en priant	1405
tief / tiefgründig	profond	1406
deutlich ausgesprochen	prononcé	1407
herausfordernd	provocant	1408

	Il Linguaggio delle Partiture: Carattere ed espressione	The language of the scores: Character and expression
1409	prudente	prudent
1410	prudenza (con)	with prudence
1411	purezza (con) / purità (con)	with purity
1412	puritano	puritan
1413	puro / schietto	pure
1414	quasi una fantasia	almost like a fantasy
1415	rabbia (con) / ira (con)	with rage / with wrath
1416	raccapriccio (con)	with horror
1417	raccoglimento (con)	with devotion
1418	raccolto	thoughtful
1419	raccontando	narrating
1420	radioso / raggiante	radiant / beaming
1421	raffinatezza (con)	with refinement
1422	rallegrato	pleased / delighted
1423	rassegnato	resigned
1424	rassegnazione (con)	with resignation
1425	recitando	reciting
1426	religioso	religious
1427	respirando / aspiratamente	breathing
1428	ribrezzo (con) / disgusto (con)	with disgust
1429	ricercatezza (con)	with fineness
1430	ricercato	exquisite / precious
1431	ricco	rich / wealthy
1432	ricordando / reminiscendo	reminiscing
1433	ridicolo / ridicolosamente	ridiculous
1434	rigidezza (con)	with rigidity
1435	rigido	rigid
1436	rigoglioso	luxuriant
1437	rigoroso	rigorous
1438	rilassato	relaxed
1439	rimbombante / rintronante	bombastic / roaring
1440	rimpianto (con)	with regret
1441	risentimento (con) / risentito	with resentment / resentful
1442	risolutezza (con) / risoluzione (con)	with resolution
1443	risonante	resonant
1444	rispetto (con) / deferente	with respect / respectful
1445	riverente	reverent
1446	romantico	romantic
1447	rotondo / tondo	round

Die Sprache der Partituren: Charakter und Ausdruck	Le langage des partitions: Caractère et expression	
vorsichtig	prudent	1409
mit Vorsicht	avec prudence	1410
mit Reinheit	avec pureté	1411
puritanisch	puritain	1412
rein / echt	pur	1413
fast wie eine Fantasie	presque comme une fantaisie	1414
mit Wut	avec rage	1415
mit Schaudern	avec horreur	1416
mit Andacht	avec recueillement	1417
gesammelt / andächtig	recueilli	1418
erzählend	en racontant	1419
strahlend	radieux	1420
mit Raffinesse	avec raffinement	1421
erfreut	réjoui	1422
resigniert / ergeben	résigné	1423
mit Ergebung	avec résignation	1424
rezitierend / erzählend	en récitant / en récit	1425
religiös	religieux	1426
atmend	en respirant	1427
mit Abscheu	avec dégoût	1428
mit Geziertheit	avec recherche	1429
gesucht	recherché	1430
reich	riche	1431
sich erinnernd	en se souvenant	1432
lächerlich	ridicule	1433
mit Steifheit / mit Strenge	avec raideur	1434
steif / starr	raide / rigide	1435
üppig	exubérant	1436
streng	rigoureux	1437
entspannt / gelassen	détendu / décontracté	1438
dröhnend	retentissant / résonnant	1439
mit Bedauern	avec regret	1440
mit Groll	avec rancune / avec ressentiment	1441
mit Entschlossenheit	avec résolution	1442
schallend	résonnant	1443
mit Respekt / ehrerbietig	avec respect / avec déférence	1444
ehrfurchtsvoll	révérenciel	1445
romantisch	romantique	1446
rund / voll	rond	1447

1448	rumoroso / rumorosamente	noisy / noisily
1449	rusticano / rustico / villanesco	rustic
1450	ruvido / rude / grezzo	rough
1451	saggiamente	wisely / sagely
1452	salmeggiando	psalmodic
1453	saltellando	hopping
1454	sarcastico	sarcastic
1455	scatenato	unrestrained / wantonly
1456	scattante	darting
1457	scherno (con)	with mockery
1458	scherzando / scherzoso	jesting
1459	sciolto	free and easy
1460	scoppiante / crepitante	bursting / crackling
1461	scoramento (con)	with discouragement
1462	scorrevole / scorrendo	flowing
1463	scrupoloso / minuzioso / meticoloso	scrupulous / meticulous / painstaking
1464	sdegno (con) / sdegnoso / disdegnoso	with disdain / disdainful
1465	secco	dry
1466	seducente	seductive
1467	selvaggio	wild
1468	semplice	simple
1469	semplicemente	simply
1470	semplicità (con)	with simplicity
1471	sensibilità (con)	with sensitivity
1472	sensibilmente	sensitively
1473	sensuale	sensual
1474	sentimentale	sentimental
1475	sentimento (con)	with feeling
1476	sentito	heart-felt
1477	senza colore / stinto	without colour
1478	senza sforzo	effortless
1479	serafico	seraphic
1480	serenità (con)	with serenity
1481	sereno	serene
1482	serietà (con)	with seriousness
1483	serio / grave	serious
1484	severità (con)	with severity
1485	severo	severe
1486	sfacciato	cheeky

Die Sprache der Partituren: Charakter und Ausdruck	Le langage des partitions: Caractère et expression	99

lärmend / geräuschvoll	bruyant / bruyamment	1448
ländlich	rustique	1449
grob / rau	rugueux / rude	1450
in besonnener Weise	sagement	1451
psalmodierend	en psalmodiant	1452
hüpfend	en sautillant	1453
sarkastisch	sarcastique	1454
entfesselt	déchaîné	1455
losschnellend	bondissant	1456
mit Hohn	avec moquerie	1457
scherzend / neckisch	en badinant / en plaisantant	1458
ungebunden	délié	1459
berstend	éclatant / crépitant	1460
mit Niedergeschlagenheit	avec accablement	1461
dahinfließend	coulant / coulamment	1462
peinlich genau / minuziös	scrupuleux / méticuleux	1463
verächtlich / mit Geringschätzung	avec dédain / dédaigneux	1464
trocken	sec	1465
verführerisch	séduisant	1466
wild	sauvage	1467
einfach	simple	1468
in einfacher Weise	simplement	1469
mit Einfachheit	avec simplicité	1470
mit Empfindsamkeit	avec sensibilité	1471
empfindlich	sensiblement	1472
sinnlich	sensuel	1473
sentimental	sentimental	1474
mit Empfindung / mit Gefühl	avec sentiment	1475
tief empfunden	ressenti	1476
farblos	sans couleur	1477
ohne Anstrengung	sans effort	1478
engelhaft	séraphique	1479
mit heiterer Gelassenheit	avec sérénité	1480
heiter	serein	1481
mit Ernsthaftigkeit	avec gravité	1482
ernst / würdevoll	sérieux / grave	1483
mit Strenge	avec sévérité	1484
streng	sévère	1485
frech / unverschämt	effronté	1486

1487	sfarzo (con)	with splendor
1488	sfarzoso / pomposo	pompous
1489	sfavillante / scintillante	sparkling / scintilleting
1490	sfidando	defiant
1491	sfoggiando / ostentativo	showing off
1492	sfolgorante / splendente	resplendent
1493	sfrenato	unbridled / wantonly
1494	sfrontato / impertinente	impertinent / impudent
1495	sfumato / sfumando	shaded
1496	sgomento (con)	with dismay
1497	sibillino	mysterious
1498	sicurezza (con)	with selfconfidence
1499	silenzioso	silent
1500	sincero	sincere
1501	slancio (con)	with verve / with dash
1502	smania (con)	with restlessness
1503	smanioso	restless
1504	soave	suave
1505	sobrietà (con)	with sobriety
1506	sobrio / castigato	sober
1507	sognante / trasognato	dreaming
1508	solenne	solemn
1509	solennità (con)	with solemnity
1510	sommesso	submissive
1511	sonoro	sonorous
1512	sorvolando	flying above
1513	sospirando	sighing
1514	spassionato	dispassionate
1515	spazioso	spacious
1516	spensierato	without sorrow
1517	spettrale	ghastly / ghostly
1518	spianato	smooth / even
1519	spiccatamente	standing out
1520	spiegato	spread out
1521	spigliatezza (con)	with ease
1522	spigliato	free and easy
1523	spirito (con)	with spirit
1524	spiritoso / spirituoso	spirited / witty
1525	spirituale	spiritual
1526	spontaneo	spontaneous

Die Sprache der Partituren:	Le langage des partitions:	
Charakter und Ausdruck	Caractère et expression	101

mit Prunk	avec faste	1487
prunkvoll	fastueux / pompeux	1488
funkelnd / glitzernd	étincelant	1489
herausfordernd	avec défi	1490
prahlerisch	ostentatoire	1491
blendend	éblouissant	1492
zügellos / unbändig	effréné	1493
dreist / vorlaut	impertinent / impudent	1494
schattiert / verhaucht	estompé / en estompant	1495
bestürzt	avec désarroi	1496
geheimnisvoll	sybillin	1497
mit Sicherheit	avec sûreté	1498
still	silencieux	1499
aufrichtig	sincère	1500
mit Schwung / mit Aufschwung	avec élan / envolé / avec essor	1501
mit Rastlosigkeit	avec frénésie	1502
rastlos	agité / emporté	1503
lieblich	suave	1504
mit Zurückhaltung	avec sobriété	1505
enthaltsam	sobre	1506
träumend / träumerisch	en rêvant / rêveur	1507
feierlich	solennel	1508
mit Feierlichkeit	avec solennité	1509
unterwürfig	soumis	1510
klangvoll	sonore	1511
überfliegend	en survolant	1512
seufzend	en soupirant	1513
leidenschaftslos	sans passion	1514
geräumig	spacieux	1515
leichtsinnig / unbekümmert	sans soucis	1516
gespenstisch / geisterhaft	spectral	1517
geebnet / ungekünstelt	aplani	1518
in hervorstechender Weise	de façon saillante	1519
entfaltet	déployé	1520
mit Ungezwungenheit	avec aisance	1521
ungezwungen / keck	alerte / dégagé	1522
geistreich	avec esprit	1523
geistreich / geistvoll / witzig	spirituel	1524
geistlich	spirituel	1525
spontan	spontané	1526

	Il Linguaggio delle Partiture:	The language of the scores:
	Carattere ed espressione	Character and expression

1527	squillante	ringing / piercing
1528	stanchezza (con) / stanco	with weariness / tired
1529	stentato / penoso	arduous
1530	steso / disteso / esteso	stretched
1531	strano	odd / strange
1532	stravagante	extravagant
1533	straziante / lancinante	heart-breaking
1534	strepito (con)	with noise
1535	stridente	sharp
1536	stridulo	shrill
1537	stupore (con) / meraviglia (con)	with amazement
1538	sublime	sublime
1539	sufficienza (con)	with conceit
1540	supplicando / supplichevole	pleadingly
1541	tempestosamente / tempestoso	tempestuous
1542	temporalesco / burrascoso	thundery / stormy
1543	tenace	tenacious
1544	tenebroso / scuro / oscuro	dark
1545	teneramente	tenderly
1546	tenerezza (con)	with tenderness
1547	tenero / morbido	tender / silky
1548	tepidezza (con)	with tepidness / tepidly
1549	tepido / tiepido	tepid / lukewarm
1550	terribile / spaventoso	terrible / dreadful
1551	teso	tense
1552	tiepidamente	tepidly / lukewarmly
1553	timidamente	timidly
1554	timidezza (con)	with timidity
1555	timore (con)	with fear
1556	timorosamente	timorously
1557	tintinnando	tinkling
1558	tonando / tuonando / tonante	thundering
1559	tormentato	tormented
1560	tormentoso	tormenting
1561	torvo / bieco / losco	grim / shifty
1562	tragico	tragic
1563	tragicomico	tragi-comic
1564	tranquillità (con)	with calmness
1565	tranquillamente / tranquillo	quietly
1566	trasfigurato	transfigured

Deutsch	Français	Nr.
schallend / durchdringend	retentissant	1527
mit Müdigkeit / müde	avec lassitude / fatigué	1528
mühevoll	pénible / péniblement	1529
ausgedehnt / gedehnt	étendu	1530
seltsam	étrange	1531
extravagant	extravagant	1532
herzzerreißend / ergreifend	déchirant / poignant	1533
mit Lärm	avec fracas	1534
kreischend	strident	1535
schrill	perçant	1536
mit Staunen	avec stupeur	1537
erhaben	sublime	1538
mit Selbstgefälligkeit	avec suffisance	1539
flehend	en suppliant / suppliant	1540
stürmisch	orageusement	1541
gewitterhaft	orageux / tempétueux	1542
hartnäckig / zäh	tenace	1543
finster / dunkel	ténébreux / obscur	1544
zärtlich	tendrement	1545
mit Zärtlichkeit	avec tendresse	1546
zart	tendre / soyeux	1547
mit Leidenschaftslosigkeit / mit Lauheit	avec tièdeur	1548
lau	tiède	1549
schrecklich / entsetzlich	terrible / épouvantable	1550
straff / gespannt	tendu	1551
lau / leidenschaftslos	tièdement	1552
schüchtern	timidement	1553
mit Schüchternheit	avec timidité	1554
mit Furcht	avec crainte	1555
furchtsam	craintivement	1556
klingelnd	en tintinnabulant	1557
donnernd / dröhnend	en tonnant / tonnant	1558
gequält	tourmenté	1559
qualvoll	torturant	1560
grimmig / verdächtig	torve / louche	1561
tragisch	tragique	1562
tragikomisch	tragi-comique	1563
mit Ruhe	avec tranquillité	1564
ruhig / ruhevoll	tranquillement / tranquille	1565
verklärt	transfiguré	1566

1567	trasparente	transparent
1568	tramando	conspiring
1569	tremando / trepidante	trembling
1570	tremendo	tremendous
1571	trionfante	triumphant
1572	triste / contristato	sad
1573	tristemente	sadly
1574	tristezza (con) / mestizia (con)	with sadness
1575	turbato	disturbed / distracted
1576	umile	humble
1577	umore (con)	with humour
1578	umoristico	humorous
1579	uniforme	uniform / equable
1580	urlando / gridando	shouting / screaming
1581	vagamente / vago	vague
1582	valore (con)	with valour
1583	valoroso / valente	valorous
1584	vaporoso / evanescente	vaporous
1585	veemente	vehement
1586	veemenza (con)	with vehemence
1587	vellutato	velvety
1588	venerazione (con)	with veneration
1589	venusto / vezzoso	pretty
1590	vezzeggiando	fondling
1591	vibrando / vibrante	vibrant
1592	vigore (con)	with vigour
1593	vigoroso / robusto	vigorous
1594	violento	violent
1595	violenza (con)	with violence
1596	virtuosità (con) / virtuoso	with virtuosity / virtuoso
1597	vispo	brisk
1598	vistoso / sgargiante	showy
1599	vittorioso	victorious
1600	vivacità (con) / vivezza (con)	with liveliness / with animation
1601	vivido / esuberante	vivid
1602	vivo / vivente	alive / lively
1603	voglia (con) / lena (con)	with desire
1604	volando / volante / volteggiando	flying / flying away
1605	volontà (con) / volenteroso	with will / willing
1606	volubile / incostante	fickle

Die Sprache der Partituren: Charakter und Ausdruck	Le langage des partitions: Caractère et expression	
durchsichtig	transparent	1567
verschwörerisch	en conspirant	1568
zitternd	tremblant	1569
furchtbar	effrayant	1570
triumphierend	triomphal	1571
traurig	triste	1572
in trauriger Weise	tristement	1573
mit Traurigkeit	avec tristesse	1574
verstört / verwirrt	troublé	1575
demütig / dürftig	humble	1576
mit Humor	avec humour	1577
humoristisch	humoristique	1578
gleichmäßig / einheitlich	uniforme	1579
schreiend / aufschreiend	en hurlant / en criant	1580
unbestimmt	vaguement / vague	1581
mit Tapferkeit / mit Bedeutung	avec vaillance	1582
tapfer	vaillant / valeureux	1583
dunstig	vaporeux	1584
heftig	véhément / emporté	1585
mit Heftigkeit / mit Vehemenz	avec véhémence	1586
samtartig	velouté	1587
mit Verehrung	avec vénération	1588
reizvoll / hübsch / hold	joli	1589
hätschelnd	en cajolant	1590
vibrierend	en vibrant / vibrant	1591
mit Lebenskraft	avec vigueur	1592
kräftig / kraftvoll	vigoureux / robuste	1593
gewaltsam	violent	1594
mit Gewalt	avec violence	1595
mit Virtuosität / virtuos	avec virtuosité / virtuose	1596
voll Lebendigkeit	plein de vivacité	1597
auffallend	voyant	1598
siegreich	victorieux	1599
mit Lebhaftigkeit	avec vivacité / avec entrain	1600
sehr lebhaft / überschwänglich	exubérant	1601
lebendig	vif / vivant	1602
mit Lust	avec envie	1603
fliegend	en volant / volant	1604
mit Willen / willig	avec volonté / de bonne volonté	1605
unbeständig / flatterhaft	volage	1606

	Il Linguaggio delle Partiture:	The language of the scores:
	Carattere ed espressione	Character and expression

1607	volubilità (con)	with fickleness
1608	voluttuoso	voluptuous
1609	zelo (con) / zelante	with zeal / zealous

Diversi — **Miscellany**

1610	abbastanza / assai	enough / quite
1611	ab initio (L) / ab inizio	from the beginning
1612	a cappella	unaccompanied vocal music
1613	accanto	beside
1614	accompagnando	accompanying
1615	acuto	shrill
1616	a due	in two
1617	a due volte / due volte	twice
1618	a fior di labbro	on the tip of the tongue
1619	al fine	to the end
1620	all'improvvista	improvised
1621	all'ottava	at the octave
1622	alla breve	minim beat
1623	alla coda	to the coda / to the final part
1624	alla meglio	as well as possible
1625	alquanto	some / rather
1626	al rigore di tempo	strictly in time
1627	al segno	to the sign
1628	al suo posto	on his place
1629	al tempo precedente	at the preceding pace
1630	allargato	broadened
1631	alternando	alternating / alternatively
1632	alternato	alternate
1633	altrimenti	otherwise
1634	altro	other
1635	anche	too / also
1636	ancora	still / again
1637	ancora una volta	once again
1638	aperto / sfogato	open
1639	appena / scarso	scarcely
1640	approssimativo	approximately

Die Sprache der Partituren: Charakter und Ausdruck	Le langage des partitions: Caractère et expression	107
mit Unbeständigkeit	avec volubilité	1607
wollüstig	voluptueux	1608
mit Eifer / eifrig	avec zèle / zélé	1609

Verschiedenes   **Divers**

genug / genügend / ziemlich	assez / suffisamment	1610
von Anfang an	du début	1611
ohne Instrumente	sans instruments / style de chapelle	1612
neben	à côté	1613
begleitend	en accompagnant	1614
scharf	aigu	1615
in zwei Zählzeiten / zu zweit	à deux	1616
zweimal	deux fois	1617
fast unvernehmlich	du bout des lèvres	1618
bis zum Ende	à la fin	1619
unvorbereitet / improvisiert	improvisé	1620
in der Oktave	à l'octave	1621
in halben Noten	à la blanche	1622
zum Anhang / bis zum Schlussteil	à la partie finale	1623
so gut es geht	le mieux possible	1624
etwas / ziemlich	quelque peu	1625
streng im Takt	rigoureusement en mesure	1626
bis zum Zeichen	au signe	1627
an seiner Stelle	à sa place	1628
ins vorige Zeitmaß zurückkehrend	au mouvement précédent	1629
verbreitert	élargi	1630
abwechselnd / alternierend	en alternant	1631
abgewechselt	alterné	1632
sonst / anderenfalls	autrement	1633
anderer	autre	1634
auch	aussi	1635
noch / wieder	encore	1636
noch einmal	encore une fois	1637
offen	ouvert	1638
kaum / knapp	à peine	1639
annähernd	approximatif	1640

	Il Linguaggio delle Partiture: Diversi	The language of the scores: Miscellany
1641	assai	very
1642	assolutamente	absolutely / continously
1643	assoluto	absolute
1644	assordante	ear-deafening
1645	attacca	"attack!" / begin / go on
1646	attacca subito	immediate attack
1647	bastante / sufficiente	sufficient
1648	ben / bene	well
1649	bicordo	bichord
1650	breve / corto	short / brief
1651	cadenzale / cadenzante	cadential / cadencing
1652	cambiando / cangiando / mutando	changing
1653	che	that / who / which / what
1654	circa	about
1655	coda *f*	"tail" / final part
1656	coinvolto	involved
1657	colla voce / con la voce	with the voice
1658	colpo *m*	stroke
1659	come	as / how / like
1660	come al principio	as the beginning
1661	come prima	as before
1662	come sopra	as above
1663	come stà	as it is
1664	come una cadenza	like a cadenza
1665	cominciando	beginning
1666	con / col / colla / coi / colle	with / with the
1667	con un dito	with one finger
1668	concertante	concertante
1669	conciso / stringato	concise
1670	contano	count
1671	continua	go on
1672	continuo / continuamente	continuous
1673	contro	against
1674	da	from
1675	da capo / daccapo / dal principio	from the beginning
1676	da capo al fine	from the beginning to the end

Die Sprache der Partituren: Verschiedenes	Le langage des partitions: Divers	
sehr	très / beaucoup	1641
durchaus / unbedingt	absolument	1642
absolut	absolu	1643
ohrenbetäubend	assourdissant	1644
„falle ein" / beginne	attaque / commence	1645
anknüpfen / unmittelbar anschließen	enchaîner	1646
genügend	suffisant	1647
gut	bien	1648
Doppelgriff	à doubles cordes	1649
kurz	bref / court	1650
kadenzierend	cadentiel	1651
wechselnd	en changeant	1652
welcher / welche / welches	que	1653
ungefähr	environ	1654
„Schwanz" m / Anhang m / Schlussteil m	„queue" f / partie finale f	1655
einbezogen / verwickelt in etwas	engagé	1656
mit der Stimme	avec la voix	1657
Schlag m / Stoß m	coup m	1658
wie / wie bei	comme	1659
wie anfangs / wie beim Eingang	comme au début	1660
wie vorher / wie früher	comme avant	1661
wie oben	comme plus haut	1662
wie es dasteht	tel quel	1663
wie eine Kadenz	comme une cadence	1664
anfangend	en commençant	1665
mit / mit dem / - der / - den	avec / avec le / - la / - les	1666
mit einem Finger	avec un doigt	1667
konzertierend / konzertant	concertant	1668
bündig / knapp	concis	1669
zählen Sie (bei Pausen)	comptez	1670
setzen Sie fort	continuez	1671
ununterbrochen / durchgehend	continu / continuellement	1672
gegen	contre	1673
von	depuis	1674
von vorne / von Anfang an	du début	1675
wieder von Anfang an bis zum Schluss	du début à la fin	1676

1677	da capo al segno	from the beginning to the sign
1678	dal principio alla fine	throughout
1679	dal segno	from the sign
1680	dal segno al fine	from the sign to the end
1681	dappertutto	everywhere
1682	da qui	from here
1683	davanti	in front
1684	dietro / indietro	back / backwards
1685	di colpo / repente	sudden
1686	di nuovo / un'altra volta	once more / again
1687	diritto / retto	right / straight
1688	diverso	different
1689	divisi / diviso	divided
1690	dopo / poi	after / afterwards
1691	doppio	double
1692	durante	during
1693	eccessivamente	excessively
1694	eccetto	except
1695	eccezione *f*	exception
1696	enormemente	enormously
1697	equabilmente	equitably
1698	estremamente	extremely
1699	facoltativo	optional
1700	fate vibrare / lasciate vibrare	make vibrate
1701	fine *f*	end
1702	finito	finished
1703	fino al / sino al	up to / to the / until
1704	fino al segno	up to the sign
1705	già	already
1706	giustamente / aggiustamente	suitably
1707	gli altri	the others
1708	gli stessi	the same
1709	gradatamente / gradualmente	gradually
1710	gran / grande	great / much / big
1711	il più…	the most…
1712	il più possibile	as much as possible
1713	imitando	imitating
1714	immutato / inalterato	unchanged
1715	improvvisamente / improvviso	suddenly

wieder von Anfang an bis zum Zeichen	du début au signe	1677
durchweg	du début à la fin	1678
vom Zeichen	du signe	1679
vom Zeichen bis zum Schluss	du signe à la fin	1680
überall	partout	1681
von hier ab	depuis ici	1682
vorne / davor	devant	1683
hinten / zurück / rückwärts	derrière / en arrière	1684
plötzlich	tout à coup	1685
nochmals / von neuem	à nouveau	1686
gerade	droit	1687
verschieden	différent	1688
geteilt	divisé	1689
dann / anschließend / nach	après / ensuite	1690
doppelt	double	1691
während	durant / pendant	1692
übermäßig	excessivement	1693
ausgenommen	excepté	1694
Ausnahme f	exception f	1695
in enormer Weise	énormément	1696
in gleichförmiger Weise / auf dieselbe Art	équitablement	1697
äußerst	extrèmement	1698
wahlfrei / beliebig	facultatif	1699
vibrieren lassen / klingen lassen	laissez vibrer	1700
Schluss m	fin f	1701
beendet	terminé	1702
bis zu / bis zum	jusqu'au	1703
bis zum Zeichen	jusqu'au signe	1704
schon / bereits	déjà	1705
angemessen	justement	1706
die übrigen	les autres	1707
dieselben	les mêmes	1708
stufenweise	graduellement	1709
groß / viel	grand	1710
das meiste / äußerst…	le plus…	1711
so viel wie möglich	le plus possible	1712
nachahmend	en imitant	1713
unverändert	inchangé	1714
plötzlich / unerwartet	soudain	1715

1716	in fuori / in evidenza	bring out / bring forward
1717	in giù / giù	below
1718	in luogo di	in place of
1719	in mancanza di	in the absence of
1720	in maniera / in modo	in a ... way / in a ... manner
1721	in nessun caso	in no case
1722	in primo piano	in the foreground
1723	in rilievo / prominente	pointed out
1724	in risalto	to emphasize
1725	insieme / assieme	together
1726	in su	above
1727	lasciar vibrare	let sound / let vibrate
1728	levate i sordini	remove the mutes
1729	loco (L) / al luogo	sounding as written
1730	lungo / a lungo	long
1731	luogo *m* / posto *m*	place
1732	ma	but
1733	ma non tanto / ma non troppo	but not too much
1734	massimo	greatest
1735	medesimo / stesso / istesso	same / the same
1736	meno	less
1737	metà *f*	half
1738	mezzo / mezza	half
1739	mezza forza	half strength
1740	minimo	minimum
1741	misto	mixed
1742	misurato	measured
1743	moltissimo	very much
1744	molto / di molto	much / very
1745	moto *m* / movimento *m*	motion
1746	multiplo	multiple
1747	muta / cambia	change
1748	nascosto	hidden
1749	nel / nella	in the
1750	nello (allo) stesso modo	in the same way
1751	nessuno	no one / nobody
1752	niente / nulla	nothing / not at all
1753	non	not
1754	non molto	not much / not very

Deutsch	Français	Nr.
außerhalb / hervortretend / hervor	en dehors / en évidence	1716
nach unten / abwärts / unten	en bas	1717
an Stelle von	au lieu de	1718
in Ermangelung von	à défaut de	1719
in … Weise	de façon / de manière	1720
keinesfalls / in keinem Fall	en aucun cas	1721
im Vordergrund	au premier plan	1722
hervorgehoben	en valeur / relevé / en relief	1723
hervorbringen / hervorstechend	mettre en valeur	1724
zusammen	ensemble	1725
aufwärts / nach oben / oben	en haut	1726
klingen lassen	laisser vibrer / résonner	1727
Dämpfer abnehmen	enlever la sourdine	1728
an seinem Platz (Oktavierung aufgehoben)	à sa place	1729
lang / in langer Weise	long / longuement	1730
Stelle *f* / Ort *m*	endroit *m* / lieu *m*	1731
aber / jedoch	mais	1732
aber nicht zu sehr	mais pas trop	1733
(der) größte	maximum	1734
derselbe / dasselbe	la même chose / même (le)	1735
weniger	moins	1736
Hälfte *f*	moitié *f*	1737
halb	demi / demie	1738
halbe Kraft	demi force	1739
(der) kleinste	minimum	1740
gemischt	mélangé / mixte	1741
gemessen	mesuré	1742
sehr viel	énormément	1743
viel / sehr / gar	très / beaucoup	1744
Bewegung *f*	mouvement *m*	1745
vielfach	multiple	1746
verändere	change	1747
verborgen / versteckt	caché	1748
im / in	dans le / dans la	1749
auf dieselbe Art	de la même façon	1750
niemand / kein	personne / aucun	1751
nichts / gar nichts	rien / du tout	1752
nicht	ne....pas	1753
nicht viel / nicht sehr	pas beaucoup	1754

	Il Linguaggio delle Partiture: Diversi	The language of the scores: Miscellany
1755	non tanto	not very / not so
1756	non tenuto	not held
1757	non troppo	not too much
1758	obbligato / obbligatorio	obligatory / compulsory
1759	ogni / ciascuno	every / each
1760	ogni volta	every time
1761	omesso	omitted
1762	ordinario / usuale	ordinary
1763	ossia / oppure / ovvero	otherwise / or / else
1764	per	for / to
1765	per finire	to end / in order to finish
1766	per l'ultima volta	for the last time
1767	per tutta la durata	for the whole length
1768	però	however
1769	pieno	full
1770	più / di più	more
1771	più che / più del	more then
1772	piuttosto	rather
1773	poco / scarso	little / few
1774	poco a poco	little by little
1775	poco a poco meno	gradually less
1776	poco a poco più	gradually more
1777	poco meno	a little less
1778	poco più	a little more
1779	poi segue	then follows
1780	possibile	(as) possible
1781	possibilmente	if possible
1782	precedente / anteriore	preceding
1783	prima	before
1784	prima che / prima di	before
1785	prossimo	next
1786	qua / qui	here
1787	qualche / alcune	some
1788	quanto	as much as
1789	quasi	almost / nearly / as if
1790	rigorosamente	rigorously
1791	rispettare il testo	respect the text
1792	ritornando / tornando	returning
1793	se	if
1794	se bisogna	if necessary

Die Sprache der Partituren: Verschiedenes	Le langage des partitions: Divers	
nicht zu sehr	pas trop	1755
nicht gehalten	non tenu	1756
nicht zu viel	pas trop	1757
obligat / verpflichtend / bindend	obligé / obligatoire	1758
jede / jeder / jedes	chaque / chacun	1759
jedesmal	chaque fois	1760
unterlassen	omis	1761
gewöhnlich / üblich	habituel	1762
oder / oder auch	ou bien	1763
für / durch	pour	1764
zum Schluss	pour finir	1765
zum letzten Mal	pour la dernière fois	1766
für die ganze Dauer	pendant toute la durée	1767
dennoch / jedoch	pourtant	1768
mit vollem Ton / voll	plein	1769
mehr	plus / davantage	1770
mehr als	plus que / plus du	1771
eher / lieber	plutôt	1772
wenig / knapp	peu	1773
allmählich	peu à peu	1774
allmählich weniger	de moins en moins	1775
allmählich mehr	de plus en plus	1776
etwas weniger	un peu moins	1777
etwas mehr	un peu plus	1778
sodann folgt	puis poursuit	1779
möglich	possible	1780
möglichst	si cela est possible	1781
vorhergehend / im Vorigen	précédent / antérieur	1782
früher / vorher / zuvor	avant	1783
bevor	avant que / avant de	1784
nächste / nächstfolgend	prochain	1785
hier	ici	1786
einige	quelque (s)	1787
so viel wie	autant que	1788
fast / beinahe / wie / als ob	presque	1789
in strenger Weise	rigoureusement	1790
den Text respektieren	respecter le texte	1791
zurückkommend / zurückkehrend	en revenant	1792
wenn / falls / sofern	si	1793
wenn nötig	si nécessaire	1794

	Il Linguaggio delle Partiture: Diversi	The language of the scores: Miscellany
1795	segno *m*	sign / mark
1796	segue	it follows
1797	seguite	follow
1798	sempre / costantemente	always
1799	sempre lo stesso	always the same
1800	senza	without
1801	senza cambiare	without changing
1802	senza correre	without hurrying
1803	senza fermarsi / senza interruzioni	without interruptions
1804	senza replica	without repetition
1805	senza strumenti	without instruments
1806	separato	separated
1807	si leva	take away
1808	simile / lo stesso	similar
1809	sin / sino	until
1810	solito	usual
1811	solo / soli / assolo	alone
1812	soltanto	only / just
1813	sommo	highest
1814	sopra	on / upon
1815	sopratutto	mainly / above all
1816	sordina *f* / sordino *m*	mute / damper / muffle
1817	sotto	under
1818	sovente / spesso	often
1819	spostamento *m*	shift
1820	strettamente	strictly
1821	su / sul / sulla	on / on the
1822	subito / immediatamente	at once / immediately
1823	tace / tacesi / taci	remain silent / be quiet
1824	tacet (L)	silent
1825	tale	such
1826	tantino	a little bit
1827	tanto	so / so much / many
1828	tempo precedente	preceding tempo
1829	tenendo	holding
1830	tenete / mantenete	keep on
1831	tenuto	held
1832	trillato	shaken

Die Sprache der Partituren: Verschiedenes	Le langage des partitions: Divers	
Zeichen *n*	signe *m*	1795
es folgt	ça suit	1796
folgen Sie	suivez	1797
immer / stets / ständig	toujours / constamment	1798
stets das Gleiche	toujours le (la) même	1799
ohne	sans	1800
ohne zu wechseln	sans changer	1801
ohne davonzurennen	sans courir	1802
durchgehend / ohne Unterbrechung	sans s'arrêter / sans interruptions	1803
ohne Wiederholung	sans reprise	1804
ohne Instrumente	sans instruments	1805
getrennt	séparé	1806
man nehme weg	on enlève	1807
gleich	semblable / pareil	1808
bis / zu	jusque	1809
gewohnt / auf gewohnte Weise	habituel	1810
allein	seul	1811
nur	seulement	1812
höchst	suprême	1813
auf / über / oben	dessus	1814
vor allem / überhaupt	surtout	1815
Dämpfer *m*	sourdine *f*	1816
unter	dessous / sous	1817
oft / oftmals / häufig	souvent	1818
Verschiebung *f*	déplacement *m*	1819
sehr genau	strictement	1820
auf / auf der / auf die / auf das	sur / sur le / sur la	1821
sofort / unmittelbar / sogleich	immédiatement / tout de suite	1822
schweige / nicht mitwirken / pausiere	tais-toi	1823
schweigen / nicht mitwirken / pausieren	se taire	1824
solch	tel	1825
ein bißchen	un tantinet	1826
so viel / so sehr	tant / autant	1827
voriges Zeitmaß	tempo précédent	1828
haltend	en tenant	1829
halten Sie	tenez / gardez / maintenez	1830
gehalten / ausgehalten	tenu	1831
getrillert	trillé	1832

	Il Linguaggio delle Partiture:	The language of the scores:
	Diversi	Miscellany

1833	triplo	triple
1834	troppo	too much
1835	troppo poco	not enough
1836	tutta	all
1837	tutta la forza	all the force
1838	tutte / tutti	everybody
1839	tutto	all
1840	udibile	audible
1841	uguale / eguale / uniforme	equal
1842	ultima volta	last time
1843	ultimo / ultima	last
1844	un'altra volta	another time
1845	una volta	once
1846	unico	unique / sole
1847	unito / unitamente	together / at the same time
1848	un pochettino / un pochino	a very little
1849	un poco	a little / somewhat
1850	un poco più	a little more
1851	variabile / variante	variable / varying
1852	variato	varied
1853	vicendevole	alternate
1854	vide (L)	see
1855	…volta	…times
1856	volta subito	turn the page immediately
1857	volti	turn
1858	vuoto	empty

Teoria musicale   Music theory

1859	a due voci	two voices
1860	a forma aperta	through composed
1861	a più voci / a molte parti	in many parts
1862	a quattro voci	four voices
1863	a tre voci	three voices
1864	abbellimento m	embellishment
1865	abbellito	embellished
1866	abbreviatura f / abbreviazione f	abbreviation

Die Sprache der Partituren: Verschiedenes	Le langage des partitions: Divers	
dreifach	triple	1833
zu viel	trop	1834
nicht genug	trop peu	1835
die ganze	toute	1836
die ganze Kraft	de toutes ses forces	1837
alle	toutes / tous	1838
all / alles / ganz	tout	1839
hörbar	audible	1840
gleich / gleichmäßig	égal	1841
letztes Mal	dernière fois	1842
letzter / letzte	dernier / dernière	1843
ein anderes Mal	une autre fois	1844
einmal	une fois	1845
einzig	unique	1846
gleichzeitig / zusammen	uni / en même temps	1847
ein klein wenig	un petit peu	1848
ein wenig / etwas	un peu	1849
ein wenig mehr	un peu plus	1850
veränderlich	variable	1851
variiert / verändert	varié	1852
abwechselnd	alternativement	1853
siehe	vois	1854
…fach / …mal	…fois	1855
sofort umblättern	tournez aussitôt	1856
blättere um	tournez	1857
leer	vide	1858

Musiktheorie — Théorie musicale

zweistimmig	à deux voix	1859
durchkomponiert	de forme ouverte	1860
mehrstimmig	à plusieurs voix / à plusieurs parties	1861
vierstimmig	à quatre voix	1862
dreistimmig	à trois voix	1863
Verzierung f	agrément m / broderie f	1864
verziert	ornementé	1865
Kürzung f / Verkürzung f	abréviation f	1866

	Teoria musicale	Music theory
1867	accento *m*	stress / accent
1868	accento principale	main accent
1869	accento secondario	secondary accent
1870	acciaccatura *f*	crushed note / short appoggiatura
1871	acciaccatura doppia *f*	slide
1872	accidente *m* / alterazione *f*	accidental / alteration
1873	accollatura *f*	brace / bracket
1874	accordo *m*	chord
1875	accordo di passaggio *m*	passing chord
1876	accordo di settima di dominante *m*	dominant seventh chord
1877	accordo perfetto *m*	common chord
1878	accordo spezzato *m*	broken chord
1879	agogica *f*	agogic
1880	alterato	altered
1881	altezza del suono *f*	pitch / pitch level
1882	anacrusi *f*	anacrusis
1883	analisi *f*	analysis
1884	andamento *m*	fugal episode
1885	antecedente *m*	antecedent
1886	anticipazione *f*	anticipation
1887	appoggiatura *f*	grace-note
1888	appoggiatura doppia *f*	double appoggiatura
1889	armatura di chiave *f*	key signature
1890	armonia *f*	harmony
1891	armonico	harmonic
1892	arpeggio *m*	arpeggio / battery
1893	arsi *f*	arsis
1894	ascendente	ascending
1895	atonale	atonal
1896	aumentato / eccedente	raised / augmented
1897	aumentazione *f* / aggravamento *m*	augmentation
1898	autentico	authentic
1899	basso cifrato m / basso numerato *m*	figured bass
1900	basso continuo	through-bass

Musiktheorie	Théorie musicale	
Akzent *m* / Betonung *f* / Schwerpunkt *m*	accent *m*	1867
Hauptbetonung *f*	accent principal *m*	1868
Nebenbetonung *f*	accent secondaire *m*	1869
kurzer Vorschlag *m* / Quetschung *f*	appogiature brève *f* / pincé étouffé *m*	1870
Schleifer *m*	coulé *m*	1871
Versetzungszeichen *n* / Vorzeichen *n* / Alteration *f*	altération *f* / accident *m*	1872
Klammer *f*	accolade *f*	1873
Akkord *m*	accord *m*	1874
Durchgangsakkord *m*	accord de passage *m*	1875
Dominantseptakkord *m*	accord de séptième de dominante *m*	1876
Dreiklang *m*	accord parfait *m*	1877
gebrochener Akkord *m*	accord brisé *m*	1878
Agogik *f*	agogique *f*	1879
verändert / alteriert	altéré	1880
Tonhöhe *f*	hauteur du son *f*	1881
Anakrusis *f* / Auftakt *m*	anacrouse *f*	1882
Analyse *f*	analyse *f*	1883
Fugen-Zwischenspiel *n* / längeres Fugenthema *n*	divertissement *m*	1884
Dux *m* / Führer *m*	antécédent *m*	1885
Antizipation *f* / Vorausnahme *f*	anticipation *f*	1886
Vorschlag *m*	appoggiature *f*	1887
Doppelvorschlag *m*	appoggiature double *f*	1888
Tonartvorzeichnung *f* / Vorzeichen *n*	armure de la clé *f* / armature *f*	1889
Harmonie *f*	harmonie *f*	1890
harmonisch	harmonique	1891
Arpeggio *n*	arpège *m*	1892
Arsis *f* / Hebung *f*	arsis *f*	1893
aufsteigend	ascendant	1894
atonal	atonal	1895
übermäßig / hochalteriert	augmenté	1896
Vergrößerung *f* (der Zeitwerte)	augmentation *f*	1897
authentisch	authentique	1898
bezifferter Bass *m* / Generalbass *m*	basse chiffrée f	1899
Generalbass *m*	basse continue *f*	1900

	Teoria musicale	Music theory
1901	basso ostinato *m*	ground bass
1902	battuta *f*	beat / bar
1903	battuta composta *f*	compound time
1904	battuta semplice *f*	simple time
1905	bemolle *m*	flat
1906	bequadro *m*	natural
1907	binario	binary
1908	bitonalità *f*	bitonality
1909	bordone *m*	bourdon
1910	cadenza *f*	cadenza / cadence
1911	cadenza evitata *f* / cadenza d'inganno *f*	delusive cadence / deceptive cadence (Am.)
1912	cadenza finale *f*	final cadenza
1913	cadenza imperfetta *f*	imperfect cadence / half-close
1914	cadenza perfetta *f*	perfect cadence / authentic cadence
1915	cadenza plagale *f*	plagal cadence
1916	cadenza sospesa *f*	delayed cadence
1917	cambiamento di tempo *m* / cambio di misura *m*	change of time / change of meter
1918	cambio di tonalità *m*	key change
1919	canto fermo *m*	cantus firmus
1920	cesura *f*	caesura
1921	chiave *f*	clef
1922	chiave di baritono *f*	baritone clef
1923	chiave di basso *f*	bass clef
1924	chiave di contralto *f*	alto clef
1925	chiave di do *f*	C clef
1926	chiave di mezzosoprano *f*	mezzo-soprano clef
1927	chiave di soprano *f*	soprano clef
1928	chiave di tenore *f*	tenor clef
1929	chiave di violino *f*	treble clef
1930	chiusa del trillo *f*	termination of trill
1931	cifrare	to figure
1932	cifratura *f*	figuring / figuration
1933	circolo delle quinte *m*	circle of fifths
1934	codetta *f*	tail / flag

Musiktheorie	Théorie musicale	
Basso ostinato *m* / Ostinato *m*	basse obstinée *f* / basse contrainte *f*	1901
Schlag *m* / Takt *m* / Taktschlag *m*	mesure *f*	1902
zusammengesetzter Takt *m*	mesure composée *f*	1903
einfacher Takt	mesure simple *f*	1904
B *n* / Erniedrigungszeichen *n*	bémol *m*	1905
Auflösungszeichen *n*	bécarre *m*	1906
zweiteilig	binaire	1907
Bitonalität *f*	bitonalité *f*	1908
Bordun *m*	bourdon *m*	1909
Kadenz *f*	cadence *f*	1910
Trugschluss *m*	cadence rompue *f*	1911
Schlusskadenz *f*	cadence finale *f*	1912
Halbschluss *m*	cadence suspendue *f* / demi-cadence *f*	1913
authentische Kadenz *f* / vollkommene Kadenz *f* / Ganzschluss *m*	cadence parfaite *f*	1914
plagale Kadenz *f*	cadence plagale *f*	1915
unvollkommene Kadenz *f* / Halbkadenz *f*	cadence suspendue *f* / cadence interrompue *f*	1916
Taktwechsel *m*	changement de mesure *m* / changement de temps *m*	1917
Tonartwechsel *m*	changement de tonalité *m*	1918
Cantus firmus *m*	cantus firmus *m*	1919
Zäsur *f*	césure *f*	1920
Schlüssel *m*	clé *f* / clef *f*	1921
Baritonschlüssel *m*	clé de fa troisième ligne *f*	1922
Bassschlüssel *m*	clé de fa quatrième ligne *f*	1923
Altschlüssel *m*	clé d'ut troisième ligne *f*	1924
C-Schlüssel *m*	clé d'ut *f*	1925
Mezzosopranschlüssel *m*	clé d'ut seconde ligne *f*	1926
Sopranschlüssel *m*	clé d'ut première ligne *f*	1927
Tenorschlüssel *m*	clé d'ut quatrième ligne *f*	1928
Violinschlüssel *m*	clé de sol *f*	1929
Nachschlag *m*	gruppetto final *m* / terminaison *f*	1930
beziffern	chiffrer	1931
Bezifferung *f*	chiffrage *f*	1932
Quintenzirkel *m*	cycle des quintes *m*	1933
Notenfahne *f* / Fähnchen *n*	crochet *m*	1934

	Teoria musicale	Music theory
1935	comma *m*	comma
1936	conclusione *f*	conclusion
1937	condotta delle parti *f*	linear construction
1938	condotta delle voci *f*	part-writing / voice-leading
1939	congiunto	by step / conjunct
1940	consonanza *f*	consonance
1941	contrappunto *m*	counterpoint
1942	contrappunto fiorito *m* / contrappunto florido *m*	florid counterpoint
1943	controsoggetto *m*	counter subject
1944	contrattempo *m*	syncopation
1945	controcanto m / controtema *m*	counter voice / counter part / counter melody
1946	corona *f*	pause / fermata
1947	cromatico	chromatic
1948	cromatismo *m*	chromaticism
1949	dattilo *m*	dactyl
1950	dettato *m*	dictation
1951	dettato musicale *m*	music dictation
1952	diatonico	diatonic
1953	diatonismo *m*	diatonicism
1954	diesis *m*	sharp
1955	diminuito	diminished
1956	diminuzione *f*	diminution
1957	discendente	descending
1958	dissonanza *f*	dissonance
1959	dodecafonia *f*	twelve-tone music
1960	dominante *f*	dominant
1961	dominante di passaggio *f* / dominante secondaria *f*	secondary dominant
1962	doppia stanghetta *f*	double bar
1963	doppio bemolle *m*	double flat
1964	doppio diesis *m*	double sharp
1965	dorico	dorian
1966	duina *f*	duplet
1967	durata del suono *f*	sound duration
1968	enarmonico	enharmonic
1969	entrata *f*	entry

Musiktheorie	Théorie musicale	125

Komma *n*	comma *m*	1935
Schlusssatz *m* / Abschluss *m* / Beschluss *m*	conclusion *f*	1936
Linienführung *f*	construction linéaire *f*	1937
Stimmführung *f*	conduite des voix *f*	1938
schrittweise / stufenweise	conjoint	1939
Konsonanz *f*	consonance *f*	1940
Kontrapunkt *m*	contrepoint *m*	1941
„blühender" Kontrapunkt *m*	contrepoint fleuri *m*	1942
Kontrasubjekt *n* / Gegenthema *n* / Gegensatz *m*	contresujet *m*	1943
Gegenzeit *f* (Betonung auf dem schlechten Taktteil)	contre-temps *m*	1944
Gegenstimme *f*	contre-chant *m*	1945
Fermate *f*	point d'arrêt *m*	1946
chromatisch	chromatique	1947
Chromatik *f*	chromatisme *m*	1948
Daktylos *m*	dactyle *m*	1949
Diktat *n*	dictée *f*	1950
Musikdiktat *n*	dictée musicale *f*	1951
diatonisch	diatonique	1952
Diatonik *f*	diatonisme *m*	1953
Kreuz *n* / Erhöhungszeichen *n*	dièse *m*	1954
vermindert	diminué	1955
Verkleinerung *f* (der Notenwerte)	diminution *f*	1956
absteigend	descendant	1957
Dissonanz *f*	dissonance *f*	1958
Zwölftontechnik *f*	dodécaphonisme *m*	1959
Dominante *f*	dominante *f*	1960
Zwischendominante *f*	dominante de passage *f*	1961
Doppelstrich *m*	double barre *f*	1962
Doppel-B *n*	double bémol *m*	1963
Doppelkreuz *n*	double dièse *m*	1964
dorisch	dorien	1965
Duole *f*	duolet *m*	1966
Tonlänge *f* / Tondauer *f*	durée du son *f*	1967
enharmonisch	enharmonique	1968
Einsatz *m*	entrée *f*	1969

	Teoria musicale	Music theory
1970	eolio	aeolian
1971	episodio *m*	episode
1972	esacordo *m*	hexachord
1973	esposizione *f*	exposition
1974	falsa relazione *f*	false relation
1975	falso bordone *m*	faburden / fauxbourdon
1976	figura *f*	figure
1977	figurato	figured
1978	fioritura *f*	embellishment
1979	fondamentale	fundamental
1980	forma *f*	form
1981	forma binaria *f*	binary form
1982	forma ciclica *f*	cyclic form
1983	forma ternaria *f*	ternary form
1984	frase *f*	phrase
1985	fraseggio *m*	phrasing
1986	frigio	phrygian
1987	fugato	in fugal style
1988	funzione *f*	function
1989	gambo *m*	stem
1990	giambo *m*	iamb
1991	giusto	perfect
1992	grado *m*	degree
1993	gruppetto m / groppo *m*	turn
1994	gruppo di suoni m / gruppo di note *m*	note cluster / tone cluster
1995	hemiolia *f*	hemiola
1996	imitazione *f*	imitation
1997	imperfetto	imperfect
1998	in battere	downbeat
1999	in levare / levata *f*	up beat
2000	intavolatura *f*	tablature
2001	intervallo *m*	interval
2002	intonazione *f*	intonation / pitch
2003	ionico	ionian
2004	legatura *f*	slur
2005	legatura di fraseggio *f*	phrase mark
2006	legatura di valore *f*	tie
2007	lidio	lydian

Musiktheorie	Théorie musicale	127
äolisch	éolien	1970
Zwischenspiel *n* / Zwischensatz *m*	épisode *m*	1971
Hexachord *n*	hexacorde *m*	1972
Exposition *f*	exposition *f*	1973
Querstand *m*	fausse relation *f*	1974
Fauxbourdon *m*	faux-bourdon *m*	1975
Figur *f*	figure *f*	1976
figuriert	figuré	1977
Blume *f* (Verzierung)	fioriture *f*	1978
wesentlich	fondamental	1979
Form *f* / Gestalt *f*	forme *f*	1980
zweiteilige Form *f*	forme binaire *f*	1981
zyklische Form *f*	forme cyclique *f*	1982
dreiteilige Form *f*	forme ternaire *f*	1983
Phrase *f*	phrase *f*	1984
Phrasierung *f*	phrasé	1985
phrygisch	phrygien	1986
fugenartig	fugué	1987
Funktion *f*	fonction *f*	1988
Notenhals *m*	hampe *f*	1989
Jambus *m*	jambus *m*	1990
richtig	juste	1991
Stufe *f* / Schritt *m*	degré *m*	1992
Doppelschlag *m*	doublé *m* / double cadence *f*	1993
Tontraube *f* / Tonballung *f*	groupe de sons *m* / groupe de notes *m*	1994
Hemiole *f*	hemiolios *m*	1995
Imitation *f* / Nachahmung *f*	imitation *f*	1996
unvollkommen	imparfait	1997
abtaktig	frappé	1998
Aufschlag *m* / Auftakt *m*	sur la levée / levée *f*	1999
Tabulatur *f*	tablature *f*	2000
Intervall *n* / Abstand *m*	intervalle *m*	2001
Intonation *f* / Stimmung *f* / Tongebung *f*	intonation *f*	2002
ionisch	ionien	2003
Bindebogen *m*	liaison *f*	2004
Phrasierungsbogen *m*	signe de liaison du phrasé *m*	2005
Haltebogen *m*	signe de tenue *m*	2006
lydisch	lydien	2007

2008	maggiore	major
2009	mano guidoniana *f*	guidonian hand
2010	mediante *f*	mediant
2011	melodia *f*	melody / tune
2012	melodico	melodic
2013	metrico	metric(al)
2014	metro *m*	metre
2015	mettere il punto di valore	to dot
2016	minore	minor
2017	misolidio	mixolydian
2018	misura *f*	bar / measure / mensuration
2019	modale	modal
2020	modalità *f*	modality
2021	modo *m*	mode / modus
2022	modo ecclesiastico *m*	church mode
2023	modulare	to modulate
2024	modulazione *f*	modulation
2025	modulazione di transizione *f*	temporary modulation
2026	monodia *f* / monofonia *f*	monody / monophony
2027	mordente *m*	mordent / shake
2028	mordente inferiore *m*	mordent
2029	mordente superiore *m*	inverted mordent / mordent with note above
2030	motivo *m*	motif
2031	motivo conduttore *m* / motivo ricorrente *m*	leading motif
2032	moto contrario *m*	contrary motion
2033	moto obliquo *m*	oblique motion
2034	moto retto *m*	parallel motion
2035	movimento *m* / tempo *m*	movement
2036	movimento parallelo *m*	parallel movement
2037	neuma *m*	neuma / neume
2038	nota *f*	note
2039	nota ausiliare *f*	auxiliary note
2040	nota cambiata *f*	changing note
2041	nota di passaggio *f*	passing note
2042	nota principale *f*	essential note
2043	nota puntata *f*	dotted note
2044	notazione *f*	notation
2045	notina *f*	cue note

Musiktheorie	Théorie musicale	
Dur	majeur	2008
Guidonische Hand *f*	main guidonienne *f*	2009
Mediante *f*	médiante *f*	2010
Melodie *f*	mélodie *f*	2011
melodisch	mélodique	2012
metrisch	métrique	2013
Metrum *n*	mètre *m*	2014
punktieren	pointer	2015
Moll / kleiner (Intervall)	mineur	2016
mixolydisch	mixo-lydien	2017
Takt *m* / Mensur *f* / Metrum *n*	mesure *f*	2018
modal	modal	2019
Modalität *f*	modalité *f*	2020
Tongeschlecht *n* / Modus *m*	mode *m*	2021
Kirchentonart *f*	mode ecclésiastique *m*	2022
modulieren	moduler	2023
Modulation *f*	modulation *f*	2024
Ausweichung *f*	modulation passagère *f*	2025
Monodie *f* / Einstimmigkeit *f*	monodie *f*	2026
Mordent *m*	mordant *m* / battement *m*	2027
Mordent *m*	mordant *m* / pincé *m*	2028
Pralltriller *m* / Schneller *m* / Praller *m*	mordant supérieur *m*	2029
Motiv *n*	motif *m*	2030
Leitmotiv *n*	motif conducteur *m* / idée fixe *f*	2031
Gegenbewegung *f*	mouvement contraire *m*	2032
Seitenbewegung *f*	mouvement oblique *m*	2033
Parallelbewegung *f*	mouvement parallèle *m*	2034
Satz *m*	mouvement *m*	2035
Parallelführung *f*	mouvement parallèle *m*	2036
Neumen *f pl*	neume *f*	2037
Note *f*	note *f*	2038
Nebennote *f*	note secondaire *f*	2039
Wechselnote *f* / Wechselton *m*	cambiata *f* / note changée *f*	2040
Durchgangsnote *f* / Durchgangston *m*	note de passage *f*	2041
Hauptnote *f*	note principale *f*	2042
punktierte Note *f*	note pointée *f*	2043
Notation *f* / Notenschrift *f*	notation *f*	2044
Stichnote *f*	petite note *f*	2045

2046	numero di battute *m*	bar number / measure number
2047	obbligato	obbligato
2048	omofonia *f*	homophony
2049	orchestrazione *f*	orchestration
2050	orizzontale	horizontal
2051	ornamento *m* / adornamento *m*	ornament
2052	parallele nascoste *f pl*	hidden consecutives
2053	parallelo	parallel
2054	parte estrema *f* / voce estrema *f*	outer part
2055	parte inferiore *f* / voce inferiore	lower part / lowest part
2056	parte intermedia *f* / voce intermedia *f*	middle part / inner part
2057	parte melodica *f*	melody part
2058	parte superiore *f* / voce superiore *f*	upper part / top part
2059	passaggio *m*	passage
2060	pausa *f* / silenzio *m*	rest
2061	pausa generale *f* / vuoto *m*	general pause
2062	pedale d'armonia *m*	pedal point
2063	pentagramma *m*	staves / system
2064	pèntatonico	pentatonic
2065	periodo *m*	period
2066	plagale	plagal
2067	policoralità *f* / polifonia policorale *f*	polychoral music
2068	polifonia *f*	polyphony
2069	polimetria *f*	polymetre
2070	poliritmica *f*	polyrhythm
2071	politonalità *f*	polytonality
2072	ponte *m*	bridge
2073	posizione fondamentale *f*	fondamental position
2074	posizione lata *f*	open / extended position
2075	posizione stretta *f*	close position
2076	preparazione *f*	preparation
2077	prima frase *f*	first phrase
2078	primo tema *m* / tema principale *m*	main theme

Musiktheorie	Théorie musicale	
Taktzahl *f*	nombre de mesures *m*	2046
obligat	obligé	2047
Homophonie *f*	homophonie *f*	2048
Orchestration *f* / Orchestrierung *f*	orchestration *f*	2049
waagrecht / horizontal	horizontal	2050
Verzierung *f* / Ornament *n*	ornement *m* / broderie *f*	2051
verdeckte Parallelen *f Pl*	parallèles cachées *f pl*	2052
parallel	parallèle	2053
Außenstimme *f*	voix extrême *f* / partie extrême *f*	2054
Unterstimme *f*	voix inférieure *f* / partie inférieure *f*	2055
Mittelstimme *f* / Innenstimme *f*	voix intermédiaire *f* / voix intérieure *f*	2056
Melodiestimme *f*	partie mélodique *f*	2057
Oberstimme *f*	voix supérieure *f* / partie supérieure *f* / partie de dessus *f*	2058
Passage *f* / Durchgang *m*	passage *m*	2059
Pause *f*	pause *f* / silence *m*	2060
Generalpause *f*	pause générale *f*	2061
Orgelpunkt *m*	pédale inférieure *f*	2062
Liniensystem *n* / Fünfliniensystem *n*	portée *f*	2063
pentatonisch	pentatonique	2064
Periode *f*	période *f*	2065
plagal	plagal	2066
Mehrchörigkeit *f*	pluralité des choeurs *f*	2067
Polyphonie *f* / Mehrstimmigkeit *f*	polyphonie *f*	2068
Polymetrik *f*	polymétrie *f*	2069
Polyrhythmik *f*	polyrythmie *f*	2070
Polytonalität *f*	polytonalité *f*	2071
Überleitung *f*	transition *f* / pont *m*	2072
Grundstellung *f*	position fondamentale *f*	2073
weite Lage *f*	position large *f*	2074
enge Lage *f*	position serrée *f*	2075
Vorbereitung *f*	préparation *f*	2076
Vordersatz *m*	proposition *f*	2077
Hauptthema *n*	thème principal *m*	2078

	Teoria musicale	Music theory
2079	primo tempo *m*	first movement
2080	principale	main
2081	progressione *f*	progression
2082	proposta *f*	antecedent
2083	puntato	dotted
2084	punto di valore *m*	dot
2085	punto doppio *m*	double dot
2086	quartina *f*	quadruplet
2087	quarto tempo *m*	fourth movement
2088	quintina *f*	quintuplet
2089	quinto tempo *m*	fifth movement
2090	raddoppio *m*	doubling
2091	realizzazione *f*	realization
2092	relativo / affine	relative
2093	relazione *f* / affinità *f*	relationship
2094	retrogrado	retrograde
2095	rigo *m* / linea *f*	line
2096	ripetizione *f* / ripresa *f*	repetition / repeat
2097	ripresa *f* / riesposizione *f*	repeat / recapitulation / return
2098	risoluzione *f*	resolution
2099	risposta *f* / conseguente *m*	answer / consequent
2100	risposta reale *f*	real answer
2101	risposta tonale *f*	tonal answer
2102	ritardo *m*	suspension / retardation
2103	ritmo *m*	rhythm
2104	ritmo lombardo *m*	scotch snap
2105	ritornello *m*	refrain
2106	riverso	backwards
2107	rivolto *m* / rovescio *m*	inversion
2108	salmodia *f*	psalmody
2109	scala *f*	scale
2110	scala esatonale *f*	whole-tone scale
2111	secondario	secondary
2112	secondo tema *m* / tema secondario *m*	second theme / secondary subject
2113	secondo tempo *m*	second movement
2114	segno d'espressione *m*	expression mark
2115	segno dinamico *m*	dynamic sign / dynamic mark

Musiktheorie	Théorie musicale	133
erster Satz *m* / Kopfsatz *m*	premier mouvement *m*	2079
Haupt-...	principal	2080
Fortschreitung *f*	progression *f*	2081
Proposta *f*	proposition *f* / antécédent *m*	2082
punktiert	pointé	2083
Punkt *m*	point *m*	2084
Doppelpunkt *m*	double point *m*	2085
Quartole *f*	quartolet *m*	2086
vierter Satz *m*	quatrième mouvement *m*	2087
Quintole *f*	quintolet *m*	2088
fünfter Satz *m*	cinquième mouvement *m*	2089
Verdopplung *f*	redoublement *m*	2090
Aussetzung *f* (eines bezifferten Basses)	réalisation *f*	2091
verwandt / bezüglich (Paralleltonart)	relatif	2092
Verwandtschaft *f*	relation *f*	2093
krebsgängig / rückwärtsgehend	rétrograde	2094
Linie *f*	ligne *f*	2095
Wiederholung *f*	répétition *f* / reprise *f*	2096
Reprise *f* / Wiederkehr *f*	reprise *f* / réexposition *f*	2097
Auflösung *f* (einer Dissonanz)	résolution *f*	2098
Antwort *f* / Comes *m*	réponse *f* / conséquent *m*	2099
reale Antwort *f*	réponse réelle *f*	2100
tonale Antwort *f*	réponse tonale *f*	2101
Verzögerung *f* / Vorhalt *m*	retard *m*	2102
Rhythmus *m*	rythme *m*	2103
lombardischer Rhythmus *m*	rythme lombard *m*	2104
Refrain *m* / Kehrreim *m*	refrain *m*	2105
von rückwärts	à la renverse	2106
Umkehrung *f*	inversion *f*	2107
Psalmodie *f*	psalmodie *f*	2108
Tonleiter *f*	gamme *f*	2109
Ganztonleiter *f*	gamme par tons *f*	2110
neben	secondaire	2111
Seitenthema *n*	second thème *m* / thème secondaire *m*	2112
zweiter Satz *n*	deuxième mouvement *m*	2113
Vortragsbezeichnung *f* / Ausdrucksbezeichnung *f*	signe d'interprétation *m* / signe d'expression *m*	2114
dynamisches Zeichen *n*	signe dynamique *m*	2115

	Teoria musicale	Music theory
2116	segno di ripetizione *m* / segno di ritornello *m*	repeat sign
2117	semitono *m*	semitone
2118	sensibile *f*	leading note / leading tone
2119	sequenza *f*	sequence
2120	serie *f*	series / row
2121	sesta napolitana *f*	neapolitan sixth
2122	sestina *f*	sextuplet
2123	settima di dominante *f*	dominant seventh
2124	settimina *f*	septuplet
2125	sincope *f*	syncopation
2126	sistema tonale *m*	tonal system / tone system
2127	soggetto *m*	subject
2128	solfeggio *m*	tonic sol-fa
2129	solmisazione *f*	solmization
2130	sostituzione enarmonica *f*	enharmonic change
2131	sottodominante *f*	subdominant
2132	sovrapposizione *f*	superimposition
2133	spazio *m*	space
2134	stanghetta *f* / barra *f*	beam / bar-line / ligature
2135	stretta *f*	stretto
2136	stretto *m*	stretto
2137	strofa *f*	verse
2138	strumentazione *f*	instrumentation
2139	struttura *f* / costruzione *f*	structure / construction
2140	successione *f*	succession
2141	successioni parallele *f pl*	consecutives
2142	suono *m*	sound
2143	suono fondamentale *m*	fundamental / tonic
2144	suono simpatico *m*	sympathetic tone
2145	suoni armonici *m pl* / flautato	harmonics
2146	suoni naturali *m pl*	natural notes / natural tones
2147	suoni parziali *m pl*	partials
2148	sviluppo *m* / svolgimento *m*	development
2149	taglio addizionale *m* / righetta *f*	leger line
2150	tema *m*	theme
2151	temperamento *m*	equal temperament
2152	tempo *m*	speed / time / pace / metre

Musiktheorie	Théorie musicale	
Wiederholungszeichen n	signe de répétition m	2116
Halbton m	demi-ton m	2117
Leitton m	sensible f	2118
Sequenz f	sequence f	2119
Reihe f / Tonreihe f	série f	2120
neapolitanische Sexte f	sixte napolitaine f	2121
Sextole f	sextolet m	2122
Dominantseptime f	septième de dominante f	2123
Septole f	septolet m	2124
Synkope f	syncope f	2125
Tonsystem n	système tonal m	2126
Subjekt n / Dux m	sujet m	2127
Solfeggio n	solfège m	2128
Solmisation f	solmisation f	2129
enharmonische Verwechslung f	substitution enharmonique f	2130
Subdominante f	sous-dominante f	2131
Schichtung f	superposition f	2132
Zwischenraum m	interligne m	2133
Notenbalken m / Taktstrich m	barre de mesure f	2134
schneller Schlussteil m	strette f	2135
Engführung f	strette f	2136
Strophe f	strophe f / couplet m	2137
Instrumentierung f	instrumentation f	2138
Aufbau m / Struktur f	construction f / structure f	2139
Folge f	succession f	2140
Parallelen f Pl	successions parallèles f pl	2141
Klang m / Schall m	son m	2142
Grundton m / Tonika f	son fondamental m	2143
Eigenton m	vibration sympathique f	2144
Obertöne m Pl / Flageolett-Töne m pl	sons harmoniques m pl	2145
Naturtöne m Pl	sons ouverts m pl / sons naturels m pl	2146
Teiltöne m Pl	sons partiels m pl	2147
Entwicklung f / Durchführung f	développement m	2148
Hilfslinie f	ligne supplémentaire f	2149
Thema n	thème m	2150
Temperatur f / temperierte Stimmung f	termpérament m	2151
Zeitmaß n / Zählzeit f	temps m / mesure f	2152

2153	tempo *m*	time signature
2154	tempo binario *m* / tempo pari *m*	duple time
2155	tempo debole *m*	off-beat / weak beat
2156	tempo forte *m*	strong beat / accentuated beat
2157	tempo ternario *m* / tempo dispari *m*	triple time
2158	ternario	ternary
2159	terza picarda *f*	picardy third
2160	terzina *f*	triplet
2161	terzo tempo *m*	third movement
2162	tesi *f*	thesis
2163	tetracordo *m*	tetrachord
2164	tonale	tonal
2165	tonalità *f*	tonality
2166	tonalità affine *f*	related key
2167	tonalità relativa *f*	related key
2168	tonica *f*	tonic / key-note
2169	tono *m*	tone / key
2170	tono intero *m*	whole tone
2171	tono naturale *m*	pure tone
2172	tono secondario *m*	neighbour note
2173	transizione *f*	transition
2174	trasporto *m*	transposition
2175	trattato d'armonia *m*	theory of harmony
2176	tratto d'unione *m*	cross / beam
2177	triade *f*	triad
2178	trillo *m*	trill / shake
2179	tritono *m*	tritone
2180	ultimo tempo *m*	last movement
2181	unisono *m*	unison
2182	valore *m*	value
2183	valore della nota *m*	note value
2184	valore della pausa *m*	rest value
2185	veloce passaggio di note *m*	run / passage
2186	verticale	vertical
2187	voce di ripieno *f* / parte di ripieno *f*	filling-in part
2188	voce principale *f*	principal part / principal voice

Musiktheorie	Théorie musicale	
Taktart *f*	indication de la mesure *f*	2153
gerader Takt *m*	mesure binaire *f*	2154
schwacher Taktteil *m* / schlechter Taktteil *m*	temps faible *m*	2155
starker Taktteil *m* / schwerer Taktteil *m*	temps fort *m*	2156
ungerader Takt *m*	mesure ternaire *f*	2157
dreiteilig	ternaire	2158
picardische Terz *f*	tierce picarde *f*	2159
Triole *f*	triolet *m*	2160
dritter Satz *m*	troisième mouvement *m*	2161
Thesis *f* / Senkung *f*	thésis *f*	2162
Tetrachord *m*	tétracorde *m*	2163
tonal	tonal	2164
Tonalität *f* / Tonart *f*	tonalité *f*	2165
verwandte Tonart *f*	tonalité voisine *f*	2166
Paralleltonart *f*	tonalité relative *f*	2167
Tonika *f* / Grundton *m*	tonique *f*	2168
Ton *m* / Tonart *f*	ton *m* / tonalité *f*	2169
Ganzton *m*	ton entier *m*	2170
reiner Ton *m*	ton naturel *m*	2171
Nebenton *m*	ton concomittant *m*	2172
Übergang *m* / Durchgang *m*	transition *f*	2173
Transposition *f* / Transponierung *f*	transposition *f*	2174
Harmonielehre *f*	traité d'harmonie *m*	2175
Notenbalken *m* / Querbalken *m*	barre transversale *f*	2176
Dreiklang *m*	triade *f*	2177
Triller *m*	trille *m* / tremblement *m*	2178
Tritonus *m*	triton *m*	2179
Schlusssatz *m*	dernier mouvement *m*	2180
Einklang *m*	unisson *m*	2181
Wert *m*	valeur *f*	2182
Notenwert *m*	valeur de la note *f*	2183
Pausenwert *m*	valeur de la pause *f*	2184
Lauf *m*	passage rapide de notes *m*	2185
senkrecht / vertikal	vertical	2186
Füllstimme *f*	voix de remplissage *f* / parties de remplissage *f pl*	2187
Hauptstimme *f*	partie principale *f* / voix principale *f*	2188

Note / Notes

	Note	Notes
2189	Do *m*	C
2190	Do diesis *m*	C sharp
2191	Do bemolle *m*	C flat
2192	Do doppio diesis *m*	C double sharp
2193	Do doppio bemolle *m*	C double flat
2194	Re *m*	D
2195	Re diesis *m*	D sharp
2196	Re bemolle *m*	D flat
2197	Re doppio diesis *m*	D double sharp
2198	Re doppio bemolle *m*	D double flat
2199	Mi *m*	E
2200	Mi diesis *m*	E sharp
2201	Mi bemolle *m*	E flat
2202	Mi doppio diesis *m*	E double sharp
2203	Mi doppio bemolle *m*	E double flat
2204	Fa *m*	F
2205	Fa diesis *m*	F sharp
2206	Fa bemolle *m*	F flat
2207	Fa doppio diesis *m*	F double sharp
2208	Fa doppio bemolle *m*	F double flat
2209	Sol *m*	G
2210	Sol diesis *m*	G sharp
2211	Sol bemolle *m*	G flat
2212	Sol doppio diesis *m*	G double sharp
2213	Sol doppio bemolle *m*	G double flat
2214	La *m*	A
2215	La diesis *m*	A sharp
2216	La bemolle *m*	A flat
2217	La doppio diesis *m*	A double sharp
2218	La doppio bemolle *m*	A double flat
2219	Si *m*	B
2220	Si diesis *m*	B sharp
2221	Si bemolle *m*	B flat
2222	Si doppio diesis *m*	B double sharp
2223	Si doppio bemolle *m*	B double flat

Noten	**Notes**	
C *n*	Do / Ut *m*	2189
Cis *n*	Do dièse *m*	2190
Ces *n*	Do bémol *m*	2191
Cisis *n*	Do double dièse *m*	2192
Ceses *n*	Do double bémol *m*	2193
D *n*	Ré *m*	2194
Dis *n*	Ré dièse *m*	2195
Des *n*	Ré bémol *m*	2196
Disis *n*	Ré double dièse *m*	2197
Deses *n*	Ré double bémol *m*	2198
E *n*	Mi *m*	2199
Eis *n*	Mi dièse *m*	2200
Es *n*	Mi bémol *m*	2201
Eisis *n*	Mi double dièse *m*	2202
Eses *n*	Mi double bémol *m*	2203
F *n*	Fa *m*	2204
Fis *n*	Fa dièse *m*	2205
Fes *n*	Fa bémol *m*	2206
Fisis *n*	Fa double dièse *m*	2207
Feses *n*	Fa double bémol *m*	2208
G *n*	Sol *m*	2209
Gis *n*	Sol dièse *m*	2210
Ges *n*	Sol bémol *m*	2211
Gisis *n*	Sol double dièse *m*	2212
Geses *n*	Sol double bémol *m*	2213
A *n*	La *m*	2214
Ais *n*	La dièse *m*	2215
As *n*	La bémol *m*	2216
Aisis *n*	La double dièse *m*	2217
Ases *n*	La double bémol *m*	2218
H *n*	Si *m*	2219
His *n*	Si dièse *m*	2220
B *n*	Si bémol *m*	2221
Hisis *n*	Si double dièse *m*	2222
Heses *n*	Si double bémol *m*	2223

	Valori delle note	**Time**
2224	intero *m* / semibreve *f*	semibreve (E) / whole note (Am.)
2225	metà *f* / minima *f*	minim (E) / half note (Am.)
2226	quarto *m* / semiminima *f*	crotchet (E) / quarter note (Am.)
2227	ottavo *m* / croma *f*	quaver (E) / eighth note (Am.)
2228	sedicesimo *m* / semicroma *f*	semiquaver (E) / sixteenth note (Am.)
2229	trentaduesimo *m* / biscroma *f*	demisemiquaver (E) / thirty-second note (Am.)
2230	sessantaquattresimo *m* / semibiscroma *f*	hemidemisemiquaver (E) / sixty-fourth note (Am.)
2231	pausa di semibreve *f*	semibreve rest (E) / whole note rest (Am.)
2232	pausa di minima *f*	minim rest (E) / half note rest (Am.)
2233	pausa di semiminima *f*	crotchet rest (E) / quarter note rest (Am.)
2234	pausa di croma *f*	quaver rest (E) / eighth note rest (Am.)
2235	pausa di semicroma *f*	semiquaver rest (E) / sixteenth note rest (Am.)
2236	pausa di biscroma *f*	demisemiquaver rest (E) / thirty-second note rest (Am.)
2237	pausa di semibiscroma *f*	hemidemisemiquaver rest (E) / sixty-fourth note rest (Am.)

	Intervalli	**Intervals**
2238	unisono *m*	unison
2239	seconda *f*	second
2240	terza *f*	third
2241	quarta *f*	fourth
2242	quinta *f*	fifth
2243	sesta *f*	sixth
2244	settima *f*	seventh
2245	ottava *f*	octave
2246	nona *f*	ninth
2247	decima *f*	tenth

Musiktheorie; Noten	Théorie musicale: Notes	

Notenwerte / Valeur des notes

Ganze *f*	ronde *f*	2224
Halbe *f*	blanche *f*	2225
Viertel *f*	noire *f*	2226
Achtel *f*	croche *f*	2227
Sechzehntel *f*	double croche *f*	2228
Zweiunddreißigstel *f*	triple croche *f*	2229
Vierundsechzigstel *f*	quadruple croche *f*	2230
ganze Pause *f*	pause *f*	2231
halbe Pause *f*	demi-pause *f*	2232
Viertelpause *f*	soupir *m*	2233
Achtelpause *f*	demi-soupir *m*	2234
Sechzehntelpause *f*	quart de soupir *m*	2235
Zweiunddreißigstelpause *f*	huitième de soupir *m*	2236
Vierundsechzigstelpause *f*	seizième de soupir *m*	2237

Intervalle / Intervalles

Prime *f*	unisson *m*	2238
Sekunde *f*	seconde *f*	2239
Terz *f*	tierce *f*	2240
Quarte *f*	quarte *f*	2241
Quinte *f*	quinte *f*	2242
Sexte *f*	sixte *f*	2243
Septime *f*	septième *f*	2244
Oktave *f*	octave *f*	2245
None *f*	none *f*	2246
Dezime *f*	dixième *f*	2247

	Generi e forma	**Genres and forms**
2248	alba *f*	aubade (song at dawn)
2249	allemanda *f*	allemande / almand
2250	antifona *f*	antiphon
2251	arabesca *f*	arabesque
2252	aria *f*	air / aria
2253	aria concertante *f*	concert aria
2254	aria d'opera *f*	operatic aria
2255	aria di bravura *f*	bravura aria
2256	aria di coloratura *f*	coloratura aria
2257	aria di corte *f*	court song
2258	arietta *f*	short aria
2259	arioso *m*	aria-like
2260	baccanale *f*	bacchanal
2261	bagatella *f*	bagatelle
2262	ballata *f*	ballad
2263	balletto *m*	ballet
2264	balletto di corte *m*	court dance
2265	ballo tedesco *m* / danza tedesca *f*	German dance
2266	barcarola *f*	barcarole
2267	bassa danza *f*	basse danse
2268	battaglia *f*	battle
2269	bergamasca *f*	bergamask
2270	bourrée *f*	bourée / buree / borry
2271	brando *m*	branle
2272	brindisi *m* / ditirambo *m*	drinking song
2273	bolero *m*	bolero
2274	burlesca *f*	burlesque
2275	burletta *f*	little jest
2276	cabaletta *f*	cabaletta
2277	caccia *f*	hunt
2278	canaria *f*	canary
2279	canone *m*	canon
2280	cantata *f*	cantata
2281	cantata da camera *f*	chamber cantata
2282	cantata da chiesa *f*	church cantata
2283	cantata profana *f*	secular cantata
2284	cantata su un corale *f*	choral cantata

| Musiktheorie | Théorie musicale | 143 |

Gattungen und Formen **Genres et formes**

Tagelied *n*	aube *f* / aubade *f*	2248
Allemande *f*	allemande *f*	2249
Antiphon *f*	antienne *f*	2250
Arabeske *f*	arabesque *f*	2251
Arie *f*	air *m*	2252
Konzertarie *f*	air de concert *m*	2253
Opernarie *f*	air d'opéra *m*	2254
Bravourarie *f*	air de bravoure *m*	2255
Koloraturarie *f*	air avec colorature *m* / air à vocalises *m*	2256
höfisches Lied *n*	air de cour *m*	2257
kleine Arie *f*	ariette *f*	2258
wie eine Arie	comme une aria	2259
Bacchanal *n*	bacchanale *f*	2260
Bagatelle *f*	bagatelle *f*	2261
Ballade *f*	ballade *f*	2262
Ballett *n*	ballet *m*	2263
höfischer Tanz *m*	ballet de cour *m*	2264
Deutscher Tanz *m*	danse allemande *f*	2265
Barkarole *f*	barcarolle *f*	2266
Basse danse *f*	basse danse *f*	2267
Schlacht *f*	bataille *f*	2268
Bergamasker Tanz *m*	bergamasque *f*	2269
Bourrée *f*	bourrée *f*	2270
Branle *m*	branle m / bransle *m*	2271
Trinklied *n*	chanson à boire *f* / chanson bacchique *f*	2272
Bolero *m*	boléro *m*	2273
Burleske *f*	burlesque *f*	2274
kleine Posse *f*	petite farce *f*	2275
Cabaletta *f*	cabalette *f*	2276
Jagd *f*	chasse *f*	2277
Canarie *f*	canarie *f*	2278
Kanon *m*	canon *m*	2279
Kantate *f*	cantate *f*	2280
Kammerkantate *f*	cantate de chambre *f*	2281
Kirchenkantate *f*	cantate d'église *f*	2282
weltliche Kantate *f*	cantate profane *f*	2283
Choralkantate *f*	cantate sur un choral *f*	2284

	Teoria musicale: Generi e forma	Music theory: Genres and forms

2285	cantico *m*	canticle
2286	cantilena *f*	cantilena
2287	canto carnascialesco *m*	carnival song
2288	canto di lavoro *m*	work song
2289	canto di Natale *m*	Christmas song
2290	canto funebre *m*	dirge
2291	canto gitano *m*	gipsy song
2292	canto goliardico *m*	student song
2293	canto gregoriano *m*	plainsong (Gregorian chant)
2294	canto nuziale *m*	bridal song (wedding song)
2295	canzone *f*	song
2296	canzone della sera *f*	evening song
2297	canzone infantile *f*	nursery song
2298	canzone moderna *f* / canzonetta *f*	song / sung
2299	canzone popolare *f*	folk song
2300	canzonetta *f*	canzonet
2301	capriccio *m*	capriccio
2302	carmagnola *f*	carmagnole
2303	carola *f*	carol
2304	cassazione *f*	cassation
2305	cavatina *f*	cavatina
2306	ciaccona *f*	chaconne
2307	commedia musicale *f*	musical
2308	commedia per musica *f*	musical comedy
2309	concerto *m*	concerto
2310	concerto con quattro strumenti solisti *m*	quadruple concerto
2311	concerto doppio *m*	double concerto
2312	concerto per orchestra *m*	concerto for orchestra
2313	concerto per organo *m*	organ concerto
2314	concerto per pianoforte *m*	piano concerto
2315	concerto per violino *m*	violin concerto
2316	concerto sacro *m*	sacred concerto
2317	concerto sinfonico *m*	symphony concert
2318	concerto triplo *m*	triple concerto
2319	concerto vocale *m*	vocal concert
2320	consolazione *f*	consolation
2321	contraddanza *f*	country dance

Musiktheorie: Gattungen und Formen	Théorie musicale: Genres et formes	
Gesang *m* / (Kirchen-)Lied *n*	cantique *m*	2285
Kantilene *f*	cantilène *f*	2286
Karnevalslied *n*	chanson de carnaval *f*	2287
Arbeitslied *n*	chant de travail *m*	2288
Weihnachtslied *n*	chant de Noël *m*	2289
Grabgesang *m*	chant funèbre *m*	2290
Zigeunerlied *n*	chant gitan *m*	2291
Studentenlied *n*	chanson d'étudiant *m*	2292
Gregorianischer Choral *m*	plain-chant *m* / chant grégorien *m*	2293
Brautlied *n*	chant nuptial *m*	2294
Lied *n* / Kanzone *f*	chanson *f*	2295
Abendlied *n*	chant du soir *m*	2296
Kinderlied *n*	chanson enfantine *f*	2297
Schlager *m*	chanson à la mode *f* / chansonnette *f*	2298
Volkslied *n*	chanson populaire *f*	2299
Kanzonette *f*	canzonette *f*	2300
Capriccio *n*	caprice *m*	2301
Carmagnole *f* / Revolutionsgesang *m*	carmagnole *f*	2302
Carole *f*	carole *f*	2303
Kassation *f*	cassation *f*	2304
Kavatine *f*	cavatine *f*	2305
Chaconne *f*	chaconne *f*	2306
Musical *n*	comédie musicale *f*	2307
lyrische Komödie *f*	comédie lyrique *f*	2308
Konzert *n*	concerto *m*	2309
Quadrupelkonzert *n*	quadruple concerto *m*	2310
Doppelkonzert *n*	double concerto *m*	2311
Konzert für Orchester *n*	concerto pour orchestre *m*	2312
Orgelkonzert *n*	concerto pour orgue *m*	2313
Klavierkonzert *n*	concerto pour piano *m*	2314
Violinkonzert *n*	concerto pour violon *m*	2315
geistliches Konzert *n*	concert de musique sacrée *m*	2316
Sinfoniekonzert *n*	concert symphonique *m*	2317
Tripelkonzert *n*	triple concerto *m*	2318
Gesangskonzert *n*	concert vocal *m*	2319
Consolation *f* / Tröstung *f*	consolation *f*	2320
Kontretanz *m*	contredanse *f*	2321

	Teoria musicale: Generi e forma	Music theory: Genres and forms
2322	corale *m*	choral / chorale
2323	corrente *f*	courante
2324	cotillon *m*	cotillon
2325	czarda(s) *f*	czardas
2326	danza concertante *f*	concert dance
2327	danza delle streghe *f*	witches' dance
2328	danza dei morti *f* / danza macabra *f*	dance of death
2329	danza gitana *f*	gipsy dance
2330	danza popolare *f* / danza folcloristica *f*	folk dance
2331	danza rustica *f*	peasant dance
2332	danza slava *f*	Slavic dance
2333	danza spagnola *f*	Spanish dance
2334	danza ungherese *f*	Hungarian dance
2335	decimino *m*	work for ten players
2336	divertimento *m*	divertimento
2337	dramma lirico *m*	operatic / lyric drama
2338	dramma musicale *m*	music drama
2339	duetto *m* / duo *m*	duet
2340	egloga *f*	eclogue
2341	elegia *f*	elegy
2342	epilogo	epilogue
2343	fanfara *f*	fanfare / flourish
2344	fantasia *f*	fantasia / fancy
2345	farandola *f*	farandole
2346	farsa *f*	farce
2347	finale *m* / ultimo movimento *m*	finale / last movement
2348	foglio d'album *m*	album leaf
2349	follia *f*	folia
2350	francese *f*	French dance
2351	fuga *f*	fugue
2352	fughetta *f*	fughetta
2353	furlana *f* / forlana *f*	forlana / furlana
2354	gagliarda *f*	galliard
2355	galanteria *f*	galanteries
2356	galoppo *m*	galop
2357	gavotta *f*	gavotte
2358	giga *f*	jig

Musiktheorie: Gattungen und Formen	Théorie musicale: Genres et formes	
Choral *m*	choral *m*	2322
Courante *f*	courante *f*	2323
Kotillon *m*	cotillon *m*	2324
Csárdás *m*	csardas *f*	2325
konzertanter Tanz *m*	danse concertante *f*	2326
Hexentanz *m*	dance des sorcières *f*	2327
Totentanz *m*	danse macabre *f*	2328
Zigeunertanz *m*	danse gitane *f*	2329
Volkstanz *m*	danse folklorique *f* / danse populaire *f*	2330
Bauerntanz *m*	danse champêtre *f* / danse paysanne *f* / villageoise *f*	2331
slawischer Tanz *m*	danse slave *f*	2332
spanischer Tanz *m*	danse espagnole *f*	2333
ungarischer Tanz *m*	danse hongroise *f*	2334
Dezett *n*	dixtuor *m*	2335
Divertimento *n* / „Unterhaltung" *f*	divertissement *m*	2336
lyrisches Drama *n*	drame lyrique *m*	2337
Musikdrama *n*	drame musical *m*	2338
Duett *n* / Duo *n*	duo *m*	2339
Hirtengedicht *n* / Ekloge *f*	églogue *f*	2340
Elegie *f*	élégie *f*	2341
Epilog *m* / Ausklang *m*	épilogue *m*	2342
Fanfare *f* / Tusch *m*	fanfare *f*	2343
Fantasie *f*	fantaisie *f*	2344
Farandole *f*	farandole *f*	2345
Farce *f* / Posse *f*	farce *f*	2346
Schlussstück *n* / Schlusssatz *m*	final *m* / dernier mouvement *m*	2347
Albumblatt *n*	feuille d'album *f*	2348
Folia *f*	folie *f*	2349
Française *f*	française *f*	2350
Fuge *f*	fugue *f*	2351
Fughette *f* / kleine Fuge *f*	fughette *f*	2352
Forlana *f* / Friauler *m*	forlane *f*	2353
Gagliarde *f*	gaillarde *f*	2354
Galanterie *f*	galanteries *f pl*	2355
Galopp *m*	galop *m*	2356
Gavotte *f*	gavotte *f*	2357
Gigue *f*	gigue *f*	2358

	Teoria musicale: Generi e forma	Music theory: Genres and forms

2359	girotondo *m*	round dance
2360	gopak *m*	gopak
2361	improvviso *m*	impromptu
2362	inglese *f*	English dance
2363	inno *m*	hymn / anthem / hymn of praise
2364	inno nazionale *m*	national anthem
2365	interludio *m*	interlude
2366	intermezzo *m* / intermedio *m*	interlude
2367	intrada *f* / entrata *f*	intrada
2368	introduzione *f*	introduction
2369	invenzione *f*	invention
2370	istampita *f*	estampie
2371	lai *m*	lay
2372	lamento *m*	lament
2373	lancieri *m pl*	lanciers
2374	landa *f*	lands
2375	lavolta *f* / volta *f*	volta
2376	leggenda *f*	legend
2377	litania *f*	litany
2378	madrigale *m*	madrigal
2379	maggiolata *f*	may song
2380	marcia *f*	march
2381	marcia funebre *f*	funeral march
2382	marcia nuziale *f*	wedding march
2383	marcia trionfale *f*	triumphal march
2384	marinesca *f*	sailor-like dance
2385	mascherata *f*	masque
2386	mattinata *f*	morning music / aubade
2387	mazurca *f*	mazurka
2388	melodramma *m*	melodrama
2389	messa *f*	mass
2390	messa dei defunti *f* / Requiem *m* / messa di (da) Requiem *f*	mass for the dead / requiem mass
2391	minuetto *m*	minuet
2392	mistero *m*	liturgical drama
2393	momento musicale *m*	"musical moment"
2394	monodramma *m*	monodrama
2395	moresca *f*	morris dance

Musiktheorie:	Théorie musicale:	
Gattungen und Formen	Genres et formes	149

Reigen *m*	ronde *f*	2359
Hopak *m*	gopak *m*	2360
Impromptu *n*	impromptu *m*	2361
Anglaise *f*	anglaise *f*	2362
Hymne *f* / Lobgesang *m*	hymne *m*	2363
Nationalhymne *f*	hymne national *m*	2364
Zwischenspiel *n*	entr'acte *m* / interlude *m*	2365
Zwischenspiel *n*	intermède *m*	2366
Intrade *f*	entrée *f*	2367
Einleitung *f*	introduction *f*	2368
Invention *f*	invention *f*	2369
Estampie *f*	estampie *f*	2370
Leich *m*	lai *m*	2371
Klage *f*	lamentation *f*	2372
Lancers *m Pl*	lanciers *m pl* / quadrille à la cour *f*	2373
Lande *f*	lande *f*	2374
Volta *f*	volte *f*	2375
Legende *f*	légende *f*	2376
Litanei *f*	litanie *f*	2377
Madrigal *n*	madrigal *m*	2378
Mailied *n*	chant de mai *m*	2379
Marsch *m*	marche *f*	2380
Trauermarsch *m*	marche funèbre *f*	2381
Hochzeitsmarsch *m*	marche nuptiale *f*	2382
Triumphmarsch *m*	marche triomphale	2383
Matelote *f* / Matrosentanz *m*	marinière *f* / matelote *f*	2384
Maskenspiel *n* / Maskerade *f*	mascarade *f*	2385
Morgenständchen *n*	aubade *f*	2386
Mazurka *f*	mazurka *f*	2387
Melodram *n* / Melodrama *n*	mélodrame *m*	2388
Messe *f*	messe *f*	2389
Totenmesse *f* / Requiem *n*	messe des morts *f*	2390
Menuett *n*	menuet *m*	2391
liturgisches Drama *n*	drame liturgique *m*	2392
„musikalischer Augenblick" *m* / Moment musical *m*	moment musical *m*	2393
Monodram *n*	monodrame *m*	2394
Moreske *f* / Moriskentanz *m*	mauresque *f*	2395

	Teoria musicale: Generi e forma	Music theory: Genres and forms
2396	moto perpetuo *m* / perpetuum mobile (L)	perpetual motion
2397	mottetto *m*	motet
2398	nenia *f* / lamento funebre *m*	nenia / funeral lament
2399	ninna nanna *f*	lullaby / cradle song
2400	nonetto *m*	nonet
2401	notturno *m*	nocturne
2402	novelletta *f*	novelette
2403	ochetus *m*	hocket
2404	offertorio *m*	offertory
2405	opera *f*	opera
2406	opera buffa *f*	comic opera
2407	opera comica *f*	comic opera
2408	opera corale *f*	choral work
2409	opera seria *f*	serious opera
2410	operetta *f*	operetta
2411	oratorio *m*	oratorio
2412	ottetto *m*	octet
2413	ouverture *f* / sinfonia *f*	overture
2414	ouverture d'opera *f*	operatic overture
2415	ouverture da concerto *f*	concert overture
2416	parafrasi *f*	paraphrase
2417	parodia *f*	parody
2418	passacaglia *f*	passacaglia
2419	passepied *m*	passepied
2420	passione *f*	passion
2421	pasticcio *m*	pasticcio / pastiche
2422	pastorale *f*	pastoral
2423	pavana *f* / padovana *f*	pavan
2424	perigordino *m*	perigourdine
2425	pezzo caratteristico *m*	character piece
2426	pezzo da concerto *m*	concert piece
2427	pezzo lirico *m*	lyric piece
2428	poema *f*	poem
2429	poema sinfonico *m*	symphonic poem
2430	polacca *f*	polonaise
2431	polca *f*	polka
2432	postludio *m*	postlude
2433	pot-pourri *m*	pot-pourri / medley
2434	preambulo *m*	preamble
2435	preludio *m*	prelude

Musiktheorie: Gattungen und Formen	Théorie musicale: Genres et formes	
durchlaufend bewegt	mouvement perpétuel *m*	2396
Motette *f*	motet *m*	2397
Nänie *f* / Totenklage *f*	nénie *f*	2398
Wiegenlied *n*	berceuse *f*	2399
Nonett *n*	nonet *m*	2400
Notturno *n* / Nachtstück *n*	nocturne *m*	2401
Novellette *f*	novelette *f*	2402
Hoketus *m*	hoquet *m*	2403
Offertorium *n*	offertoire *m*	2404
Oper *f*	opéra *m*	2405
heitere Oper *f*	opéra bouffe *m*	2406
komische Oper *f*	opéra comique *m*	2407
Chorwerk *n*	œuvre chorale *f*	2408
ernste Oper *f*	opéra sérieux *m*	2409
Operette *f*	opérette *f*	2410
Oratorium *n*	oratorio *m*	2411
Oktett *n*	octuor *m*	2412
Ouvertüre *f*	ouverture *f*	2413
Opernouvertüre *f*	ouverture d'opéra *f*	2414
Konzertouvertüre *f*	ouverture de concert *f*	2415
Paraphrase *f* / Umspielung *f*	paraphrase *f*	2416
Parodie *f*	parodie *f*	2417
Passacaglia *f*	passacaille *f*	2418
Passepied *m*	passepied *m*	2419
Passion *f*	passion *f*	2420
Flickoper *f*	pastiche *m*	2421
Pastorale *f* / Hirtenstück *n*	pastorale *f* / pastourelle *f*	2422
Pavane *f*	pavane *f*	2423
Perigourdine *f*	périgourdine *f*	2424
Charakterstück *n*	pièce de charactère *f*	2425
Konzertstück *n*	morceau de concert *m*	2426
Lyrisches Stück *n*	pièce lyrique *f*	2427
Poem *n* / Gedicht *n*	poème *m*	2428
sinfonische Dichtung *f*	poème symphonique *m*	2429
Polonaise *f*	polonaise *f*	2430
Polka *f*	polka *f*	2431
Nachspiel *n*	postlude *m*	2432
Potpourri *n*	pot-pourri *m*	2433
Präambel *f*	préambule *m*	2434
Präludium *n* / Vorspiel *n*	prélude *m*	2435

	Teoria musicale: Generi e forma	Music theory: Genres and forms
2436	prologo *m*	prologue
2437	quadriglia *f*	quadrille
2438	quartetto *m*	quartet
2439	quartetto d'archi *m*	string quartet
2440	quintetto *m*	quintet
2441	quintetto per (di) fiati *m*	wind quintet
2442	quodlibet *m* / messanza *f*	quodlibet
2443	rapsodia *f*	rhapsody
2444	recitativo *m*	recitative
2445	recitativo accompagnato *m*	accompanied recitative
2446	recitativo secco *m*	recitative with continuo accompaniment ("dry")
2447	ricercare *m*	ricercar
2448	rigaudon *m*	rigadoon
2449	ritornello *m*	ritornello
2450	romanza *f*	romance
2451	romanza senza parole *f*	song without words
2452	rondò *m*	rondo
2453	salmo *m*	psalm
2454	sarabanda *f*	sarabande
2455	sardana *f*	sardana
2456	scherzino *m* / scherzetto *m*	little scherzo
2457	scozzese *f*	Scottish dance
2458	serenata *f*	serenade
2459	sestetto *m*	sextet
2460	settimino *m*	septet
2461	siciliana *f*	siciliana
2462	sinfonia *f*	symphony
2463	sinfonia concertante *f*	sinfonia concertante
2464	sogno *m*	dream
2465	sonata *f*	sonata
2466	sonata da camera *f*	chamber sonata
2467	sonata da chiesa *f*	church sonata
2468	sonata per pianoforte *f*	piano sonata
2469	sonatina *f*	sonatina
2470	stanza *f*	stanza
2471	studio *m*	study
2472	studio da concerto *m*	concert study
2473	studio di virtuosità *m*	virtuosity / virtuoso study
2474	studio trascendentale *m*	transcendental study

Musiktheorie: Gattungen und Formen	Théorie musicale: Genres et formes	
Prolog *m*	prologue *m*	2436
Quadrille *f*	quadrille *f*	2437
Quartett *n*	quatuor *m*	2438
Streichquartett *n*	quatuor à cordes *m*	2439
Quintett *n*	quintette *m*	2440
Bläserquintett *n*	quintette à vent *m*	2441
Quodlibet *n*	quodlibet *m* / fricassée *f*	2442
Rhapsodie *f*	rhapsodie *f*	2443
Rezitativ *n*	récitatif *m*	2444
begleitetes Rezitativ *n*	récitatif accompagné *m*	2445
Rezitativ nur mit continuo („trocken") *n*	récitatif seulement avec continuo ("sec") *m*	2446
Ricercar *n*	ricercare *m*	2447
Rigaudon *m*	rigaudon *m*	2448
Ritornell *n*	ritournelle *f*	2449
Romanze *f*	romance *f*	2450
Lied ohne Worte *n*	romance sans paroles *f*	2451
Rondo *n*	rondo *m* / rondeau *m*	2452
Psalm *m*	psaume *m*	2453
Sarabande *f*	sarabande *f*	2454
Sardane *f*	sardane *f*	2455
kleines Scherzo *n*	petit scherzo *m*	2456
Schottischer *m*	écossaise *f*	2457
Ständchen *n*	sérénade *f*	2458
Sextett *n*	sextuor *m*	2459
Septett *n*	septuor *m*	2460
Siciliano *m*	sicilienne *f*	2461
Sinfonie *f*	symphonie *f*	2462
Konzertante Sinfonie *f*	symphonie concertante *f*	2463
Träumerei *f* / Traum *m*	rêverie *f* / rêve *m*	2464
Sonate *f*	sonate *f*	2465
Kammersonate *f*	sonate de chambre *f*	2466
Kirchensonate *f*	sonate d'église *f*	2467
Klaviersonate *f*	sonate pour piano *f*	2468
Sonatine *f*	sonatine *f*	2469
Stanza *f*	stance *f*	2470
Etüde *f*	étude *f*	2471
Konzertetüde *f*	étude concertante *f* / étude de concert *f*	2472
virtuose Etüde *f*	étude de virtuosité *f*	2473
Transzendentaletüde *f*	étude transcendentale *f*	2474

	Teoria musicale: Generi e forma	Music theory: Genres and forms
2475	suite francese *f*	French suite
2476	suite inglese *f*	English suite
2477	tarantella *f*	tarantella
2478	tema con variazioni *m*	theme with variations
2479	tenzone *m*	tenson
2480	terzetto *m* / trio *m*	trio
2481	tirolese *f*	tyrolienne
2482	tortiglione *m*	tourdion
2483	tragedia lirica *f*	lyric tragedy
2484	umoresca *f*	humoresque
2485	valzer *m*	waltz
2486	valzer viennese *m*	Viennese waltz
2487	variazione *f*	variation
2488	versetto *m*	verset
2489	vespri *m pl*	vespers
2490	villanella *f* / villanesca *f*	villanella
2491	zingaresca *f*	gipsy dance

Musiktheorie: Gattungen und Formen	Théorie musicale: Genres et formes	155
Französische Suite *f*	suite française *f*	2475
Englische Suite *f*	suite anglaise *f*	2476
Tarantella *f*	tarentelle *f*	2477
Thema mit Variationen *n*	thème avec variations *m*	2478
Tenzone *f*	tenson *m*	2479
Terzett *n* / Trio *n*	trio *m*	2480
Tiroler Ländler *m* / Tiroler Lied *n*	tyrolienne *f*	2481
Tourdion *m*	tordion *m*	2482
Lyrische Tragödie *f*	tragédie lyrique *f*	2483
Humoreske *f*	humoresque *f*	2484
Walzer *m*	valse *f*	2485
Wienerwalzer *m*	valse viennoise *f*	2486
Variation *f* / Veränderung *f*	variation *f*	2487
Versett *n*	verset *m*	2488
Vesper *f*	vêpres *f pl*	2489
Villanella *f*	villanesque *f*	2490
Zigeunertanz *m* / Zigeunerlied *n*	tzigane *f*	2491

	Generi e forma		Genres and forms

Le seguenti composizioni musicali portano lo stesso nome in tutte le lingue.

The following compositions bear the same term in all languages.

2492	Alabado	2529	Extravaganza
2493	alalá	2530	Fado
2494	Alborada	2531	Fandango
2495	Alegrias	2532	Farruca
2496	angelito	2533	Flamenco
2497	Arioso	2534	Frottola
2498	Aragonaise	2535	Furiant
2499	Ayre	2536	Giustiniana
2500	Baborák	2537	Glee
2501	Badinage	2538	Greghesca
2502	Badinerie	2539	Guajira
2503	Batuque	2540	Guaracha
2504	Bergerette	2541	Habanera
2505	Bluette	2542	Halling
2506	Brunette	2543	Hey
2507	Bulerias	2544	Highland fling
2508	Cachucha	2545	Horo
2509	Calata	2546	Hornpipe
2510	Cancan	2547	Hupfauf
2511	Cantigas	2548	Jabadao
2512	Catch	2549	Jabo
2513	Cebell	2550	Jacara
2514	Chiarantana	2551	Jaleo
2515	Cinquepace	2552	Jarabe
2516	Colinda	2553	Jota
2517	Concertino	2554	Koleda
2518	Concerto grosso	2555	Kolo
2519	Contrás	2556	Kujawiak
2520	Corrido	2557	Ländler
2521	Cueca	2558	Lied
2522	Cumbia	2559	Loure
2523	Danzón	2560	Lesginka
2524	Diferencia	2561	Malagueña
2525	Doina	2562	Manfredina
2526	Double	2563	Manseque
2527	Dumka	2564	Manta
2528	Duo	2565	Monferrina

Gattungen und Formen Genres et formes 157

Die folgenden musikalischen Les compositions musicales
Kompositionen tragen in allen suivantes portent le même nom
Sprachen den gleichen Namen. dans toutes les langues.

2566 Muñeira
2567 Murciana
2568 Musette
2569 Oberek
2570 Obertas
2571 Ode
2572 Palotas
2573 Partita
2574 Passamezzo
2575 Pastourelle
2576 Penillion
2577 Périgourdine
2578 Piva
2579 Polo
2580 Polska
2581 Redowa
2582 Reel
2583 Rejdovak
2584 Réjouissance
2585 Requiem
2586 Rheinländer
2587 Rispetto
2588 Romanesca
2589 Ronda
2590 Rondeau
2591 Rondeña
2592 Rueda
2593 Ruggiero
2594 Saeta
2595 Sainete
2596 Saltarello
2597 Scherzo
2598 Schuhplattler
2599 Sevillana
2600 Shanty

2601 Sinfonietta
2602 Singspiel
2603 Soleà
2604 Solfeggetto
2605 Springtanz
2606 Stornello
2607 Strambotto
2608 Strathspey
2609 Styrienne
2610 Suite
2611 Tambourin
2612 Tiento
2613 Tirana
2614 Toccata
2615 Tombeau
2616 Tonadilla
2617 Tourbillon
2618 Trepak
2619 Tresca
2620 Trescone
2621 Trezza
2622 Trio
2623 Trotto
2624 Tumba
2625 Varsovienne
2626 Vaudeville
2627 Veneziana
2628 Villancico
2629 Villotta
2630 Virelai
2631 Voluntary
2632 Zamacueco
2633 Zapateado
2634 Zarzuela
2635 Zortzico

Il linguaggio di ogni giorno

Every day language

verbi

Verbs

2636	abbassare	to lower
2637	abbassare l'intonatura / abbassare l'accordatura	to tune down
2638	abbellire	to embellish
2639	abbreviare	to shorten
2640	accelerare	to accelerate
2641	accentuare	to stress
2642	accompagnare	to accompany
2643	accordare	to tune
2644	adattare	to adapt
2645	affrettare	to hasten
2646	aggiungere	to add
2647	allargare	to widen
2648	allontanarsi	to go away
2649	allungare	to lengthen
2650	alterare	to alter
2651	alternare	to alternate
2652	alzare	to raise
2653	alzare l'intonatura / alzare l'intonazione	to tune up
2654	ampliare	to enlarge
2655	animare	to animate
2656	annunciare	to announce
2657	applaudire	to applaud
2658	aprire	to open
2659	armonizzare	to harmonize
2660	arpeggiare	to play arpeggios
2661	articolare	to articulate
2662	ascoltare	to listen
2663	aspettare	to wait
2664	aumentare	to augment
2665	balbettare	to stammer
2666	ballare	to dance
2667	battere	to beat
2668	battere il tempo	to beat the time
2669	borbottare	to mumble

Die tägliche Sprache

Le langage de tous les jours

Verben

verbes

senken / erniedrigen	baisser / abaisser	2636
herunterstimmen / tiefer stimmen	baisser l'accord / baisser l'intonation	2637
verschönern	embellir	2638
abkürzen	abréger	2639
beschleunigen	accélérer	2640
betonen	accentuer	2641
begleiten	accompagner	2642
einstimmen / stimmen	accorder	2643
bearbeiten	adapter	2644
beeilen	hâter	2645
hinzufügen	ajouter	2646
erweitern	élargir	2647
sich entfernen	s'éloigner	2648
verlängern	allonger	2649
verändern	altérer	2650
alternieren / abwechseln	alterner	2651
erhöhen	hausser	2652
hinaufstimmen / höher stimmen	monter l'intonation / monter l'accord	2653
erweitern	agrandir	2654
beleben	animer	2655
ankündigen / ansagen	annoncer	2656
klatschen	applaudir	2657
öffnen	ouvrir	2658
harmonisieren	harmoniser	2659
arpeggieren	arpéger	2660
deutlich aussprechen	articuler	2661
zuhören / anhören / horchen	écouter	2662
warten	attendre	2663
vergrößern / steigern	augmenter	2664
stottern	balbutier	2665
tanzen	danser	2666
schlagen	battre	2667
Takt schlagen	battre la mesure	2668
murmeln	grommeler	2669

	Il linguaggio di ogni giorno:	Every day language:
	verbi	verbs

2670	brontolare	to grumble
2671	bussare	to knock
2672	buttare	to throw
2673	cadere	to fall down
2674	calare	to let down
2675	calmare	to calm
2676	cambiare / mutare	to change
2677	cantare	to sing
2678	capire	to understand
2679	cedere	to give in
2680	cercare	to seek / to look for
2681	chiaccherare	to chat
2682	chiedere	to ask
2683	chiudere	to shut / to close
2684	commuovere	to move
2685	comporre	to compose
2686	concatenare	to link together
2687	concentrarsi	to concentrate
2688	contare	to count
2689	continuare	to continue
2690	copiare	to copy
2691	coprire	to cover
2692	correggere	to correct
2693	creare	to create
2694	crescere	to grow
2695	criticare	to criticize
2696	dare dei concerti	to give concerts
2697	declamare	to declaim
2698	dedicare	to dedicate
2699	descrivere	to describe
2700	dimenticare	to forget
2701	diminuire	to diminish
2702	dirigere	to conduct
2703	dividere	to divide
2704	elaborare / rifinire	to elaborate
2705	elogiare / lodare	to praise
2706	entrare	to enter / to appear
2707	entrare in scena	to appear on stage
2708	esagerare	to exagerate
2709	eseguire	to perform

Die tägliche Sprache: Verben	Le langage de tous les jours: verbes	
brummen	grogner	2670
klopfen	frapper	2671
werfen	jeter	2672
fallen	tomber	2673
sinken / herablassen	faire descendre	2674
beruhigen	calmer	2675
wechseln / ändern	changer	2676
singen	chanter	2677
verstehen	comprendre	2678
nachgeben / nachlassen	céder	2679
suchen	chercher	2680
plaudern	bavarder	2681
fragen	demander	2682
schließen / abschließen	fermer	2683
rühren	émouvoir	2684
komponieren	composer	2685
anknüpfen	enchaîner	2686
sich konzentrieren	se concentrer	2687
zählen	compter	2688
fortsetzen / fortfahren	continuer	2689
kopieren / abschreiben	copier	2690
bedecken	couvrir	2691
verbessern / korrigieren	corriger	2692
erschaffen	créer	2693
wachsen / zunehmen / anwachsen	croître / grandir	2694
tadeln / kritisieren	critiquer	2695
konzertieren	donner des concerts	2696
deklamieren	déclamer	2697
widmen	dédier	2698
beschreiben	décrire	2699
vergessen	oublier	2700
vermindern / abnehmen	diminuer	2701
dirigieren	diriger	2702
teilen	diviser	2703
ausarbeiten	élaborer / fignoler	2704
loben	louer	2705
eintreten	entrer	2706
auftreten	entrer en scène	2707
übertreiben	exagérer	2708
ausführen / vortragen	exécuter	2709

	Il linguaggio di ogni giorno: verbi	Every day language: verbs
2710	esercitare	to practise
2711	esordire	to make one's début
2712	espirare	to breathe out
2713	esprimere	to express
2714	essere fuori tempo	to be out of tempo
2715	essere in ritardo	to be late
2716	esultare	to exult
2717	fare	to make / to do
2718	felicitare	to congratulate
2719	fermare	to stop
2720	festeggiare	to celebrate
2721	finire	to finish
2722	fischiare	to whistle
2723	forzare	to force
2724	fraseggiare	to phrase
2725	frenare	to hold back / to brake
2726	graduare	to shade / to graduate
2727	grattare	to scratch
2728	gridare	to shout / to scream
2729	guidare / condurre	to lead / to guide
2730	imitare	to imitate
2731	imparare	to learn
2732	improvvisare	to improvise
2733	incominciare / attaccare	to begin / to strike up
2734	incrociare	to cross
2735	indicare	to indicate
2736	insegnare	to teach
2737	insistere	to insist
2738	interpretare	to interpret / to perform
2739	interrompere	to interrupt
2740	inspirare	to inhale
2741	intonare	to intone
2742	introdurre	to introduce
2743	invertire	to invert
2744	lavorare	to work
2745	legare	to tie / to slur
2746	leggere	to read
2747	marcare	to mark
2748	martellare	to hammer
2749	mettere / porre	to put

Die tägliche Sprache: Verben	Le langage de tous les jours: verbes	
üben	exercer	2710
debütieren	débuter	2711
ausatmen	expirer	2712
ausdrücken	exprimer	2713
aus dem Takt sein	être hors du tempo	2714
zu spät kommen	être en retard	2715
jubeln	exulter	2716
machen	faire	2717
beglückwünschen / gratulieren	féliciter	2718
abbrechen / anhalten	arrêter	2719
feiern	fêter	2720
enden	finir	2721
pfeifen	siffler	2722
forcieren	forcer	2723
phrasieren	phraser	2724
bremsen	freiner	2725
abstufen	nuancer / graduer	2726
kratzen	gratter	2727
schreien / aufschreien	crier	2728
führen	guider / conduire	2729
imitieren / nachahmen	imiter	2730
lernen	apprendre	2731
improvisieren / extemporieren	improviser	2732
anfangen / einsetzen / beginnen	commencer / attaquer	2733
kreuzen	croiser	2734
zeigen	indiquer	2735
lehren / unterrichten	enseigner	2736
beharren	insister	2737
interpretieren	interpréter	2738
unterbrechen	interrompre	2739
einatmen	inspirer	2740
anstimmen	entonner	2741
einführen / einleiten	introduire	2742
umkehren	inverser	2743
arbeiten	travailler	2744
binden	lier	2745
lesen	lire	2746
markieren	marquer	2747
hämmern	marteler	2748
setzen / legen / stellen	mettre / poser	2749

	Il linguaggio di ogni giorno: verbi	Every day language: verbs
2750	mettere in scena	to stage
2751	migliorare	to improve
2752	misurare	to measure
2753	moderare	to moderate
2754	modificare	to modify
2755	mostrare	to show
2756	muoversi	to move
2757	orchestrare	to orchestrate
2758	parlare	to speak / to talk
2759	partecipare	to take part
2760	passare	to pass
2761	pensare	to think
2762	perfezionarsi	to improve
2763	plagiare	to plagiarize
2764	portare	to carry / to fetch
2765	posare	to lay down
2766	precipitare	to precipitate / to hurry
2767	pregare	to beg / to pray
2768	preludiare	to prelude
2769	prendere	to take
2770	preparare	to prepare
2771	presentare	to present
2772	prestare	to lend
2773	progredire	to progress
2774	prolungare	to prolong
2775	pronunciare	to pronounce
2776	proporre	to propose
2777	provare	to try
2778	raccontare	to tell
2779	raccorciare / ridurre	to shorten / to reduce
2780	raddoppiare	to double
2781	raggruppare	to group
2782	rallentare	to slow down
2783	recitare	to recite
2784	registrare / incidere	to record / to tape
2785	rendere	to give back
2786	respirare	to breathe
2787	restare / rimanere	to stay / to remain
2788	richiamare	to recall

Die tägliche Sprache: Verben	Le langage de tous les jours: verbes	
inszenieren	mettre en scène	2750
verbessern	améliorer	2751
messen	mesurer	2752
mäßigen	modérer	2753
abändern	modifier	2754
zeigen	montrer	2755
sich bewegen	se mouvoir / remuer	2756
orchestrieren	orchestrer	2757
sprechen	parler	2758
teilnehmen	participer	2759
überleiten / übergehen	passer	2760
denken	penser	2761
sich vervollkommnen / sich weiterbilden	se perfectionner	2762
abschreiben / plagiieren	plagier	2763
tragen / bringen	porter	2764
niederlegen / hinlegen	poser	2765
überstürzen	précipiter	2766
bitten / beten	prier	2767
präludieren	préluder	2768
nehmen	prendre	2769
vorbereiten	préparer	2770
vorstellen	présenter	2771
leihen	prêter	2772
fortschreiten	progresser	2773
verlängern	prolonger	2774
aussprechen	prononcer	2775
vorschlagen	proposer	2776
probieren / versuchen	essayer	2777
erzählen	raconter	2778
verkürzen	réduire / raccourcir	2779
verdoppeln	doubler	2780
zusammenstellen	grouper	2781
verlangsamen	ralentir	2782
vortragen / vorzutragen	réciter	2783
(auf Tonträger) aufnehmen / mitschneiden	enregistrer / graver	2784
zurückgeben	rendre	2785
atmen	respirer	2786
bleiben / verweilen	rester	2787
zurückrufen	rappeler	2788

	Il linguaggio di ogni giorno: verbi	Every day language: verbs
2789	ricominciare	to recommence / to start again
2790	ricordarsi	to remember
2791	ridere	to laugh
2792	riflettere	to think over
2793	rilassarsi / distendersi	to relax
2794	rimbalzare	to bounce
2795	rimbombare	to resound
2796	rinforzare	to reinforce
2797	rinviare	to adjourn / to put off
2798	ripetere	to rehearse / to repeat
2799	riprendere / ricominciare	to retake
2800	risolvere	to resolve
2801	rispondere	to answer
2802	risuonare	to replay
2803	ritardare	to delay
2804	ritenere	to hold back
2805	ritmare	to emphasize the rhythm
2806	rovesciare	to upset / to overturn
2807	saltare	to jump
2808	saltare al posto di un'altro	to understudy / to take over a part
2809	sapere	to know
2810	sbagliare / equivocarsi	to mistake / to make a mistake
2811	scrivere	to write
2812	scrivere delle note / scrivere della musica	to notate
2813	seguire	to follow
2814	semplificare	to simplify
2815	sentire	to feel / to hear
2816	separare	to separate
2817	sfiorare	to touch lightly
2818	singhiozzare	to sob
2819	smettere / cessare	to stop
2820	smorzare	to subdue
2821	soffiare	to blow
2822	sognare	to dream
2823	sopprimere	to suppress
2824	sorridere	to smile
2825	sospirare	to sigh
2826	sostituire / rimpiazzare	to substitute

Die tägliche Sprache: Verben	Le langage de tous les jours: verbes	
wieder beginnen	recommencer	2789
sich erinnern	se souvenir	2790
lachen	rire	2791
nachdenken / überdenken	réfléchir	2792
lockern / entspannen	se relaxer / se détendre	2793
zurückprallen	rebondir	2794
dröhnen / widerhallen	retentir	2795
verstärken	renforcer	2796
verschieben / vertagen	renvoyer / ajourner	2797
proben / wiederholen	répéter	2798
wieder anfangen / wieder aufnehmen	reprendre	2799
auflösen	résoudre	2800
antworten	répondre	2801
erneut spielen	rejouer	2802
verzögern	retarder	2803
zurückhalten	retenir	2804
rhythmisieren	rhythmer	2805
umkehren	renverser	2806
springen / überspringen	sauter	2807
einspringen	remplacer au pied levé	2808
wissen	savoir	2809
(sich) irren / sich täuschen	se tromper / faire une faute	2810
schreiben	écrire	2811
notieren / Noten schreiben	noter / écrire de la musique	2812
folgen	suivre	2813
vereinfachen	simplifier	2814
hören / fühlen	ressentir	2815
trennen	séparer	2816
streifen	effleurer	2817
schluchzen	sangloter	2818
aufhören	cesser	2819
dämpfen	atténuer	2820
blasen	souffler	2821
träumen	rêver	2822
aufheben	supprimer	2823
lächeln	sourir	2824
seufzen	soupirer	2825
ersetzen	substituer / remplacer	2826

	Il linguaggio di ogni giorno: verbi	Every day language: verbs
2827	sparire	to disappear
2828	spegnere	to extinguish
2829	spiegare	to explain
2830	spingere	to push
2831	staccare	to undo
2832	stare / rimanere	to stay
2833	stonare / steccare	to be out of tune / to waver in pitch / to strike a false note
2834	strappare	to tear
2835	strimpellare	to strum
2836	strumentare	to score
2837	studiare	to study
2838	suddividere	to subdivide
2839	suggerire	to prompt
2840	suonare / toccare	to play / to touch
2841	suonare a memoria	to play by heart
2842	suonare a orecchio	to play by ear
2843	suonare a prima vista / leggere a prima vista	to play at sight / to sight-read
2844	tacere	to be silent
2845	tagliare	to cut
2846	tenere	to keep / to hold
2847	tenere il tempo	to keep time
2848	terminare / concludere	to end
2849	tirare	to pull
2850	togliere / levare	to take away / to remove
2851	tornare	to return
2852	trascinare / trascicare	to drag
2853	trasportare / spostare	to transpose
2854	trattare	to treat
2855	tremare	to tremble
2856	trovare	to find
2857	udire	to hear
2858	unire / congiungere	to connect / to join
2859	urlare	to howl
2860	variare	to vary
2861	vedere / guardare	to see / to look
2862	vibrare	to vibrate
2863	vociare	to scream
2864	voltare	to turn

Die tägliche Sprache: Verben	Le langage de tous les jours: verbes	
verschwinden	disparaître	2827
auslöschen	éteindre	2828
erklären	expliquer	2829
stoßen / treiben	pousser	2830
abstoßen / lostrennen	détacher	2831
bleiben	rester	2832
detonieren / falsch spielen	détonner / jouer faux	2833
reißen	arracher	2834
klimpern	tapoter	2835
instrumentieren	instrumenter	2836
studieren / lernen	étudier	2837
unterteilen	subdiviser	2838
vorsagen / soufflieren	souffler	2839
spielen / greifen / berühren	jouer / toucher	2840
auswendig spielen	jouer par cœur	2841
nach Gehör spielen	jouer d'oreille	2842
vom Blatt spielen	déchiffrer / jouer à vue	2843
schweigen	se taire	2844
schneiden	couper	2845
halten / aushalten	tenir	2846
Takt halten	garder la mesure	2847
beendigen / abschließen	terminer	2848
ziehen	tirer	2849
wegnehmen	enlever / lever / ôter	2850
zurückkommen	revenir	2851
schleppen	traîner	2852
transponieren	transposer	2853
behandeln	traiter	2854
zittern	trembler	2855
finden	trouver	2856
hören	entendre	2857
verbinden / anschließen	unir / joindre	2858
heulen	hurler	2859
abändern / verändern	varier	2860
sehen / schauen	voir / regarder	2861
vibrieren / schwingen / erklingen	vibrer	2862
grölen / brüllen	vociférer	2863
umblättern / wenden	tourner	2864

	Piccola raccolta di parole	**A small collection of words**
2865	abbonamento *m*	subscription
2866	accademia di musica *f*	music school / college
2867	abbondante	abundant
2868	abile	able
2869	accessori *m pl*	accessories / props
2870	accentuazione *f*	accentuation
2871	accompagnamento *m*	accompaniment
2872	accordato	tuned
2873	accordatura *f*	tuning
2874	acustica *f*	acoustics
2875	acustica ambientale *f*	acoustics (of a hall/room)
2876	addio!	farewell!
2877	adesso / ora	now
2878	agenzia di concerti *f*	concert agency
2879	allievo *m* / allieva *f* / alunno *m* / alunna *f*	pupil
2880	almeno	at least
2881	altezza *f*	height
2882	alto	high
2883	amante della musica *m + f* / melomane *m + f*	music lover
2884	a mente / a memoria	by heart
2885	annotazione *f*	annotation
2886	antico	antique
2887	antologia *f*	anthology
2888	apice *m* / punto culminante *m*	climax / apex
2889	apparecchi imitanti voci animali *m pl*	animal sound-effects
2890	applauso *m*	applause
2891	archi *m pl*	string section
2892	arrangiamento *m* / adattamento *m*	arrangement / adaptation
2893	arte *f*	art
2894	artista *m + f*	artist
2895	ascoltatore *m* / ascoltatrice *f*	listener
2896	ascolto *m*	hearing
2897	assordante	deafening
2898	attacco *m*	cue

Die tägliche Sprache		Le langage de tous les jours		171

Kleine Wörtersammlung		**Petite collection de mots**

Abonnement *n*	abonnement *m*	2865
Musikhochschule *f* / Musikakademie *f*	école supérieure de musique *f*	2866
reichlich	abondant	2867
geschickt / fähig zu	habile	2868
Requisiten *n Pl*	accessoires *m pl*	2869
Betonung *f*	accentuation *f*	2870
Begleitung *f*	accompagnement *m*	2871
gestimmt	accordé	2872
Stimmung (eines Instrumentes) *f*	accordage *m*	2873
Akustik *f*	acoustique *f*	2874
Raumakustik *f*	acoustique ambiante *f* / acoustique d'un local *f*	2875
Lebe wohl!	adieu!	2876
jetzt	maintenant	2877
Konzertagentur *f*	agence de concerts	2878
Schüler *m* / Schülerin *f*	élève *m + f*	2879
wenigstens	au moins	2880
Höhe *f*	hauteur *f*	2881
hoch	haut	2882
Musikliebhaber *m* / Musikliebhaberin *f*	amateur de musique *m* / mélomane *m + f*	2883
auswendig	par cœur	2884
Anmerkung *f* / Notiz *f*	annotation *f* / notice *f*	2885
altertümlich	antique / ancien	2886
Sammelwerk *n*	anthologie *f*	2887
Höhepunkt *m*	point culminant *m*	2888
Tierstimmeneffekte *m Pl*	effects d'animaux *m pl*	2889
Beifall *m*	applaudissement *m*	2890
Streicher *m Pl*	cordes *f pl*	2891
Arrangement *n* / Bearbeitung *f*	arrangement *m* / adaptation *f*	2892
Kunst *f*	art *m*	2893
Künstler *m* / Künstlerin *f*	artiste *m + f*	2894
Hörer *m* / Hörerin *f*	auditeur *m* / auditrice *f*	2895
Gehör *n*	écoute *m*	2896
betäubend	assourdissant	2897
Einsatz *m*	entrée *f*	2898

	Il linguaggio di ogni giorno: Piccola raccolta di parole	Every day language: A small collection of words
2899	attento	attentive
2900	attenzione!	take care!
2901	atto *m*	act
2902	audizione *f*	audition
2903	autore *m*	author
2904	avanzato	advanced
2905	bacchetta *f*	stick / baton
2906	ballo *m* / danza *f*	dance
2907	ballo di società *m* / ballo di sala *m*	ballroom dance
2908	bambino prodigio *m*	infant prodigy
2909	banda *f* / fanfara *f*	brass band / wind band
2910	banda di ottoni *f*	brass band
2911	banda militare *f*	military band
2912	barocco *m*	baroque
2913	basso	low / bass
2914	basta!	that's enough
2915	bellezza *f*	beauty
2916	bello / bella	beautiful
2917	biglietto *m* / ingresso *m*	ticket
2918	biglietto in omaggio *m*	complimentary ticket
2919	bis (L)	encore
2920	botteghino *m* / biglietteria *f*	box office
2921	brano *m* / pezzo *m*	piece
2922	bravissimo!	very good!
2923	cacofonia *f*	cacophony
2924	calcare le scene	to tread the stage
2925	cambiamento *m*	change
2926	cambio di scena *m*	change of set
2927	camerino *m*	green-room
2928	canzone a successo *f*	hit
2929	capolavoro *m*	masterpiece
2930	cappella *f*	chapel
2931	caratteristico	characteristic
2932	carnevale *m*	carnival
2933	carta da musica *f*	music-paper
2934	cartellone *m*	poster / bill
2935	casa editrice di musica *f*	music publishing house
2936	catalogo *m*	catalogue / catalog

Die tägliche Sprache: Kleine Wörtersammlung	Le langage de tous les jours: Petite collection de mots	
aufmerksam	attentif	2899
Achtung! / pass auf!	attention!	2900
Akt *m* / Aufzug *m*	acte *m*	2901
Probespiel *n*	audition *f* / essai *m*	2902
Autor *m*	auteur *m*	2903
fortgeschritten	avancé	2904
Taktstock *m* / Dirigentenstab *m*	baguette *f*	2905
Tanz *m*	danse *f*	2906
Gesellschaftstanz *m*	danse de societé *f* / danse de salon *f*	2907
Wunderkind *n*	enfant prodige *m*	2908
Blasmusik *f* / Fanfare *f*	fanfare *f* / corps de musique *m*	2909
Blechblasorchester *n*	fanfare de cuivres *f*	2910
Militärkapelle *f*	musique militaire *f* / harmonie *f*	2911
Barock *m*	baroque *m*	2912
niedrig / tief	bas	2913
genug!	assez!	2914
Schönheit *f*	beauté *f*	2915
schön	beau / belle	2916
Eintrittskarte *f*	billet *m* / billet d'entrée *m*	2917
Freikarte *f*	billet de faveur *m* / billet gratuit *m*	2918
noch einmal! / Zugabe! *f*	encore!	2919
Theaterkasse *f* / Konzertkasse *f*	bureau de location *m*	2920
Stück *n*	morceau *m* / pièce *f*	2921
sehr gut!	très bien!	2922
Kakophonie *f* / Missklang *m*	cacophonie *f*	2923
auf die Bühne gehen	monter sur les planches	2924
Abwechslung *f* / Änderung *f*	changement *m*	2925
Umbau *m*	changement de décor *m*	2926
Künstlerzimmer *n*	foyer des artistes *m*	2927
Schlager *m*	tube *m*	2928
Meisterwerk *n*	chef-d'œuvre *m*	2929
Kapelle *f*	chapelle *f*	2930
charakteristisch	caractéristique	2931
Karneval m / Fastnacht *f* / Fasching *m*	carnaval *m*	2932
Notenpapier *n*	papier à musique *m*	2933
Plakat *n* / Spielplan *m*	affiche *f*	2934
Musikverlag *m*	maison d'édition musicale *f*	2935
Verzeichnis *n*	catalogue *m*	2936

	Il linguaggio di ogni giorno:	Every day language:
174	Piccola raccolta di parole	A small collection of words

2937	celebre / famoso	famous
2938	centro uditivo *m*	listening centre
2939	certo / sicuro	certain / sure
2940	chiesa *f*	church
2941	chiuso	closed
2942	ciclo *m*	cycle
2943	cielo *m*	sky
2944	classico	classic
2945	classicismo *m*	classicism
2946	collaborazione *f*	collaboration
2947	collezione *f* / raccolta *f*	collection
2948	colore *m* / colorito *m* / timbro *m*	tone-colour / timbre / colour
2949	colto	cultivated
2950	commedia *f*	comedy
2951	comparsa *m* + *f* / figurante *m* + *f*	bit player / extra
2952	complesso *m*	ensemble
2953	completamente / totalmente	completely
2954	completo	complete
2955	composizione *f*	composition
2956	comprimario *m*	supporting role
2957	comune	common
2958	concerto *m*	concert / recital
2959	concerto privato *m*	house concert / private concert
2960	concorso musicale *m*	musical competition / musical contest
2961	conservatorio *m*	conservatoire / conservatory
2962	consonante *f*	consonant
2963	contenuto *m*	contents
2964	continuità *f*	continuity
2965	contrario *m*	contrary
2966	contrasto *m*	contrast
2967	coreografia *f*	choreography
2968	corpo di ballo *m*	chorps de ballet
2969	corretto	correct
2970	cosa *f*	thing
2971	costume *m*	costume / dress
2972	creativo	creative

Die tägliche Sprache: Kleine Wörtersammlung	Le langage de tous les jours: Petite collection de mots	
berühmt	célèbre / fameux	2937
Hörzentrum *n*	centre auditif *m*	2938
gewiss / sicher	certain / sûr	2939
Kirche *f*	église *f*	2940
geschlossen	fermé	2941
Zyklus *m*	cycle *m*	2942
Himmel *m*	ciel *m*	2943
klassisch	classique	2944
Klassik *f*	classicisme *m*	2945
Mitwirkung *f*	collaboration *f*	2946
Sammlung *f*	collection *f* / recueil *m*	2947
Klangfarbe *f* / Tonfarbe *f* / Farbe *f* / Schattierung *f*	timbre *m* / couleur *f* / nuance *f*	2948
gebildet	cultivé	2949
Komödie *f*	comédie *f*	2950
Komparse *m* / Komparsin *f* / Statist *m* / Statistin *f*	figurant *m* / figurante *f*	2951
Ensemble *n*	ensemble *m*	2952
in vollständiger Weise / gänzlich	complètement / entièrement	2953
vollständig	complet	2954
Komposition *f* / Vertonung *f*	composition *f*	2955
Nebenrolle *f*	rôle secondaire *m*	2956
gemeinsam	commun	2957
Konzert *n*	concert *m* / récital *m*	2958
Hauskonzert *n*	concert privé *m*	2959
Musikwettbewerb *m*	concours de musique *m* / compétition musicale *f* / concours musical *m*	2960
Konservatorium *n*	conservatoire *m*	2961
Konsonant *m*	consonne *f*	2962
Inhalt *m*	contenu *m*	2963
Kontinuität *f*	continuité *f*	2964
Gegenteil *n*	contraire *m*	2965
Kontrast *m*	contraste *m*	2966
Choreographie *f*	chorégraphie *f*	2967
Ballettkorps *n*	corps de ballet *m*	2968
korrekt	correct	2969
Ding *n*	chose *f*	2970
Kostüm *n*	costume *m*	2971
schöpferisch	créatif	2972

	Il linguaggio di ogni giorno:	Every day language:
	Piccola raccolta di parole	A small collection of words

2973	critica *f*	criticism
2974	debutto *m* / esordio *m*	début
2975	dedica *f*	dedication
2976	destra (a)	right (on the)
2977	dialogo *m*	dialogue
2978	diapason *m*	tuning fork
2979	diapason à fiato *m*	pitch pipe
2980	diapason da camera *m*	concert pitch
2981	dietro le quinte	behind the scenes
2982	difetto *m*	fault
2983	differenza *f*	difference
2984	difficile	difficult
2985	difficoltà *f*	difficulty
2986	dilettante *m*	dilettante / amateur
2987	dinamica *f*	dynamics
2988	direttore ospite *m*	guest conductor
2989	direzione *f*	management
2990	diritti d'autore *m pl*	royalties
2991	diritti d'esecuzione *m pl*	performing rights
2992	diritto d'autore *m*	copyright
2993	discoteca *f*	discotheque
2994	discreto	discreet
2995	disposizione dell'orchestra *f*	orchestral layout
2996	distanza *f*	distance
2997	distribuzione *f*	cast
2998	diteggiatura *f*	fingering
2999	divertente	funny / amusing
3000	dramma *m*	drama
3001	durata *f*	duration
3002	eccellente	excellent
3003	eccetera / etc	and so on
3004	eccezione *f*	exception
3005	edizione *f*	edition / issue
3006	edizione completa *f*	complete edition
3007	educazione dell'orecchio *f* / ascolto *m*	aural training
3008	effetto *m*	effect / result
3009	efficace	effective
3010	eguaglianza *f*	equality

Die tägliche Sprache:	Le langage de tous les jours:	
Kleine Wörtersammlung	Petite collection de mots	

Kritik *f*	critique *f*	2973
Debüt *n*	début *m*	2974
Widmung *f*	dédicace *f*	2975
rechts	droite (á)	2976
Dialog *m*	dialogue *m*	2977
Stimmgabel *f*	diapason à branches *m*	2978
Stimmpfeife *f*	diapason à bouche *m*	2979
Kammerton *m*	diapason de chambre *m*	2980
hinter der Bühne	derrière les coulisses	2981
Fehler *m* / Mangel *m*	défaut *m*	2982
Unterschied *m*	différence *f*	2983
schwierig / schwer	difficile	2984
Schwierigkeit *f*	difficulté *f*	2985
Dilettant *m* / Liebhaber *m*	dilettante *m* / amateur *m*	2986
Dynamik *f*	dynamique *f* / nuances *f pl*	2987
Gastdirigent *m*	chef invité *m*	2988
Direktion *f* / Leitung *f*	direction *f*	2989
Tantiemen *f Pl*	droits d'auteur *m pl* / tantièmes *m pl*	2990
Aufführungsrecht *n*	droits d'execution *m pl*	2991
Urheberrecht *n*	droit d'auteur *m*	2992
Diskothek *f*	discothèque *f*	2993
ziemlich gut / diskret	passable / discret	2994
Orchesteranordnung *f*	disposition de l'orchestre *f*	2995
Abstand *m* / Distanz *f*	distance *f*	2996
Besetzung *f*	distribution *f*	2997
Fingersatz *m* / Applikatur *f*	doigté *m*	2998
unterhaltend / vergnüglich	divertissant / amusant	2999
Drama *n*	drame *m*	3000
Dauer *f* / Spieldauer *f*	durée *f*	3001
ausgezeichnet	excellent	3002
und so weiter / usw.	et ainsi de suite	3003
Ausnahme *f*	exception *f*	3004
Ausgabe *f* / Auflage *f*	édition *f* / tirage *m*	3005
Gesamtausgabe *f*	édition complète *f*	3006
Gehörbildung *f*	éducation de l'oreille *f*	3007
Effekt *m* / Wirkung *f* / Eindruck *m*	effet *m*	3008
wirkungsvoll	efficace	3009
Gleichheit *f*	égalité *f*	3010

	Il linguaggio di ogni giorno:	Every day language:
178	Piccola raccolta di parole	A small collection of words

3011	entrata *f*	entrance
3012	entrata degli artisti *f*	the stage door
3013	epoca *f*	epoch / era
3014	esaurito / completo	sold out
3015	esecuzione *f*	performance
3016	esempio *m*	example
3017	esercizio *m*	exercise
3018	esercizio per le dita *m*	finger exercise
3019	esordiente *m* + *f* / principiante *m* + *f*	beginner
3020	esposizione *f*	exhibition
3021	espressionismo *m*	expressionism
3022	estensione *f*	range / extension
3023	estetica *f*	aesthetics
3024	estratto *m*	excerpt
3025	eterno	eternal
3026	eufonia	euphony
3027	euritmia *f*	eurhythmics
3028	facile	easy
3029	facilità *f*	facility
3030	fantasma *m* / spettro *m*	ghost / apparition
3031	favola *f* / fiaba *f*	fairy tale / fable
3032	fedele all'originale	faithful to the original
3033	felice	happy
3034	festa *f*	holiday / festival / party
3035	festival musicale *m*	music festival
3036	fiasco *m*	failure / flop
3037	fiati *m pl*	wind section
3038	fiato *m*	breath
3039	figurazione *f*	figuration
3040	filarmonica / filarmonico	philharmonic
3041	filo *m*	thread / wire
3042	finto	feigned
3043	foglio *m*	sheet
3044	folclore *m*	folklore
3045	folletto *m*	elf
3046	fonetica *f*	phonetics
3047	foresta *f* / bosco *m*	forest

Die tägliche Sprache: Kleine Wörtersammlung	Le langage de tous les jours: Petite collection de mots	
Eingang *m* / Eintritt *m* / Orchestereinsatz *m*	entrée *f*	3011
Künstlereingang m	entrée des artistes *f*	3012
Epoche *f* / Zeitabschnitt *m*	époque *f*	3013
ausverkauft / vergriffen	épuisé / complet	3014
Ausführung *f* / Vortrag *m*	exécution *f*	3015
Beispiel *n*	exemple *m*	3016
Übung *f*	exercice *m*	3017
Fingerübung *f*	exercice pour les doigts *m*	3018
Anfänger *m* / Anfängerin *f*	débutant *m* / débutante *f*	3019
Ausstellung *f*	exposition *f*	3020
Expressionismus *m*	expressionisme *m*	3021
Umfang *m* / Raum *m* / Ausdehnung *f*	étendue *f*	3022
Ästhetik *f*	esthétique *f*	3023
Ausschnitt *m* / Auszug *m*	extrait *m*	3024
ewig	éternel	3025
Euphonie *f* / Wohlklang *m*	euphonie *f*	3026
Eurhythmie *f*	eurythmie *f*	3027
leicht	facile	3028
Leichtigkeit *f*	facilité *f*	3029
Gespenst *n* / (Geister-) Erscheinung *f*	fantôme *m* / apparition *f*	3030
Fabel *f* / Märchen *n*	fable *f* / conte *m*	3031
werkgetreu	fidèle à l'original	3032
glücklich	heureux	3033
Fest *n*	fête *f*	3034
Musikfest(spiel) *n*	festival de musique *m*	3035
Misserfolg *m* / Durchfall *m*	échec *m* / four *m*	3036
Bläser *m Pl*	vents *m pl*	3037
Atem *m*	souffle *m*	3038
Darstellung *f*	figuration *f*	3039
philharmonisch	philharmonique	3040
Faden *m* / Garn *n* / Draht *m*	fil *m*	3041
vorgetäuscht / fingiert	simulé / feint	3042
Papierblatt *n* / Bogen *m*	feuille *f*	3043
Folklore *f*	folklore *m*	3044
Troll *m* / Poltergeist *m*	lutin *m* / follet *m*	3045
Phonetik *f* / Lautkunde *f*	phonétique *f*	3046
Wald *m* / Tann *m*	forêt *f* / bois *m*	3047

	Il linguaggio di ogni giorno: Piccola raccolta di parole	Every day language: A small collection of words
3048	formato *m*	format
3049	forza *f* / intensità sonora *f*	loudness / strength of tone / intensity
3050	fossa dell'orchestra *f* / golfo mistico *m*	orchestra box / orchestral pit
3051	frammento *m*	fragment
3052	gala *f*	gala
3053	galleria *f* / loggione *m*	balcony / gallery
3054	gelido	icy / freezing
3055	genere *m*	genre
3056	geniale	ingenious
3057	genio *m*	genius
3058	gesto *m* / cenno *m*	gesture / wave
3059	graduazione *f*	gradation
3060	gratis / gratuito	free / gratuitous
3061	gregoriano	Gregorian
3062	idea *f*	idea
3063	ideale	ideal
3064	il sipario si abbassa	the curtain goes down
3065	il sipario si alza	the curtain rises / goes up
3066	il sipario si apre	the curtain opens
3067	il sipario si chiude	the curtain closes
3068	illuminazione *f*	lighting
3069	immagine sonora *f*	sound picture
3070	impercettibile	imperceptible
3071	importante / considerevole	important
3072	impossibile	impossible
3073	impreciso / inesatto	inaccurate / inexact
3074	impreparato	unprepared
3075	impressionismo *m*	impressionism
3076	improvvisazione *f*	improvisation
3077	in bocca al lupo	good luck / break a leg
3078	inatteso	unexpected
3079	incerto	uncertain
3080	inchino *m*	bow / curtsey
3081	incompleto	incomplete
3082	indicazione metronomica *f*	metronome mark(ing)
3083	indipendenza *f*	independence

Die tägliche Sprache: Kleine Wörtersammlung	Le langage de tous les jours: Petite collection de mots	
Format *n*	format *m*	3048
Intensität des Klanges *f*	intensité du son *f* / puissance *f*	3049
Orchestergraben *m*	fosse d'orchestre *f*	3050
Fragment *n* / Bruchstück *n*	fragment *m*	3051
Gala *f*	gala *m*	3052
Galerie *f*	galerie *f* / poulailler *m* / paradis *m*	3053
eisig	glacial / glacé	3054
Gattung *f*	genre *m*	3055
genial	génial	3056
Genius *m* / Genie *n*	génie *m*	3057
Gebärde *f* / Geste *f*	geste *m*	3058
Abstufung *f*	graduation *f*	3059
gratis / unentgeltlich	gratuit	3060
gregorianisch	grégorien	3061
Idee *f*	idée *f*	3062
ideal / vollkommen	idéal	3063
der Vorhang fällt	le rideau se baisse	3064
der Vorhang hebt sich	le rideau se lève	3065
der Vorhang öffnet sich	le rideau s'ouvre	3066
der Vorhang schließt sich	le rideau se ferme	3067
Beleuchtung *f*	éclairage *m*	3068
Klangbild *n*	image sonore *f*	3069
unmerklich / unvernehmlich	imperceptible	3070
wichtig / bedeutend / beträchtlich	important / considerable	3071
unmöglich	impossible	3072
ungenau	imprécis / inexact	3073
unvorbereitet	non préparé	3074
Impressionismus *m*	impressionisme *m*	3075
Improvisation *f*	improvisation *f*	3076
Hals- und Beinbruch / toi, toi, toi	trois fois merde	3077
unerwartet	inattendu	3078
unsicher	incertain / douteux	3079
Verbeugung *f* / Verneigung *f*	révérence *f*	3080
unvollständig	incomplet	3081
Metronomangabe *f*	indication métronomique *f*	3082
Unabhängigkeit *f*	indépendance *f*	3083

	Il linguaggio di ogni giorno: Piccola raccolta di parole	Every day language: A small collection of words
3084	ineseguibile	unplayable
3085	inferiore	lower / inferior
3086	inizio *m* / principio *m*	beginning
3087	integrale *f*	complete works
3088	interpretazione *f*	interpretation
3089	interprete *m* + *f*	performer / interpreter
3090	interruzione *f* / pausa *f*	interruption / intermission
3091	intervallo *m*	intermission
3092	intesa *f*	agreement / entente
3093	intuizione *f*	intuition
3094	invariabile	invariable
3095	irregolare	irregular
3096	ispirazione *f*	inspiration
3097	larghezza *f*	width / breadth
3098	leggio *m*	music stand / desk
3099	legni *m pl* / strumentini *m pl*	woodwind
3100	legno *m*	wood
3101	lettera *f*	letter
3102	lezione *f*	lesson
3103	lezione collettiva *f*	group lesson
3104	libro *m* / volume *m*	book / volume
3105	luci della ribalta	limelights
3106	malgrado / nonostante	although / even
3107	maschera *f*	mask
3108	maschera *m*+*f*	usher *m* / usherette *f*
3109	mecenate *m*	maecenas / patron
3110	meraviglioso / stupendo	marvellous / wonderful
3111	messa in scena *f*	production / staging
3112	metronomo *m*	metronome
3113	modello *m*	model / pattern
3114	moderno	modern
3115	musa *f*	muse
3116	musica *f*	music
3117	musica aleatoria *f*	aleatoric music
3118	musica antica *f*	ancient music
3119	musica a programma *f*	programme music
3120	musica a quarti di tono *f*	quarter-tone music

Die tägliche Sprache: Kleine Wörtersammlung	Le langage de tous les jours: Petite collection de mots	
unausführbar / unspielbar	inexécutable	3084
niedriger / unter	inférieur	3085
Anfang *m*	début *m* / commencement *m*	3086
Gesamtwerk	l'œuvre intégrale *f*	3087
Interpretation *f* / Gestaltung *f* / Deutung *f*	interprétation *f*	3088
Interpret *m* / Ausführender *m*	interprète *m* + *f*	3089
Unterbrechung *f*	interruption *f*	3090
Pause *f*	entracte *m*	3091
Einklang *m* / Übereinstimmung *f*	entente *f*	3092
Eingebung *f*	intuition *f*	3093
unveränderlich	invariable	3094
unregelmäßig	irrégulier	3095
Inspiration *f* / Einfall *m*	inspiration *f*	3096
Breite *f*	largeur *f*	3097
Notenpult *n* / Notenständer *m*	lutrin *m* / pupitre *m*	3098
Holzbläser *m Pl*	bois *m pl*	3099
Holz *n*	bois *m*	3100
Buchstabe *m* / Brief *m*	lettre *f*	3101
Lektion *f* / Unterricht *m*	leçon *f*	3102
Gruppenunterricht *m*	cours collectif *m*	3103
Buch *n* / Band *m*	livre *m* / volume *m*	3104
Rampenlicht	feux de la rampe	3105
trotzdem / ungeachtet	malgré	3106
Maske *f*	masque *m*	3107
Platzanweiser *m* / Platzanweiserin *f*	ouvreur *m* / ouvreuse *f*	3108
Mäzen *m* / Förderer *m*	mécène *m*	3109
wunderbar / erstaunlich	merveilleux / étonnant	3110
Inszenierung *f*	mise en scène *f*	3111
Metronom *m*	métronome *m*	3112
Muster *n* / Vorbild *n*	modèle *m*	3113
modern	moderne	3114
Muse *f*	muse *f*	3115
Musik *f*	musique *f*	3116
aleatorische Musik *f*	musique aléatoire *f*	3117
alte Musik *f*	musique ancienne *f*	3118
Programmmusik *f*	musique à programme *f*	3119
Vierteltonmusik *f*	musique en quarts de ton *f* / musique microtonale *f*	3120

	Il linguaggio di ogni giorno: Piccola raccolta di parole	Every day language: A small collection of words
3121	musica assoluta *f* / musica pura *f*	absolute music
3122	musica classica *f*	classical music
3123	musica concreta *f*	musique concrète
3124	musica contemporanea *f*	contemporary music
3125	musica corale *f* / musica per coro *f*	choral music
3126	musica d'ambiente *f*	mood music
3127	musica d'avanguardia *f*	avantgarde music
3128	musica da ballo *f*	dance music
3129	musica da caccia *f*	hunting music
3130	musica da camera *f*	chamber music
3131	musica da chiesa *f* / musica liturgica *f*	church music
3132	musica da consumo *f* / musica d'uso *f*	functional music
3133	musica da salotto *f*	salon music
3134	musica da tavola *f*	table music
3135	musica dell'avvenire *f*	music of the future
3136	musica descrittiva *f*	descriptive music
3137	musica di corte *f*	court music
3138	musica di gatti *f*	cater wauling / shivaree
3139	musica di sottofondo *f*	background music
3140	musica della Passione *f*	passion music
3141	musica di Natale	Christmas music
3142	musica di scena *f* / musica scenica *f*	incidental music
3143	musica dodecafonica *f*	dodecaphonic music / twelve-tone music
3144	musica drammatica *f*	dramatic music
3145	musica elettronica *f*	electronic music
3146	musica esotica *f*	exotic music
3147	musica familiare *f* / musica domestica *f*	domestic music
3148	musica funebre *f*	funeral music
3149	musica leggera *f*	light music / entertainment music
3150	musica lirica *f*	operatic music
3151	musica meccanica *f*	mechanical music
3152	musica militare *f*	military music
3153	musica nella (della) strada *f*	street music

Die tägliche Sprache: Kleine Wörtersammlung	Le langage de tous les jours: Petite collection de mots	
absolute Musik *f*	musique pure *f*	3121
klassische Musik *f* / E-Musik *f*	musique classique *f*	3122
konkrete Musik *f*	musique concrète *f*	3123
zeitgenössische Musik *f*	musique contemporaine *f*	3124
Chormusik *f*	musique chorale *f*	3125
Stimmungsmusik *f*	musique d'ambiance	3126
avantgardistische Musik *f*	musique d'avant-garde *f*	3127
Tanzmusik *f*	musique de danse *f*	3128
Jagdmusik *f*	musique de chasse *f*	3129
Kammermusik *f*	musique de chambre *f*	3130
Kirchenmusik *f*	musique d'église *f* / musique liturgique *f*	3131
Gebrauchsmusik *f*	musique fonctionelle *f*	3132
Salonmusik *f*	musique de salon *f*	3133
Tafelmusik *f*	musique de table *f*	3134
Zukunftsmusik *f*	musique d'avenir *f*	3135
Programmmusik *f*	musique descriptive *f*	3136
Hofmusik *f*	musique de cour *f*	3137
Katzenmusik *f*	charivari *m*	3138
Hintergrundmusik *f*	musique de fond *f* / musique d'ambiance *f*	3139
Passionsmusik *f*	musique de la Passion *f*	3140
Weihnachtsmusik *f*	musique de Noël *f*	3141
Bühnenmusik *f*	musique de scène *f*	3142
Dodekaphonie *f* / Zwölftonmusik *f*	dodécaphonie *f* / musique dodécaphonique *f*	3143
dramatische Musik *f*	musique dramatique *f*	3144
elektronische Musik *f*	musique électronique *f*	3145
exotische Musik *f*	musique exotique *f*	3146
Hausmusik *f*	musique domestique *f*	3147
Trauermusik *f*	musique funèbre *f*	3148
leichte Musik *f* / Unterhaltungsmusik *f* / U-Musik *f*	musique légère *f*	3149
Opernmusik *f*	musique lyrique *f*	3150
mechanische Musik *f*	musique méchanique *f*	3151
Militärmusik *f*	musique militaire *f*	3152
Straßenmusik *f*	musique de rue *f*	3153

	Il linguaggio di ogni giorno:	Every day language:
	Piccola raccolta di parole	A small collection of words

3154	musica orchestrale *f*	orchestral music
3155	musica per balletto *f*	ballet music
3156	musica per banda *f*	wind music / band music
3157	musica per film *f*	film music
3158	musica per la scuola *f*	school music
3159	musica per strumenti a corda *f*	music for strings
3160	musica per strumenti a fiato *f*	wind music
3161	musica popolare *f* / musica folcloristica *f*	folk music / popular music
3162	musica profana *f*	secular music
3163	musica puntillistica *f*	pointillist music
3164	musica religiosa *f*	religious music
3165	musica rinascimentale *f*	renaissance music
3166	musica sacra *f*	sacred music
3167	musica seria *f*	serious music
3168	musica seriale *f*	serial music
3169	musica sinfonica *f*	symphonic music
3170	musica sperimentale *f*	experimental music
3171	musica strumentale *f*	instrumental music
3172	musica turca *f*	Turkish music
3173	musica tzigana *f*	gipsy music
3174	musica vocale *f*	vocal music
3175	musicale	musical
3176	musicalità *f*	musicality
3177	musicista di professione *m + f*	professional musician
3178	musicologia *f*	musicology
3179	musicoterapia *f*	music therapy
3180	muto	dumb / mute
3181	narratore *m*	narrator
3182	naturale	natural
3183	necessario	necessary
3184	noioso	boring
3185	nostalgia *f*	homesickness
3186	nota falsa *f* / stecca *f*	wrong note / false note
3187	notevole	remarkable
3188	numero *m*	number
3189	nuova versione *f*	new version
3190	nuovo	new

Die tägliche Sprache:	Le langage de tous les jours:	
Kleine Wörtersammlung	Petite collection de mots	187

Orchestermusik *f*	musique d'orchestre *f*	3154
Ballettmusik *f*	musique de ballet *f*	3155
Blasmusik *f* / Harmoniemusik *f*	musique pour harmonie *f*	3156
Filmmusik *f*	musique de film *f*	3157
Schulmusik *f*	musique scolaire *f*	3158
Musik für Streichinstrumente *f* / Musik für Saiteninstrumente *f*	musique pour instruments à cordes *f*	3159
Blasmusik *f*	musique pour instruments à vent *f*	3160
Volksmusik *f* / volkstümliche Musik *f*	musique folklorique *f* / musique populaire *f*	3161
weltliche Musik *f*	musique profane *f*	3162
punktuelle Musik *f*	pointillisme musical *m*	3163
geistliche Musik *f*	musique religieuse *f*	3164
Renaissancemusik *f*	musique de la Renaissance *f*	3165
Kirchenmusik *f*	musique sacrée *f*	3166
ernste Musik *f* / E-Musik *f*	musique sérieuse *f*	3167
serielle Musik *f*	musique sérielle *f*	3168
Orchestermusik *f*	musique symphonique *f*	3169
Experimentalmusik *f*	musique expérimentale *f*	3170
Instrumentalmusik *f*	musique instrumentale *f*	3171
Janitscharenmusik *f*	musique turque *f*	3172
Zigeunermusik *f*	musique tzigane *f*	3173
Vokalmusik *f*	musique vocale *f*	3174
musikalisch	musical	3175
Musikalität *f*	musicalité *f*	3176
Berufsmusiker *m* / Berufsmusikerin *f*	musicien professionel *m* + *f*	3177
Musikwissenschaft *f*	musicologie *f*	3178
Musiktherapie *f*	musicothérapie *f*	3179
stumm	muet	3180
Sprecher *m*	récitant *m*	3181
natürlich	naturel	3182
nötig	nécessaire	3183
langweilig	ennuyeux	3184
Heimweh *n*	nostalgie *f*	3185
falsche Note *f* / Misston *m*	fausse note *f* / canard *m*	3186
bemerkenswert	remarcable / notable	3187
Nummer *f* / Zahl *f*	numéro *m*	3188
Neufassung *f*	nouvelle version *f*	3189
neu	neuf	3190

	Il linguaggio di ogni giorno:	Every day language:
	Piccola raccolta di parole	A small collection of words

3191	nuvola *f*	cloud
3192	omaggio *m*	homage
3193	onorario *m*	fee / salary
3194	opera *f* / opus (L)	work
3195	orchestra *f*	orchestra
3196	orchestra da ballo *f*	dance band
3197	orchestra da camera *f*	chamber orchestra
3198	orchestra d'archi *f*	string orchestra
3199	orchestra d'opera *f* / dell'opera *f*	opera orchestra
3200	orchestra da salotto *f*	salon orchestra
3201	orchestra della radio *f*	radio orchestra
3202	orchestra sinfonica *f*	symphony orchestra
3203	ordine *m*	order
3204	orecchio assoluto *m*	absolute pitch / perfect pitch
3205	organico (strumentale) *m*	instrumentation / ensemble
3206	organologia *f*	organology
3207	originale	original
3208	ottoni *m pl*	brass
3209	pagina *f*	page
3210	palco *m*	box
3211	palpito *n*	heart beat
3212	pantomima *f*	pantomime
3213	parodia *f*	parody
3214	parola *f*	word
3215	parrucca *f*	wig
3216	partitura *f* / spartito *m*	score
3217	partitura per il direttore *f*	full score
3218	partitura tascabile *f*	pocket score / miniature score
3219	passaggio *m* / passo *m*	passage
3220	passo *m*	step
3221	paura dinanzi al pubblico *f*	stage fright
3222	pedagogia *f*	pedagogy
3223	percettibile / percepibile	perceptible
3224	perfetto	perfect
3225	perfezione *f*	perfection
3226	pezzo imposto *m*	compulsory piece
3227	perpetuo	perpetual
3228	pigro / insolente	lazy
3229	plagio *m*	plagiarism

Die tägliche Sprache: Kleine Wörtersammlung	Le langage de tous les jours: Petite collection de mots	
Wolke *f*	nuage *m*	3191
Huldigung *f*	hommage *m*	3192
Gage *f*	cachet *m*	3193
Werk *n*	œuvre *f*	3194
Orchester *n*	orchestre *m*	3195
Tanzorchester *n*	orchestre de danse *m*	3196
Kammerorchester *n*	orchestre de chambre *m*	3197
Streichorchester *n*	orchestre à cordes *m*	3198
Opernorchester *n*	orchestre d'opéra *m* / de l'opéra *m*	3199
Salonorchester *n*	orchestre de salon *m*	3200
Rundfunkorchester *n*	orchestre de la radio *m*	3201
Sinfonieorchester *n*	orchestre symphonique *m*	3202
Ordnung *f* / Reihenfolge *f*	ordre *m*	3203
absolutes Gehör *n*	oreille absolue *f*	3204
Besetzung *f*	distribution *f*	3205
Musikinstrumentenkunde *f*	organologie *f*	3206
original	original	3207
Blechinstrumente *n Pl*	cuivres *m pl*	3208
Seite *f* / Blatt *n*	page *f*	3209
Loge *f*	loge *f*	3210
Herzschlag *m*	battement de coeur *m*	3211
Pantomime *f*	pantomime *f*	3212
Parodie *f*	parodie *f*	3213
Wort *n*	parole *f*	3214
Perücke *f*	perruque *f*	3215
Partitur *f*	partition *f*	3216
Dirigierpartitur *f*	partition de direction *f*	3217
Taschenpartitur *f*	partition de poche *f*	3218
Passage *f* / Stelle *f* / Tonfolge *f*	passage *m* / trait *m*	3219
Schritt *m*	pas *m*	3220
Lampenfieber *n*	trac *m*	3221
Pädagogik *f*	pédagogie *f*	3222
wahrnehmbar / hörbar	perceptible	3223
perfekt / vollkommen	parfait	3224
Vollendung *f*	perfection *f*	3225
Pflichtstück *m*	morceau imposé *m*	3226
fortwährend	perpétuel	3227
faul / träge	paresseux / indolent	3228
Plagiat *n*	plagiat *m*	3229

	Il linguaggio di ogni giorno:	Every day language:
	Piccola raccolta di parole	A small collection of words

3230	platea *f*	stalls
3231	podio *m* / pedana *f*	rostrum
3232	popolare	popular
3233	posizione *f*	position
3234	posto *m*	place / seat
3235	posto a sedere *m*	seat / place
3236	posto in piedi *m*	standing-room
3237	postumo	posthumous
3238	prassi d'esecuzione *f* / pratica d'esecuzione *f*	performing practice
3239	pratico	practical
3240	prefazione *f*	preface
3241	preghiera *f*	prayer
3242	preparato	prepared
3243	presenza *f*	presence
3244	prima *f*	first night / opening night
3245	prima esecuzione *f*	first performance
3246	prima esecuzione mondiale *f* / creazione *f*	world première
3247	prima edizione *f*	first edition
3248	prima volta	first time
3249	primitivo	primitive
3250	primo leggio *m*	principal
3251	primo violino *m* / spalla *f*	leader / concertmaster
3252	profano	profane / secular
3253	professore *m* / professoressa *f*	teacher / professor
3254	programma *m*	programme / playbill
3255	progresso *m*	progress
3256	prolungamento *f*	prolongation
3257	promotore *m*	promoter
3258	proporzione *f*	proportion
3259	proscenio *m*	frontstage
3260	prossima volta *f*	next time
3261	prova *f* / ripetizione *f*	rehearsal / coaching
3262	prova generale *f*	final rehearsal
3263	provvisorio	provisional / temporary
3264	prudenza *f*	prudence
3265	pseudonimo *m*	pseudonym / pen-name

Die tägliche Sprache: Kleine Wörtersammlung	Le langage de tous les jours: Petite collection de mots	
Parkett *n*	fauteuils d'orchestre *m pl* / parterre *m*	3230
Podium *n* / Podest *n*	podium *m* / estrade *f*	3231
volkstümlich / populär	populaire	3232
Lage *f* / Stellung *f*	position *f*	3233
Platz *m* / Sitz *m*	place *f*	3234
Sitzplatz *m*	place assise *f*	3235
Stehplatz *m*	place debout *f*	3236
hinterlassen / nachgelassen	posthume	3237
Aufführungspraxis *f*	pratique de l'exécution *f*	3238
praktisch	pratique	3239
Vorwort *n* / Einleitung *f*	préface *f*	3240
Gebet *n*	prière *f*	3241
präpariert / vorbereitet	préparé	3242
Ausstrahlung *f*	rayonnement *m*	3243
Premiere *f* / erste Vorstellung *f*	première *f*	3244
Uraufführung *f*	première représentation *f*	3245
Welterstaufführung *f*	première exécution mondiale *f* / création *f*	3246
Erstdruck *m*	première édition *f*	3247
erstes Mal	première fois	3248
urtümlich / primitiv	primitif	3249
Stimmführer *m* / Stimmführerin *f*	chef de pupitre *m* / chef d'attaque *m*	3250
Konzertmeister *m* / Konzertmeisterin *f* / Primarius *m*	premier violon solo *m*	3251
profan / weltlich	profane	3252
Lehrer *m* / Lehrerin *f* / Professor *m* / Professorin *f*	professeur *m* + *f* / instituteur *m* / institutrice *f*	3253
Programm *n*	programme *m*	3254
Fortschritt *m*	progrès *m*	3255
Verlängerung *f*	prolongation *f*	3256
Veranstalter *m*	promoteur *m*	3257
Verhältnis *n*	proportion *f*	3258
Vorbühne *f*	l'avant-scène *f*	3259
nächstes Mal	prochaine fois *f*	3260
Probe *f* / Korrepetition *f*	répétition *f*	3261
Generalprobe *f*	répétition générale *f*	3262
provisorisch / vorläufig	provisoire	3263
Vorsicht *f*	prudence *f*	3264
Pseudonym *n* / Künstlername *m*	pseudonyme *m*	3265

	Il linguaggio di ogni giorno:	Every day language:
	Piccola raccolta di parole	A small collection of words

3266	pubblico *m* / pubblico	audience / public
3267	pulito / netto	clean / neat / tidy
3268	punta *f*	point
3269	quadro musicale *m* / immagine musicale *f*	tone painting / musical imagery
3270	quinte *f pl*	wings
3271	raccolta di canzoni *f* / canzoniere *m*	songbook
3272	radiodiffusione *f*	broadcasting
3273	rappresentazione *f* / recita *f*	performance
3274	realtà *f*	reality
3275	regia *f*	stage direction
3276	regola *f*	rule
3277	regolare	regular
3278	repertorio *m* / avviso teatrale *m*	repertory / repertoire playbill
3279	replica *f*	repeat performance
3280	respirazione *f* / respiro	breathing
3281	retro	back / backwards
3282	retroscena *m*	backstage
3283	revisione *f*	revision
3284	ribalta *f*	footlights
3285	richiamo *m*	curtain call
3286	ridotto *m*	foyer / lobby
3287	riduzione *f* / adattamento *m*	reduction
3288	riduzione per pianoforte *f*	piano score
3289	riflettore *m*	spotlight
3290	rima *f*	rhyme
3291	rimbombo *m*	echo effect
3292	Rinascimento *m*	Renaissance
3293	rinviato	postponed
3294	riposo *m*	rest
3295	ripieno *m* / violino di fila *m*	ripieno violinist / section violinist
3296	rituale	ritual
3297	riverbero *m*	reverberation
3298	rivista *f*	magazine / review
3299	romanticismo *m*	romanticism
3300	rotto / spezzato	broken
3301	ruolo *m* / parte *f*	role / part

Die tägliche Sprache: Kleine Wörtersammlung	Le langage de tous les jours: Petite collection de mots	
Publikum *n* / öffentlich	public *m* / publique	3266
sauber / reinlich	propre / net	3267
Kopf *m* / Spitze *f*	pointe *f*	3268
Tonmalerei *f*	image musicale *f* / peinture sonore *f*	3269
Kulisse *f*	coulisses *f pl*	3270
Liedersammlung *f*	recueil de chansons *m*	3271
Rundfunk *m*	radiodiffusion *f*	3272
Aufführung *f* / Darbietung *f* / Vorstellung *f*	représentation *f*	3273
Realität *f*	réalité *f*	3274
Regie *f* / Spielleitung *f*	régie *f*	3275
Regel *f*	règle *f*	3276
regelmäßig	régulier	3277
Repertoire *n* / Spielplan *m*	répertoire *m* / affiche *f*	3278
Wiederholung *f*	reprise *f* / réplique *f*	3279
Atmung *f*	respiration *f*	3280
rückwärts	en arrière	3281
Hinterbühne *f*	coulisses *f pl*	3282
Revision *f*	révision *f*	3283
Rampe *f* / Vorbühne *f*	rampe *f*	3284
herausklatschen / hervorklatschen	rappel *m*	3285
Foyer *n*	foyer *m*	3286
Reduktion *f* / Übertragung *f*	réduction *f*	3287
Klavierauszug *m*	partition pour piano *f*	3288
Scheinwerfer *m*	projecteur *m*	3289
Reim *m*	rime *f*	3290
Halleffekt *m* / Echo *n*	effet d'écho *m*	3291
Renaissance *f*	Renaissance *f*	3292
verschoben	renvoyé	3293
Ruhe *f*	repos *m*	3294
Ripienist *m* / Tuttigeiger *m*	ripièniste *m* / violon de file *m*	3295
rituell	rituel	3296
Rückstrahlung *f*	réverbération *f*	3297
Revue *f* / Zeitschrift *f*	revue *f*	3298
Romantik *f*	romantisme *m*	3299
gebrochen / zerbrochen	cassé / brisé	3300
Rolle *f* / Partie *f*	rôle *m* / partie *f*	3301

	Il linguaggio di ogni giorno:	Every day language:
	Piccola raccolta di parole	A small collection of words

3302	ruolo principale *m*	main part
3303	rumore *m*	noise
3304	saggio *m*	concert / audition
3305	sala da ballo *f*	ball room
3306	sala da concerto *f*	concert-hall
3307	salto *m*	jump / leap / skip
3308	santo	saint / holy
3309	sbagliato / falso / errato	wrong
3310	sbaglio *m* / errore *m*	mistake / error
3311	scambio *m*	exchange
3312	scatola *f*	box
3313	scelta *f* / selezione *f*	choice / selection
3314	scena *f* / palcoscenico *m*	scene / stage
3315	scenario *m*	scenery / set
3316	scenografia *f*	scenography
3317	scherzo *m*	joke
3318	schizzo *m* / abbozzo *m*	sketch / draft
3319	scorretto	incorrect
3320	scrittura *f* / contratto *m*	engagement / contract
3321	scuola *f*	school
3322	scuola di balletto *f*	ballet school
3323	scuola di coro *f*	choir school
3324	scuola di musica *f*	music school
3325	scuola viennese *f*	Viennese school
3326	scusa (i)	sorry
3327	segnale d'intervallo *m*	interval sign
3328	seguito *m*	continuation
3329	semplificato	simplified
3330	senso *m*	sense
3331	sfumatura *f*	shading
3332	sguardo *m* / occhiata *f*	look / glance
3333	sillaba *f*	syllable
3334	silenzio *m* / silenzio!	silence / keep quiet!
3335	simbolo *m*	symbol
3336	simultaneo	simultaneous
3337	sinistra (a)	left
3338	siparietto *m*	act curtain
3339	sipario *m* / telone *m*	curtain

Die tägliche Sprache: Kleine Wörtersammlung	Le langage de tous les jours: Petite collection de mots	
Hauptrolle *f*	rôle principal *m*	3302
Lärm *m*	bruit *m*	3303
Vorspiel *n*	essai *m* / audition *f*	3304
Ballsaal *m*	salle de danse *f*	3305
Konzertsaal *m*	salle de concert *f*	3306
Sprung *m*	saut *m*	3307
heilig	saint	3308
falsch	faux	3309
Fehler *m* / Irrtum *m*	faute *f* / erreur *f*	3310
Tausch *m*	échange *m*	3311
Schachtel *f*	boîte *f*	3312
Wahl *f* / Auswahl *f*	choix *m* / sélection *f*	3313
Bühne *f* / Szene *f*	scène *f* / planches *f pl*	3314
Bühnenbild *n* / Ausstattung *f*	scénario *m* / décor *m*	3315
Bühnenmalerei *f*	l'art du décor *m* / scénographie *f*	3316
Scherz *m*	plaisanterie *f*	3317
Entwurf *m* / Skizze *f*	esquisse *f* / ébauche *f* / brouillon *m*	3318
unkorrekt / fehlerhaft	incorrect	3319
Engagement *n* / Vertrag *m*	engagement *m* / contrat *m*	3320
Schule *f*	école *f*	3321
Ballettschule *f*	école de ballet *f* / école de danse classique *f*	3322
Chorschule *f*	maîtrise *f*	3323
Musikschule *f*	école de musique *f*	3324
Wiener Schule *f*	école viennoise *f*	3325
Entschuldigung	pardon / je m'excuse	3326
Pausenzeichen *n*	signal d'entracte *m*	3327
Fortsetzung *f*	suite *f*	3328
vereinfacht	simplifié	3329
Sinn *m*	sens *m*	3330
Schattierung *f*	nuance *f*	3331
Blick *m*	regard *m* / coup d'œil *m*	3332
Silbe *f*	syllabe *f*	3333
Schweigen *n* / Ruhe!	silence *m* / taisez-vous!	3334
Symbol *n*	symbole *m*	3335
gleichzeitig	simultané	3336
links	gauche (á)	3337
Aktvorhang *m*	rideau d'avant-scène *m*	3338
Theatervorhang *m*	rideau *m*	3339

	Il linguaggio di ogni giorno:	Every day language:
	Piccola raccolta di parole	A small collection of words

3340	soffio *m* / alito *m*	breath / puff
3341	solista *m* + *f*	soloist
3342	sonorità *f*	sonority
3343	sordo	deaf
3344	sorpresa *f*	surprise
3345	sostituto *m* / sostituta *f*	stand in / understudy
3346	sotto la direzione di ...	under the direction of ...
3347	spada *f*	sword / épée
3348	speciale	special
3349	speranza *f*	hope
3350	spettacolo *m*	performance / show
3351	spia *f*	peep-hole
3352	squillo *m*	ring
3353	stagione *f*	season
3354	stagione concertistica *f*	concert season
3355	stagione teatrale *f*	season
3356	stampa *f*	press
3357	stampa musicale *f*	musical press
3358	stato d'anima *m* / atmosfera *f*	mood
3359	stella *f*	star
3360	stile *m*	style
3361	stonato / scordato	out of tune / mistuned
3362	storia della musica *f*	history of music
3363	storico	historical
3364	straordinario / eccezionale	extraordinary / exceptional
3365	strapuntino *m*	folding seat
3366	strumentale	instrumental
3367	strumentazione variabile *f*	alternative scoring
3368	strumento *m*	instrument
3369	strumento accompagnatore *m*	accompanying instrument
3370	strumenti ad arco *m pl*	bowed stringed instruments
3371	strumenti a corda *m pl*	stringed instruments
3372	strumenti a fiato *m pl*	wind instruments
3373	strumenti a fiato di legno *m pl* / i legni *m pl*	woodwind instruments
3374	strumenti a fiato di ottone *m pl* / gli ottoni *m pl*	brass instruments
3375	strumenti a percussione *m*	percussion instruments

Die tägliche Sprache: Kleine Wörtersammlung	Le langage de tous les jours: Petite collection de mots	
Blasen *n* / Luftstoß *m* / Hauch *m*	souffle *m*	3340
Solist *m* / Solistin *f*	soliste *m* + *f*	3341
Klangfülle *f*	sonorité *f*	3342
taub	sourd	3343
Überraschung *f*	surprise *f*	3344
Stellvertreter *m* / Stellvertreterin *f*	remplaçant *m* / remplaçante *f*	3345
unter der Leitung von ...	sous la direction de ...	3346
Schwert *n* / Degen *m*	épée *f*	3347
spezial	spécial	3348
Hoffnung *f*	espoir *m*	3349
Vorstellung *f* / Schauspiel *n*	spectacle *m*	3350
Guckloch *n*	judas *m*	3351
Schall *m*	sonnerie *f*	3352
Saison *f* / Jahreszeit *f*	saison *f*	3353
Konzertsaison *f*	saison de concerts *f*	3354
Spielzeit *f*	saison théâtrale *f*	3355
Presse *f*	presse *f*	3356
Notendruck *m*	typographie musicale *f* / presse musicale *f*	3357
Stimmung *f*	climat *m* / atmosphère *f*	3358
Stern *m*	étoile *f*	3359
Stil *m*	style *m*	3360
verstimmt	désaccordé	3361
Musikgeschichte *f*	histoire de la musique *f*	3362
historisch	historique	3363
außerordentlich / außergewöhnlich	extraordinaire / exceptionnel	3364
Klappsitz *m*	strapontin *m*	3365
instrumental	instrumental	3366
variable Besetzung *f*	instrumentation variable *f*	3367
Instrument *n*	instrument *m*	3368
Begleitinstrument *n*	instrument accompagnateur *m*	3369
Streichinstrumente *n Pl*	cordes *f pl* / instruments à cordes *m pl*	3370
Saiteninstrumente *n Pl*	instruments à cordes *m pl*	3371
Blasinstrumente *n Pl*	instruments à vent *m pl*	3372
Holzblasinstrumente *n Pl*	les bois *m pl*	3373
Blechblasinstrumente *n Pl*	les cuivres *m pl*	3374
Schlaginstrumente *n Pl*	instruments à percussion *m pl*	3375

	Il linguaggio di ogni giorno: Piccola raccolta di parole	Every day language: A small collection of words
3376	strumenti a pizzico *m pl*	plucked instruments
3377	strumenti a tastiera *m pl*	keyboard instruments
3378	strumenti traspositori *m pl*	transposing instruments
3379	strumento a tastiera *m*	keyboard instrument
3380	strumento di fondamento *m* / strumento di basso continuo *m*	continuo instrument
3381	strumento melodico *m*	melodic instrument
3382	strumento ritmico *m*	rhythmic instrument
3383	strumento solistico *m*	solo instrument
3384	successo *m*	success
3385	sulla scena	on the stage
3386	sullo sfondo	in the background
3387	superfluo	superfluous
3388	superiore	superior / upper
3389	supplemento *m* / complemento *m*	supplement
3390	supplente *m+f* / aggiunto *m*	substitute / stopgap
3391	talento *m*	talent
3392	teatrale	theatrical
3393	teatro *m*	theatre
3394	tecnica *f*	technique
3395	tecnica delle dita *f*	finger action
3396	televisione *f*	television
3397	temperamento *m*	temperament
3398	temporale *m*	thunderstorm
3399	tensione *f*	tension
3400	teoria musicale *f*	theory of music
3401	teoria degli affetti *f*	theory of emotional expression
3402	testo *m*	text
3403	tetralogia *f*	tetralogy
3404	tip-tap *m*	tap dance / step dance
3405	traduzione *f*	translation
3406	tragedia *f*	tragedy
3407	trama *f* / intreccio *m*	action / plot
3408	trascrizione *f*	transcription
3409	trasmissione *f*	broadcast / telecast
3410	travestimento *m*	disguise
3411	trilogia *f* / trittico *m*	trilogy / triptych

Die tägliche Sprache: Kleine Wörtersammlung	Le langage de tous les jours: Petite collection de mots	
Zupfinstrumente *n Pl*	instruments à cordes pincées *m pl*	3376
Tasteninstrumente *n Pl*	instruments à clavier *m pl*	3377
transponierende Instrumente *n Pl*	instruments transpositeurs *m pl*	3378
Tasteninstrument *n*	instrument à clavier *m*	3379
Generalbassinstrument *n*	instrument jouant la partie de basse *m*	3380
Melodieinstrument *n*	instrument mélodique *m*	3381
Rhythmusinstrument *n*	instrument rythmique *m*	3382
Soloinstrument *n*	instrument solo *m* / instrument soliste *m*	3383
Erfolg *m*	succès *m*	3384
auf der Bühne	sur la scène	3385
im Hintergrund	sur le fond	3386
überflüssig	superflu	3387
über / höher / ober	supérieur	3388
Ergänzung *f*	supplément *m* / complément *m*	3389
Stellvertreter *m* / Aushilfe *f*	suppléant *m* / supplémentaire *m+f*	3390
Begabung *f*	talent *m*	3391
theatralisch	théâtral	3392
Theater *n*	théâtre *m*	3393
Technik *f*	technique *f*	3394
Fingertechnik *f*	technique des doigts *f*	3395
Fernsehen *n*	télévision *f*	3396
Temperatur *f* / Temperament *n*	tempérament *m*	3397
Gewitter *n*	orage *m*	3398
Spannung *f*	tension *f*	3399
Musiktheorie *f*	théorie musicale *f*	3400
Affekttheorie *f* / Affektenlehre *f*	théorie de l'expression des émotions *f*	3401
Text *m*	texte *m*	3402
Tetralogie *f*	tétralogie *f*	3403
Steptanz *m*	claquettes *f pl*	3404
Übersetzung *f*	traduction *f*	3405
Tragödie *f*	tragédie *f*	3406
Handlung *f*	action *f*	3407
Transkription *f* / Übertragung *f*	transcription *f*	3408
Sendung *f*	émission *f*	3409
Verkleidung *f*	déguisement *m*	3410
Trilogie *f* / Triptychon *m*	trilogie *f* / triptyque *m*	3411

	Il linguaggio di ogni giorno: Piccola raccolta di parole	Every day language: A small collection of words
3412	tuono *m*	thunder
3413	udito *m*	hearing
3414	uscita *f*	exit
3415	varietà *f*	variety
3416	varietà *f*	vaudeville (theatre) / music hall
3417	vento *m*	wind
3418	veramente	really
3419	verismo *m*	verismo / realism
3420	versione *f*	version
3421	versione originale *f*	original version
3422	verso *m*	verse / line
3423	vicino / presso	near / close
3424	vista *f*	sight
3425	vocale *f*	vocal / vowel
3426	volontà *f*	will
3427	zingaro *m* / zingara *f*	gipsy

Il corpo umano / The human body

3428	anca *f*	haunch / hip
3429	articolazione *f*	joint
3430	avambraccio *m*	forearm
3431	bocca *f*	mouth
3432	braccio *m*	arm
3433	capelli *m pl*	hair
3434	collo *m*	neck
3435	cuore *m*	heart
3436	denti *m pl*	teeth
3437	diaframma *m*	diaphragm
3438	dito *m*	finger
3439	dorso della mano *m*	back of the hand
3440	faccia *f*	face
3441	falange *f*	phalanx
3442	faringe *f*	pharynx
3443	fronte *f*	forehead
3444	gamba *f*	leg
3445	ginocchio *m*	knee
3446	gola *f*	throat
3447	gomito *m*	elbow

Die tägliche Sprache: Kleine Wörtersammlung	Le langage de tous les jours: Petite collection de mots	
Donner *m*	tonnerre *m*	3412
Gehör *n*	ouïe *f*	3413
Ausgang *m*	sortie *f*	3414
Vielfältigkeit *f*	variété *f*	3415
Varieté *n*	variété *m* / café-concert *m*	3416
Wind *m*	vent *m*	3417
wirklich	vraiment	3418
Verismo *m* / Verismus *m*	vérisme *m*	3419
Version *f* / Fassung *f*	version *f*	3420
Urtext *m*	version originale *f*	3421
Vers *m*	vers *m*	3422
nahe	près	3423
Sicht *f*	vue *f*	3424
Vokal *m* / Selbstlaut *m*	vocal *f* / voyelle *f*	3425
Wille *m*	volonté *f*	3426
Zigeuner *m* / Zigeunerin *f*	bohémien *m*/-ne *f* / tzigane *m* + *f*	3427

Der menschliche Körper   Le corps humain

Hüfte *f*	hanche *f*	3428
Gelenk *n*	articulation *f*	3429
Unterarm *m*	avant-bras *m*	3430
Mund *m*	bouche *f*	3431
Arm *m* / Oberarm *m*	bras *m*	3432
Haare *n Pl*	cheveux *m pl*	3433
Hals *m*	cou *m*	3434
Herz *n*	coeur *m*	3435
Zähne *m Pl*	dents *f pl*	3436
Zwerchfell *n*	diaphragme *m*	3437
Finger *m*	doigt *m*	3438
Handrücken *m*	dos de la main *m*	3439
Gesicht *n*	visage *m*	3440
Fingerglied *n* / Fingerknochen *m*	phalange *f*	3441
Rachenhöhle *f*	pharynx *m*	3442
Stirn *f*	front *m*	3443
Bein *n*	jambe *f*	3444
Knie *n*	genou *m*	3445
Kehle *f* / Rachen *m*	gorge *f*	3446
Ellbogen *m*	coude *m*	3447

	Il linguaggio di ogni giorno: Il corpo humano	Every day language: The human body
3448	guancia *f*	cheek
3449	indice *m*	forefinger
3450	labbro *m*	lip
3451	laringe *f*	larynx
3452	lingua *f*	tongue
3453	mano *f*	hand
3454	mascella *f*	jaw
3455	mento *m*	chin
3456	mignolo *m*	little finger
3457	muscolo *m*	muscle
3458	naso *m*	nose
3459	nervo *m*	nerve
3460	nuca *f*	nape of the neck
3461	occhio *m*	eye
3462	orecchio *m*	ear
3463	osso *m*	bone
3464	palato *m*	palate
3465	palmo della mano *m*	palm of the hand
3466	pancia *f*	tummy
3467	petto *m*	breast
3468	piede *m*	foot
3469	pollice *m*	thumb
3470	polmoni *m pl*	lungs
3471	polpastrello *m*	fingertips
3472	polso *m*	pulse
3473	polso *m*	wrist
3474	sangue *m*	blood
3475	schiena *f* / dorso *m*	back
3476	sedere *m*	backside
3477	spalla *f*	shoulder
3478	stomaco *m*	stomach
3479	tallone *m*	heel
3480	testa *f*	head
3481	torace *m*	thorax
3482	trachea *f*	windpipe
3483	unghia *f*	nail
3484	vena *f*	vein

Die tägliche Sprache: Der menschliche Körper	Le langage de tous les jours: Le corps humain	
Wange *f*	joue *f*	3448
Zeigefinger *m*	index *m*	3449
Lippe *f*	lèvre *f*	3450
Kehlkopf *m*	larynx *m*	3451
Zunge *f*	langue *f*	3452
Hand *f*	main *f*	3453
Kiefer *m* / Kinnlade *f*	mâchoire *f*	3454
Kinn *n*	menton *m*	3455
Kleiner Finger *m*	petit doigt *m*	3456
Muskel *m*	muscle *m*	3457
Nase *f*	nez *m*	3458
Nerv *m*	nerf *m*	3459
Genick *n* / Nacken *m*	nuque *f*	3460
Auge *n*	œil *m*	3461
Ohr *n*	oreille *f*	3462
Knochen *m*	os *m*	3463
Gaumen *m*	palais *m*	3464
Handfläche *f*	paume de la main *f*	3465
Bauch *m*	ventre *m*	3466
Brust *f*	poitrine *f*	3467
Fuß *m*	pied *m*	3468
Daumen *m*	pouce *m*	3469
Lungen *f Pl*	poumons *m pl*	3470
Fingerkuppe *f*	bout du doigt *m*	3471
Puls *m*	pouls *m*	3472
Handgelenk *n*	poignet *m*	3473
Blut *n*	sang *m*	3474
Rücken *m*	dos *m*	3475
Gesäß *n*	derrière *m*	3476
Schulter *f* / Achsel *f*	épaule *f*	3477
Magen *m*	estomac *m*	3478
Ferse *f*	talon *m*	3479
Kopf *m*	tête *f*	3480
Brustkorb *m*	thorax *m*	3481
Luftröhre *f*	trachée *f*	3482
Nagel *m*	ongle *m*	3483
Ader *f*	veine *f*	3484

I mestieri / The professions

3485	accompagnatore *m* / accompagnatrice *f*	accompanist
3486	accordatore *m* / accordatrice *f*	tuner
3487	arpista *m+f*	harpist
3488	arrangiatore *m* / arrangiatrice *f*	arranger
3489	artista *m+f*	artist
3490	attore *m* / attrice *f*	actor *m* / actress *f*
3491	ballerino *m* / ballerina *f*	dancer / ballerina
3492	batterista *m+f*	drummer
3493	cantante *m+f*	singer / vocalist
3494	chitarrista *m+f*	guitarist
3495	clarinettista *m+f*	clarinettist / clarinetist
3496	clavicembalista *m+f*	harpsichordist
3497	compositore *m* / compositrice *f*	composer
3498	concertista *m+f*	concert artist
3499	contrabbassista *m+f*	double bass player / bass player
3500	copista *m+f*	copyist
3501	coreografo *m+f*	choreographer
3502	coreologo *m+f*	choreologist
3503	corista *m+f*	chorus singer / chorister
3504	cornista *m+f*	horn player
3505	critico musicale *m+f*	music critic
3506	direttore d'orchestra *m+f*	conductor
3507	fagottista *m+f*	bassoonist
3508	flautista *m+f*	flutist / flautist
3509	incisore *m+f*	engraver
3510	insegnante *m+f*	teacher
3511	liutaio *m+f*	violin maker

| Die tägliche Sprache | Le langage de tous les jours | 205 |

Die Berufe Les métiers

Begleiter *m* / Begleiterin *f*	accompagnateur *m* / accompagnatrice *f*	3485
Stimmer *m* / Stimmerin *f*	accordeur *m+f*	3486
Harfenist *m* / Harfenistin *f*	harpiste *m+f*	3487
Bearbeiter *m* / Bearbeiterin *f*	arrangeur *m+f*	3488
Künstler *m* / Künstlerin *f*	artiste *m+f*	3489
Schauspieler *m* / Schauspielerin *f*	acteur *m* / actrice *f* / comédien *m* / comédienne *f*	3490
Tänzer *m* / Tänzerin *f* / Balletttänzer *m* / Balletttänzerin *f*	danseur *m* / danseuse *f*	3491
Schlagzeuger *m* / Schlagzeugerin *f*	batteur *m+f*	3492
Sänger *m* / Sängerin *f*	chanteur *m* / chanteuse *f* / cantatrice *f*	3493
Gitarrist *m* / Gitarristin *f*	guitariste *m+f*	3494
Klarinettist *m* / Klarinettistin *f*	clarinettiste *m+f*	3495
Cembalist *m* / Cembalistin *f*	claveciniste *m+f*	3496
Komponist *m* / Komponistin *f* / Tondichter *m* / Tondichterin *f*	compositeur *m*	3497
ausübender Künstler *m* / ausübende Künstlerin *f*	concertiste *m+f*	3498
Kontrabassist *m* / Kontrabassistin *f*	contrebassiste *m+f*	3499
Kopist *m* / Kopistin *f*	copiste *m+f*	3500
Choreograph *m* / Choreographin *f*	chorégraphe *m+f*	3501
Choreologe *m* / Choreologin *f*	choréologue *m+f*	3502
Chorsänger *m* / Chorsängerin *f*	choriste *m+f*	3503
Hornist *m* / Hornistin *f*	corniste *m+f*	3504
Musikkritiker *m* / Musikkritikerin *f*	critique musical *m+f*	3505
Dirigent *m* / Dirigentin *f* / Kapellmeister *m* / Kapellmeisterin *f*	chef d'orchestre *m+f*	3506
Fagottist *m* / Fagottistin *f*	basson *m+f*	3507
Flötist *m* / Flötistin *f*	flûtiste *m+f*	3508
Stecher *m* / Stecherin *f*	graveur *m* / graveuse *f*	3509
Lehrer *m* / Lehrerin *f*	professeur *m+f* / instituteur *m* / institutrice *f*	3510
Geigenbauer *m* / Geigenbauerin *f*	luthier *m+f*	3511

	Il linguaggio di ogni giorno:	Every day language:
	I mestieri	The professions

3512	maestro di ballo *m+f*	ballet master
3513	musicista *m+f*	musician
3514	musicologo *m+f*	musicologist
3515	oboista *m+f*	oboist
3516	organista *m+f*	organist
3517	pianista *m+f*	pianist
3518	professore d'orchestra *m* / professoressa d'orchestra *f*	orchestralist
3519	regista *m+f*	director / producer
3520	ripetitore / maestro sostituto *m+f*	coach
3521	sassofonista *m+f*	saxophonist
3522	suggeritore *m* / suggeritrice *f*	prompter
3523	tecnico del suono	sound engineer
3524	timpanista *m+f*	timpanist
3525	tromba *m+f*	trumpeter / trumpetist
3526	trombone *m+f*	trombonist
3527	violinista *m+f*	violinist
3528	violista	violist
3529	violoncellista / cellista	cellist

Die tägliche Sprache:	Le langage de tous les jours:	
Die Berufe	Les métiers	

Ballettmeister *m* / Ballettmeisterin *f*	maître de ballet *m* / maîtresse de ballet *f*	3512
Musiker *m* / Musikerin *f*	musicien *m* / musicienne *f*	3513
Musikwissenschaftler *m* / Musikwissenschaftlerin *f*	musicologue *m+f*	3514
Oboist *m* / Oboistin *f*	hautboiste *m+f*	3515
Organist *m* / Organistin *f*	organiste *m+f*	3516
Pianist *m* / Pianistin *f*	pianiste *m+f*	3517
Orchestermusiker *m* / Orchestermusikerin *f*	musicien d'orchestre *m* / musicienne d'orchestre *f*	3518
Regisseur *m* / Regisseurin *f* / Spielleiter *m* / Spielleiterin *f*	régisseur	3519
Korrepetitor *m* / Korrepetitorin *f*	répétiteur *m* / répétitrice *f*	3520
Saxophonist	saxophoniste	3521
Souffleur *m* / Souffleuse *f*	souffleur *m* / souffleuse *f*	3522
Tonmeister *m* / Tonmeisterin *f*	ingénieur du son *m+f*	3523
Pauker *m* / Paukerin *f*	timbalier *m+f*	3524
Trompeter *m* / Trompeterin *f*	trompette *m+f*	3525
Posaunist *m* / Posaunistin *f*	trombone *m+f* / tromboniste *m+f*	3526
Geiger *m* / Geigerin *f*	violiniste *m+f*	3527
Bratschist	altiste	3528
Cellist	violoncelliste	3529

Appendice
Appendix
Anhang
Appendice

Terminologie française — Terminologia francese

Terminologie française	Terminologia francese
à peine ralenti	appena rallentato
à toute vitesse	a tutta velocità
animez progressivement	animate progressivamente
attaques profondes	attacchi profondi
au dessous du mouvement	più lento del tempo primo
aussi légèrement que possible	il più leggermente possibile
avec beaucoup d'entrain	con molto brio
avec de brusques oppositions d'extrême violence et de passionnée douceur	con repentinee opposizioni di estrema violenza e di dolcezza appassionata
avec plus d'abandon	con più abbandono
avec la même humeur du début	con lo stesso stato d'animo dell'inizio
avec un doux flottement	dolcemente fluente
avec un profond ennui	con una noia profonda
avec une douceur cachée	con una dolcezza nascosta
avec une élégance grave et lente	con una lenta e grave eleganza
avec une émotion naissante	con un'emozione nascente
avec une étrangeté subite	con una repentinea stranezza
avec une expression intense	con un'espressione intensa
avec une fausse douceur	con una falsa dolcezza
avec une grâce capricieuse	con una grazia capricciosa
avec une grâce dolente	con una grazia dolente
avec une grande douceur	con una grande dolcezza
avec une grande émotion	con una grande emozione
avec une joie de plus en plus tumultueuse	con una gioia sempre più tumultuosa
avec une joie voilée	con una gioia velata
avec une légèreté fantasque mais précise	con una leggerezza fantasiosa ma precisa
avec une passion naissante	con una passione nascente
avec une volupté dormante	con una voluttà dormente
baigné de pédales	bagnato di pedali
beaucoup de pédale en la changeant très souvent	molto pedale, cambiandolo spessissimo
bien égal	molto uguale

French specialist terms Französische Fachausdrücke

hardly slower	kaum verlangsamt
very quickly	mit größter Geschwindigkeit
animate progressively	nach und nach beleben
deep touch	tiefe Anschläge
in a slower tempo	in langsamerem Zeitmaß
as lightly as possible	so leicht wie möglich
with much liveliness	mit viel Lebhaftigkeit / mit Schwung
with sudden contrasts of extreme violence and passionate softness	mit Gegensätzen äußerster Heftigkeit und leidenschaftlicher Sanftheit
with more abandon	mit mehr Hingabe
with the same mood as at the beginning	in der gleichen Stimmung wie am Anfang
smoothly flowing	sanft fließend
with profound boredom	mit tiefer Langeweile
with hidden gentleness	mit verborgener Sanftheit
with a dignified and slow elegance	mit würdevoller und langsamer Eleganz
with growing emotion	mit aufkommender Erregung
with sudden strangeness	mit plötzlicher Seltsamkeit
with an intense expression	mit intensivem Ausdruck
with false sweetness	mit falscher Sanftmut
with capricious grace	mit launischer Anmut
with plaintive grace	anmutig klagend
with great tenderness	mit großer Zartheit
with a great emotion	mit großer Gemütsbewegung
with ever-increasing tumultuous joy	mit immer stürmischerer Freude
with restrained joy	mit verhaltener Freude
with an odd lightness but precise	mit wunderlicher, aber präziser Leichtigkeit
with growing passion	mit aufkommender Leidenschaft
with sleepy voluptuousness	mit schläfriger Wollust
full of pedals	mit sehr viel Pedal
much pedal, very often changing	viel Pedal, sehr oft wechselnd
very even	sehr gleichmäßig

Terminologie française	Termini francesi
changer souvent (la pédale)	cambiare spesso (il pedale)
claque *f*	pubblico pagato per applaudire
claquement doux et mouillé	un colpetto dolce e bagnato
comme de loin	come da lontano
comme des souffles frais	come dei zeffiri freschi
comme un fond de paysage	come lo sfondo di un paesaggio
comme une causerie	come una conversazione
comme un cri	come un grido
comme une buée irisée	come un leggero vapore iridato
comme un murmure confus	come un mormorio confuso
comme une ombre mouvante	come un'ombra movente
comme un regret	come un rimpianto
comme un lointain tumulte	come un tumulto lontano
comme une sonnerie de cors	come uno squillo di corni
d'un air songeur et triste	in maniera sognante e triste
commencer un peu en dessous du movement	incominciare un poco sotto il tempo
d'un bout à l'autre	da capo fino in fondo
d'un petit pas égal	d'un piccolo passo uguale
d'un rhythme las	con un ritmo stanco (lasso)
d'un rhythme libre	il ritmo libero
d'un seul doigt	con un dito solo
d'une sonorité pleine	con una sonorità piena
dans le style d'une sarabande	nello stile di una sarabanda
dans un goût burlesque	in modo burlesco
dans un halo de pédales	in un alone di pedali
dans un murmure	in un mormorio
dans un sentiment intime	con un sentimento intimo
dans une sonorité claire	con una sonorità chiara
d'une voix vivante	a viva voce
dans une sonorité harmonieuse et lointaine	con una sonorità armoniosa e distante
de plus en plus brouillé	sempre più confuso
de plus loin	da più lontano
de très loin	da molto lontano
doucement contenu	dolcemente rattenuto
doucement timbré	dolcemente sonoro
durant tout le morceau	durante tutto il pezzo

French specialist terms	Französische Fachausdrücke
change often (the pedal)	das Pedal oft wechselnd
professional clapper audience	bezahlter Beifallklatscher
damp and gentle tapping	weicher, verschwommener Anschlag
as from far away	wie aus der Ferne
like a fresh breeze	wie eine frische Brise
with a country background	wie ein ländlicher Hintergrund
like a chat	wie ein Geplauder
like a cry	wie ein Schrei
like a rainbow-coloured mist	wie ein regenbogenfarbiger Dunst
like a confusing murmur	wie ein verworrenes Gemurmel
like a moving shadow	wie ein gleitender Schatten
like a regret	wie ein Bedauern
like tumult from far away	wie ein Tumult aus der Ferne
like a sound of horns	wie Hörnerklang
wistfully and sad	nachdenklich und traurig
start in a little slower tempo	in einem etwas langsameren Zeitmaß beginnend
from the beginning to the end	vom Anfang bis zum Schluss
in little, even pace	mit einem kleinen, gleichmäßigen Schritt
in a tired rhythm	mit müdem Rhythmus
in a free rhythm	in freiem Rhythmus
with only one finger	nur mit einem Finger
with a full sound	mit einem vollen Klang
in the style of a sarabande	im Stil einer Sarabande
in a burlesque style	in burlesker Weise
with a gentle touch of pedals	mit einem Hauch von Pedal
in a murmur	gemurmelt
with intimate feeling	mit innigem Gefühl
with a clear sound	mit hellem Klang
with lively voice	mit lebhafter Stimme
with a harmonious sound from far away	mit einem harmonischen Klang aus der Ferne
more and more confused	immer wirrer
from further away	von weiter her
from very far away	von sehr weit her
gently restrained	sacht zurückgehalten
with a gentle timbre	mit einer sanften Klangfarbe
during the whole piece	während des ganzen Stücks

Terminologie française	Termini francesi
en animant toujours davantage	sempre più animando
en demi-teinte	in mezza tinta
en diminuant graduellement	diminuendo gradualmente
en donnant à la basse une sonorité cristalline et dégagée	dando al basso una sonorità cristallina e disinvolta
en général sans nuances	generalmente senza dinamica
en se rapprochant	avvicinandosi
enveloppé de pédales	avvolto di pedale
frapper les accords sans lourdeur	suonare gli accordi senza pesantezza
gardez la pédale	tenete il pedale
intimement doux	intimamente dolce
jamais assez	mai abbastanza
joyeusement animé	allegramente animato
joyeux et emporté	gioioso ed impetuoso
jusqu'à la fin en se perdant	perdendosi fino al fine
la ligne d'en haut	la voce superiore in fuori
la mesure précédente	la battuta precedente
la moitié moins vite	la metà meno svelto
le chant un peu en dehors	il canto un poco in fuori
le reste	il resto
le thème en dehors	il tema in rilievo
les arpèges serrés	gli arpeggi stretti
les petites notes doivent être frappées sur le temps	le notine in battere
lâchez	allentate
librement déclamé	liberamente declamato
marquez le thème	marcate il tema
mettre beaucoup de pédale	mettere molto pedale
pédale à chaque accord	pedale ad ogni accordo
pédale à chaque mesure	pedale ad ogni battuta
pédale forte sur chaque temps	il pedale destro su ogni battuta
petite reprise	piccola ripresa
plus lent qu'au début	più lento del principio
plus pénétrant	più penetrante
plutôt lent	piuttosto lento
point trop vite	non troppo presto

French specialist terms	Französische Fachausdrücke
more and more animated	mehr und mehr belebt
with light colour	mit halber (schwacher) Färbung
gradually becoming softer	schrittweise leiser werdend
giving the bass a crystalline and unconstrained timbre	dem Bass einen kristalklaren und ungezwungenen Klang gebend
generally without shading	im Allgemeinen ohne Abstufungen
approaching	sich nähernd
enveloped by pedals	in Pedalklang gehüllt
sound in unison without any weight	die Akkorde ohne Gewicht anschlagen
keep the pedal down	das Pedal halten
intimately gentle	innig sanft
never enough	nie genug
joyfully animated	freudig belebt
gaily and impetuously	fröhlich und ungestüm
allowing to die out	sich bis zum Schluss verlierend
the upper voice stressed	die obere Stimme hervorgehoben
the preceding measure	der vorhergehende Takt
half the speed	halb so schnell
the melody a little stressed	die Melodie etwas hervorgehoben
the rest	der Rest
the theme stressed	das Thema hervorgehoben
the arpeggios hurried	die Arpeggien eng gedrängt
the small notes on the beat	die kleinen Noten auf den Schlag
let slacken	nachlassen
freely recited / declaimed	frei deklamiert
mark the theme	das Thema mit Nachdruck
use plenty of pedal	viel Pedal nehmen
pedal on each chord	Pedal auf jeden Akkord
pedal on each measure	Pedal auf jeden Takt
sustaining pedal on each time	rechtes Pedal auf jede Taktzeit
short reprise	kleine Reprise
more slowly than at the beginning	langsamer als am Anfang
more penetrating	durchdringender
rather slowly	eher langsam
not too fast	nicht zu schnell

Terminologie française	Termini francesi
presque plus rien	quasi più niente
profondément expressif	profondamente espressivo
rallentissez beaucoup	rallentato molto
relâche *f*	oggi riposo
reprendre sans refrapper	riprendere senza ribattere
respectez scrupuleusement ce doigté	rispettate scrupolosamente questa diteggiatura
retro	fuori moda
revenez au premier mouvement	tornate al tempo primo
revenir au tempo initial	tornare al tempo iniziale
rêveusement lent	lento sognante
richement coloré	riccamento colorito
sans accentuation	senza accenti
sans aucun	senza nessun
sans aucune accentuation	senza nessuna accentuazione
sans décomposer	senza decomporre
sans dureté	senza durezza
sans expression	senza espressione
sans hâte	senza fretta
sans interrompre	senza interrompere
sans lourdeur	senza pesantezza
sans nuances	senza dinamica
sans presser ni ralentir	senza accelerare ne rallentare
sans sécheresse	senza secchezza
sensiblement plus...	sensibilmente più…
sourdement agité	cupamente agitato
sourdine durant toute la pièce	la sordina durante tutto il pezzo
sortant de la brume	uscendo dalla foschia/nebbia
tout à fait	del tutto
très allant	con molto brio
très calme	molto calmo
très chaleureux	molto caloroso
très décidé	molto deciso
très effilé	molto sottile
très fondu	molto fuso
très franc	molto schietto
très intense	molto intenso

French specialist terms	Französische Fachausdrücke
almost nothing anymore	beinahe nichts mehr
with deep expression	mit tiefem Ausdruck
slow down a lot	verlangsamen Sie sehr
no performance today	heute keine Vorstellung
take back without touching again	nochmals niederdrücken, ohne anzuschlagen
follow this fingering exactly	peinlich genau diesen Fingersatz beachten
oldfashioned	altmodisch
go back to the first tempo	zum ersten Zeitmaß zurückkehren
come back to the initial tempo	zum Anfangszeitmaß zurückkehren
dreamily slow	träumerisch langsam
richly coloured	reichlich gefärbt
without accentuation	ohne Betonung
without any	ohne jegliche
without any accentuation	ohne jegliche Betonung
without decomposing	ohne den Takt zu zerlegen
without hardness	ohne Härte
without expression	ohne Ausdruck
without haste	ohne Eile
without interrupting	ohne zu unterbrechen
without heaviness	ohne Schwerfälligkeit
no differences in the dynamics	ohne Unterschied in der Dynamik
neither hurry nor slow down	weder eilen noch verlangsamen
without dryness	ohne Trockenheit
considerably more...	spürbar mehr...
gloomily agitated	düster bewegt
soft pedal throughout the whole piece	Dämpfer während des ganzen Stücks
appearing out of the fog	aus dem Nebel auftauchend
entirely	ganz und gar
very lively	sehr lebhaft
very calm	sehr ruhig
very cordial	sehr warmherzig
very decided	sehr bestimmt
very slender	sehr schlank
very melted	sehr verschmolzen
very sincere	sehr aufrichtig
very intense	sehr intensiv

Termes français	Termini francesi
très lointain	molto lontano
uniformément articulé	uniformemente articolato
un peu appuyé	un poco appoggiato
un peu élargi	un poco allargato
un peu en dehors	un poco in fuori
un peu en valeur	un poco in risalto
un peu languissant	un poco languido
un peu plus lent qu'au début	un poco più lento dell'inizio
un peu plus à l'aise	un poco più comodo
un peu plus intense	un poco più intenso
un peu plus las	un poco più lasso
un peu plus vif	un poco più vivo
un tant-soit-peu	pochissimo / appena

Deutsche Fachausdrücke — Terminologia tedesca

aber immer fließend	ma sempre scorrevole
aber stets ernst und gewichtig	ma sempre serio e con molta importanza
abwechslungsreich	ricco di cambiamenti
allmählich abnehmen und ins erste Zeitmaß zurückgehen	diminuire poco a poco e ritornare al tempo primo
allmählich bewegter	poco a poco più mosso
allmählich etwas zurückhalten	progressivamente un poco ritenuto
allmählich ins schnelle Zeitmaß	passare poco a poco al tempo rapido
allmählich verbreitern	allargare poco a poco
ängstlich erregt	ansiosamente eccitato
Anmerkung für den Dirigenten	nota per il direttore d'orchestra
bedeutend langsamer	considerabilmente più lento
beständig zunehmen	aumentando costantemente (sempre crescendo)
bühnenreif	pronto per la scena
das gleiche Gleiten eines langsamen Walzers nachahmend	imitando il movimento scivolante di un valzer lento
die Begleitung fast durchweg leise	l'accompagnamento quasi sempre piano

French specialist terms	Französische Fachausdrücke
very distant	sehr entfernt
evenly articulated	gleichmäßig artikuliert
somewhat supported	etwas gestützt
somewhat enlarged	etwas gedehnt
somewhat stressed	etwas herausgehoben
somewhat stressed	etwas hervorgehoben
somewhat languishing	etwas schmachtend
somewhat slower than at the beginning	etwas langsamer als am Anfang
somewhat comfortably	etwas gemächlicher
somewhat more intensively	etwas intensiver
somewhat more tired	etwas müder
somewhat more lively	etwas lebendiger
only just	ein ganz kleines bisschen

German specialist terms — Terminologie allemande

but always flowing	mais toujours fluide
but always serious and weighty	mais toujours sérieux et avec beaucoup d'importance
full of changes	plein de changements
gradually diminishing and going back to the first tempo	diminuer peu à peu et revenir au premier mouvement
moving ahead little by little	peu à peu plus animé
gradually holding back a little	retenir un peu progressivement
gradually moving into the fast tempo	passer peu à peu au tempo rapide
gradually broadening	en élargissant peu à peu
anxiously excited	craintivement excité
note for the conductor	note pour le chef d'orchestre
considerably slower	considérablement plus lent
continually growing	en augmentant constamment
ready for the stage	prêt pour la scène
imitating the sliding motion of a slow waltz	en imitant le mouvement glissant d'une valse lente
almost always a soft accompaniment	l'accompagnement presque toujours piano

Deutsche Fachausdrücke	Terminologia tedesca
die Einleitung ein wenig breiter	l'introduzione un poco più ampia
die Taste tonlos niederdrücken	premere il tasto senza farlo suonare
dieser Teil ist durchweg sehr leise zu spielen	questa parte deve essere suonata sempre dolcemente
doch nie übereilt	ma mai precipitosamente
dreimal so langsam	tre volte più lento
durch die untere Oktave zu verstärken	da rinforzare con l'ottava inferiore
durchaus phantastisch und leidenschaftlich vorzutragen	eseguire in maniera fantasiosa e appassionata
durchweg die gleiche Geschwindigkeit	sempre la stessa velocità
durchweg mit dem Dämpferpedal zu spielen	sempre col pedale sinistro
durchweg sehr zart und schlicht	sempre dolcissimo e semplice
ein wenig voran	avanzare un poco
entsprechend / gemäß	adeguato / conformemente
erreicht / gewonnen	raggiunto
etwas fließender, aber sehr ausdrucksvoll	un poco più rapido ma molto espressivo
etwas unbeholfen vorzutragen	va interpretato in modo piuttosto goffo
fest und bestimmt beginnend, dann allmählich wieder etwas lebhafter	incominciare fermo e deciso poi nuovamente un poco animato
folgt sofort der nächste Satz	attacca subito il tempo seguente
gefühlvoll	pieno di sentimento
genau doppelt so schnell	esattamente due volte più rapido
Grillen	propositi capricciosi
hanebüchen	un poco rude / rozzo
Hauptzeitmaß	il tempo principale
hier ist ein festes Zeitmaß erreicht	qui è stato raggiunto un tempo costante
hier wieder eine Pause, jedoch nicht so lang wie die erste	qui nuovamente una pausa, però non così lunga come la prima
hinabstürzend / herabstürzend	precipitando
immer ein wenig abziehen	sempre un poco diminuendo
immer frei deklamierend	sempre declamando liberamente

the introduction a little broader	l'introduction un peu plus ample
to press the key without making a sound	enfoncer la touche sans la faire parler
this part has to be performed throughout very softly	cette partie doit être jouée toujours très doucement
but never rushed	mais sans jamais bousculer
three times slower	trois fois plus lent
to be reinforced with the lower octave	doit être renforcé par l'octave inférieure
to be absolutely performed with fantasy and passion	à exécuter de façon fantasque et passionnée
always the same tempo throughout	jouer continuellement à la même vitesse
always to be played with the soft pedal	toujours avec la pédale gauche
always very sweetly and simple	toujours très doux et simple
to go ahead a little	avancer un peu
according to / in proportion to	selon / conforme
reached	atteint
a little more quickly but very expressive	un peu plus rapide, mais très expressif
to be performed in a rather clumsy way	à interpréter d'une façon un peu gauche
beginning firm and decided, then gradually again a little more lively	commencer d'une façon ferme et décidée, puis peu à peu à nouveau plus animé
the next movement follows immediately	enchaîner tout de suite le mouvement suivant
full of feelings	plein de sentiment
exactly twice as fast	exactement deux fois plus vite
whims / silly ideas	un petit vélo dans la tête (Cortot: propos capricieux)
a little rough	un peu rude / grossier
the main tempo	le tempo principal
here a steady tempo is reached	ici on atteint une vitesse constante
here again a rest, but not as long as the first one	ici une nouvelle pause, mais pas aussi longue que la première
tumbling	en précipitant (précipiter)
always diminishing a little	en diminuant toujours un peu
always declaiming freely	en déclamant toujours librement

immer gut gehalten	sempre ben tenuto
immer mehr zurückhalten	sempre più ritenuto
immer noch beschleunigen	ancora accelerando (accelerare sempre di più)
immer so leise als möglich	sempre il più piano possibile
immerfort, immerzu	sempre, continuamente
in das nächste Zeitmaß übergehen	passare al tempo seguente
in das Tempo des Anfangs übergehen	passare alla velocità del tempo iniziale
in ruhigem, gleichmäßigem Zeitmaß	con un'andatura calma e regolare
in sich hineinhorchend	ascoltandosi internamente
in starr durchlaufender eintöniger Bewegung	con un movimento continuamente rigido e monotono
in wechselnder Taktart	con un tempo mutevole
ins erste Zeitmaß übergehen	passare al tempo primo
ins Hauptzeitmaß zurückgehen	ritornare al tempo principale
jeden Lauf etwas langsam beginnen	incominciare ogni passaggio un poco lentamente
kleine Noten mitspielen	suonare anche le notine
lassen / weglassen	lasciare
merklich	sensibilmente più…
mit akzentuiertem Ton	con un tono ben accentuato
mit äußerster Zartheit	con la massima dolcezza
mit gänzlich gedämpfter Stimme	a bassa voce
mit geheimnisvoll schwermütigem Ausdruck	con un'espressione piena di mistero e di malinconia
mit gesteigertem Ausdruck	con un'espressione crescente
mit gutem Humor	di buon umore
mit höchster Kraft	con la massima forza
mit innigem Ausdruck	con un sentimento intimo (interno)
mit inniger Empfindung	con un'intensa espressione interna (intima)
mit schmerzlichem Ausdruck	con un'espressione dolorosa
mit Schwermut und Trauer vorzutragen	eseguire con malinconia e tristezza
mit verständigem Pedalgebrauch	con un uso ragionevole del pedale

always well held	toujours bien tenu
holding back more and more	retenir toujours plus
still accelerating	accélérer de plus en plus
always as soft as possible	toujours aussi piano que possible
always	continuellement, toujours
to go on the the next tempo	passer au tempo suivant
to go on to the speed of the initial tempo	dans le mouvement du début
with a quite steady tempo	dans un mouvement calme et régulier
listening to oneself inwardly	en s'écoutant intérieurement
with a stiff and monotonous movement	dans un mouvement toujours rigide et monotone
with a changing meter	en changeant de tempo
to go on into the first tempo	passer au premier tempo
to go on to the main tempo	revenir au tempo principal
to begin each passage a little more slowly	commencer chaque passage un peu lentement
also play the grace notes	jouer aussi les petites notes
to let	laisser
noticeably more…	sensiblement plus…
with an accentuated sound	avec un ton bien accentué
with extreme sweetness	avec la plus extrême tendresse
in a very low voice	à voix basse
with an expression full of mistery and melancholy	avec une expression pleine de mystère et de mélancolie
with increasing expression	avec une expression croissante
with good humor	de bonne humeur
with greatest power	avec la plus grande force
with intimate sentiments	dans un sentiment d'intimité expressive
with intense intimate feeling	dans un profond sentiment d'intimité
with grievous expression	avec une expression douloureuse
to be performed with melancholy and sorrow	interpréter avec mélancolie et douleur
with reasonable use of the pedal	avec un usage raisonnable de la pédale

Deutsche Fachausdrücke	Terminologia tedesca
mit viel innerlicher Bewegung	con un profondo e intenso sentimento intimo
munter, aber immer gemächlich	allegro ma sempre comodo
musizieren	suonare insieme
nach und nach immer schneller	poco a poco sempre più veloce
nicht unbedingt nötig	no è assolutamente necessario
noch ruhiger als am Anfang	ancora più calmo dell'inizio
ohne im Geringsten hervorzutreten	senza mettersi assolutamente in evidenza
ohne Rücksicht	senza riguardo
ohne Unterbrechung weiter	continuare senza interruzioni
reuig andächtig	pentendosi piosamente
schattenhaft	ombreggiato (ombroso)
schnarren	come una raganella
schreitend	avanzando solennemente
sehr innig zu spielen	da eseguire intimamente
sehr stürmisch und stets drängend	molto impetuoso e sempre accelerando
schmerzlich leidenschaftlich, doch nicht schneller	dolorosamente appasionato ma non più presto
so schnell wie möglich	il più presto possibile
stets streng im Zeitmaß	senza alcuna licenza
stets zunehmen und vorangehen	sempre andando e crescendo
Traumeswirren	sogni confusi
übernehmen	assumere / adossarsi
umstimmen	cambiare l'accordatura
unbeholfen / täppisch / anmutlos	goffo / sgraziato
unmerklich / in unmerkbarer Weise	impercettibilmente
Urlicht	luce divina
von hier bis zum Schluss	da adesso fino alla fine
allmählich langsamer werden	rallentare progressivamente
vorwärtstreiben / vorwärtsdrängen	spingere (procedere)
weit ausspannen	ampliando molto
wie ein Gespräch	come una conversazione
wie ein Kondukt	come un convoglio funebre
wie eine Vogelstimme	come il canto di un uccello

German specialist terms	Terminologie allemande
with deep and intense intimate expression	avec beaucoup d'émotion intérieure
lively, but always comfortable	gai, mais toujours à l'aise
to play together	faire de la musique d'ensemble
gradually getting faster	accélerer de plus en plus
not absolutely necessary	n'est pas absolument nécessaire
even calmer than at the beginning	encore plus calme qu'au début
without coming forward at all	surtout ne pas se mettre en valeur
without consideration	sans égard
to continue without interruption	continuer sans interruption
repentant devoted	en se repentant pieusement
shadowy	ombragé
like a rattle	comme une crécelle
going forward solemnly	en avançant solennellement
to be performed in a very intimate way	à exécuter d'une façon très intime
very impetuous and always speeding up	très fougueux et en accélerant continuellement
painfully passionate, but not faster	douloureusement passionné, mais jamais plus vite
as fast as possible	le plus rapidement possible
always strictly a tempo	toujours strictement en mesure
always moving on and increasing	en augmentant et en avançant de façon continue
confused dreams	rêve confus (Cortot: hallucinations)
to take on / to take over	assumer / se charger de
to change the tuning	changer l'accordage
clumsy / awkward	maladroit / disgracieux
imperceptible	imperceptiblement
divine light	lumière divine
from here to the end, getting gradually slower	dès maintenant jusqu'à la fin ralentir peu à peu
pushing	pousser (avancer)
extending widely	en amplifiant beaucoup
like a conversation	comme une conversation
like a funeral procession	comme un convoi funèbre
like a bird's song	comme le chant d'un oiseau

Deutsche Fachausdrücke	Terminologia tedesca
wie im Vorspiel	come nel preludio
wie überhörend	come se non si sentisse
wieder das alte Zeitmaß, aber stets vorwärtsgehen	nuovamente il tempo precedente ma sempre andando speditamente
ziemlich lebhaft, immer noch beschleunigen	vivo assai, continuando sempre ad accelerare
zurücktreten	passare in secondo piano

German specialist terms	Terminologie allemande
as in the prelude	comme dans le prélude
as if one does not hear	comme si on n'entendait pas
again in the former tempo, but always pushing	à nouveau le tempo précédant, mais en avançant sans arrêt
quite lively, still accelerating	assez vif, toujours en accélérant
to pass in the second ground	passer au deuxième plan

English and American specialist terms

Terminologia inglese ed americana

all along	tutto il tempo
along	lungo
as fast as possible	il più presto possibile
a shade slower	una sfumatura più lento
as if coming from a distance	come da lontano
at a brisk pace	tempo animato
awkwardly	maldestramente
back to first speed / back to pattern	tornando al tempo
back to refrain	tornando al ritornello
becoming ferocious	diventando selvaggio
boisterously	tempestoso
bouncy	rimbalzante
brassy	come degli ottoni
brightly	brillantemente
bring out the melody	far risaltare la melodia
bubbly	spumante
bumpily	sobbalzando
buzz along	sempre ronzando
casually	casualmente
choppily	mutevole
chug along	sciolto / rilassato
clap hands	battere le mani
clashing	rumoroso
crisp	vivo / frizzante
cussedly	ostinato
dazzling	abbagliante / radioso
delicately	delicatamente
devised	improvvisato / escogitato
doggedly	ostinato
dragging	trascinato
driving tempo	andando
drowsily	sonnolento
dryly	seccamente
early	presto
eloquently	eloquentemente
evenly	in modo uguale
explosive	esplosivo

Englische und amerikanische Fachausdrücke

Terminologie anglaise et américaine

die ganze Zeit	tout le temps
entlang	le long
so schnell wie möglich	aussi vite que possible
eine Nuance langsamer	une nuance plus lent
wie aus weiter Ferne	comme au lointain
in forscher Gangart	d'un mouvement animé
ungeschickt / unbeholfen	maladroitement
zurück zum Anfangstempo	en retournant au mouvement
zurück zum Refrain	revenez au refrain
wild werdend	en devenant sauvage
stürmisch	tempétueux
hüpfend	bondissant
wie Blechinstrumente	comme des cuivres
glanzvoll / strahlend	brillamment
Melodie hervorheben	faire ressortir la mélodie
sprudelnd	pétillant
holprig	en sautant
dahinsummend	en bourdonnant sans arrêt
gelegentlich	par hasard
wechselhaft	changeant
lässig gehend	relaxé
in die Hände klatschen	battre des mains
lärmend	bruyant
frisch	pétillant
stur	obstiné
delikat / zart	délicatement
glänzend / blendend	radieux
improvisiert	improvisé
hartnäckig	obstiné
schleppend	traînant
vorantreibendes Tempo	en allant
verschlafen / schläfrig	d'un air endormi
trocken	sèchement
frühzeitig / baldig	tôt
redegewandt	éloquement
gleichmäßig	de façon égale
explosiv	explosif

English and American specialist terms	Terminologia inglese ed americana
fade out	svanire
fading	perdendosi
fair	bello
fairly	abbastanza
final ending	parte finale
flexibly	flessibile
frenchy	alla francese
gaily	gaiamente
gaily moving	movendo allegramente
gay but strict	gioioso ma preciso
gentle	garbato
gently flowing	dolcemente scorrevole
gliding	scorrevole
gossipy	pettegolo
gradually picking up speed	accelerando poco a poco
groovy	vitale
hammer it out	molto chiaro e martellato
handclapping	battendo le mani
happily	felicemente
heavily	pesantemente
"homespun style"	stile "casalingo"
hungrily	affamato
in a grand manner	con grandezza
in an easy going manner	in maniera comoda
in a pensive mood	pensieroso
in a song-like manner	come una canzone
in a steady pace	d'un passo uguale
in a straightforward manner	avanzando in modo deciso
jogging along	correndo leggermente
jokingly	scherzando
jolly	ameno
jumping	saltando
just a little faster	solo un poco più presto
just a little slower	solo un poco più lento
keep moving	sempre mosso
langorously	languidamente
lazily	pigramente
left hand loud	la mano sinistra forte

Englische und amerikanische Fachausdrücke	Terminologie anglaise et américaine
ausklingen / ausblenden	expirer
ausklingend	en se perdant
schön / hell	beau
ziemlich	assez
Schlussteil *m*	partie finale
flexibel	flexible
kokett	à la française
fröhlich / frech	gaîment
fröhlich bewegend	joyeusement animé
fröhlich, aber exakt	joyeux mais exact
sanft	affable
sanft dahinfließend	en s'écoulant doucement
gleitend	alerte
geschwätzig	bavard
allmählich schneller werdend	en accélérant peu à peu
fit / vital	en pleine forme
sehr scharf hervorheben	très clair et martelé
in die Hände klatschen	en battant des mains
glücklich	heureux
schwer	lourdement
„hausgemacht" / schlicht	style "maison"
hungrig	affamé
elegant / großzügig	avec beaucoup d'envergure (ou: de style)
auf unbeschwerte Art	de façon decontractée
in einer nachdenklichen Stimmung	d'humeur pensive
wie ein Lied	comme une chanson
mit gleichmäßigem Schritt	d'une allure égale
entschieden vorwärtsgehen	en avançant d'une façon déçidée
locker dahinlaufend	en courant légèrement
spaßend / scherzend	en plaisantant
vergnügt	jovial
springend	en sautant
nur ein wenig schneller	seulement un peu plus vite
nur ein wenig langsamer	seulement un peu plus lent
immer weiter bewegen	toujours en mouvement
schmachtend	langoureusement
träge	paresseusement
linke Hand laut	la main gauche appuyée

English and American specialist terms	Terminologia inglese ed americana
leisurely	comodamente
let it ring	lasciare risuonare
like a hymn	come un inno
like a prayer	come una preghiera
lilting	cantando melodiosamente
lively jumping	saltando gioiosamente
lumbering	pesantemente
meditatively	meditativo
menacingly	minacciosamente
mighty	potente
moderately fast	moderatamente rapido
moody	lunatico
mournfully	tristemente
moving along	sempre movendo
no speed limit	senza limite di velocità
notice the expression	osservate i segni dinamici
optional ending	fine facoltativa
pattern (rhythm)	modello (ritmo)
patterned	misurato
perky	vispo / gaio
picking up	riprendendo
plodding	faticosamente
pound it out	fare risaltare
quick four	tempo veloce a quattro
quietly moving	andando tranquillamente
quite	piuttosto
real	vero
reflective	riflessivo
restrained waltz tempo	ritmo di valzer ritenuto
reverently	riverente
rhythmically	ritmicamente
right hand soft	la mano destra leggera
rippling	mormorando / gorgogliando
rolling along	ondulando tutto il tempo
rolling motion	movimento ondulante
seadreamy	sognante / "sogno marittimo"

Englische und amerikanische Fachausdrücke	Terminologie anglaise et américaine
mit Muße / entspannt	decontracté
lass es klingen	laisser résonner
wie eine Hymne	comme un hymne
wie ein Gebet	comme une prière
trällernd / beschwingt singend	en chantant mélodieusement / fredonnant
lebhaft hüpfend	en sautant joyeusement
schwerfällig	pesant
besinnlich / nachdenklich	méditatif
drohend	de façon menaçante
mächtig	puissant
mäßig schnell	modérément rapide
launenhaft	lunatique
trauervoll	tristement
durchgehend bewegt	en mouvement continu
ohne Tempobeschränkung	sans limitation de vitesse
beachte die Ausdrucksvermerke	observez les nuances
möglicher (freigestellter) Schluss	fin facultative
Muster (Rhythmus)	modèle (rythme)
gegliedert / gemessen	mesuré
keck / flott	pimpant / hardi
wieder aufnehmend	en reprenant
mühsam	lourdement / traînant
hervorhebend / heftig anschlagend	mettre en évidence
schneller Vierertakt	mouvement rapide à quatre temps
ruhig gehend	en allant tranquillement
ziemlich	plutôt
wirklich / echt	vrai
nachdenklich	réfléchi
zurückhaltendes Walzertempo	rythme de valse retenu
ehrfurchtsvoll	révérent
rhythmisch	rythmiquement
rechte Hand leise	la main droite légère
murmelnd	en murmurant / gargouillant
dahinströmend	en ondulant tout le long
rollende Bewegung	mouvement ondulant
träumerisch / „wie ein Meerestraum"	rêveur / "rêve maritime"

English and American specialist terms	Terminologia inglese ed americana
shuffling	strascicando
skip	salto / balzo
slinky	furtivamente
slow doo-wop tempo	tempo lento di "scat"
slowly but moving	lentamente però andando
snappish	beffardo
solidly	solidamente
somewhat	alquanto
somewhat hurrying	un poco affrettando
sophisticated	sofisticato
spooky	spiritato
sprightly	brioso
stamp out	estinguendo
stately tempo	maestoso
steadily	fermamente
steady walking	camminando regolarmente
stealthy	furtivo
steaming	a tutto vapore
strained	teso
strict	preciso
stroll along	passeggiando
strong and forceful	forte e potente
strut	pavoneggiandosi
strutting tempo	con andatura solenne
subtle	sottile / astuto
swaying	oscillando
swishing	sibilando
take time	prendete tempo
tempo "disturb the neighbours"	tempo "disturba i vicini"
the top voice	la voce superiore
to interlude	all'interludio
very rhythmically	ben ritmato
waddling	ondeggiando / scodinzolando
weeping willow	salice piangente
well contrasted	ben contrastato
whistfully	meditabondo
with a back beat	accento sul tempo debole
with a clear tone	con un suono chiaro
with a fling	rilassato
with a full rich tone	con una sonorità ricca e piena

Englische und amerikanische Fachausdrücke	Terminologie anglaise et américaine
schleppend / schlurfend	traînant
Sprung	saut / bond
verstohlen	furtivement
langsames „scat"-Tempo	tempo lent de "scat"
langsam, aber mit Bewegung	lentement mais avec allant
schnippisch	narquois
fest / solide	solidement
ein wenig	quelque peu
etwas eilend	légèrement pressant
spitzfindig / raffiniert	sophistiqué
spukhaft / gespenstisch	hanté
spritzig	vif
verlöschend	en éteignant
imposant	majestueux
stetig	fermement
gleichmäßig gehend	en marchant régulièrement
verstohlen	furtif
mit Volldampf	à toute vapeur
angespannt	tendu
strikt	rigoureux
dahinschlendern	en se promenant
stark und kräftig	fort et puissant
einherstolzierend	en se pavanant
feierlich	d'allure solennel
subtil	subtil
schwankend	en oscillant
schwirrend	en sibilant
sich Zeit lassen	prenez votre temps
Tempo „störe die Nachbarn"	tempo "dérange les voisins"
die obere Stimme	la voix supérieure
zum Zwischenspiel gelangen	à l'interlude
sehr rhythmisch	très rythmique
watschelnd	en dandinant
Trauerweide	saule pleureur
mit deutlichem Gegensatz	bien contrasté
nachdenklich	d'un air songeur
Betonung auf der schwachen Taktzeit	les accents sur les temps faibles
mit einem klaren Ton	avec un ton clair
lässig hingeworfen	décontracté
mit einem vollen, reichen Ton	avec une sonorité riche et pleine

English and American specialist terms	Terminologia inglese ed americana
with a gentle motion	tranquillamente mosso
with a Glenn Miller flavour	con un profumo di Glenn Miller
with ambition	con ambizione
with an easy flow	scorrendo tranquillamente
with a steady insistence	con grande insistenza
with a singing tone	con un suono cantabile
with a springing touch	con un tocco saltellante
with a steady pulse	con un impulso ritmico regolare
with a warm expression	con un'espressione intensa
with bad humor	di cattivo umore
with dash	con slancio
with deep feeling	con profonda espressione
with drive	con impulso
with dry humour	con un'umore secco
with feeling	con sentimento
with firm step	d'un passo deciso
with full tone	con un suono pieno
with good humour	di buon umore
with great expression	con grande espressione
with great warmth	con grande calore
with imagination	con immaginazione
with inflections of plainsong	con delle inflessioni di canto gregoriano
with much precision	molto preciso
with pity	con pietà
with quiet dignity	con una tranquilla dignità
with regained strength	con recuperata forza
with simple tenderness	con semplice tenerezza
with sincere sympathy	con sincera simpatia
with spiritual feeling	con sentimento spirituale
with sport	giocoso
with steady heavy motion	pesante e regolare
with sure rhythm	con un ritmo sicuro

Englische und amerikanische Fachausdrücke	Terminologie anglaise et américaine
mit sanfter Bewegung	avec un mouvement calme
mit einem Hauch von Glenn Miller	avec un parfum de Glenn Miller
ehrgeizig	avec ambition
ruhig dahinfließend	en s'écoulant tranquillement
mit gleichbleibendem Nachdruck	avec une grande insistance
mit singendem Klang	d'un ton chantant
mit hüpfendem Anschlag	avec un toucher sautillant
mit gleichmäßigem Puls	avec une pulsation réguliére
mit warmem Ausdruck	avec une intense expression
mit schlechter Laune	de mauvaise humeur
mit Schwung	avec élan
sehr gefühlvoll	avec une profonde expression
mit Schwung / intensiv rhythmisch	avec de l'entrain
mit trockenem Humor	avec un humour sec
mit Gefühl	avec sentiment
mit festem Schritt	d'un pas décidé
mit vollem Klang	avec un son plein
mit guter Laune	de bonne humeur
sehr ausdrucksvoll	avec une grande expression
mit viel Wärme	avec beaucoup de chaleur
mit Phantasie	avec imagination
mit gregorianischen Schattierungen	avec des nuances de plain-chant
sehr genau	avec beaucoup de précision
mitleidig	avec pitié
mit stiller Würde	avec une tranquille dignité
mit neuer Kraft	avec une vigueur retrouvée
mit schlichter Zärtlichkeit	avec simple tendresse
mit herzlicher Sympathie	avec sincère sympathie
mit andächtigem Gefühl	avec un sentiment spirituel
mit Spaß / mit Vergnügen	avec enjouement
mit stetiger, heftiger Bewegung	pesant et régulier
mit sicherem Rhythmus	avec un rythme sur

Jazz, Rock, Pop

all-star band	complesso jazz / formato da musicisti noti
background	sottofondo
backline	gli strumenti e gli accessori sulla scena
band	complesso jazz o rock
bandleader	il capo del complesso
barrelhouse piano style	pianoforte con suono metallico
beat	"colpo"; stile musicale
Bebop	uno stile di jazz
big band	grande complesso
blues ending	finale di Blues
Blues	una delle forme principali del jazz (schema di 12 battute)
Boogie-Woogie	stile pianistico (schema di 12 battute)
bounce	ritmo rimbalzante
break	interruzione e pausa
bridge	ponte
call and response	principio: appello e risposta
chorus	ritornello (schema di 32 battute)
combo	piccolo complesso
comeback	il ritorno
commercial	commerciale
Cool Jazz	jazz "freddo"
country blues	blues autentico
country music	musica campestre
creative music	sostituisce la parola jazz
crooner	cantante con voce sentimentale
cue	gesto o segno per attacca
dirty tones	suoni "sporchi"/ strasciati
disco music	musica in voga nelle discoteche
Dixieland	jazz suonato dai bianchi
double time / duple time	tempo doppio
drive	impulso
featuring	nel ruolo principale

Englische und amerikanische Fachausdrücke	Terminologie anglaise et américaine

Jazz, Rock, Pop   **Jazz, Rock, Pop**

Jazzensemble aus berühmten Musikern	formation de jazz avec des musiciens connus
Hintergrund	musique de fond
gesamtes Instrumentarium und Zubehör auf der Bühne	les instruments et les accessoires sur la scène
Musikgruppe Jazz oder Rock	formation de jazz ou de rock
Leiter einer Musikgruppe	chef de l'ensemble
Klavierstil mit klirrendem Klang	piano avec un son métallique
„Schlag"; Musikrichtung	"coup"; style de musique
ein Jazzstil	un style de jazz
große Musikgruppe	grande formation
Blues-Schlusswendung	final de Blues
eine der Hauptformen des Jazz (Grundschema: 12 Takte)	une des principales formes du jazz (schéma de 12 mesures)
ein pianistischer Stil (Grundschema: 12 Takte)	style pianistique (schéma de 12 mesures)
hüpfender Rhythmus	rythme rebondissant
Unterbrechung und Pause	interruption et pause
Überleitung	pont / passage
Ruf-Antwort-Prinzip	principe: appel-réponse
Grundmelodie; Refrain (Grundschema: 32 Takte)	refrain (schéma de 32 mesures)
kleine Musikgruppe	petit ensemble
Wiederkehr	le retour
kommerziell	commercial
„kühler" Jazz	jazz "froid"
authentischer Blues	blues authentique
ländliche Musik	musique champêtre
ersetzt das Wort Jazz	remplace le mot jazz
Sänger mit sanfter Stimme / Schnulzensänger	chanteur avec voix sentimentale
Hinweis für Einsatz	geste ou signe pour attaque
„dreckige" Töne, schleifend	sons "sales", traînants
Diskomusik	musique en vogue dans les discothèques
Jazz, von Weißen gespielt	jazz joué par les blancs
Verdopplung des Tempos	tempo double
Schwung / Antrieb	impulsion
in der Hauptrolle	dans le rôle principal

	English and American specialist terms	Terminologia inglese ed americana
	feeling	sentimento
	Folk-Rock	fusione dei due generi
	Free Jazz	jazz "libero"
	Funk	stile di jazz, in seguito di Pop
	Fusion	fusione di generi musicali o di culture differenti
	gimmick	un trucco
	Gospelsong	canto religioso dei neri
	growl	cantare e soffiare al tempo stesso
	Hard Rock	rock "duro"
	head arrangement	improvvisazione "concordata"
	headline	la melodia o il testo che rimane nella memoria
	Heavy Metal	hard rock
	Hillbilly	musica campestre eseguita dai bianchi negli S.U.
	hit	un grande successo
	hit-parade	la parata dei successi
	hit song	canzonetta a successo
	Honky Tonk music	musica eseguita nelle bettole
	hot	uno dei primi jazz
	hot jazz	jazz "caldo" tradizionale
	house rent party / skiffle	festa privata con musica
	Intro	2, 4 o 8 battute d'introduzione
	Jam Session	concerto spontaneo, improvvisato
	Jazz	forma musicale afroamericana
	Jubilee	musica afroamericana religiosa
	juke box / music box	juke-box
	jungle style	stile "giungla"
	latin american music	musica sudamericana
	lead	melodia principale
	light show	l'illuminazione dello spettacolo
	live	dal vivo
	locked hands style / block chords	melodia suonata parallelamente con le due mani

Englische und amerikanische Fachausdrücke	Terminologie anglaise et américaine
Gefühl	sentiment
Fusion der zwei Stile	fusion des deux genres
„freier" Jazz	jazz "libre"
ein Jazzstil, später Popstil	un style de jazz, ensuite de Pop
in der Popmusik Verschmelzung verschiedener Kulturen	fusion de cultures ou genres différents de musique
ein Kniff	un truc
religiöser Gesang der Schwarzen	chant religieux des noirs
Singen und Blasen gleichzeitig	chanter et souffler en même temps
„harter"" Rock	rock "dur"
vereinbarte Improvisation	improvisation "décidée"
der „Aufhänger", Musik und Text	la mélodie ou le texte qui restent dans la mémoire
harter Rock	hard rock
ländliche Volksmusik der Weißen in den USA	musique champêtre produite par des blancs aux E.U.
großer Erfolg	un grand succès, un tube
Schlagerparade	la parade des succès
erfolgreicher Schlager	chanson à succès
Country-Musik in Western-Bars	musique exécutée dans une gargote
einer der frühesten Jazzstile	un des premiers jazz
„heißer" Jazz, traditionell	jazz "chaud" traditionnel
Privatfest mit Musik	fête privée avec de la musique
2, 4 oder 8 Takte Einleitung (Kurzform für Introduktion)	2, 4 ou 8 mesures d'introduction
zwanglose Zusammenkunft von Jazzmusikern zu gemeinsamem Spielen	concert spontané, bœuf
afroamerikanische Musikform	forme musicale afroaméricaine
afroamerikanische geistliche Musik	musique afroaméricaine religieuse
Musikbox / Musikautomat	jukebox
„Urwald"-Stil, Dschungelstil	style "jungle"
lateinamerikanische Musik	musique sudaméricaine
führende Melodie	mélodie principale
Konzertlichtgestaltung	l'éclairage du spectacle
Direktübertragung	sur le vif
auf dem Klavier Melodie mit beiden Händen parallel spielen	mélodie jouée parallèlement avec les deux mains au piano

English and American specialist terms	Terminologia inglese ed americana
loft jazz / midwest jazz	jazz non commerciale, praticato negli scantinati
long playing / LP	microsolco
Mainstream	jazz moderato
marching band / street band	antiche bande americane
medium	tempo moderato
musical	commedia musicale
music hall	varietà
Negro Spiritual	musica religiosa dei neri americani
New Orleans / Old Time Jazz	prima forma del jazz
New Wave	altra forma di Rock
off beat	l'accento sui tempi deboli / contrattempo
off pitch / off key	fuori dal tono giusto
on beat	l'accento in battere
paradiddle	figura ritmica per il batterista
play party	serata danzante con canti ma senza strumenti
Pop Music	sintesi tra la canzone e il Rock
power	potenza
Progressive Jazz	sviluppo del "Big band"
Punk Rock	musica di stile provocativo
Ragtime	stile pianistico
Rap	ritmi parlati
Reggae	forma musicale giamaicana
revival	ripresa, rinascita
rhythm section	sezione ritmica
Rhythm and Blues	uno stile di jazz
riff	brevi motivi ripetuti
rim shot	tecnica particolare di percussione
Rock	continuazione del Rock'n'Roll e del beat
Rockabilly	origine del Rock'n'Roll
scat	canto sillabato
section	sezione

Englische und amerikanische Fachausdrücke	Terminologie anglaise et américaine
nicht vermarktete Musik, in Kellern gespielt	jazz non commercial, pratiqué dans les cantines
Langspielplatte	microsillon
gemäßigter Jazz	jazz modéré
frühere USA-Marschmusik	anciennes fanfares américaines
mittleres Tempo	tempo modéré
Musical / musikalische Komödie	comédie musicale
Varieté	variété / café-concert
geistliche Musik der Afroamerikaner	musique religieuse des noirs
erste Form des schwarzen Jazz	première forme de jazz
eine Form von Rock	autre forme de Rock
Betonung auf dem schwachen Schlag	l'accent sur les temps faibles
weg von der exakten Tonhöhe	à côté du ton exact
Betonung auf dem starken Schlag	l'accent sur les temps forts
ein rhythmisches Element für den Schlagzeuger	un élément rythmique pour le batteur
Tanzabend mit Gesang, aber ohne Instrumente	soirée dansante avec des chants, mais sans instruments
Synthese zwischen Schlager und Rock	synthèse entre la chanson et le rock
Kraft, Stärke	puissance
eine Weiterentwicklung der „Big Band"	un développement du "Big Band"
Punk, provokativer Musikstil	musique provocative, choquante
ein Klavierstil	style pianistique
gesprochener Rhythmus	rythmes parlés
Musikform aus Jamaika	forme musicale de la Jamaique
Wiederaufleben	reprise, renaissance
Rhythmusgruppe	section rythmique
ein Jazzstil	un style de jazz
kleine wiederholte Figuren	brefs motifs répétés
Trommelschlag besonderer Art (auf den Rand)	technique particulière de percussion
Fortsetzung von Rock'n'Roll und Beat	continuation du Rock'n'Roll et de la musique beat
frühe Spielart des Rock'n'Roll	origine du Rock'n'Roll
Silbengesang	syllabes chantées
(Instrumenten-)Gruppe	section

	English and American specialist terms	Terminologia inglese ed americana

shout	stile vocale "urlato"
shuffle	motivo ritmico
ska	forma ritmica
smear	tipo di portamento
Soft Rock	rock morbido
Soul	"anima", musica pop afroamericana
sound	sonorità
square dance	ballo popolare in uso negli S.U.
standard	pezzo di repertorio
steel band	piccoli complessi diffusi a Trinidad, composti di strumenti a percussione ricavati da basi di bidoni
stomp	forma ritmica
straight	esecuzione fedele all'originale
sweet music	musica dolce
Swing	stile di jazz
syncopated music	musica sincopata
tag / ending	coda; alcune battute aggiunte
talkbox	scatola parlante
tap-dance / step dance	tip-tap
Third Stream	sintesi tra il jazz e la musica contemporanea
timing	senso del tempo
two beat	accenti uguali su uno e tre
uptempo	tempo molto veloce
verse	strofa
walking bass	un motivo "camminante" al basso
West Coast Jazz	jazz "bianco" in California
work songs	canti degli schiavi al lavoro

Englische und amerikanische Fachausdrücke	Terminologie anglaise et américaine
„schreiender" Vokalstil	style vocal "hurlé"
eine Rhythmusfigur	un motif rythmique
eine rhythmische Form	une forme rythmique
Verschleifen der Töne	genre de "portamento"
„sanfter" Rock	rock doux
„Seele", afroamerikanische Popmusik	"âme", musique pop des noirs
Klang	sonorité
berühmter Volkstanz aus den USA	danse populaire répandue aux E.U.
bekanntes, älteres Stück	morceau de répertoire
ein Schlagzeugensemble karibischen Ursprungs, auf leeren Benzin- oder Ölfässern spielend	un ensemble de percussionistes des Caraïbes (Trinidad) jouant sur des instruments fabriqués à partir de fonds de barils de pétrole
eine rhythmische Form	une forme rythmique
originalgetreu musizieren	exécution fidèle à l'original
sanfte Musik	musique douce
ein Jazzstil	un style de jazz
synkopierte Musik	musique syncopée
Schlusswendung	mesures finales ajoutées
Sprechkasten (E-Gitarre)	boîte parlante (guitare éléctronique)
Steptanz	claquettes
Synthese von Jazz und Neuer Musik	synthèse entre le jazz et la musique contemporaine
„Timing" / richtiges Zeitgefühl	sens du temps
gleich starke Betonung auf eins und drei	accents égaux sur un et trois
sehr rasches Tempo	mouvement très rapide
Strophe	strophe / couplet
laufende Bassfigur	motif "allant" à la basse
„weißer" Jazz in Kalifornien	jazz "blanc" en Californie
Arbeitslieder der Sklaven	chant des esclaves au travail

Dances
(The following dances bear the same term in all languages)

Danze
(Le seguenti danze portano lo stesso nome in tutte le lingue)

Baion
Bamba
Batucada
Beguine
Big apple
Black bottom
Boogie-Woogie
Bossa nova
Boston
Bounce
Break dance
Cakewalk
Calipso
Carioca
Cha-cha-cha
Charleston
Conga
Dirty dance
English waltz
Foxtrott
Guaracha
Highlife
Hully Gully
Hustle
Java
Jitterbug
Jive
Joropo
Kasatschok
Lambada

Tänze	**Danses**
(Die folgenden Tänze tragen in allen Sprachen den gleichen Namen)	(Les danses suivants portent le même nom dans toutes les langues)

Lambeth walk
Letkiss
Lindy-Hop
Machiche
Madison
Mambo
Merengue
Milonga
Musette
Onestep
Pachanga
Pasodoble
Quickstep
Ramble
Ranchera
Raspa
Rock'n'Roll
Rumba
Salsa
Samba
Shake
Shimmy
Sirtaki
Slowfox
Slop
Surf
Tango
Twist
Twostep
Valse hésitation

100 composizioni celebri 100 famous works

Bach, J.S.
Il clavicembalo ben temperato   The Welltempered Clavier
L'arte della fuga   The Art of Fugue
L'oratorio di Natale   Christmas Oratorio
L'offerta musicale   The Musical Offering

Bartók, Béla
Il mandarino meraviglioso   The Miraculous Mandarin

Beethoven, L. van
La consacrazione della casa   The Consecration of the House
Le creature di Prometeo   The Creatures of Prometheus
Sonata al chiaro di luna   Moonlight Sonata

Bellini, Vincenzo
La sonnambula   The Sleepwalker

Berlioz, Hector
La dannazione di Faust   Faust's Damnation

Bizet, Georges
I pescatori di perle   The Pearl Fishers

Boieldieu, François
La dama bianca   The White Lady

Borodin, Aleksandr
Nelle steppe dell'Asia centrale   In the Steppes of Central Asia

Boulez, Pierre
Il martello senza padrone   The Hammer without Master

Cimarosa, Domenico
Il matrimonio segreto   The Clandestine Marriage

Anhang | Appendice | 249

100 berühmte Kompositionen

100 œuvres célèbres

Bach, J.S.
Das Wohltemperierte Klavier — Le clavecin bien tempéré
Die Kunst der Fuge — L'art de la fugue
Das Weihnachtsoratorium — L'oratorio de Noël
Das Musikalische Opfer — L'offrande musicale

Bartók, Béla
Der wunderbare Mandarin — Le mandarin merveilleux

Beethoven, L. van
Die Weihe des Hauses — La consécration de la maison
Die Geschöpfe des Prometheus — Les créatures de Prométhée
Mondscheinsonate — Sonate au clair de lune

Bellini, Vincenzo
Die Nachtwandlerin — La somnambule

Berlioz, Hector
Faust's Verdammnis — La damnation de Faust

Bizet, Georges
Die Perlenfischer — Les pêcheurs de perles

Boieldieu, François
Die weiße Dame — La dame blanche

Borodin, Aleksandr
Eine Steppenskizze aus Mittelasien — Dans le steppes de l'Asie centrale

Boulez, Pierre
Der Hammer ohne Meister — Le marteau sans maître

Cimarosa, Domenico
Die heimliche Ehe — Le mariage secret

| | Appendice | Appendix |

Débussy, Claude
Il mare — The Sea
L'angolo dei bambini — Children's Corner
La scatola dei balocchi — The Toy's Box
Preludio al pomeriggio di un fauno — Prelude to the Afternoon of a Faun

De Falla, Manuel
Il cappello a tre punte — The Three-cornered Hat
La danza del fuoco — The Fire Dance
L'amore stregone — Love the Wizard
La vita breve — Life is Short
Notti nei giardini di Spagna — Nights in the Gardens of Spain

Donizetti, Gaetano
La figlia del reggimento — The Daughter of the Regiment
L'elisir d'amore — The Love Potion

Dukas, Paul
L'apprendista stregone — The Sorcerer's Apprentice

Dvořák, Antonín
Sinfonia dal nuovo mondo — New World Symphony

Händel, G.F.
Il fabbro armonioso — The Harmonious Blacksmith

Haydn, Joseph
La creazione — The Creation
Le stagioni — The Seasons

Khatschaturjan, Aram
La danza delle spade — Sabre Dance

Lehár, Franz
Il paese del sorriso — The Land of Smiles
La vedova allegra — The Merry Widow

Liszt, Franz
Anni di pellegrinaggio — Years of Pilgrinage

Anhang	Appendice	251

Débussy, Claude
Das Meer — La mer
Die Ecke der Kinder — Le coin des enfants
Die Spielzeugkiste — La boite à joujoux
Präludium zum Nachmittag eines Fauns — Prélude à l'après-midi d'un faune

De Falla, Manuel
Der Dreispitz — Le tricorne
Feuertanz — La danse du feu
Liebeszauber — L'amour sorcier
Ein kurzes Leben — La vie brève
Nächte in spanischen Gärten — Nuits dans les jardins d'Espagne

Donizetti, Gaetano
Die Regimentstochter — La fille du régiment
Der Liebestrank — L'élixir d'amour

Dukas, Paul
Der Zauberlehrling — L'apprenti sorcier

Dvořák, Antonín
Symphonie aus der Neuen Welt — Symphonie du nouveau monde

Händel, G.F.
Grobschmied-Variationen — Le forgeron harmonieux

Haydn, Joseph
Die Schöpfung — La création
Die Jahreszeiten — Les saisons

Khatschaturjan, Aram
Säbeltanz — La dance du sabre

Lehár, Franz
Das Land des Lächelns — Le pays du sourire
Die lustige Witwe — La veuve joyeuse

Liszt, Franz
Pilgerjahre — Années de pèlerinage

Mahler, Gustav
Il canto della terra — The Song of the Earth

Mendelssohn Bartholdy, Felix
Il sogno di una notte di mezza estate — Midsummer Night's Dream
La filatrice — Spinning Song
Mare tranquillo e viaggio felice — Calm Sea and Prosperous Voyage

Monteverdi, Claudio
L'incoronazione di Poppea — The Coronation of Poppea

Mozart, W.A.
Cosi fan tutte — All Women do it
Il flauto magico — The Magic Flute
Il ratto dal serraglio — The Elopement from the Harem
La finta giardiniera — The Pretended Garden-Girl
La marcia turca — The Turkish March
Le nozze di Figaro — The Marriage of Figaro

Mussorgsky, Modest
Quadri di un esposizione — Pictures at an Exhibition
Una notte sul monte calvo — Night on the Bare Mountain

Nicolai, Otto
Le allegre comari di Windsor — The Merry Wives of Windsor

Offenbach, Jacques
I conti di Hoffmann — The Tales of Hoffmann
Orfeo all'inferno — Orpheus in the Underworld

Pergolesi, Giovanni Battista
La serva padrona — The Maid as Mistress

Prokofjew, Sergej
L'amore delle tre melarance — The Love for Three Oranges
Pierino ed il lupo — Peter and the Wolf

| Anhang | Appendice | 253 |

Mahler, Gustav
Das Lied von der Erde — Le chant de la terre

Mendelssohn Bartholdy, Felix
Der Sommernachtstraum — Le Songe d'une nuit d'été

Das Spinnerlied — La fileuse
Meeresstille und glückliche Fahrt — Mer tranquille et voyage heureux

Monteverdi, Claudio
Die Krönung der Poppea — Le couronnement de Poppée

Mozart, W.A.
So machen es alle (Frauen) — Comme elles sont toutes
Die Zauberflöte — La flûte enchantée
Die Entführung aus dem Serail — L'enlèvement au serail
Die Gärtnerin aus Liebe — La prétendue jardinière
Türkischer Marsch — La marche turque
Figaros Hochzeit — Les noces de Figaro

Mussorgsky, Modest
Bilder einer Ausstellung — Tableaux d'une exposition
Eine Nacht auf dem kahlen Berge — Une nuit sur le mont-chauve

Nicolai, Otto
Die lustigen Weiber von Windsor — Les joyeuses commères de Windsor

Offenbach, Jacques
Hoffmanns Erzählungen — Les contes d'Hoffmann
Orpheus in der Unterwelt — Orphée aux enfers

Pergolesi, Giovanni Battista
Die Magd als Herrin — La servante maîtresse

Prokofjew, Sergej
Die Liebe zu den drei Orangen — L'amour des trois oranges
Peter und der Wolf — Pierre et le loup

Puccini, Giacomo
Il tabarro — The Cloak

Ravel, Maurice
L'ora spagnola — The Spanish Hour

Respighi, Ottorino
Le fontane di Roma — The Fountains of Rome

Rimskij-Korsakow, Nikolaj
Il gallo d'oro — The Golden Cockerel
Il volo del calabrone — Flight of the Bumble Bee
La grande Pasqua russa — The Russian Easter

Rossini, Gioachino
Il barbiere di Siviglia — The Barber of Seville
La Cenerentola — Cinderella
La gazza ladra — The Thievish Magpie

Schönberg, Arnold
La mano felice — The Lucky Hand

Schubert, Franz
Il viaggio d'inverno — The Winter Journey
La bella mugnaia — The Fair Maid of the Mill
La morte e la fanciulla — Death and the Maiden
La trota — The Trout
L'incompiuta — The Unfinished (Symphony)

Schumann, Robert
Amor di poeta — Poet's Love
Amore e vita di donna — Woman's Love and Live
Scene infantili — Scenes from Childhood

Sinding, Christian A.
Mormorio di primavera — Rustle of Spring

Smetana, Bedřich
La mia patria — My Country
La sposa venduta — The Bardered Bride

| Anhang | Appendice | 255 |

Puccini, Giacomo
Der Mantel   Le manteau

Ravel, Maurice
Die spanische Stunde   L'heure espagnole

Respighi, Ottorino
Römische Brunnen   Les fontaines de Rome

Rimskij-Korsakow, Nikolaj
Der goldene Hahn   Le coq d'or
Der Hummelflug   Le vol du bourdon
Russische Ostern   La grande Pâques russe

Rossini, Gioachino
Der Barbier von Sevilla Le barbier de Séville
Aschenbrödel   Cendrillon
Die diebische Elster   La pie voleuse

Schönberg, Arnold
Die glückliche Hand   La main heureuse

Schubert, Franz
Die Winterreise   Le voyage d'hiver
Die schöne Müllerin   La belle meunière
Der Tod und das Mädchen   La mort et la jeune fille
Die Forelle   La truite
Die Unvollendete (Symphonie)   La symphonie inachevée

Schumann, Robert
Dichterliebe   Amour de poète
Frauenliebe und -leben Amour et vie de femme
Kinderszenen   Scènes d'enfants

Sinding, Christian A.
Frühlingsrauschen   Le gazouillement du printemps

Smetana, Bedřich
Mein Vaterland   Ma patrie
Die verkaufte Braut   La fiancée vendue

Strauß, Johann (Sohn)
Il bel Danubio blu — The Beautiful Blue Danube
Il pipistrello — The Bat

Strauss, Richard
Il cavaliere della rosa — The Rose Cavalier
La donna senz'ombra — The Woman without a Shadow
Morte e trasfigurazione — Death and Transfiguration
Una vita d'eroe — A Hero's Life

Strawinsky, Igor
Il bacio della fata — The Fairy's Kiss
La carriera di un libertino — The Rake's Progress
La sagra della primavera — Rite of Spring
La storia del soldato — The Soldier's Tale
L'uccello di fuoco — The Firebird
L'usignolo — The Nightingale

Tschaikowsky, Peter I.
Il lago dei cigni — Swan Lake
La bella addormentata nel bosco — The Sleeping Beauty
Le schiaccianoci — The Nutcracker
Romeo e Giulietta — Romeo and Juliet

Verdi, Giuseppe
Il trovatore — The Troubadour
I vespri siciliani — The Sicilian Vespers
La forza del destino — The Force of Destiny
Un ballo in maschera — A Masked Ball

Vivaldi, Antonio
Le quattro stagioni — The Four Seasons

Wagner. Richard
I maestri cantori di Nuremberga — The Mastersingers of Nuremberg
Il vascello fantasma — The Flying Dutchman
L'anello del Nibelungo — The Nibelung's Ring

| Anhang | Appendice |

Strauß, Johann (Sohn)
An der schönen blauen Donau — Le beau Danube bleu
Die Fledermaus — La chauve-souris

Strauss, Richard
Der Rosenkavalier — Le chevalier à la rose
Die Frau ohne Schatten — La femme sans ombre
Tod und Verklärung — Mort et transfiguration
Ein Heldenleben — Une vie de héros

Strawinsky, Igor
Der Kuss der Fee — Le baiser de la fée
Die Karriere eines Wüstlings — La carrière d'un libertin
Das Frühlingsopfer — Le sacre du printemps
Die Geschichte vom Soldaten — L'histoire du soldat
Der Feuervogel — L'oiseau de feu
Die Nachtigall — Le rossignol

Tschaikowsky, Peter I.
Schwanensee — Le lac des cygnes
Dornröschen — La belle au bois dormant

Der Nussknacker — Casse-noisette
Romeo und Julia — Roméo et Juliette

Verdi, Giuseppe
Der Troubadour — Le trouvère
Die Sizilianische Vesper — Les vêpres siciliennes
Die Macht des Schicksals — La force du destin
Ein Maskenball — Le bal masqué

Vivaldi, Antonio
Die vier Jahreszeiten — Les quatre saisons

Wagner, Richard
Die Meistersinger von Nürnberg — Les Maîtres chanteurs de Nuremberg
Der fliegende Holländer — Le vaisseau fantôme
Der Ring des Nibelungen — L'anneau du Nibelung

Weber, Karl Maria v.
Il fanco cacciatore					The Freeshooter
L'invito al valzer					Invitation to the Dance

Weill, Kurt
L'opera da tre soldi					The Threepenny Opera

I nomi di persone come Carmen, Tosca, Lohengrin etc. sono invariabili.

Names of persons like Carmen, Tosca, Lohengrin etc. are invariable.

Anhang	Appendice	

Weber, Karl Maria v.
Der Freischütz   Le franc-tireur
Aufforderung zum Tanz   L'invitation à la valse

Weill, Kurt
Die Dreigroschenoper   L'opéra de quat'sous

Personennamen wie Carmen, Tosca, Lohengrin usw. bleiben unverändert.

Les noms de personnes comme Carmen, Tosca, Lohengrin etc. sont invariables.

Indice alfabetico
Index
Register
Index

A (D, E)	2214	a mente (I)	2884
a ballata (I)	914	a mezza voce (I)	637
a bassa voce (I)	635	à mi-voix (F)	614, 637, 858
a battuta (I)	720	a misura (I)	720
a beneplacito (I)	718	a molte parti (I)	1861
a bocca chiusa (I)	636	à nouveau (F)	1686
à bouche fermée (F)	636	à peine (F)	1639
a cappella (I)	1612	a piacere (I)	719
a capriccio (I)	917	a più voci (I)	1861
à côté (F)	1613	à pleine voix (F)	647
à défaut de (F)	1719	à plusieurs parties (F)	1861
à deux (F)	1616	à plusieurs voix (F)	1861
à deux claviers manuels (F)	455	à quatre mains (F)	456
à deux voix (F)	1859	à quatre voix (F)	1862
A double flat (E)	2218	a quattro mani (I)	456
A double sharp (E)	2217	a quattro voci (I)	1862
à doubles cordes (F)	1649	à sa place (F)	1628, 1729
a due (I)	1616	A sharp (E)	2215
a due manuali (I)	455	a tempo (I)	720
a due voci (I)	1859	a tre voci (I)	1863
a due volte (I)	1617	à trois voix (F)	1863
a fior di labbro (I)	1618	à un (seul) clavier manuel (F)	458
A flat (E)	2216	a un manuale (I)	458
a forma aperta (I)	1860	a very little (E)	1848
à l'aise (F)	1053	a voce piena (I)	647
à l'allemande (F)	949	à voix basse (F)	635, 876, 3740
à l'octave (F)	1621	a volontà (I)	719
à la blanche (F)	1622	à volonté (F)	724
à la corde (F)	82	à votre gré (F)	718
à la fin (F)	1619	ab initio (L)	1611
à la hausse (F)	84	ab inizio (I)	1611
à la hongroise (F)	956	abaisser (F)	2636
a la maniera (I)	946	abändern (D)	2754, 2860
à la manière de (F)	946	abandoning oneself (E)	915
à la partie finale (F)	1623	abbandonandosi (I)	915
à la renverse (F)	2106	abbandonatamente (I)	916
à la turque (F)	950	abbandono (con) (I)	916
à la tzigane (F)	951	abbassando (I)	891
a little (E)	1849	abbassare (I)	2636
a little bit (E)	1826	abbassare l'accordatura (I)	2637
a little less (E)	1777	abbassare l'intonatura (I)	2637
a little more (E)	1778, 1850	abbastanza (I)	1610
a lungo (I)	1730	abbellimento (I)	1864
a memoria (I)	2884	abbellire (I)	2638

abbellito (I)	1865	absolute Musik (D)	3121
abbonamento (I)	2865	absolute pitch (E)	3204
abbondante (I)	2867	absolutely (E)	1642
abbozzo (I)	3318	absolutes Gehör (D)	3204
abbrechen (D)	2719	Abstand (D)	2001, 2996
abbreviare (I)	2639	absteigend (D)	1957
abbreviation (E)	1866	abstoßen (D)	2831
abbreviatura (I)	1866	Abstrakte (D)	453
abbreviazione (I)	1866	Abstrich (D)	86
abdämpfen (D)	389	abstufen (D)	2726
Abendlied (D)	2296	Abstufung (D)	3059
aber (D)	1732	abtaktig (D)	1998
aber nicht zu sehr (D)	1733	abtasten (D)	570
abgesetzt (D)	111	abundant (E)	2867
abgestoßen (D)	877	abusive (E)	1291
abgewechselt (D)	1632	abwärts (D)	1717
abile (I)	2868	abwechseln (D)	2651
abilità (con) (I)	1092	abwechselnd (D)	1631, 1853
abkürzen (D)	2639	Abwechslung (D)	2925
able (E)	2868	accademia di musica (I)	2866
abmildernd (D)	893	accanto (I)	1613
abmischen (D)	534	accarezzando (I)	918
abnehmen (D)	2701	accarezzevole (I)	918
abnehmend (D)	900, 908	accarezzevolmente (I)	918
abondant (F)	2867	accelerando (I)	785
Abonnement (D)	2865	accelerare (I)	2640
abonnement (F)	2865	accelerated (E)	786
about (E)	1654	accelerato (I)	786
above (E)	1726	accéléré (F)	786
above all (E)	1815	accélérer (F)	2640
abprallendes Stakkato (D)	106	accent (E, F)	1867
abréger (F)	2639	accent principal (F)	1868
abréviation (F)	1866	accent secondaire (F)	1869
abschließen (D)	2683, 2848	accento (I)	1867
Abschluss (D)	1936	accento principale (I)	1868
abschreiben (D)	2690, 2763	accento secondario (I)	1869
abschwächend (D)	894, 909	accentuare (I)	2641
abschweifend (D)	1109	accentuated (E)	841
absinkend (D)	891, 898	accentuated beat (E)	2156
absolu (F)	1643	accentuation (E, F)	2870
absolument (F)	1642	accentuato (I)	841
absolut (D)	1643	accentuazione (I)	2870
absolute (E)	1643	accentué (F)	841
absolute music (E)	3121	accentuer (F)	2641

acceso (I)	1274	accordéon à clavier (F)	397
accessoires (F)	2869	accorder (F)	2643
accessori (I)	2869	accordeur (F)	3486
accessories (E)	2869	accordion (E)	395
acchetandosi (I)	892	accordo (I)	1874
acciaccatura (I)	1870	accordo di passaggio (I)	1875
acciaccatura doppia (I)	1871	accordo di settima di accordo	
accident (F)	1872	perfetto (I)	1877
accidental (E)	1872	accordo spezzato (I)	1878
accidente (I)	1872	accouplement (F)	407
accolade (F)	1873	accrescendo (I)	880
accollatura (I)	1873	accuratamente (I)	921
accompagnamento (I)	2871	accuratezza (con) (I)	922
accompagnando (I)	1614	accurato (I)	921
accompagnare (I)	2642	Achse (D)	437
accompagnateur (F)	3485	Achsel (D)	3477
accompagnatore (I)	3485	Achtel (D)	2227
accompagnatrice (F, I)	3485	Achtelpause (D)	2234
accompagnement (F)	2871	Achtung! (D)	2900
accompagner (F)	2642	acoustics (E)	2874
accompanied recitative (E)	2445	acoustics (of a hall/room)	
accompaniment (E)	2871	(E)	2875
accompanist (E)	3485	acoustique (F)	2874
accompanying (E)	1614	acoustique ambiante (F)	2875
accompanying instrument		acoustique d'un local (F)	2875
(E)	3369	acquietandosi (I)	892
accoppiamento (I)	407	act (E)	2901
accoramento (con) (I)	919	act curtain (E)	3338
accorato (I)	920	acte (F)	2901
accord (F)	1874	acteur (F)	3490
accord brisé (F)	1878	action (E)	431, 451, 471
accord de passage (F)	1875	action (E, F)	3407
accord de séptième de		action d'octavier (F)	245
dominante (F)	1876	actor (E)	3490
accord parfait (F)	1877	actress (E)	3490
accordage (F)	2873	actrice (F)	3490
accordare (I)	2643	acustica (I)	2874
accordato (I)	2872	acustica ambientale (I)	2875
accordatore (I)	3486	acuto (I)	1615
accordatrice (I)	3486	ad libitum (L)	724
accordatura (I)	2873	adage (F)	722
accordé (F)	2872	adagietto (I)	721
accordéon (F)	395	adagino (I)	721
accordéon à boutons (F)	396	adagio (I)	722

adagissimo (I)	723	affiche (F)	2934, 3278
adaptation (E, F)	2892	affievolendo (I)	894
adapter (F)	2644	affine (I)	2092
adattamento (I)	2892, 3287	affinità (I)	2093
adattare (I)	2644	afflicted (E)	1335
addio! (I)	2876	affligé (F)	1335
addolcendo (I)	893	afflitto (I)	1335
addolorato (I)	1119	afflizione (con) (I)	919
Ader (D)	59, 3484	affrettando (I)	787
adesso (I)	2877	affrettare (I)	2645
adieu! (F)	2876	affrettato (I)	725
adiratamente (I)	923	affreux (F)	1364
adirato (I)	924	afono (I)	638
adorazione (con) (I)	925	after (E)	1691
adoringly (with adoration) (E)	925	afterwards (E)	1690
		again (E)	1636, 1686
adornamento (I)	2051	against (E)	1673
adornando (I)	926	agence de concerts (F)	2878
adornato (I)	927	agenzia di concerti (I)	2878
adorned (E)	927	agevole (I)	936
adorning (E)	926	agevolezza (con) (I)	937
advanced (E)	2904	aggiungere (I)	2646
aeolian (E)	1970	aggiunto (I)	3390
aéré (F)	928	aggiustamente (I)	938, 1706
aereo (I)	928	aggradevole (I)	1241
aesthetics (E)	3023	aggravamento (I)	1897
affabile (I)	929	aggressive (E)	1007
affable (E, F)	929	aggressivo (I)	1007
affannato (I)	930	agiatamente (I)	939
affanno (con) (I)	931	agile (E, F, I)	940
affannosamente (I)	931	agilement (F)	940
affannoso (I)	931	agilità (con) (I)	941
affecté (F)	932	agilmente (I)	940
affected (E)	932, 1309	agitated (E)	942
affectionately (E)	934	agitato (I)	942
affectueusement (F)	934	agitazione (con) (I)	942
affectueux (F)	935	agité (F)	942, 1503
Affektenlehre (D)	3401	agogic (E)	1879
affektiert (D)	932	agogica (I)	1879
Affekttheorie (D)	3401	agogik (D)	1879
affettato (I)	932	agogique (F)	1879
affetto (con) (I)	933	agrandir (F)	2654
affettuosamente (I)	934	agréable (F)	1241
affettuoso (I)	935	agreeable (E)	1241

agreement (E)	3092	Alborada (D, E, F, I)	2494
agrément (F) (F)	1864	album leaf (E)	2348
agressif (F)	1007	Albumblatt (D)	2348
agreste (I)	943	alcune (I)	1787
aigri (F)	961	aleatoric music (E)	3117
aigu (F)	1615	aleatorische Musik (D)	3117
aiguille (phono) (F)	547	Alegrias (D, E, F, I)	2495
aimable (F)	959	alerte (F)	1522
air (E, F)	2252	aletta (I)	234
air à vocalises (F)	2256	aliquot string (E)	50
air avec colorature (F)	2256	Aliquotsaite (D)	50
air d'opéra (F)	2254	alito (I)	3340
air de bravoure (F)	2255	alive (E)	1602
air de concert (F)	2253	all (D, E)	1836, 1839
air de cour (F)	2257	all the force (E)	1837
air de fête (F)	1178	all'antica (I)	944
air-passage (E)	201	all'improvvista (I)	1620
airy (E)	928	all'ongarese (I)	956
ais (D)	2215	all'ottava (I)	1621
aisé (F)	936	all'ungherese (I)	956
aisément (F)	939	alla breve (I)	1622
Aisis (D)	2217	alla coda (I)	1623
ajourner (F)	2797	alla contadina (I)	945
ajouter (F)	2646	alla corda (I)	82
Akkord (D)	1874	alla maniera di (I)	946
Akkordeon (D)	395	alla marcia (I)	947
Akkordzither (D)	4	alla meglio (I)	1624
Akt (D)	2901	alla militare (I)	948
Aktvorhang (D)	3338	alla punta d'arco (I)	83
Akustik (D)	2874	alla tedesca (I)	949
Akzent (D)	1867	alla turca (I)	950
al centro (I)	373	alla zingara (I)	951
al fine (I)	1619	alla zoppa (I)	952
al luogo (I)	1729	allargando (I)	812
al rigore di tempo (I)	1626	allargare (I)	2647
al segno (I)	1627	allargato (I)	1630
al suo posto (I)	1628	allarmato (I)	953
al tallone (I)	84	alle (D)	1838
al tempo precedente (I)	1629	allegramente (I)	954
Alabado (D, E, F, I)	2492	allègre (F)	728
alalá (D, E, F, I)	2493	allégrement (F)	954
alarmé (F)	953	allegretto (I)	726
alarmed (E)	953	allegrezza (con) (I)	955
alba (I)	2248	allegria (con) (I)	955

allegrissimo (I)	727	Alteration (D)	1872
allegro (I)	728	alteration (E)	1872
allegro assai (I)	727	altération (F)	1872
allein (D)	1811	alterato (I)	1880
allemanda (I)	2249	alterazione (I)	1872
Allemande (D)	2249	altéré (F)	1880
allemande (E, F)	2249	altered (E)	1880
allentando (I)	813	altérer (F)	2650
alles (D)	1839	alteriert (D)	1880
allieva (I)	2879	alternando (I)	1631
allievo (I)	2879	alternare (I)	2651
allmählich (D)	1774	alternate (E)	1853
allmählich mehr (D)	1776	alternate (E)	1632
allmählich schneller werdend (D)	810	alternating (E)	1631
		alternative scoring (E)	3367
allmählich weniger (D)	1775	alternatively (E)	1631
allonger (F)	2649	alternativement (F)	1853
allontanando (I)	895	alternato (I)	1632
allontanandosi (I)	895	alterné (F)	1632
allontanarsi (I)	2648	alterner (F)	2651
allumé (F)	1274	alternieren (D)	2651
allungando (I)	814	alternierend (D)	1631
allungare (I)	2649	altero (I)	957
alluring (E)	1318	altertümlich (D)	2886
almand (E)	2249	altezza (I)	2881
almeno (I)	2880	altezza del suono (I)	1881
Almglocken (D)	250	Altflöte (D)	150
almglocken (E, F)	250	although (E)	3106
almgloken (I)	250	altiste (F)	3528
almost (E)	1789	Altistin (D)	602
almost like a fantasy (E)	1414	Altklarinette (D)	126
almost nothing (E)	869	alto (E, F, I)	28, 602, 2882
alone (E)	1811	alto clarinet (E)	126
alpenhorn (E)	133	alto clef (E)	1924
Alphorn (D)	133	alto flute (E)	150
alphorn (E)	133	alto recorder (E)	145
alquanto (I)	1625	alto saxophone (E)	168
already (E)	1705	altoparlante (I)	481
als ob (D)	1789	altrimenti (I)	1633
also (E)	1635	altro (I)	1634
Alt (D)	602	Altsaxophon (D)	168
Altblockflöte (D)	145	Altschlüssel (D)	1924
alte Musik (D)	3118	alunna (I)	2879
alterare (I)	2650	alunno (I)	2879

always (E)	1798	ampolloso (I)	969
always more animated (E)	805	ampoulé (F)	969
always the same (E)	1799	amusant (F)	2999
alzando (I)	881	amusing (E)	2999
alzare (I)	2652	an der Bogenspitze (D)	83
alzare l'intonatura (I)	2653	an der Saite (D)	82
alzare l'intonazione (I)	2653	an seinem Platz (Oktavierung aufgehoben) (D)	1729
am Frosch (D)	84	an seiner Stelle (D)	1628
am Rand (D)	387	an Stelle von (D)	1718
am Steg (D)	116	anacrouse (F)	1882
amabile (I)	959	anacrusi (I)	1882
amabilità (con) (I)	958	anacrusis (E)	1882
amante della musica (I)	2883	Anakrusis (D)	1882
amaramente (I)	960	analisi (I)	1883
amareggiato (I)	961	Analyse (D)	1883
amarezza (con) (I)	962	analyse (F)	1883
amaro (I)	963	analysis (E)	1883
amateur (E, F)	2986	anca (I)	3428
amateur de musique (F)	2883	anche (F, I)	191, 209, 1635
amboss (D)	291	anche battante (F)	192
âme (F)	33	anche double (F)	193
améliorer (F)	2751	ancia (I)	191
ameno (I)	1388	ancia battente (I)	192
amer (F)	963	ancia doppia (I)	193
amèrement (F)	960	ancien (F)	2886
amiable (E)	959	ancient music (E)	3118
amore (con) (I)	964	ancora (I)	1636
amorevole (I)	965	ancora una volta (I)	1637
amorevolmente (I)	966	and so on (E)	3003
amorosamente (I)	966	andächtig (D)	1095, 1418
amoroso (I)	965	andamento (I)	1884
amorti (F)	875	andando (I)	788
amortissement du bruit (F)	561	andante (I)	729
ampiezza (con) (I)	482, 967	andantino (I)	730
ampio (I)	968	anderenfalls (D)	1633
ample (F)	968	anderer (D)	1634
ampliando (I)	882	ändern (D)	2676
ampliare (I)	2654	Änderung (D)	2925
amplificateur (F)	483	anelante (I)	970
amplificatore (I)	483	anello (I)	194
amplifier (E)	483	anello del pollice (I)	195
amplifying (E)	882	Anfang (D)	3086
Amplitude (D)	482	anfangen (D)	2733
amplitude (E, F)	482		

anfangend (D)	1665	annoncer (F)	2656
Anfänger (D)	3019	annotation (E, F)	2885
Anfängerin (D)	3019	annotazione (I)	2885
Anfangstempo (D)	778	annuler (F)	489
angelic (E)	971	annullare (I)	489
angelico (I)	971	annunciare (I)	2656
angélique (F)	971	another time (E)	1844
angelito (D, E, F, I)	2496	ansagen (D)	2656
angemessen (D)	1706	ansante (I)	970
angemessenes Zeitmaß	777	Ansatz (D)	208, 244
angenehm (D)	1241, 1388	Ansatz der Stimme (D)	613
angestrengt (D)	833	Anschlag (D)	471
anglaise (D, F)	2362	anschließen (D)	2858
angoissant (F)	973	anschließend (D)	1690
angoscia (con) (I)	972	anschwellend (D)	885
angosciosamente (I)	973	ansia (con) (I)	977
angoscioso (I)	973	ansietà (con) (I)	977
angreifend (D)	1007	ansiosamente (I)	978
angry (E)	924, 991	ansioso (I)	979
ängstlich (D)	1378	Ansprache (D)	100
angstvoll (D)	973, 1377	anstimmen (D)	2741
anguished (E)	973	Anstoß (D)	236
angustia (con) (I)	931	Anstrich (D)	87
anhalten (D)	2719	answer (E)	2099
Anhang (D)	1655	antecedent (E)	1885, 2082
anhören (D)	2662	antécédent (F)	1885, 2082
anima (con) (I)	33, 408, 974	antecedente (I)	1885
animal sound-effects (E)	2889	antérieur (F)	1782
animando (I)	789	anteriore (I)	1782
animare (I)	2655	anthem (E)	2363
animated (E)	731	anthologie (F)	2887
animato (I)	731	anthology (E)	2887
animé (F)	731	anticipation (E, F)	1886
animer (F)	2655	anticipazione (I)	1886
animo (con) (I)	975	antico (I)	2886
animoso (I)	976	antienne (F)	2250
anknüpfen (D)	1646, 2686	antifona (I)	2250
ankündigen (D)	2656	antike Cymbeln (D)	277
anmaßend (D)	992	Antiphon (D)	2250
Anmerkung (D)	2885	antiphon (E)	2250
anmutig (D)	1245	antique (E, F)	2886
annähernd (D)	1640	antique cymbals (E)	277
anneau (F)	194	Antizipation (D)	1886
anneau du pouce (F)	195	antologia (I)	2887

Antwort (D)	2099
antworten (D)	2801
anvil (E)	291
anwachsen (D)	2694
anwachsend (D)	885
anxieusement (F)	931, 978
anxieux (F)	979
anxious (E)	931, 979
anxiously (E)	978
äolisch (D)	1970
apathetic (E)	980
apathique (F)	980
apathisch (D)	980
apatico (I)	980
aperto (I)	1638
apertura (I)	196
aperture (E)	196
apex (E)	2888
aphone (F)	638
apice (I)	2888
aplani (F)	1518
apparecchi imitanti voci animali (I)	2889
appareils générateurs d'effets (F)	578
apparition (E, F)	3030
appassionatamente (I)	981
appassionato (I)	981
appeasing (E)	906
appeau (F)	312
appena (I)	1639
appenato (I)	982
applaudir (F)	2657
applaudire (I)	2657
applaudissement (F)	2890
applause (E)	2890
applauso (I)	2890
Applikatur (D)	2998
appoggiando (I)	842
appoggiare (I)	639
appoggiato (I)	843
appoggiatura (I)	1887
appoggiatura doppia (I)	1888
appoggiature (F)	1887
appoggiature double (F)	1888
appoggio (sulla maschera) (I)	640
appogiature brève (F)	1870
apprendre (F)	2731
appropriate speed (E)	777
approssimativo (I)	1640
approximately (E)	1640
approximatif (F)	1640
appui du souffle (F)	640
appuyé (F)	843
appuyer (F)	639
âpre (F)	996
après (F)	1690
aprire (I)	2658
arabesca (I)	2251
Arabeske (D)	2251
arabesque (E, F)	2251
Aragonaise (D, E, F, I)	2498
arbeiten (D)	2744
Arbeitslied (D)	2288
arcata (I)	85
arcata in giù (I)	86
arcata in su (I)	87
archeggiamento (I)	88
archet (F)	34
archetto (I)	34
archi (I)	2891
archiluth (F)	1
archlute (E)	1
arcigno (I)	983
arciliuto (I)	1
arco (I)	34
ardemment (F)	985
ardent (E, F)	984
ardente (I)	984
ardentemente (I)	985
ardently (E)	985
arditamente (I)	986
arditezza (con) (I)	987
ardito (I)	988
ardore (con) (I)	989
arduous (E)	1529
aria (E, I)	2252
aria concertante (I)	2253

aria d'opera (I)	2254	arranger (E)	3488
aria di bravura (I)	2255	arrangeur (F)	3488
aria di coloratura (I)	2256	arrangiamento (I)	2892
aria di corte (I)	2257	arrangiatore (I)	3488
aria-like (E)	2259	arrangiatrice (I)	3488
Arie (D)	2252	arrêter (F)	2719
arietta (I)	2258	arroganza (con) (I)	992
ariette (F)	2258	arsi (I)	1893
arioso (I)	928, 2259	Arsis (D)	1893
Arioso (D, E, F, I)	2497	arsis (E, F)	1893
Arm (D)	3432	art (E, F)	2893
arm (E)	3432	art du chant (F)	641
armatura di chiave (I)	1889	art of singing (E)	641
armature (F)	1889	art vocal (F)	641
Armgewicht (D)	467	arte (I)	2893
armonia (I)	1890	arte del canto (I)	641
armonica (I)	251	artful (E)	1215
armonica a bocca (I)	117	articolando (I)	844
armonica a vetro (I)	251	articolare (I)	2661
armonico (I)	1891	articolato (I)	845
armonio (I)	390	articolazione (I)	3429
armoniosamente (I)	990	articulated (E)	845
armonioso (I)	990	articulating (E)	844
armonizzare (I)	2659	articulation (F)	3429
armure de la clé (F)	1889	articulé (F)	845
armweight (E)	467	articuler (F)	2661
arpa (I)	2	artificial (E)	993
arpa a doppio movimento (I)	3	artificiale (I)	993
arpégé (F)	457	artificiel (F)	993
arpège (F)	1892	artificioso (I)	993
arpéger (F)	2660	artikulierend (D)	844
arpeggiare (I)	2660	artikuliert (D)	845
arpeggiated (E)	457	artist (E)	2894, 3489
arpeggiato (I)	457	artista (I)	2894, 3489
arpeggieren (D)	2660	artiste (F)	2894, 3489
arpeggiert (D)	457	arzillo (I)	994
Arpeggio (D)	1892	As (D)	2216
arpeggio (E, I)	1892	as (E)	1659
arpista (I)	3487	as above (E)	1662
arrabbiato (I)	991	as before (E)	1661
arraché (F)	113	as if (E)	1789
arracher (F)	2834	as it is (E)	1663
Arrangement (D	2892	as loud as possible (E)	865
arrangement (E, F)	2892	as much as (E)	1788

as much as possible (E)	1712	Atem (D)	3038
as soft as possible (E)	866	Atembehandlung (D)	693
as the beginning (E)	1660	atemlos (D)	930
as well as possible (E)	1624	Atempause (D)	624
as you like (E)	718	Atemstütze (D)	640
ascendant (F)	1894	Atemtechnik (D)	693
ascendente (I)	1894	ätherisch (D)	1157
ascending (E)	1894	atmen (D)	2786
ascoltare (I)	2662	atmend (D)	1427
ascoltatore (I)	2895	atmosfera (I)	3358
ascoltatrice (I)	2895	atmosphère (F)	3358
ascolto (I)	2896, 3007	Atmung (D)	3280
Ases (D)	2218	atonal (D, E, F)	1895
aspettare (I)	2663	atonale (I)	1895
aspiratamente (I)	1427	atone (F)	643
aspirated attack (E)	646	atono (I)	643
asprezza (con) (I)	995	attacca (I)	1645
aspro (I)	996	attacca subito (I)	1646
assai (I)	1610, 1640	attaccare (I)	2733
asse per lavare (I)	252	attacco (I)	236, 471, 2898
assez (F)	1610	attacco dolce (I)	644
assez! (F)	2914	attacco duro (I)	645
assieme (I)	1725	attacco sul fiato (I)	646
associazione corale (I)	642	attack (E)	236
assolo (I)	1811	"attack!" (E)	1645
assolutamente (I)	1642	attack with the tongue (E)	239
assoluto (I)	1643	attaque (F)	236, 471, 1645
assordante (I)	1644, 2897	attaque dure (F)	645
assottigliando (I)	896	attaque murmurée (F)	646
assourdissant (F)	1644, 2897	attaquer (F)	2733
Ästhetik (D)	3023	attendre (F)	2663
astuccio (I)	35	attentif (F)	2899
at ease (E)	936	attention! (F)	2900
at least (E)	2880	attentive (E)	2899
at once (E)	1822	attento (I)	2899
at one's pleasure (E)	719, 724	attenuando (I)	897
at the edge (E)	387	atténuer (F)	2820
at the frog (E)	84	attenzione! (I)	2900
at the heel (E)	84	atto (I)	2901
at the octave (E)	1621	attore (I)	3490
at the point (E)	83	attrezzature ritmiche (I)	484
at the preceding pace (E)	1629	attrice (I)	3490
at the same time (E)	1847	attristé (F)	919
atelier (F)	551	au centre frappé (F)	373

au lieu de (F)	1718	aufgebracht (D)	923, 991, 1144
au même mouvement (F)	756	aufgeregt (D)	1125
au moins (F)	2880	aufgeweckt (D)	1091
au mouvement (F)	720	aufheben (D)	2823
au mouvement antérieur (F)	776	aufhören (D)	2819
au mouvement précédent (F)	1629	Auflage (D)	3005
au premier plan (F)	1722	auflösen (D)	2800
au signe (F)	1627	auflösend (D)	901
au talon (F)	84	Auflösung (einer Dissonanz) (D)	2098
au tempo précédent (F)	776	Auflösungszeichen (D)	1906
aubade (song at dawn) (E, F)	2248, 2386	aufmerksam (D)	2899
aube (F)	2248	Aufnahme (D)	554
auch (D)	1635	Aufnahmestudio (D)	551
aucun (F)	1751	(auf Tonträger) aufnehmen (D)	2784
audace (I)	997	aufregend (D)	1125
audacemente (I)	998	aufreizend (D)	1297
audacia (con) (I)	999	aufrichtig (D)	1500
audacieusement (F)	998	Aufsatz (D)	212
audacieux (F)	997	Aufsatzbogen (D)	219
audacious (E)	997	Aufschlag (D)	1999
audaciously (E)	998	aufschlagendes Rohrblatt (D)	192
audible (E, F)	1840	Aufschnitt (D)	196
audience (E)	3266	aufschreien (D)	2728
auditeur (F)	2895	aufschreiend (D)	1580
audition (E, F)	2902, 3304	aufsteigend (D)	1894
auditrice (F)	2895	Aufstrich (D)	87
audizione (I)	2902	Auftakt (D)	1882, 1999
auf (D)	1814, 1821	auftreten (D)	2707
auf betrübte Weise (D)	1334	aufwärts (D)	1726
auf das (D)	1821	Aufzeichnung (D)	554
auf der (D)	1821	Aufzug (D)	2901
auf der Bühne (D)	3385	Auge (D)	3461
auf der Saite (D)	82	augmentation (E, F)	1897
auf die (D)	1821	augmenté (F)	1896
auf die Bühne gehen (D)	2924	augmented (E)	1896
auf dieselbe Art (D)	1697, 1750	augmenter (F)	2664
auf gewohnte Weise (D)	1810	augmenting (E)	880
auf lebhafte Weise (D)	784	aumentando (I)	883
Aufbau (D)	2139	aumentare (I)	2664
auffallend (D)	1598	aumentato (I)	1896
Aufführung (D)	3273	aumentazione (I)	1897
Aufführungspraxis (D)	3238	aural training (E)	3007
Aufführungsrecht (D)	2991		

aus dem Takt sein (D)	2714	Ausstrahlung (D)	3243
ausarbeiten (D)	2704	ausübende Künstlerin (D)	3498
ausatmen (D)	2712	ausübender Künstler (D)	3498
ausatmend (D)	832	ausverkauft (D)	3014
ausdehnend (D)	817	Auswahl (D)	3313
Ausdehnung (D)	3022	Ausweichung (D)	2025
ausdrücken (D)	2713	auswendig (D)	2884
Ausdrucksbezeichnung (D)	2114	auswendig spielen (D)	2841
ausdrucksvoll (D)	1150	Auszug (D)	3024
ausführen (D)	2709	autant (F)	1827
Ausführender (D)	3089	autant que (F)	1788
Ausführung (D)	3015	autentico (I)	1898
Ausgabe (D)	3005	auteur (F)	2903
Ausgang (D)	593, 3414	authentic (E)	1898
ausgedehnt (D)	968, 1304, 1530	authentic cadence (E)	1914
ausgehalten (D)	1831	authentique (F)	1898
ausgelöscht (D)	848	authentisch (D)	1898
ausgenommen (D)	1694	authentische Kadenz (D)	1914
ausgewogen (D)	1008	author (E)	2903
ausgezeichnet (D)	3002	authoritarian (E)	1000
aushalten (D)	2846	autoarpa (I)	4
Aushilfe (D)	3390	autoharp (E)	4
Ausklang (D)	2342	Autor (D)	2903
ausklingen lassend (D)	822	autore (I)	2903
ausladend (D)	968	autoritaire (F)	1000
auslöschen (D)	2828	autoritär (D)	1000
auslöschend (D)	910	autoritario (I)	1000
Auslöser (D)	441	autre (F)	1634
Ausnahme (D)	1695, 3004	autrement (F)	1633
Ausschnitt (D)	3024	auxiliary note (E)	2039
ausschwingen (D)	98	avambraccio (I)	3430
Außenstimme (D)	2054	avancé (F)	2904
außergewöhnlich (D)	3364	avant (F)	1783
außerhalb (D)	1716	avant de (F)	1784
außerordentlich (D)	3364	avant que (F)	1784
äußerst (D)	1698	avant-bras (F)	3430
äußerst... (D)	1711	avantgarde music (E)	3127
Aussetzung (eines bezifferten Basses) (D)	2091	avantgardistische Musik (D)	3127
		avanti (I)	790
aussi (F)	1635	avanzando (I)	790
Aussprache (D)	621	avanzato (I)	2904
aussprechen (D)	2775	avec (F)	1666
Ausstattung (D)	3315	avec abandon (F)	916
Ausstellung (D)	3020	avec accablement (F)	1461

avec adoration (F)	925	avec déférence (F)	1444
avec adresse (F)	1092	avec défi (F)	1490
avec affectation (F)	1309	avec dégoût (F)	1428
avec affection (F)	933	avec délicatesse (F)	1079
avec agilité (F)	941	avec délice (F)	1084
avec agitation (F)	942	avec délire (F)	1083
avec agrément (F)	1388	avec désarroi (F)	1496
avec aisance (F)	937, 1521	avec désespoir (F)	1105
avec allant (F)	738	avec désinvolture (F)	1101
avec allégresse (F)	955, 1238	avec désir (F)	1089
avec amabilité (F)	958	avec détermination (F)	1094
avec âme (F)	974	avec deux baguettes (F)	377
avec amertume (F)	962	avec dextérité (F)	1092
avec amour (F)	964	avec dignité (F)	1096
avec ampleur (F)	967	avec diligence (F)	1097
avec amusement (F)	1110	avec discrétion (F)	1099
avec angoisse (F)	972	avec douceur (F)	1114, 1343
avec anxiété (F)	977	avec douleur (F)	1111, 1118
avec âpreté (F)	995	avec dureté (F)	1122
avec ardeur (F)	989	avec effroi (F)	1377
avec arrogance (F)	992	avec élan (F)	1501
avec assurance (F)	1002	avec élégance (F)	1127
avec audace (F)	999	avec élévation (F)	1129
avec beaucoup de liberté (F)	737	avec émotion (F)	1130
avec bonheur (F)	1226	avec emphase (F)	1133
avec bravoure (F)	1012	avec emportement (F)	1217
avec calme (F)	1023	avec énergie (F)	1131
avec candeur (F)	1028	avec enthousiasme (F)	1136
avec caractère (F)	1034	avec entrain (F)	1600
avec célérité (F)	734	avec envie (F)	1603
avec chaleur (F)	1025	avec esprit (F)	1523
avec charme (F)	1166	avec essor (F)	1501
avec clarté (F)	1042	avec exactitude (F)	1145
avec cœur (F)	1065	avec exaltation (F)	1143
avec colère (F)	1047	avec expansion (F)	1148
avec confiance (F)	1179	avec expression (F)	1149
avec constance (F)	1385	avec extase (F)	1151
avec conviction (F)	1058	avec facétie (F)	1158
avec convoitise (F)	1010	avec faiblesse (F)	1070
avec coquetterie (F)	1046	avec fantaisie (F)	1162
avec courage (F)	975	avec faste (F)	1487
avec crainte (F)	1555	avec fatigue (F)	1168
avec décision (F)	1072	avec fermeté (F)	1171
avec dédain (F)	1464	avec férocité (F)	1174

avec ferveur (F)	1176	avec la pointe de l'archet (F)	83
avec feu (F)	1214	avec la voix (F)	1657
avec fierté (F)	1181	avec langueur (F)	1302
avec finesse (F)	1184	avec lassitude (F)	1528
avec flexibilité (F)	1187	avec le / - la / - les (F)	1666
avec fluidité (F)	1188	avec le bois (F)	95
avec force (F)	1193	avec légèreté (F)	1306
avec fougue (F)	1255	avec lenteur (F)	736
avec fourberie (F)	1215	avec lustre (F)	1320
avec fracas (F)	1534	avec maintien (F)	1400
avec fraîcheur (F)	1204	avec maîtrise (F)	1323
avec franchise (F)	1197	avec mélancolie (F)	1325
avec frémissements (F)	1202	avec mépris (F)	1106
avec frénésie (F)	1502	avec modération (F)	1340
avec froideur (F)	1199	avec mollesse (F)	1341
avec fureur (F)	1217	avec moquerie (F)	1457
avec gaîté (F)	1221	avec mouvement (F)	738
avec galanterie (F)	1224	avec noblesse (F)	1354
avec gentillesse (F)	1230	avec nonchalance (F)	1355
avec goût (F)	1249	avec obstination (F)	1366
avec grâce (F)	1245	avec paix (F)	1370
avec grandeur (F)	1242	avec panache (F)	1181
avec gravité (F)	1244, 1482	avec passion (F)	1373
avec hardiesse (F)	987	avec peine (F)	1168
avec hâte (F)	735	avec persévérance (F)	1385
avec horreur (F)	1416	avec plaisir (F)	1110
avec humour (F)	1577	avec pompe (F)	1398
avec imagination (F)	1251	avec précipitation (F)	739
avec impatience (F)	1253	avec précision (F)	1403
avec impétuosité (F)	1255	avec promptitude (F)	743
avec indifférence (F)	1266	avec prudence (F)	1410
avec indolence (F)	1269	avec pureté (F)	1411
avec innocence (F)	1279	avec quelques licences (F)	740
avec inquiétude (F)	1281	avec raffinement (F)	1421
avec insistance (F)	1285	avec rage (F)	1415
avec insolence (F)	1286	avec raideur (F)	1434
avec inspiration (F)	1153	avec rancune (F)	1441
avec ironie (F)	1294	avec rapidité (F)	741
avec ivresse (F)	1124	avec recherche (F)	1429
avec joie (F)	1235	avec recueillement (F)	1417
avec l'archet (F)	94	avec regret (F)	1440
avec la main (F)	378	avec résignation (F)	1424
avec la plus haute virtuosité (F)	1056	avec résolution (F)	1442
		avec respect (F)	1365, 1444

avec ressentiment (F)	1441	B double sharp (E)	2222
avec rigueur (F)	742	B flat (E)	2221
avec sensibilité (F)	1471	B sharp (E)	2220
avec sentiment (F)	1475	Baborák (D, E, F, I)	2500
avec sérénité (F)	1480	baby grand (E)	403
avec sévérité (F)	1484	baccanale (I)	2260
avec sillets (F)	74	Bacchanal (D)	2260
avec simplicité (F)	1470	bacchanal (E)	2260
avec sobriété (F)	1505	bacchanale (F)	2260
avec soin (F)	922	bacchetta (I)	347, 2905
avec solennité (F)	1509	bacchetta da tamburo (I)	348
avec sourdine (F)	96, 459	bacchetta di cuoio (I)	349
avec stupeur (F)	1537	bacchetta di feltro (I)	350
avec suffisance (F)	1539	bacchetta di legno (I)	351
avec sûreté (F)	1498	bacchetta di spugna (I)	352
avec tendresse (F)	1546	bacchetta imbottita (I)	353
avec tièdeur (F)	1548	bacchetta per piatti (I)	354
avec timidité (F)	1554	bacchetta per timpani (I)	355
avec tranquillité (F)	1564	bacchette (I)	279
avec transport (F)	1136	back (E)	60, 1684, 3281, 3475
avec tristesse (F)	1574	back of the hand (E)	3439
avec un doigt (F)	1667	background music (E)	3139
avec vaillance (F)	1582	backside (E)	3476
avec véhémence (F)	1586	backstage (E)	3282
avec vélocité (F)	744	backwards (E)	1684, 2106, 3281
avec vénération (F)	1588	Badinage (D, E, F, I)	2501
avec verve (F)	1014	Badinerie (D, E,F, I)	2502
avec vigueur (F)	1592	bagatella (I)	2261
avec violence (F)	1595	Bagatelle (D)	2261
avec virtuosité (F)	1596	bagatelle (E, F)	2261
avec vivacité (F)	1600	bagpipe (E)	162, 189
avec volonté (F)	1605	baguette (F)	347, 2905
avec volubilité (F)	1607	baguette d'éponge (F)	352
avec zèle (F)	1609	baguette de bois (F)	351
avide (F)	1011	baguette de cuir (F)	349
avido (I)	1011	baguette de cymbales (F)	354
avviso teatrale (I)	3278	baguette de feutre (F)	350
avvivando (I)	791	baguette de tambour (F)	348
awake (E)	1091	baguette de timbales (F)	355
awkward (E)	1239	baguette rembourrée (F)	353
axe (F)	437	baguettes de percussion (F)	279
Ayre (D, E, F, I)	2499	baguettes entrechoquées (F)	279
B (D, E)	1905, 2219, 2221	bâiller (F)	683
B double flat (E)	2223	baisser (F)	2636

baisser l'accord (F)	2637	ballroom dance (E)	2907
baisser l'intonation (F)	2637	Ballsaal (D)	3305
balai de jazz (F)	322	balzato (I)	89
balais (F)	370	balzellato (I)	90, 108
balalaica (I)	5	bambino prodigio (I)	2908
Balalaika (D)	5	bamboo brasilene (E)	342
balalaika (E, F)	5	bamboo scraper (E)	311
balancé (F)	1008	bambou brésilien (F)	342
balanced (E)	1008	Bambusraspel (D)	311
balbettando (I)	1001	Bambusschüttelrohr (D)	342
balbettare (I)	2665	Band (D)	3104
balbutier (F)	2665	band music (E)	3156
balcony (E)	3053	banda (I)	2909
baldanza (con) (I)	1002	banda di frequenza (I)	485
baldanzoso (I)	1002	banda di ottoni (I)	2910
Balg (D)	428	banda militare (I)	2911
ball room (E)	3305	Bandbreite (D)	519
ballabile (I)	1068	bande de fréquences (F)	485
ballad (E)	2262	bande magnétique (F)	537
Ballade (D)	2262	Bandgeschwindigkeit (D)	595
ballade (F)	2262	Bandoneon (D)	391
ballare (I)	2666	bandoneon (E, I)	391
ballata (I)	2262	bandonéon (F)	391
ballerina (E, I)	3491	bandpass filter (E)	512
ballerino (I)	3491	Bandpassfilter (D)	512
ballet (E, F)	2263	bandwidth (E)	519
ballet de cour (F)	2264	bange (D)	979
ballet master (E)	3512	bangend (D)	931, 978
ballet music (E)	3155	Banjo (D)	6
ballet school (E)	3322	banjo (E, F, I)	6
Ballett (D)	2263	banquette (F)	443
Ballettkorps (D)	2968	bar (E)	1902, 2018
Ballettmeister (D)	3512	bar number (E)	2046
Ballettmeisterin (D)	3512	bar-line (E)	2134
Ballettmusik (D)	3155	barbare (F)	1003
balletto (I)	2263	barbarisch (D)	1003
balletto di corte (I)	2264	barbaro (I)	1003
Ballettschule (D)	3322	barbarous (E)	1003
Balletttänzer (D)	3491	barcarola (E, I)	2266
Balletttänzerin (D)	3491	barcarolle (F)	2266
ballo (I)	2906	barcollando (I)	1004
ballo di sala (I)	2907	baril (F)	197
ballo di società (I)	2907	barillet (F)	197
ballo tedesco (I)	2265	barilotto (I)	197

Bariton (D)	599	Bassblockflöte (D)	144
baritone (E)	119, 599	basse (F)	600
baritone clef (E)	1922	basse bouffe (F)	601
baritone saxophone (E)	166	basse chiffrée (F)	1899
Baritonhorn (D)	119	basse continue (F)	1900
baritono (I)	599	basse contrainte (F)	1901
Baritonsaxophon (D)	166	Basse danse (D)	2267
Baritonschlüssel (D)	1922	basse danse (E, F)	2267
Barkarole (D)	2266	basse obstinée (F)	1901
barmherzig (D)	1392	bassethorn (E)	134
barocco (I)	2912	Bassetthorn (D)	134
Barock (D)	2912	bassin (F)	229
baroque (E, F)	2912	Bassklarinette (D)	124
barra (I)	2134	basso (I)	600, 2913
barré (E, F, I)	91	basso buffo (E, I)	601
barre (F)	39, 41	basso cifrato (I)	1899
Barré (Quergriff bei		basso continuo (I)	1900
Gitarre/ Laute) (D)	91	basso numerato (I)	1899
barre de mesure (F)	2134	Basso ostinato (D)	1901
barre transversale (F)	2176	basso ostinato (I)	1901
barrel socket (E)	197	basson (F)	141, 3507
barrel-organ (E)	478	bassoon (E)	141
barrette (F)	232	bassoonist (E)	3507
barsch (D)	1017	Basssaxophon (D)	167
barsche Stimme (D)	706	Bassschlüssel (D)	1923
baryton (F)	599	Basstrompete (D)	175
bas (F)	2913	Basstuba (D)	120, 186
bass (E)	600, 2913	basta! (I)	2914
Bass (D)	600	bastante (I)	1647
bass clarinet (E)	124	bataille (F)	2268
bass clef (E)	1923	baton (E)	2905
bass drum (E)	289	battaglia (I)	2268
bass drum pedal (E)	367	battaglio (I)	356
bass flute (E)	150	battant (F)	356
bass player (E)	3499	battement (F)	374, 487, 542, 2027
bass recorder (E)	144	battement de coeur (F)	3211
bass saxophone (E)	167	battente (I)	356
bass string (E)	45	battere (I)	2667
bass trumpet (E)	175	battere il tempo (I)	2668
bass tuba (E)	186	bateria (I)	253
bass-bar (E)	41	bateria elettronica (I)	486
Bass-Buffo (D)	601	batterie (F)	253
bassa danza (I)	2267	batterista (I)	3492
Bassbalken (D)	41	battery (E)	1892

batteur (F)	317, 3492	bedächtig (D)	1387, 1401
battimento (I)	487	bedecken (D)	2691
battito (I)	374	bedeckt (D)	379
battitoia (I)	357	bedeutend (D)	3071
battle (E)	2268	bedrängend (D)	799
battre (F)	2667	bedrohlich (D)	1316
battre la mesure (F)	2668	beeilen (D)	2645
battuta (I)	1902	beeilend (D)	807
battuta composta (I)	1903	beendet (D)	1702
battuta semplice (I)	1904	beendigen (D)	2848
Batucada (D, E, F, I)	4091	beffardo (I)	1006
Batuque (D, E, F, I)	2503	before (E)	1783, 1784
Bauch (D)	3466	Begabung (D)	3391
Bauerntanz (D)	2331	begeisternd (D)	1141
bäurisch (D)	945	begierig (D)	1011
bavarder (F)	2681	begin (E)	1645
be quiet (E)	1823	beginne (D)	1645
beam (E)	2134, 2176	beginnen (D)	2733
beaming (E)	1420	beginner (E)	3019
bearbeiten (D)	2644	beginning (E)	1665, 3086
Bearbeiter (D)	3488	begleiten (D)	2642
Bearbeiterin (D)	3488	begleitend (D)	1614
Bearbeitung (D)	2892	Begleiter (D)	3485
bearing (E)	1400	Begleiterin (D)	3485
beat (E)	374, 487, 542, 1902	begleitetes Rezitativ (D)	2445
beater (E)	347	Begleitinstrument (D)	3369
beating reed (E)	192	Begleitung (D)	2871
beato (I)	1005	beglückwünschen (D)	2718
beau (F)	2916	Begrenzer (D)	520
beau chant (F)	648	behäbig (D)	1393
beaucoup (F)	1641, 1744	behaglich (D)	1052
beauté (F)	2915	behände (D)	940
beautiful (E)	2916	behandeln (D)	2854
beautiful singing (E)	648	beharren (D)	2737
beauty (E)	2915	beherzt (D)	976
bebend (D)	696, 878, 1201	behind the scenes (E)	2981
Bebung (D)	879	Beifall (D)	2890
bec (F)	198, 438	Bein (D)	3444
bécarre (F)	1906	beinahe (D)	1789
becco (I)	198	beispiel (D)	3016
Becken (D)	303	bekümmert (D)	982
Beckenschlägel (D)	354	bel canto (I)	648
becoming calmer (E)	892	beleben (D)	2655
becoming more animated (E)	789	belebend (D)	789

belebt (D)	731	besänftigend (D)	906
beleidigt (D)	1359	beschaulich (D)	1057
beleuchtung (D)	3068	beschleunigen (D)	2640
beliebig (D)	1699	beschleunigend (D)	785
bell (E)	200, 212, 257	beschleunigt (D)	786
bell down (E)	247	beschluss (D)	1936
bell in the air (E)	237	beschreiben (D)	2699
bell stroke (E)	375	beschreibend (D)	1088
bell tree (E)	300	Besen (D)	370
bell up (E)	237	Besetzung (D)	2997, 3205
bella (I)	2916	beside (E)	1613
belle (F)	2916	beständig (D)	1061
bellezza (I)	2915	bestimmt (D)	1093
bellicose (E)	1007	bestürzt (D)	1496
bellicoso (I)	1007	betäubend (D)	2897
belliqueux (F)	1007	beten (D)	2767
bello (I)	2916	betend (D)	1405
bellows (E)	428	betonen (D)	2641
belly (E)	77	betonend (D)	842, 884
below (E)	1717	betont (D)	841
bemerkenswert (D)	3187	Betonung (D	1867, 2870
bémol (F)	1905	betörend (D)	1271
bemolle (I)	1905	beträchtlich (D)	3071
ben (I)	1648	betrübt (D)	920
ben ritmato (I)	846	beunruhigend (D)	1280
bene (I)	1648	beunruhigt (D)	953, 1281
Benzinfaß (D)	331	bevor (D)	1784
bequadro (I)	1906	bewegend (D)	795
bequem (D)	936, 1053	beweglich (D)	1339
berauschend (D)	1271	bewegt (D)	738, 759, 1050
berceuse (F)	2399	Bewegung (D)	1745
bereits (D)	1705	bezaubert (D)	1262
bergamasca (I)	2269	beziffern (D)	1931
bergamask (E)	2269	bezifferter Bass (D)	1899
bergamasker Tanz (D)	2269	Bezifferung (D)	1932
bergamasque (F)	2269	bezüglich (Paralleltonart)	
Bergerette (D, E, F, I)	2504	(D)	2092
berstend (D)	1460	bichord (E)	1649
Berufsmusiker (D)	3177	bicordo (I)	1649
Berufsmusikerin (D)	3177	bieco (I)	1561
beruhigen (D)	2675	bien (F)	1648
beruhigend (D)	815	bien en mesure (F)	720
berühmt (D)	2937	bien rythmé (F)	846
berühren (D)	2840	bienheureux (F)	1005

big (E)	1710	bizarre (E, F)	1009
big drum (E)	289	bizzarro (I)	1009
biglietteria (I)	2920	blanche (F)	2225
biglietto (I)	2917	blasen (D)	2821, 3340
biglietto in omaggio (I)	2918	Bläser (D)	3037
bilancia (I)	409	Bläserquintett (D)	2441
bilanciato (I)	1008	Blasinstrumente (D)	3372
bill (E)	2934	Blasmusik (D)	2909, 3156, 3160
billet (F)	2917	Blatt (D)	3209
billet d'entrée (F)	2917	blättere um (D)	1857
billet de faveur (F)	2918	Blechblasinstrumente (D)	3374
billet gratuit (F)	2918	Blechblasorchester (D)	2910
binaire (F)	1907	Blechinstrumente (D)	3208
binario (I)	1907	bleiben (D)	2787, 2832
binary (E)	1907	blendend (D)	1492
binary form (E)	1981	Blick (D)	3332
Bindebogen (D)	2004	blissful (E)	1005
binden (D)	2745	blitzend (D)	1212
bindend (D)	1758	bloc de bois (F)	254
biniou (F)	189	block (E)	408
bird pipe (E)	312	block chords (E)	4031
Birne (D)	197	block cinese (I)	254
bis (D)	1809	Blockflöte (D)	152
bis (L)	2919	blood (E)	3474
bis zu (D)	1703	„blühender" Kontrapunkt (D)	1942
bis zum (D)	1703	Bluette (D, E, F, I)	2505
bis zum Ende (D)	1619	Blume (Verzierung) (D)	1978
bis zum Schlussteil (D)	1623	Blut (D)	3474
bis zum Zeichen (D)	1627, 1704	bocal (F)	202
bisbigliando (arpa) (I)	92	bocca (I)	3431
bisbigliare (I)	649	bocchino (I)	199
bischero (I)	36	Boden (D)	60
biscroma (I)	2229	body (E)	361, 416
biseau (F)	196, 408	bodyweight (E)	468
bissig (D)	1344	Bogen (D)	34, 221, 3043
bit player (E)	2951	Bogenführung (D)	85
biting (E)	1344	Bogenhaare (D)	55
bitonalità (I)	1908	Bogenstrich (D)	85
Bitonalität (D)	1908	bohémien/-ne (F)	3427
bitonalité (F)	1908	Bohrung (D)	425
bitonality (E)	1908	bois (F)	3047, 3099, 3100
bitten (D)	2767	boîte (F)	3312
bitter (D, E)	963	boîte à musique (F)	475
bitterly (E)	960	boîte expressive (F)	417

boiteux (F)	952	bourrée (F, I)	2270
bold (E)	1002	bousculé (F)	761
boldly (E)	986	bout du doigt (F)	3471
Bolero (D)	2273	bouton (F)	37, 410
bolero (E, I)	2273	boutons de registres (F)	411
boléro (F)	2273	bow (E)	34, 3080
bombarda (I)	118	bowed stringed instruments	
bombarde (E, F)	118	(E)	3370
bombardino (I)	119	bowing (E)	85
bombardon (E, F)	120	box (E)	3210, 3312
Bombardon (D)	120	box office (E)	2920
bombardone (I)	120	boys' choir (E)	663
bombastic (E)	969, 1439	braccio (I)	3432
Bomhard (D)	118	brace (E)	1873
bondi (F)	89	bracket (E)	1873
bondissant (F)	1456	braking (E)	819
bone (E)	3463	bramosia (con) (I)	1010
bones (E)	334	bramoso (I)	1011
Bongo (D)	255	brando (I)	2271
bongo (E, I)	255	Branle (D)	2271
Bongotrommel (D)	255	branle (E, F)	2271
bonnet (F)	200	brano (I)	2921
book (E)	3104	bransle (F)	2271
borbottare (I)	2669	bras (F)	3432
bord (F)	366	brass (E)	3208
bordone (I)	1909	brass band (E)	2909, 2910
bordoniera (I)	358	brass instruments (E)	3374
Bordun (D)	1909	brassy overblowing (E)	245
Bordunsaite (D)	49	Bratsche (D)	28
bore (E)	425	Bratschist (D)	3528
boring (E)	3184	Brautlied (D)	2294
borry (E)	2270	brave (E)	976
bosco (I)	3047	bravissimo! (I)	2922
boshaft (D)	1327	Bravourarie (D)	2255
botteghino (I)	2920	bravura (con) (I)	1012
bottone (I)	37, 410	bravura aria (E)	2255
bottoni dei registri (I)	411	breadth (E)	3097
bouché (F)	238	break a leg (E)	3077
bouche (F)	3431	breast (E)	3467
bouncing (E)	89, 90, 108	breath (E)	3038, 3340
bound (E)	854	breath control (E)	693
bourdon (E, F)	1909	breath support (E)	640
bourée (E)	2270	breathing (E)	1427, 3280
Bourrée (D)	2270	breathing pause (E)	624

breathless (E)	930
bref (F)	1650
breit (D)	751
Breite (D)	3097
breiter werdend (D)	812
bremsen (D)	2725
bremsend (D)	819
brennend (D)	985
Brettchenklapper (D)	334
breve (I)	1650
bridal song (wedding song) (E)	2294
bridge (E)	65, 2072
Brief (D)	3101
brief (E)	1650
bright (E)	1317
brillant (F)	1013
brillante (I)	1013
Brille (D)	194
brilliant (E)	1013
brindisi (I)	2272
bring forward (E)	1716
bring out (E)	1716
bringen (D)	2764
brio (con) (I)	1014
brioso (I)	1015
brisé (F)	3300
brisk (E)	1597
briskly (E)	954
broad (E)	751
broadcast (E)	3409
broadcasting (E)	3272
broadened (E)	1630
broadening (E)	812
broadly (E)	1304
broderie (F)	1864, 2051
broken (E)	3300
broken chord (E)	1878
brontolando (I)	1016
brontolare (I)	2670
brosse (F)	322
brouillon (F)	3318
Bruchstück (D)	3051
bruit (F)	566, 3303
brûlant (F)	984
brüllen (D)	2863
brumeux (F)	1348
Brummeisen (D)	315
brummen (D)	2670
brummend (D)	1016
Brummtopf (D)	273
Brunette (D, E, F, I)	2506
bruscamente (I)	1017
brusco (I)	1017
brüsk (D)	1017
brusque (E, F)	1017
brusquement (F)	1017
Brust (D)	3467
Brustkorb (D)	3481
Bruststimme (D)	710
brutal (D, E, F)	1018
brutale (I)	1018
bruyamment (F)	1448
bruyant (F)	1448
Buch (D)	3104
Buchstabe (D)	3101
buffet (F)	416
Bügelhorn (D)	154
bugle (F)	132
bugle à pistons (F)	154
Bühne (D)	3314
Bühnenbild (D)	3315
Bühnenmalerei (D)	3316
Bühnenmusik (D)	3142
Bulerias (D, E, F, I)	2507
bull roarer (E)	293
Bund (D)	76
bündig (D)	1669
bureau de location (F)	2920
buree (E)	2270
burlando (I)	1019
burlesca (I)	2274
burlescamente (I)	1020
burlesco (I)	1020
Burleske (D)	2274
burlesque (E, F)	2274
burletta (I)	2275
burning (E)	1275

burrascoso (I)	1542	cadenza evitata (I)	1911
bursting (E)	1460	cadenza finale (I)	1912
bussare (I)	2671	cadenza imperfetta (I)	1913
but (E)	1732	cadenza perfetta (I)	1914
but not too much (E)	1733	cadenza plagale (I)	1915
butt (E)	221	cadenza sospesa (I)	1916
buttare (I)	2672	cadenzale (I)	1651
button accordion (E)	396	cadenzante (I)	1651
by heart (E)	2884	cadere (I)	2673
by step (E)	1939	cadre (F)	360, 450
C (D, E)	2189	caesura (E)	1920
C clef (E)	1925	café-concert (F)	3416
C double flat (E)	2193	caisse (F)	267, 416
C double sharp (E)	2192	caisse claire (F)	332
C flat (E)	2191	caisse de résonance (F)	40
C sharp (E)	2190	caisse roulante (F)	268
C-Schlüssel (D)	1925	calando (I)	898
ça suit (F)	1796	calante (I)	898
cabaca (E)	256	calare (I)	650, 2674
Cabaletta (D)	2276	Calata (D, E, F, I)	2509
cabaletta (E, I)	2276	calcando (I)	884
cabalette (F)	2276	calcare le scene (I)	2924
Cabaza (D)	256	calculateur (F)	504
cabaza (I)	256	caldaia (I)	359
caccavella (I)	273	caldamente (I)	1021
caccia (I)	2277	caldo (I)	1022
caché (F)	1748	calebasse (F)	256
cachet (F)	3193	câlin (F)	918
Cachucha (D, E, F, I)	2508	calling (E)	1040
cacofonia (I)	2923	calm (E)	1024, 1401
cacophonie (F)	2923	calma (con) (I)	1023
cacophony (E)	2923	calmamente (I)	1023
cadence (E, F)	1910	calmando (I)	815
cadence finale (F)	1912	calmandosi (I)	816
cadence interrompue (F)	1916	calmare (I)	2675
cadence parfaite (F)	1914	calme (F)	1024
cadence plagale (F)	1915	calmement (F)	1024
cadence rompue (F)	1911	calmer (F)	2675
cadence suspendue (F)	1913, 1916	calming (E)	815
cadencing (E)	1651	calming down (E)	816
cadential (E)	1651	calmly (E)	1023
cadentiel (F)	1651	calmo (I)	1024
cadenza (E, I)	1910	calore (con) (I)	1025
cadenza d'inganno (I)	1911	calorosamente (I)	1026

caloroso (I)	1026	canna (I)	413
cambia (I)	1747	canna ad ancia (I)	414
cambiamento (I)	2925	canna labiale (I)	415
cambiamento di posizione (I)	93	canne de tambour major (F)	363
cambiamento di tempo (I)	1917	canon (E, F)	2279
cambiando (I)	1652	canone (I)	2279
cambiare (I)	2676	canoro (I)	651
cambiata (F)	2040	cantabile (I)	1029
cambio della voce (I)	616	cantando (I)	1030
cambio di misura (I)	1917	cantante (I)	3493
cambio di scena (I)	2926	cantare (I)	2677
cambio di tonalità (I)	1918	cantare a prima vista (I)	652
camera d'aria (I)	201	cantare giusto (I)	653
camerino (I)	2927	cantata (E, I)	2280
camminando (I)	792	cantata da camera (I)	2281
campana (I)	200, 257	cantata da chiesa (I)	2282
campanaccio (I)	258	cantata profana (I)	2283
campane doriche (I)	259	cantata su un corale (I)	2284
campane in alto (I)	237	cantate (F)	2280
campane tubolari (I)	260	cantate d'église (F)	2282
campanella (I)	262	cantate de chambre (F)	2281
campanelli (I)	261	cantate profane (F)	2283
campanelli a tastiera (I)	264	cantate sur un choral (F)	2284
campanelli della messa (I)	263	cantatrice (F)	3493
campanello (I)	262	canticchiare (I)	654
campestre (I)	943	canticle (E)	2285
canal pour l'air (F)	201	cantico (I)	2285
canale (I)	412, 488	Cantigas (D, E, F, I)	2511
canard (F)	3186	cantilena (E, I)	2286
canaria (I)	2278	cantilène (F)	2286
Canarie (D)	2278	cantino (I)	38
canarie (F)	2278	cantique (F)	2285
canary (E)	2278	canto carnascialesco (I)	2287
Cancan (D)	2510	canto di lavoro (I)	2288
cancan (E, F, I)	2510	canto di Natale (I)	2289
cancellare (I)	489	canto fermo (I)	1919
candid (E)	1027	canto funebre (I)	2290
candidamente (I)	1027	canto gitano (I)	2291
candide (F)	1027	canto goliardico (I)	2292
candidement (F)	1027	canto gregoriano (I)	2293
candidly (E)	1027	canto nuziale (I)	2294
candido (I)	1027	canto parlato (I)	655
candore (con) (I)	1028	Cantus firmus (D)	1919
cangiando (I)	1652	cantus firmus (E, F)	1919

canzonando (I)	1031	carmagnola (I)	2302
canzone (I)	2295	Carmagnole (D)	2302
canzone a successo (I)	2928	carmagnole (E, F)	2302
canzone della sera (I)	2296	carnaval (F)	2932
canzone infantile (I)	2297	carnevale (I)	2932
canzone moderna (I)	2298	carnival (E)	2932
canzone popolare (I)	2299	carnival song (E)	2287
canzonet (E)	2300	carol (E)	2303
canzonetta (I)	2298, 2300	carola (I)	2303
canzonette (F)	2300	Carole (D)	2303
canzoniere (I)	3271	carole (F)	2303
caparbio (I)	1032	carried over (E)	868
capelli (I)	3433	carrying over (E)	867
capire (I)	2678	carrying the voice (E)	619
capodaste (F)	39	carta da musica (I)	2933
capolavoro (I)	2929	cartellone (I)	2934
capotasto (E, I)	39	cartridge (E)	498
cappella (I)	2930	casa editrice di musica (I)	2935
cappello cinese (I)	300	case (E)	35, 231, 416
Capriccio (D)	2301	casque d'écoute (F)	495
capriccio (E, I)	2301	cassa (I)	267, 416
capricciosamente (I)	1033	cassa armonica (I)	40
capriccioso (I)	1033	cassa chiara (I)	268, 332
caprice (F)	2301	cassa di risonanza (I)	40
capricieusement (F)	917, 1033	cassa espressiva (I)	417
capricieux (F)	1033	cassa rullante (I)	268
capricious (E)	917, 1033	cassation (E, F)	2304
capsula (I)	202	cassazione (I)	2304
capsule (F)	202	cassé (F)	3300
caractéristique (F)	2931	cassette recorder (E)	553
carattere (con) (I)	1034	cassettophone (F)	553
caratteristico (I)	2931	cast (E)	2997
cardboard mute (E)	224	castagnette (I)	269
careful (E)	921	castagnette con manico (I)	270
carefully (E)	921	castagnette di metallo (I)	271
carelessly (E)	1355	castagnette spagnole (I)	272
caressing (E)	918	castagnettes (F)	269
carezzevole (I)	918	castagnettes à manches (F)	270
caricato (I)	1035	castagnettes de métal (F)	271
cariglione (I)	479	castagnettes espagnoles (F)	272
carillon (E, F, I)	265, 266, 475	castanets (E)	269
carillon à clavier (F)	266	castigato (I)	1340, 1506
carillon a tastiera (I)	266	casto (I)	1037
carino (I)	1036	castrat (F)	656

castrato (E, I)	656
catalog (E)	2936
catalogo (I)	2936
catalogue (E, F)	2936
Catch (D, E, F, I)	2512
catégories de voix (F)	659
catena (I)	41
catena di trilli (I)	657
catene (I)	274
cater wauling (E)	3138
cavalleresco (I)	1038
cavatina (E, I)	2305
cavatine (F)	2305
cavigliere (I)	42
CD (Abkürzung für Compact Disc) (D, E)	581
Cebell (D, E, F, I)	2513
cedendo (I)	899
céder (F)	2679
cedere (I)	2679
célèbre (F)	2937
celebre (I)	2937
celeramente (I)	732
celere (I)	732
Celesta (D)	392
celesta (E, I)	392
célesta (F)	392
céleste (F)	1039
celeste (I)	1039
celestiale (I)	1039
Cellist (D)	3529
cellist (E)	3529
cellista (I)	3529
Cembalist (D)	3496
Cembalistin (D)	3496
Cembalo (D)	393
cennamella (I)	121
cenno (I)	3058
centre auditif (F)	2938
centre pin (E)	437
centro uditivo (I)	2938
cercare (I)	2680
cerchio (I)	360
certain (E, F)	2939
certo (I)	2939
cervelas (F)	163
Ces (D)	2191
Ceses (D)	2193
cessare (I)	2819
cesser (F)	2819
cesser de vibrer (F)	98
cesura (I)	1920
césure (F)	1920
cetra (I)	7
cetra da tavolo (I)	8
Chaconne (D)	2306
chaconne (E, F)	2306
chacun (F)	1759
chagrin (F)	1335
chagriné (F)	920
chain of trills (E)	657
chaîne (F)	488
chaînes (F)	274
chains (E)	274
chaleureusement (F)	1021, 1026
chaleureux (F)	1026
chalumeau (F)	121, 190
chamber cantata (E)	2281
chamber music (E)	3130
chamber orchestra (E)	3197
chamber sonata (E)	2466
champêtre (F)	943
change (E, F)	1747, 2925
change of finger (E)	470
change of meter (E)	1917
change of set (E)	2926
change of time (E)	1917
changement (F)	2925
changement de décor (F)	2926
changement de mesure (F)	1917
changement de position (F)	93
changement de temps (F)	1917
changement de tonalité (F)	1918
changer (F)	2676
changing (E)	1652
changing note (E)	2040
channel (E)	412, 488
chanson (F)	2295

chanson à boire (F)	2272	charmant (F)	1036
chanson à la mode (F)	2298	charmé (F)	1262
chanson bacchique (F)	2272	charmed (E)	1262
chanson d'étudiant (F)	2292	charming (E)	1036, 1263
chanson de carnaval (F)	2287	chasse (F)	2277
chanson enfantine (F)	2297	chaste (E, F)	1037
chanson populaire (F)	2299	chaud (F)	1022
chansonnette (F)	2298	che (I)	1653
chant de mai (F)	2379	cheek (E)	3448
chant de Noël (F)	2289	cheeky (E)	1486
chant de travail (F)	2288	cheerful (E)	728, 1311
chant du soir (F)	2296	cheerfully (E)	955
chant funèbre (F)	2290	cheerily (E)	994
chant gitan (F)	2291	chef d'attaque (F)	3250
chant grégorien (F)	2293	chef d'orchestre (F)	3506
chant nuptial (F)	2294	chef de chœur (F)	674
chant parlé (F)	655	chef de l'ensemble (F)	3973
chantant (F)	1029	chef de pupitre (F)	3250
chanter (F)	2677	chef invité (F)	2988
chanter à vue (F)	652	chef-d'œuvre (F)	2929
chanter juste (F)	653	chercher (F)	2680
chanter trop bas (F)	650	chest voice (E)	710
chanter trop haut (F)	671	chevaleresque (F)	1038
chanterelle (F)	38	chevalet (F)	65
chanteur (F)	3493	cheveux (F)	3433
chanteuse (F)	3493	cheville (F)	36
chantonner (F)	654	chevillier (F)	42
chapeau chinois (F)	300	chevroter (F)	697
chapel (E)	2930	chiaccherare (I)	2681
chapelle (F)	2930	chiamando (I)	1040
chaque (F)	1759	chiaramente (I)	1041
chaque fois (F)	1760	Chiarantana (D, E, F, I)	2514
character piece (E)	2425	chiarezza (con) (I)	1042
characteristic (E)	2931	chiaro (I)	1043
charakteristisch (D)	2931	chiave (I)	203, 1921
Charakterstück (D)	2425	chiave dell'acqua (I)	204
chargé (F)	1035	chiave di baritono (I)	1922
charged (E)	1035	chiave di basso (I)	1923
charitable (F)	1392	chiave di contralto (I)	1924
charivari (F)	3138	chiave di do (I)	1925
charleston (I)	275	chiave di mezzosoprano (I)	1926
charleston cymbal (E)	307	chiave di soprano (I)	1927
Charleston-Becken (D)	307	chiave di tenore (I)	1928
Charlestonmaschine (D)	275	chiave di violino (I)	1929

chiedere (I)	2682	choral cantata (E)	2284
chiesa (I)	2940	choral conductor (E)	674
chiffrage (F)	1932	choral music (E)	3125
chiffrer (F)	1931	choral society (E)	642
child's voice (E)	714	choral speaking (E)	668
childish (E)	1272	choral work (E)	2408
chin (E)	3455	chorale (E)	2322
chin-rest (E)	62	Choralkantate (D)	2284
chinese block (E)	254	chord (E)	1874
chinese cymbals (E)	305	Chordirigent (D)	674
chinesische Becken (D)	305	chorégraphe (F)	2967, 3501
chiocciola (I)	68	Choreograph (D)	3501
chitarra (I)	10	choreographer (E)	3501
chitarra battente (I)	11	Choreographie (D)	2967
chitarra elettrica (I)	490	Choreographin (D)	3501
chitarra hawaiana (I)	12	choreography (E)	2967
chitarra jazz (I)	11	Choreologe (D)	3502
chitarrista (I)	3494	Choreologin (D)	3502
chiudere (I)	2683	choreologist (E)	3502
chiusa del trillo (I)	1930	choréologue (F)	3502
chiuso (I)	238, 2941	choriste (F)	3503
chivalrous (E)	1038	chorister (E)	3503
chocalho (E)	276	Chormusik (D)	3125
chocallo (I)	276	chorps de ballet (E)	2968
Chocolo (D)	276	Chorsänger (D)	3503
chocolo (E, F)	276	Chorsängerin (D)	3503
chœur (F)	54, 660	Chorschule (D)	3323
chœur d'église (F)	662	chorus (E)	660
chœur d'hommes (F)	666	chorus singer (E)	3503
chœur d'opéra (F)	664	Chorwerk (D)	2408
chœur de femmes (F)	665	chose (F)	2970
chœur de garçons (F)	663	chrétien (F)	1063
chœur de radio (F)	661	christian (E)	1063
chœur mixte (F)	667	christlich (D)	1063
chœur parlé (F)	668	Christmas music (E)	3141
choice (E)	3313	Christmas song (E)	2289
choir (E)	660, 667	chromatic (E)	1947
choir school (E)	3323	chromatic timpano (E)	338
choirmaster (E)	674	chromaticism (E)	1948
choix (F)	3313	Chromatik (D)	1948
Chor (D)	660	chromatique (F)	1947
choral (D)	2322	chromatisch	1947
choral (E)	2322	chromatische Pauke (D)	338
choral (F)	2322	chromatisme (F)	1948

clé de fa troisième ligne 291

Chrotta (D)	16	clairement (F)	1041
chrotta (F)	16	clapper (E)	321, 356
chuchoter (F)	649	claquettes (F)	3404
church (E)	2940	clarinet (E)	122
church cantata (E)	2282	clarinetist (E)	3495
church choir (E)	662	clarinette (F)	122
church mode (E)	2022	clarinette alto (F)	126
church music (E)	3131	clarinette basse (F)	124
church sonata (E)	2467	clarinette contrebasse (F)	125
ciaccona (I)	2306	clarinettist (E)	3495
ciaramella (I)	121	clarinettista (I)	3495
ciascuno (I)	1759	clarinettiste (F)	3495
ciclo (I)	2942	clarinetto (I)	122
ciel (F)	2943	clarinetto basso (I)	124
cielo (I)	2943	clarinetto contrabbasso (I)	125
cifrare (I)	1931	clarinetto contralto (I)	126
cifratura (I)	1932	clarinetto piccolo (I)	123
cilindro (I)	418	classi vocali (I)	659
cilindro rotativo (I)	205	classic (E)	2944
cimbali (I)	277	classical music (E)	3122
cimbalini (I)	278	classicism (E)	2945
cimbalom (E, I)	9	classicisme (F)	2945
cinelle (I)	303	classicismo (I)	2945
cinetico (I)	1044	classico (I)	2944
cinétique (F)	1044	classique (F)	2944
Cinquepace (D, E, F, I)	2515	clavecin (F)	393
cinquième mouvement (F)	2089	claveciniste (F)	3496
circa (I)	1654	claves (E, F, I)	279
circle of fifths (E)	1933	clavicembalista (I)	3496
circolando (I)	733	clavicembalo (I)	393
circolo delle quinte (I)	1933	clavichord (E)	394
circulating (E)	733	clavicorde (F)	394
Cis (D)	2190	clavicordo (I)	394
Cisis (D)	2192	clavier (F)	447
Cister (D)	7	claviers éléctroniques (F)	577
cistre (F)	7	clé (F)	203, 1921
cithare (F)	8	clé d'eau (F)	204
cithare d'amateur (F)	4	clé d'ut (F)	1925
cittern (E)	7	clé d'ut première ligne (F)	1927
civettando (I)	1045	clé d'ut quatrième ligne (F)	1928
civetteria (con) (I)	1046	clé d'ut seconde ligne (F)	1926
civettuolo (I)	1046	clé d'ut troisième ligne (F)	1924
civettuolo (I)	658	clé de fa quatrième ligne (F)	1923
clair (F)	1043	clé de fa troisième ligne (F)	1922

clé de sol (F)	1929	collaborazione (I)	2946
clean (E)	3267	colle (I)	1666
clear (E)	1043	collection (E, F)	2947
clear voice (E)	707	college (E)	2866
clearly (E)	1041, 1352	collera (con) (I)	1047
clef (E, F)	1921	collezione (I)	2947
climat (F)	3358	collo (I)	3434
climax (E)	2888	colofonia (I)	43
cloche (F)	257	colonna sonora (I)	491
cloche de vache (F)	258	colonne sonore (F)	491
cloches doriennes (F)	259	colophane (F)	43
cloches tubulaires (F)	260	colorato (I)	1048
clochette (F)	262	coloratura (E, I)	669
clochettes pour la messe (F)	263	coloratura aria (E)	2256
close (E)	3423	coloratura soprano (E)	629
close position (E)	2075	colorature (F)	669
close to the bridge (E)	116	coloré (F)	1048
closed (E)	2941	colore (I)	2948
cloud (E)	3191	colorito (I)	2948
clumsy (E)	1239	colour (E)	2948
coach (E)	3520	coloured (E)	1048
coaching (E)	3261	colpo (I)	374, 1658
coarse (E)	1246	colpo d'arco (I)	85
coda (I)	1655	colpo del battaglio (I)	375
codetta (I)	1934	colpo di lingua (I)	239
coeur (F)	3435	colpo di lingua semplice (I)	240
coi (I)	1666	colpo di tamburo (I)	376
coinvolto (I)	1656	colto (I)	2949
col (I)	1666	comando del suono (I)	492
col legno (I)	95	come (I)	1659
colachon (F)	13	come al principio (I)	1660
colascione (E, I)	13	come prima (I)	1661
Colascione (D)	13	come sopra (I)	1662
cold (E)	1200	come stà (I)	1663
coldly (E)	1198	come una cadenza (I)	1664
coléreusement (F)	923	comédie (F)	2950
coléreux (F)	1292	comédie lyrique (F)	2308
Colinda (D, E, F, I)	2516	comédie musicale (F)	2307
coll'arco (I)	94	comédien (F)	3490
colla (I)	1666	comédienne (F)	3490
colla punta d'arco, -di arco/- dell'arco (I)	83	comedy (E)	2950
		comes (D)	2099
colla voce (I)	1657	comfortable (E)	939
collaboration (E, F)	2946	comfortably (E)	1052

comic opera (E)	2406, 2407	completamente (I)	2953
comical (E)	1049	complete (E)	2954
comico (I)	1049	complete edition (E)	3006
cominciando (I)	1665	complete works (E)	3087
comique (F)	1049	completely (E)	2953
comma (E, F, I)	1935	complètement (F)	2953
commande du son (F)	492	completo (I)	2954, 3014
comme (F)	1659	complimentary ticket (E)	2918
comme au début (F)	1660	comporre (I)	2685
comme avant (F)	1661	composer (E)	3497
comme plus haut (F)	1662	composer (F)	2685
comme une aria (F)	2259	compositeur (F)	3497
comme une ballade (F)	914	composition (E, F)	2955
comme une cadence (F)	1664	compositore (I)	3497
comme une danse paysanne (F)	945	compositrice (I)	3497
		composizione (I)	2955
commedia (I)	2950	compound time (E)	1903
commedia musicale (I)	2307	comprendre (F)	2678
commedia per musica (I)	2308	compresseur (F)	493
commence (F)	1645	compressing (E)	884
commencement (F)	3086	compressor (E)	493
commencer (F)	2733	compressore (I)	493
commodément (F)	1052	comprimario (I)	2956
commodo (I)	1053	compter (F)	2688
common (E)	2957	comptez (F)	1670
common chord (E)	1877	compulsory (E)	1758
commosso (I)	1050	compulsory piece (E)	3226
commovente (I)	1051	Computer (D)	504
commun (F)	2957	computer (E)	504
commuovere (I)	2684	computer music (E)	536
comodamente (I)	1052	Computermusik (D)	536
comodo (I)	1053	comune (I)	2957
compact (E, F)	1087	con (I)	1666
compact disc (E)	581	con celerità (I)	734
comparsa (I)	2951	con due bacchette (I)	377
compatto (I)	1087	con fretta (I)	735
compétition musicale (F)	2960	con la mano (I)	378
compiacente (I)	1231	con la voce (I)	1657
compiacenza (con) (I)	1230	con lentezza (I)	736
complaisant (F)	1231	con molta libertà (I)	737
complément (F)	3389	con moto (I)	738
complemento (I)	3389	con movimento (I)	738
complesso (I)	2952	con precipitazione (I)	739
complet (F)	2954, 3014	con prestezza (I)	741

con prontezza (I)	743	concerto con quattro	
con qualche licenza (I)	740	strumenti solisti (I)	2310
con rapidità (I)	741	concerto doppio (I)	2311
con rigore (I)	742	concerto for orchestra (E)	2312
con somma bravura (I)	1056	Concerto grosso (D, E, F, I)	2518
con sordina (I)	96, 459	concerto per orchestra (I)	2312
con sordino (I)	96	concerto per organo (I)	2313
con speditezza (I)	743	concerto per pianoforte (I)	2314
con tutta la forza (I)	847	concerto per violino (I)	2315
con un dito (I)	1667	concerto pour orchestre (F)	2312
con velocità (I)	744	concerto pour orgue (F)	2313
concatenare (I)	2686	concerto pour piano (F)	2314
concencieux (F)	1060	concerto pour violon (F)	2315
concentrarsi (I)	2687	concerto privato (I)	2959
concentrated (E)	1054	concerto sacro (I)	2316
concentrato (I)	1054	concerto sinfonico (I)	2317
concentré (F)	1054	concerto triplo (I)	2318
concert (E, F)	2958, 3304	concerto vocale (I)	2319
concert agency (E)	2878	concis (F)	1669
concert aria (E)	2253	concise (E)	1669
concert artist (E)	3498	conciso (I)	1669
concert dance (E)	2326	concitato (I)	942
concert de musique sacrée		concitazione (con) (I)	942
(F)	2316	concludere (I)	2848
concert overture (E)	2415	conclusion (E, F)	1936
concert piece (E)	2426	conclusione (I)	1936
concert pitch (E)	2980	concorso musicale (I)	2960
concert privé (F)	2959	concours de musique (F)	2960
concert season (E)	3354	concours musical (F)	2960
concert study (E)	2472	condenser microphone (E)	529
concert symphonique (F)	2317	condotta delle parti (I)	1937
concert vocal (F)	2319	condotta delle voci (I)	1938
concert-hall (E)	3306	conductor (E)	3506
concertant (F)	1668	conduire (F)	2729
concertante (E, I)	1668	conduite des voix (F)	1938
Concertino (D)	2517	condurre (I)	2729
concertino (E, F, I)	2517	Conga (D)	280
concertista (I)	3498	conga (E, F, I)	280
concertiste (F)	3498	congiungere (I)	2858
concertmaster (E)	3251	congiunto (I)	1939
concerto (E, F, I)	2309, 2958	conjoint (F)	1939
		conjunct (E)	1939
		conscientious (E)	1060
		consecutives (E)	2141

conseguente (I)	2099	continuer (F)	2689
consequent (E)	2099	continuez (F)	1671
conséquent (F)	2099	continuità (I)	2964
conservatoire (E, F)	2961	continuité (F)	2964
conservatorio (I)	2961	continuity (E)	2964
conservatory (E)	2961	continuo (I)	1672
considerable (F)	3071	continuo instrument (E)	3380
considerevole (I)	3071	continuous (E)	1672
consolant (F)	1055	contrabass trombone (E)	182
consolante (I)	1055	contrabassoon (E)	127
Consolation (D)	2320	contrabbassista (I)	3499
consolation (E, F)	2320	contrabbasso (I)	14
consolazione (I)	2320	contrabbasso a pizzico (I)	15
console (E, F)	56, 419	contract (E)	3320
consoling (E)	1055	contraddanza (I)	2321
consolle (I)	419	contrafagotto (I)	127
consonance (E, F)	1940	contraint (F)	852
consonant (E)	2962	contraire (F)	2965
consonante (I)	2962	contraltista (I)	603
consonanza (I)	1940	contralto (E, I)	602
consonne (F)	2962	contrappunto (I)	1941
conspiring (E)	1568	contrappunto fiorito (I)	1942
constamment (F)	1798	contrappunto florido (I)	1942
constant (F)	1061	contrario (I)	2965
construction (E, F)	2139	contrary (E)	2965
construction linéaire (F)	1937	contrary motion (E)	2032
contact microphone (E)	530	Contrás (D, E, F, I)	2519
contano (I)	1670	contrast (E)	2966
contare (I)	2688	contraste (F)	2966
conte (F)	3031	contrasto (I)	2966
contemplatif (F)	1057	contrat (F)	3320
contemplative (E)	1057	contrattempo (I)	1944
contemplativo (I)	1057	contratto (I)	3320
contemporary music (E)	3124	contre (F)	1673
contents (E)	2963	contre-chant (F)	1945
contenu (F)	2963	contre-temps (F)	1944
contenuto (I)	2963	contrebasse (F)	14
continously (E)	1642	contrebasse à pistons (F)	187
continu (F)	1672	contrebasse à pistons (F)	186
continua (I)	1671	contrebasse jouée sans archet (F)	15
continuamente (I)	1672	contrebassiste (F)	3499
continuare (I)	2689	contrebasson (F)	127
continuation (E)	3328	contredanse (F)	2321
continuellement (F)	1672		

contrepoint (F)	1941	corda di risonanza (I)	50
contrepoint fleuri (F)	1942	corda melodica (I)	51
contresujet (F)	1943	corda simpatica (I)	52
contristato (I)	1572	corda vuota (I)	97
contro (I)	1673	corde (F)	44
controcanto (I)	1945	corde à vide (F)	97
contrôle du souffle (F)	693	corde d'acier (F)	47
controsoggetto (I)	1943	corde de boyau (F)	46
controtema (I)	1945	corde de résonance (F)	50
convinzione (con) (I)	1058	corde hors manche (F)	49
convulsé (F)	1059	corde incrociate (I)	421
convulsive (E)	1059	corde mélodique (F)	51
convulso (I)	1059	corde métallique (F)	48
coperchio (I)	420	corde sympathique (F)	52
coperto (I)	379	corde vocali (I)	670
copiare (I)	2690	cordes (F)	2891, 3370
copier (F)	2690	cordes croisées (F)	421
copista (I)	3500	cordes vocales (F)	670
copiste (F)	3500	cordier (F)	53
copri-ancia (I)	202	cordiera (I)	53
coprire (I)	389	coreografia (I)	2967
coprire (I)	2691	coreografo (I)	3501
copyist (E)	3500	coreologo (I)	3502
copyright (E)	2992	corista (I)	3503
coquet (F)	658, 1045	cornamusa (I)	162
coquettish (E)	658, 1045	cornemuse (F)	162
coquettishly (E)	1046	cornet (E, F)	128
coquille (F)	68	cornet à bouquin (F)	130
cor (F)	131	cornet à pistons (F)	129
cor anglais (E, F)	136	cornett (E)	130
cor de basset (F)	134	cornetta (I)	128
cor de chasse (F)	132	cornetta a pistoni (I)	129
cor de postillion (F)	135	cornetto (I)	130
cor de vache (F)	137	cornista (I)	3504
cor des Alpes (F	133	corniste (F)	3504
coraggio (con) (I)	975	corno (I)	131
coraggioso (I)	976	corno da caccia (I)	132
corale (I)	2322	corno da nebbia (I)	281
corda (I)	44	corno delle Alpi (I)	133
corda d'acciaio (I)	47	corno di bassetto (I)	134
corda del sol (I)	45	corno di postiglione (I)	135
corda di bordone (I)	49	corno di toro (I)	137
corda di budello (I)	46	corno inglese (I)	136
corda di metallo (I)	48	coro (I)	54, 660

coro d'opera (I)	664	counter part (E)	1945
coro della radio (I)	661	counter subject (E)	1943
coro di chiesa (I)	662	counter voice (E)	1945
coro di fanciulli (I)	663	counter-hoop (E)	360
coro femminile (I)	665	counterpoint (E)	1941
coro maschile (I)	666	countertenor (E)	603
coro misto (I)	667	country dance (E)	2321
coro parlato (I)	668	coup (F)	374, 1658
corona (I)	1946	coup d'archet (F)	85
corpo di ballo (I)	2968	coup d'œil (F)	3332
corps (F)	233	coup de cloche (F)	375
corps de ballet (F)	2968	coup de glotte (F)	645
corps de musique (F)	2909	coup de langue (F)	239
corps de rechange (F)	219	coup de langue simple (F)	240
corps supérieur (F)	230	coup de tambour (F)	376
correct (E, F)	2969	couper (F)	2845
correggere (I)	2992	coupler (E)	407
correndo (I)	745	couplet (F)	2137
corrente (I)	745, 2323	coupure (F)	582
corretto (I)	2969	courageous (E)	976
correttore di tonalità (I)	494	courageux (F)	976
Corrido (D, E, F, I)	2520	courant (F)	745
corriger (F)	2692	Courante (D)	2323
corto (I)	1650	courante (E, F)	2323
cosa (I)	2970	courbe inférieure (F)	80
coscienzoso (I)	1060	courbe supérieure (F)	79
costante (I)	1061	cours collectif (F)	3103
costantemente (I)	1798	course (E)	54
costanza (con) (I)	1385	court (F)	1650
costly (E)	1167	court dance (E)	2264
costruzione (I)	2139	court music (E)	3137
costume (E, F, I)	2971	court song (E)	2257
cotillon (E, F, I)	2324	coussin (F)	72
cou (F)	3434	coussinet (F)	423
coucou (F)	282	couvercle (F)	420
coude (F)	3447	couvert (F)	379
coulamment (F)	1462	couvrir (F)	568, 2691
coulant (F)	1462	cow horn (E)	137
coulé (F)	1871	cowbell (E)	258
couleur (F)	2948	crackling (E)	1460
coulisse (F)	217, 231	cradle song (E)	2399
coulisses (F)	3270, 3282	craintif (F)	1378
count (E)	1670	craintivement (F)	1556
counter melody (E)	1945	crânement (F)	1002

crapaud (F)	403	crotchet (E)	2226
craving (E)	1011	crotchet rest (E)	2233
creare (I)	2693	crotta (I)	16
créatif (F)	2972	crowd (E)	16
création (F)	3246	crudele (I)	672
creative (E)	2972	cruel (E, F)	672
creativo (I)	2972	crumhorn (E)	138
creazione (I)	3246	crushed note (E)	1870
crécelle (F)	309, 321	crying (E)	1389
créer (F)	2693	crystalline (E)	1062
crépitant (F)	1460	Csárdás (D)	2325
crepitante (I)	1460	Csardas (F)	2325
crescendo (I)	885	cuckoo (E)	282
crescere (I)	671, 2694	cuculo (I)	282
crier (F)	2728	cuddle (E)	918
crini dell'arco (I)	55	cue (E)	2898
crins de l'archet (F)	55	cue note (E)	2045
cristallin (F)	1062	Cueca (D, E, F, I)	2521
cristallino (I)	1062	cuffia (I)	495
cristiano (I)	1063	Cuica (D)	283
critica (I)	2973	cuica (E, F, I)	283
criticare (I)	2695	cuivrer (F)	245
criticism (E)	2973	cuivres (F)	3208
critico musicale (I)	3505	culasse (F)	221
critique (F)	2973	cullando (I)	1064
critique musical (F)	3505	cultivated (E)	2949
critiquer (F)	2695	cultivé (F)	2949
croche (F)	2227	Cumbia (D, E, F, I)	2522
crochet (F)	1934	cunning (E)	1215
croiser (F)	2734	cuore (I)	3435
croître (F)	2694	cuore (con) (I)	1065
croma (I)	2227	cup (E)	206, 229
cromatico (I)	1947	cupo (I)	1066
cromatismo (I)	1948	cura (con) (I)	922
cromorne (F)	138	curieux (F)	1067
cromorno (I)	138	curioso (I)	1067
crook (E)	219	curious (E)	1067
cross (E)	2176	curtain (E)	3339
cross-fingering (E)	242	curtain call (E)	3285
cross-stay (E)	232	curtsey (E)	3080
cross-strung (E)	421	curva della meccanica (I)	56
crossing hands (E)	462	cuscinetto (I)	206, 422
Crotales (D)	278	cushion (E)	422
crotales (E, F)	278	custodia (I)	35

cut (E)	582	dämonisch (D)	1086
cuvette (F)	81	damper (E)	444, 1816
cycle (E, F)	2942	dämpfen (D)	246, 389, 2820
cycle des quintes (F)	1933	dämpfend (D)	897
cyclic form (E)	1982	Dämpfer (D)	434, 444, 1816
cylindre (F)	216, 418	Dämpfer ab (D)	248
cylindre à rotation (F)	205	Dämpfer abnehmen (D)	1728
Cymbal (D)	9	Dämpfer auf (D)	246
cymbal stick (E)	354	Dämpfer weg (D)	248
cymbale charleston (F)	307	damping pedal (E)	434
cymbale suspendue (F)	308	dance (E)	2906
cymbales (F)	303	dance band (E)	3196
cymbales antiques (F)	277	dance des sorcières (F)	2327
cymbales chinoises (F)	305	dance music (E)	3128
cymbales digitales (F)	278	dance of death (E)	2328
cymbales sur tiges (F)	304	dancer (E)	3491
cymbales turques (F)	306	dann (D)	1690
cymbals (E)	303	dans la (F)	1749
cymbalum (F)	9	dans le (F)	1749
Czarda(s) (I)	2325	dans le caractère d'une	
Czardas (E)	2325	marche (F)	947
D (D, E)	2194	dans le style ancien (F)	944
D double flat (E)	2198	dansant (F)	1068
D double sharp (E)	2197	danse (F)	2906
D flat (E)	2196	danse allemande (F)	2265
D sharp (E)	2195	danse champêtre (F)	2331
d'aplomb (F)	1100	danse concertante (F)	2326
d'effets (F	578	danse de salon (F)	2907
d'une façon lyrique (F)	1313	danse de societé (F)	2907
da (I)	1674	danse espagnole (F)	2333
da capo (I)	1675	danse folklorique (F)	2330
da capo al fine (I)	1676	danse gitane (F)	2329
da capo al segno (I)	1677	danse hongroise (F)	2334
da qui (I)	1682	danse macabre (F)	2328
daccapo (I)	1675	danse paysanne (F)	2331
dactyl (E)	1949	danse populaire (F)	2330
dactyle (F)	1949	danse slave (F)	2332
dahinfließend (D)	1462	danser (F)	2666
dainty (E)	1080	danseur (F)	3491
Daktylos (D)	1949	danseuse (F)	3491
dal principio (I)	1675	danza (I)	2906
dal principio alla fine (I)	1678	danza concertante (I)	2326
dal segno (I)	1679	danza dei morti (I)	2328
dal segno al fine (I)	1680	danza delle streghe (I)	2327

danza folcloristica (I)	2330	debile (I)	1069
danza gitana (I)	2329	debole (I)	1069
danza macabra (I)	2328	debolezza (con) (I)	1070
danza popolare (I)	2330	debolmente (I)	1071
danza rustica (I)	2331	débonnairement (F)	1396
danza slava (I)	2332	Debüt (D)	2974
danza spagnola (I)	2333	début (E, F)	2974, 3086
danza tedesca (I)	2265	débutant (F)	3019
danza ungherese (I)	2334	débutante (F)	3019
danzante (I)	1068	débuter (F)	2711
Danzón (D, E, F, I)	2523	debütieren (D)	2711
dappertutto (I)	1681	debutto (I)	2974
Darbietung (D)	3273	deceptive cadence (Am.)	1911
dare dei concerti (I)	2696	déchaîné (F)	1455
daring (E)	988	déchiffrer (F)	2843
dark (E)	1544	déchirant (F)	1533
Darmsaite (D)	46	déchiré (F)	1299
Darstellung (D)	3039	decibel (E, I)	496
darting (E)	1456	décibel (F)	496
das meiste (D)	1711	décidé (F)	1073
dasselbe (D)	1735	decided (E)	1073
dasselbe Zeitmaß (D)	756	decima (I)	2247
dattilo (I)	1949	decimino (I)	2335
Dauer (D)	3001	decisione (con) (I)	1072
Daumen (D)	3469	decisively (E)	1072
Daumenring (D)	195	deciso (I)	1073
Daumenuntersatz (D)	465	Decke (D)	77
davantage (F)	1770	Deckel (D)	206, 420
davanti (I)	1683	decken (D)	568
davor (D)	1683	declaimed (E)	1075
de bonne volonté (F)	1605	declaiming (E)	1074
de façon (F)	1720	declamando (I)	1074
de façon burlesque (F)	1020	declamare (I)	2697
de façon saillante (F)	1519	declamation (E)	673
de forme ouverte (F)	1860	déclamation (F)	673
de la même façon (F)	1750	declamato (I)	1075
de manière (F)	1720	declamazione (I)	673
de moins en moins (F)	1775	déclamé (F)	1075
de plus en plus (F)	1776	déclamer (F)	2697
de plus en plus animé (F)	805	décontracté (F)	1438
de toutes ses forces (F)	847, 1837	décor (F)	3315
de/à la pointe (F)	83	decorating (E)	1185
deaf (E)	3343	découvert (F)	384
deafening (E)	2897	decreasing (E)	900

decreasing to nothing (E)	905	delirando (I)	1081
decrescendo (I)	900	délirant (F)	1082
décrire (F)	2699	delirante (I)	1082
dédaigneux (F)	1464	delirio (con) (I)	1083
dedica (I)	2975	deliroso (I)	1082
dédicace (F)	2975	delizia (con) (I)	1084
dedicare (I)	2698	deliziosamente (I)	1085
dedication (E)	2975	delusive cadence (E)	1911
dédier (F)	2698	demander (F)	2682
deep (E)	1406	demi (F)	1738
deep voice (E)	708	demi force (F)	1739
défaut (F)	2982	demi-cadence (F)	1913
deferente (I)	1444	demi-pause (F)	2232
defiant (E)	1490	demi-soupir (F)	2234
deficiendo (I)	908	demi-ton (F)	2117
dégagé (F)	1310, 1522	demie (F)	1738
Degen (D)	3347	demisemiquaver (E)	2229
degno (I)	1076	demisemiquaver rest (E)	2236
degré (F)	1992	demo tape (E)	557
degree (E)	1992	Demo-Aufnahme (D)	557
déguisement (F)	3410	Demo-Band (D)	557
dehnend (D)	835	demoniaco (I)	1086
déjà (F)	1705	démoniaque (F)	1086
Deklamation (D)	673	demonic (E)	1086
deklamieren (D)	2697	demütig (D)	1576
deklamierend (D)	1074	den Text respektieren (D)	1791
deklamiert (D)	1075	den Ton ausspinnen	607
delayed (E)	830	denken (D)	2761
delayed cadence (E)	1916	denkend (D)	1382
delaying (E)	820	dennoch (D)	1768
deliberatamente (I)	1077	dense (E, F)	1087
deliberately (E)	1077	denso (I)	1087
délibérément (F)	1077	dent de scie (F)	497
délicat (F)	1080	dente di sega (I)	497
delicatamente (I)	1078	denti (I)	3436
delicate (E)	1080	dents (F)	3436
delicately (E)	1078	déplacement (F)	1819
délicatement (F)	1078	déployé (F)	1520
delicatezza (con) (I)	1079	depuis (F)	1674
delicato (I)	1080	depuis ici (F)	1682
délicieusement (F)	1085	der Vorhang fällt (D)	3064
délié (F)	1459	der Vorhang hebt sich (D)	3065
delighted (E)	1422	der Vorhang öffnet sich (D)	3066
delightfully (E)	1085	der Vorhang schließt sich (D)	3067

derb (D)	1246
dernier (F)	1843
dernier mouvement (F)	2180, 2347
dernière (F)	1843
dernière fois (F)	1842
dérobé (F)	768
derrière (F)	1684, 3476
derrière les coulisses (F)	2981
derselbe (D)	1735
Des (D)	2196
désaccordé (F)	3361
descant recorder (E)	147
descendant (F)	1957
descending (E)	1957
descriptif (F)	1088
descriptive (E)	1088
descriptive music (E)	3136
descrittivo (I)	1088
descrivere (I)	2699
Deses (D)	2198
désespéré (F)	1104
désespérément (F)	1103
desiderio (con) (I)	1089
désinvolte (F)	1100
désireux (F)	1011
desk (E)	3098
desolate (E)	1090
desolato (I)	1090
désolé (F)	1090
désordonné (F)	1102
desperate (E)	1104
desperately (E)	1103
dessous (F)	1817
dessus (F)	1814
desto (I)	1091
destra (a) (I)	2976
destrezza (con) (I)	1092
détaché (F)	111, 877
detached (E)	111, 877
detached staccato (bowing) (E)	112
détacher (F)	2831
détendu (F)	1438
determinato (I)	1093
determinazione (con) (I)	1094
déterminé (F)	1093
determined (E)	1093
detonieren (D)	692, 2833
détonner (F)	692, 2833
dettato (I)	1950
dettato musicale (I)	1951
deutlich (D)	1108
deutlich ausgesprochen (D)	1407
deutlich aussprechen (D)	2661
deutlich getrennt (D)	112
deutscher Tanz (D)	2265
Deutung (D)	3088
deux cordes (F)	461
deux fois (F)	1617
deuxième mouvement (F)	2113
devant (F)	1683
development (E)	2148
développement (F)	2148
dévot (F)	1095
devoto (I)	1095
devout (E)	1095
Dezett (D)	2335
Dezibel (D)	496
Dezime (D)	2247
di colpo (I)	1685
di molto (I)	1744
di nuovo (I)	1686
di più (I)	1770
diaframma (I)	498, 3437
Dialog (D)	2977
dialogo (I)	2977
dialogue (E, F)	2977
diapason (I)	2978
diapason à bouche (F)	2979
diapason à branches (F)	2978
diapason à fiato (I)	2979
diapason da camera (I)	2980
diapason de chambre (F)	2980
diaphragm (E)	3437
diaphragme (F)	498, 3437
diatonic (E)	1952
diatonicism (E)	1953

diatonico (I)	1952
Diatonik (D)	1953
diatonique (F)	1952
diatonisch (D)	1952
diatonisme (F)	1953
diatonismo (I)	1953
dicht (D)	1087
dichterisch (D)	1397
dictation (E)	1950
dictée (F)	1950
dictée musicale (F)	1951
diction (E, F)	675
die ganze (D)	1836
die ganze Kraft (D)	1837
die Stimme heben (D)	612
die übrigen (D)	1707
dièse (F)	1954
dieselben (D)	1708
diesis (I)	1954
dietro (I)	1684
dietro le quinte (I)	2981
Diferencia (D, E, F, I)	2524
difetto (I)	2982
difference (E)	2983
différence (F)	2983
different (E)	1688
différent (F)	1688
differenza (I)	2983
difficile (F, I)	2984
difficoltà (I)	2985
difficult (E)	2984
difficulté (F)	2985
difficulty (E)	2985
diffusion radiophonique (F)	588
diffusion télévisée (F)	589
digital (D, E)	499
digital techniques (E)	583
digitale (I)	499
Digitalplatte (D)	581
Digitaltechnik (D)	583
digne (F)	1076
dignified (E)	1076
dignità (con) (I)	1096
Diktat (D)	1950
Diktion (D)	675
Dilettant (D)	2986
dilettante (E, F, I)	2986
diligenza (con) (I)	1097
diluendo (I)	901
dilungando (I)	814
dimenticare (I)	2700
diminished (E)	1955
diminishing (E)	902
diminué (F)	1955
diminuendo (I)	902
diminuer (F)	2701
diminuire (I)	2701
diminuito (I)	1955
diminution (E, F)	1956
diminuzione (I)	1956
dinamica (I)	2987
dinamico (I)	1098
Ding (D)	2970
direction (F)	2989
director (E)	3519
Direktion (D)	2989
direttore d'orchestra (I)	3506
direttore del coro (I)	674
direttore ospite (I)	2988
direzione (I)	2989
dirge (E)	2290
Dirigent (D)	3506
Dirigentenstab (D)	2905
Dirigentin (D)	3506
diriger (F)	2702
dirigere (I)	2702
dirigieren (D)	2702
Dirigierpartitur (D)	3217
diritti d'autore (I)	2990
diritti d'esecuzione (I)	2991
diritto (I)	1687
diritto d'autore (I)	2992
Dis (D)	2195
discendente (I)	1957
disco (I)	500
disconsolate (E)	1090
discoteca (I)	2993
discotheque (E)	2993

discothèque (F)	2993	distintamente (I)	1108
discreet (E)	2994	distinto (I)	1108
discret (F)	2994	distorsion (F)	501
discreto (I)	2994	distorsione (I)	501
discrezione (con) (I)	1099	distortion (E)	501
disdainful (E)	1464	distracted (E)	1575
disdegnoso (I)	1464	distressed (E)	982
disguise (E)	3410	distribution (F)	2997, 3205
disgusto (con) (I)	1428	distribuzione (I)	2997
disinvolto (I)	1100	disturbed (E)	1575
disinvoltura (con) (I)	1101	diteggiatura (I)	2998
Disis (D)	2197	ditirambo (I)	2272
Diskothek (D)	2993	dito (I)	3438
diskret (D)	2994	divagando (I)	1109
disordinato (I)	1102	diverso (I)	1688
disparaître (F)	2827	divertente (I)	2999
dispassionate (E)	1514	Divertimento (D	2336
disperatamente (I)	1103	divertimento (E, I)	2336
disperato (I)	1104	divertimento (con) (I)	1110
disperazione (con) (I)	1105	divertissant (F)	2999
disperdere (I)	98	divertissement (F)	1884, 2336
Disposition (D)	460	divided (E)	1689
disposition (F)	460	dividere (I)	2703
disposition de l'orchestre (F)	2995	divisé (F)	1689
disposizione (I)	460	diviser (F)	2703
disposizione dell'orchestra (I)	2995	divisi (I)	1689
		diviso (I)	1689
disprezzo (con) (I)	1106	divoto (I)	1095
disque (F)	500	dixième (F)	2247
disque compact (F)	581	dixtuor (F)	2335
disquieting (E)	1280	dizione (I)	675
dissonance (E, F)	1958	Do (F, I)	2189
Dissonanz (D)	1958	Do bémol (F)	2191
dissonanza (I)	1958	Do bemolle (I)	2191
distance (E, F)	2996	Do dièse (F)	2190
distant (E, F)	1107	Do diesis (I)	2190
distante (I)	1107	do doppio bemolle (I)	2193
Distanz (D)	2996	do doppio diesis (I)	2192
distanza (I)	2996	do double bémol (F)	2193
distendersi (I)	2793	do double dièse (F)	2192
disteso (I)	968, 1530	Docke (D)	440
distinct (E, F)	1108	dodecafonia (I)	1959
distinctement (F)	1108	dodecaphonic music (E)	3143
distinctly (E)	1041, 1108	dodécaphonie (F)	3143

double dièse 305

dodécaphonisme (F)	1959	doppelt (D)	1691
Dodekaphonie (D)	3143	doppelt so schnell (D)	793
doglia (con) (I)	1111	doppelte Auslösung (D)	423
doglioso (I)	1117	Doppelvorschlag (D)	1888
doigt (F)	3438	Doppelzunge (D)	193, 241
doigté (F)	2998	doppia corda (I)	99
doigté fourché (F)	242	doppia stanghetta (I)	1962
Doina (D, E, F, I)	2525	doppio (I)	1691
dolce (I)	1112	doppio bemolle (I)	1963
dolcemente (I)	1113	doppio colpo di lingua (I)	241
dolcezza (con) (I)	1114	doppio diesis (I)	1964
dolcissimo (I)	1115	doppio movimento (I)	793
dolendo (I)	1116	doppio scappamento (I)	423
dolente (I)	1117	dorian (E)	1965
dolore (con) (I)	1118	Dorian bells (E)	259
doloroso (I)	1119	dorico (I)	1965
domestic music (E)	3147	dorien (F)	1965
dominant (E)	1960	dorisch (D)	1965
dominant seventh (E)	2123	dorische Glocken (D)	259
dominant seventh chord (E)	1876	dorso (I)	3475
Dominante (D)	1960	dorso della mano (I)	3439
dominante (F, I)	1876, 1960	dos (F)	3475
dominante de passage (F)	1961	dos de la main (F)	3439
dominante di passaggio (I)	1961	dot (E)	2084
dominante secondaria (I)	1961	dotted (E)	2083
Dominantseptakkord (D)	1876	dotted note (E)	2043
Dominantseptime (D)	2123	Double (D, E, F, I)	2526
dondolando (I)	1120	double (E, F)	1691
donner (D)	3412	doublé (F)	1993
donner des concerts (F)	2696	double action harp (E)	3
Donnermaschine (D)	295	double appoggiatura (E)	1888
donnernd (D)	1558	double articulation (F)	241
dopo (I)	1690	double bar (E)	1962
Doppel-B (D)	1963	double barre (F)	1962
Doppelgriff (D)	99, 1649	double bass (E)	14
Doppelkegeldämpfer (D)	223	double bass clarinet (E)	125
Doppelkonzert (D)	2311	double bass player (E)	3499
Doppelkreuz (D)	1964	double bassoon (E)	127
Doppelloch (D)	221	double bémol (F)	1963
Doppelpedalharfe (D)	3	double cadence (F)	1993
Doppelpunkt (D)	2085	double concerto (E, F)	2311
Doppelrohrblatt (D)	193	double corde (F)	99
Doppelschlag (D)	1993	double croche (F)	2228
Doppelstrich (D)	1962	double dièse (F)	1964

double dot (E)	2085
double échappement (F)	423
double flat (E)	1963
double joint (E)	221
double manual (E)	455
double mute (E)	223
double point (F)	2085
double reed (E)	193
double sharp (E)	1964
double stop (E)	99
double the speed (E)	793
double tonguing (E)	241
double-bass saxhorn (E)	187
double-bass trombone (E)	182
doublehopper (E)	423
doubler (F)	2780
doubling (E)	2090
douçaine (F)	139
doucement (F)	864, 1113
douloureusement (F)	1117, 1321
douloureux (F)	1119
douteux (F)	3079
doux (F)	965, 1112
down-bow (E)	86
downbeat (E)	1998
draft (E)	3318
dragged (E)	840
dragging (E)	836
Draht (D)	3041
Drama (D)	3000
drama (E)	3000
dramatic (E)	1121
dramatic music (E)	3144
dramatic soprano (E)	628
dramatique (F)	1121
dramatisch (D)	1121
dramatische Musik (D)	3144
dramatischer Sopran (D)	628
drame (F)	3000
drame liturgique (F)	2392
drame lyrique (F)	2337
drame musical (F)	2338
dramma (I)	3000
dramma lirico (I)	2337
dramma musicale (I)	2338
drammatico (I)	1121
drängend (D)	749, 794, 884
draw-stops (E)	411
drawing (E)	838
drawing together (E)	810
drawing together again (E)	804
drawn together (E)	809
dreadful (E)	1550
dream (E)	2464
dreaming (E)	1507
Drehleier (D)	17
Drehorgel (D)	478
Drehventil (D)	205
drei Saiten (D)	473
Dreieck (besser: Dreieckschwingung) (D)	592
dreifach (D)	1833
Dreiklang (D)	1877, 2177
dreist (D)	1494
dreistimmig (D)	1863
dreiteilig (D)	2158
dreiteilige Form (D)	1983
dress (E)	2971
dringend (D)	811
drinking song (E)	2272
dritter Satz (D)	2161
drohend (D)	1336
dröhnen (D)	2795
dröhnend (D)	1439, 1558
droit (F)	1687
droit d'auteur (F)	2992
droite (á) (F)	2976
droits d'auteur (F)	2990
droits d'execution (F)	2991
drone string (E)	49
drowsily (E)	3817
drum (E)	267, 327
drum major's baton (E)	363
drum roll (E)	382, 383
drum stick (E)	348
drumbeat (E)	376
drumhead (E)	357, 365
drummer (E)	3492

drums (E)	253	durchaus (D)	1642
dry (E)	1465	durchdringend (D)	1380, 1527
dryly (E)	3818	Durchfall (D)	3036
du bout des lèvres (F)	1618	Durchführung (D)	2148
du début (F)	1611, 1675	Durchgang (D)	2059, 2173
du début à la fin (F)	1676, 1678	Durchgangsakkord (D)	1875
du début au signe (F)	1677	Durchgangsnote (D)	2041
du signe (F)	1679	Durchgangston (D)	2041
du signe à la fin (F)	1680	durchgehend (D)	1672, 1803
du tout (F)	1752	durchkomponiert (D)	1860
Dudelsack (D)	162	durchlaufend bewegt (D)	2396
due corde (I)	461	durchsichtig (D)	1567
due volte (I)	1617	durchweg (D)	1678
duet (E)	2339	durée (F)	3001
Duett (D	2339	durée du son (F)	1967
duetto (I)	2339	durezza (con) (I)	1122
duftig (D)	1307	dürftig (D)	1576
duina (I)	1966	during (E)	1692
dulcian (E)	139	duro (I)	1123
dulciana (I)	139	dusky (E)	1066
dulcimer (E)	24	düster (D)	1066
dull (E)	1361	Dux (D)	1885, 2127
Dulzian (D)	139	dwindling (E)	896
dumb (E)	3180	dying away (E)	824
Dumka (D, E, F, I)	2527	dying out (E)	832
dumpf (D)	1066	dynamic (E)	1098
dunkel (D)	1544	dynamic mark (E)	2115
dunkle Stimme (D)	708	dynamic sign (E)	2115
dunstig (D)	1584	dynamics (E)	2987
Duo (D, E, F, I)	2339, 2528	Dynamik (D)	2987
duo (F, I)	2339	dynamique (F)	531, 1098, 2987
Duole (D)	1966	dynamisch (D)	1098
duolet (F)	1966	dynamisches Zeichen (D)	2115
duolo (con) (I)	1118	E (D, E)	2199
duple time (E)	2154	E double flat (E)	2203
duplet (E)	1966	E double sharp (E)	2202
Dur (D)	2008	E flat (E)	2201
dur (F)	1123	E sharp (E)	2200
durant (F)	1692	E-Musik (D)	3122, 3167
durante (I)	1692	each (E)	1759
durata (I)	3001	ear (E)	3462
durata del suono (I)	1967	ear-deafening (E)	1644
duration (E)	3001	easily (E)	1159
durch (D)	1764	easy (E)	3028

ébauche (F)	3318	edizione completa (I)	3006
ebbrezza (con) (I)	1124	éducation de l'oreille (F)	3007
éblouissant (F)	1492	éducation de la voix (F)	604
eccedente (I)	1896	educazione dell'orecchio (I)	3007
eccellente (I)	3002	educazione della voce (I)	604
eccessivamente (I)	1693	effacer (F)	489
eccetera (I)	3003	effe (I)	57
eccetto (I)	1694	effect (E)	3008
eccezionale (I)	3364	effective (E)	3009
eccezione (I)	1695, 3004	effects d'animaux (F)	2889
eccitante (I)	1125	Effekt (D)	3008
eccitato (I)	1125	Effektgerät (D)	578
échange (F)	3311	effet (F)	3008
échappement (F)	441	effet d'écho (F)	3291
échec (F)	3036	effet sonore (F)	503
Echo (D)	502, 3291	effetti (I)	578
echo (E)	502	effetto (I)	3008
écho (F)	502	effetto sonoro (I)	503
echo effect (E)	3291	efficace (F, I)	3009
echt (D)	1413	effilé (F)	1147
éclairage (F)	3068	effleurer (F)	2817
éclatant (F)	1195, 1460	effortless (E)	1478
éclisse (F)	58	effrayant (F)	1570
eclogue (E)	2340	effréné (F)	1493
eco (I)	502	effronté (F)	1486
école (F)	3321	égal (F)	1841
école de ballet (F)	3322	égalisateur (F)	510
école de danse classique (F)	3322	égalité (F)	3010
école de musique (F)	3324	église (F)	2940
école supérieure de musique (F)	2866	egloga (I)	2340
école viennoise (F)	3325	églogue (F)	2340
écossaise (F)	2457	eguaglianza (I)	3010
écoute (F)	2896	eguale (I)	1841
écouter (F)	2662	eher (D)	1772
écrire (F)	2811	ehrerbietig (D)	1444
écrire de la musique (F)	2812	ehrfurchtsvoll (D)	1445
ecstatic (E)	1152	eifrig (D)	1609
edel (D)	1353	eigensinnig (D)	1032, 1367
edge (E)	366	Eigenton (D)	2144
edition (E)	3005	eighth note (Am.)	2227
édition (F)	3005	eighth note rest (Am.)	2234
édition complète (F)	3006	eilend (D)	787
edizione (I)	3005	eilig (D)	725, 735
		eiliger (D)	796

ein anderes Mal (D)	1844	ekstatisch (D)	1152
ein bißchen (D)	1826	elaborare (I)	2704
ein klein wenig (D)	1848	elaboratore (I)	504
ein wenig (D)	1849	elaboratore musicale (I)	505
ein wenig frei (D)	768	élaborer (F)	2704
ein wenig mehr (D)	1850	élargi (F)	1630
einatmen (D)	2740	élargir (F)	2647
einbezogen (D)	1656	elbow (E)	3447
Eindruck (D)	3008	electric guitar (E)	490
eindrucksvoll (D)	1259	électro-acoustique (F)	506
eine Saite (D)	474	electroacoustics (E)	506
einer Eingebung folgend (D)	1153	electrodynamic microphone (E)	531
einfach (D)	1468	electromagnetic microphone (E)	532
einfacher Takt (D)	1904	electronic drums (E)	486
einfacher Zungenstoß (D)	240	electronic music (E)	3145
Einfall (D)	3096	electronic organ (E)	539
einfältig (D)	1028, 1278	électronique musicale (F)	508
einführen (D)	2742	electrophone (E)	507
Eingang (D)	509, 3011	électrophone (F)	507
Eingebung (D)	3093	electrophonic instrument (E)	507
einheitlich (D)	1579	élégamment (F)	1126
einige (D)	1787	elegantemente (I)	1126
Einklang (D)	2181, 3092	elegantly (E)	1126
Einlage (D)	59	eleganza (con) (I)	1127
einleiten (D)	2742	elegia (I)	2341
Einleitung (D)	2368, 3240	elegiac (E)	1128
einmal (D)	1845	elegiaco (I)	1128
einmanualig (D)	458	élégiaque (F)	1128
Einsatz (D)	1969, 2898	Elegie (D)	2341
einschmeichelnd (D)	1284	élégie (F)	2341
einschneidend (D)	1264	elegisch (D)	1128
einsetzen (D)	2733	elegy (E)	2341
einspringen (D)	2808	Elektroakustik (D)	506
einstimmen (D)	2643	elektrodynamisches Mikrophon (D)	531
Einstimmigkeit (D)	2026	Elektrogitarre (D)	490
eintönig (D)	1342	elektromagnetisches Mikrophon (D)	532
eintreten (D)	2706	elektronische Musik (D)	3145
Eintritt (D)	3011	elektronische Orgel (D)	539
Eintrittskarte (D)	2917	elektronische Tasteninstrumente (D)	577
einzig (D)	1846		
Eis (D)	2200		
eisig (D)	1227, 3054		
Eisis (D)	2202		
Ekloge (D)	2340		

310 elektronisches Schlagzeug

elektronisches Schlagzeug (D)	486
Elektrophon (D)	507
elettroacustica (I)	506
elettrofono (I)	507
elettronica (I)	577
elettronica musicale (I)	508
elevamento (con) (I)	1129
elevated (E)	1129
elevatezza (con) (I)	1129
elevato (I)	1129
élevé (F)	1129
élève (F)	2879
elf (E)	3045
elicon (I)	140
Ellbogen (D)	3447
elogiare (I)	2705
éloigné (F)	1107
else (E)	1763
elusive (E)	1261
embellir (F)	2638
embellished (E)	1865
embellishing (E)	1185
embellishment (E)	1864, 1978
embittered (E)	961
Embouchure (D)	244
embouchure (E, F)	199, 208, 244
embrasé (F)	1275
émission (F)	100, 3409
émission originale (F)	591
emissione (I)	100
émouvant (F)	1051
émouvoir (F)	2684
emozione (con) (I)	1130
empfindlich (D)	1472
empfindungslos (D)	1282
emphasized (E)	870
emphatic (E)	1134
emphatique (F)	1134
emphatisch (D)	1134
emporté (F)	1503
emporté (F)	1256
emporté (F)	1585
empressé (F)	772
empty (E)	1858
empty string (E)	97
ému (F)	1050
en abaissant (F)	891
en accélerant (F)	785
en accompagnant (F)	1614
en accroissant (F)	880
en adoucissant (F)	893, 907
en affaiblissant (F)	894
en agrandissant (F)	882
en allant (F)	729, 788
en allongeant (F)	814
en alternant (F)	1631
en amenuisant (F)	896
en amoindrissant (F)	908
en amortissant (F)	909
en animant (F)	789
en apaisant (F)	906
en appelant (F)	1040
en appuyant (F)	842
en arrière (F)	1684, 3281
en articulant (F)	844
en attenuant (F)	897
en aucun cas (F)	1721
en augmentant (F)	883
en avançant (F)	790
en avant (F)	790
en badinant (F)	1458
en balançant (F)	1120
en balbutiant (F)	1001
en bas (F)	1717
en berçant (F)	1064
en cajolant (F)	1590
en calmant (F)	815
en caressant (F)	918
en cédant (F)	899
en chancelant (F)	1004
en changeant (F)	1652
en chantant (F)	1030
en chevrottant (F)	696
en cinglant (F)	872
en circulant (F)	733
en colère (F)	924
en commençant (F)	1665

en comprimant (F)	884
en conspirant (F)	1568
en contraignant (F)	851
en coquettant (F)	1045
en courant (F)	745
en criant (F)	1580
en croissant (F)	885
en déclamant (F)	1074
en décroissant (F)	900
en défaillant (F)	822
en dehors (F)	1716
en délirant (F)	1081
en déployant (F)	889
en dérobant (F)	768
en descendant (F)	898
en diluant (F)	901
en diminuant (F)	902
en divaguant (F)	1109
en doublant le mouvement (F)	793
en élargissant (F)	812, 821
en élevant (F)	881
en estompant (F)	1495
en éteignant (F)	910
en évidence (F)	1716
en expirant (F)	832
en exultant (F)	1155
en faisant descendre (F)	898
en filant (F)	1182
en fleurissant (F)	1185
en folâtrant (F)	1191
en forçant (F)	873
en freinant (F)	819
en frôlant (F)	114
en froufroutant (F)	1208
en gazouillant (F)	1345
en glissant (F)	853
en haut (F)	1726
en hésitant (F)	746
en hurlant (F)	1580
en imitant (F)	1713
en improvisant (F)	1260
en jubilant (F)	1156
en marchant (F)	792
en marquant (F)	856
en méditant (F)	1331
en même temps (F)	1847
en mesure (F)	720
en modérant (F)	823, 912
en mourant (F)	824
en murmurant (F)	1345
en narrant (F)	1346
en ondoyant (F)	1360
en ornant (F)	926
en ôtant (F)	913
en parlant (F)	1372
en peinant (F)	833
en plaisantant (F)	1458
en pleurs (F)	1389
en portant (F)	867
en poussant (F)	808
en précipitant (F)	798
en pressant (F)	787, 799
en priant (F)	1405
en procédant (F)	788
en prolongeant (F)	825
en psalmodiant (F)	1452
en racontant (F)	1419
en ralentissant (F)	826
en ranimant (F)	802
en ranimant (F)	791
en ravivant (F)	800
en réchauffant (F)	803
en récit (F)	1425
en récitant (F)	1425
en réfléchissant (F)	1382
en relâchant (F)	813, 828
en relief (F)	1723
en remettant (F)	767
en renforçant (F)	886
en reprenant (F)	767
en respirant (F)	1427
en resserrant (F)	804
en retardant (F)	829
en retenant (F)	839
en rêvant (F)	1507
en réveillant (F)	890
en réveillant (F)	888
en revenant (F)	1792

en revenant au mouvement (F)	779	enchanted (E)	1262
en riant (F)	682	enchanteur (F)	1263
en s'abandonnant (F)	915	enclume (F)	291
en s'apaisant (F)	892	encore (E, F)	1636, 2919
en s'attardant (F)	820	encore une fois (F)	1637
en s'effaçant (F)	837	encore! (F)	2919
en s'éloignant (F)	895	end (E)	1701
en s'estompant (F)	837	enden (D)	2721
en s'étandant (F)	817	endpin (E)	37
en s'éteignant (F)	903	endroit (F) (F)	1731
en s'étendant (F)	835	energetic (E)	1132
en s'évaporant (F)	904	energia (con) (I)	1131
en s'exténuant (F)	818	energico (I)	1132
en sanglotant (F)	685	énergique (F)	1132
en sautillant (F)	1453	energisch (D)	1132
en se calmant (F)	816	enfant prodige (F)	2908
en se hâtant (F)	807	enfantin (F)	1272
en se perdant (F)	905	enfasi (con) (I)	1133
en se souvenant (F)	1432	enfatico (I)	1134
en serrant (F)	810	enflammé (F)	1274
en sifflotant (F)	717	enflé (F)	969
en souffrant (F)	1116	eng (D)	809
en soupirant (F)	1513	engagé (F)	1656
en sourdine (F)	459	Engagement (D)	3320
en souriant (F)	687	engagement (E, F)	3320
en style récitatif (F)	1287	enge Lage (D)	2075
en suppliant (F)	1540	engelhaft (D)	971, 1479
en survolant (F)	1512	enger werdend (D)	804
en talonnant (F)	794	Engführung (D)	2136
en tenant (F)	1829	Englische Suite (D)	2476
en tintinnabulant (F)	1557	Englischhorn (D)	136
en tiraillant (F)	1834	English dance (E)	2362
en tirant (F)	838	english horn (Am.)	136
en titubant (F)	1296	English suite (E)	2476
en tonnant (F)	1558	engraver (E)	3509
en traînant (F)	836	enharmonic (E)	1968
en tremblottant (F)	696	enharmonic change (E)	2130
en vacillant (F)	1004	enharmonique (F)	1968
en valeur (F)	1723	enharmonisch (D)	1968
en vibrant (F)	1591	enharmonische Verwechslung (D)	2130
en volant (F)	1604	enigmatico (I)	1135
enarmonico (I)	1968	énigmatique (F)	1135
enchaîner (F)	1646, 2686	énivrant (F)	1271

enjoué (F)	1234
enlevé (F)	1014
enlever (F)	2850
enlever la pédale gauche (F)	472
enlever la sourdine (F)	248, 1728
enlivening (E)	791
ennuyeux (F)	3184
énormément (F)	1696, 1743
enormemente (I)	1696
enormously (E)	1696
enough (E)	1610
enragé (F)	991
enraged (E)	1276
enregistrement (F)	554
enregistrement à pistes multiples (F)	555
enregistrement de démonstration (F)	557
enregistrement du son (F)	574
enregistrement original (F)	556
enregistrement radiophonique (F)	558
enregistrement télévisé (F)	559
enregistrer (F)	2784
enroué (F)	622
enseigner (F)	2736
Ensemble (D)	2952
ensemble (E, F)	1725, 2952, 3205
ensuite (F)	1690
entendre (F)	2857
entente (E, F)	3092
entertainment music (E)	3149
entêté (F)	1032
entfaltend (D)	889
entfaltet (D)	1520
entfernend (D)	895
entfernt (D)	855, 1107
entfesselt (D)	1455
enthaltsam (D)	1506
entièrement (F)	2953
entonner (F)	2741
entr'acte (F)	2365
entracte (F)	3091
entraînant (F)	1015
entrance (E)	3011
entrare (I)	2706
entrare in scena (I)	2707
entrata (I)	509, 1969, 2367, 3011
entrata degli artisti (I)	3012
entrée (F)	509, 1969, 2367, 2898, 3011
entrée des artistes (F)	3012
entrée douce (F)	644
entrer (F)	2706
entrer en scène (F)	2707
entrüstet (D)	1267
entry (E)	1969
entschieden (D)	1073, 1170
entschlossen (D)	1073
Entschuldigung (D)	3326
entschwindend (D)	822, 837
entsetzlich (D)	1364, 1550
entspannen (D)	2793
entspannt (D)	1438
entusiasmo (con) (I)	1136
Entwicklung (D)	2148
Entwurf (D)	3318
Entzerrer (D)	510
entzündet (D)	1274
environ (F)	1654
envolé (F)	1501
éolien (F)	1970
eolifono (I)	284
eolio (I)	1970
épaule (F)	3477
épée (E, F)	3347
epic (E)	1137
epico (I)	1137
épiglotte (F)	191
Epilog (D)	2342
epilogo (I)	2342
epilogue (E)	2342
épilogue (F)	2342
épinette (F)	405
épique (F)	1137
episch (D)	1137
episode (E)	1971
épisode (F)	1971

episodio (I)	1971	ernst (D)	1483
epoca (I)	3013	ernste Musik (D)	3167
epoch (E)	3013	ernste Oper (D)	2409
Epoche (D	3013	eroico (I)	1138
époque (F)	3013	erotic (E)	1139
épouvantable (F)	1550	erotico (I)	1139
épuisé (F)	3014	érotique (F)	1139
equabilmente (I)	1697	erotisch (D)	1139
equable (E)	1579	errato (I)	3309
equal (E)	1841	erregt (D)	942
equal temperament (E)	2151	erreur (F)	3310
equality (E)	3010	error (E)	3310
equalizer (E)	510	errore (I)	3310
equalizzatore (I)	510	erschaffen (D)	2693
equilibrato (I)	1008	(Geister-) Erscheinung (D)	3030
équilibré (F)	1008	ersehnt (D)	1089
équitablement (F)	1697	ersetzen (D)	2826
equitably (E)	1697	erstaunlich (D)	3110
equivocarsi (I)	2810	Erstdruck (D)	3247
era (E)	3013	erste Sängerin (D)	620
éraillé (F)	622	erste Vorstellung (D)	3244
Erbarmen (D)	681	erster Satz (D)	2079
erbittert (D)	961	ersterbend (D)	824
erfinderisch (D)	1277	erstes Mal (D)	3248
erflehend (D)	1258	erstes Zeitmaß (D)	778
Erfolg (D)	3384	erwärmend (D)	803
erfreulich (D)	1388	erweckend (D)	890
erfreut (D)	1422	erweitern (D)	2647, 2654
Ergänzung (D)	3389	erweiternd (D)	882
ergeben (D)	1394, 1423	erwünscht (D)	1089
ergreifend (D)	1533	erzählen (D)	2778
erhaben (D)	1129, 1538	erzählend (D)	1346, 1419, 1425
erhebend (D)	881	Erzlaute (D)	1
erhöhen (D)	2652	erzürnt (D)	924
Erhöhungszeichen (D)	1954	Es (D)	2201
erklären (D)	2829	es folgt (D)	1796
erklingen (D)	2862	esacordo (I)	1972
erloschen (D)	911	esagerare (I)	2708
erlöscht (D)	848, 911	esagerato (I)	1140
ermattet (D)	1305	esaltante (I)	1141
ermüdet (D)	1305	esaltato (I)	1142
erneut spielen (D)	2802	esaltazione (con) (I)	1143
erniedrigen (D)	2636	esasperato (I)	1144
Erniedrigungszeichen (D)	1905	esattezza (con) (I)	1145

esatto (I)	1146	estenuandosi (I)	818
esaurito (I)	3014	esteso (I)	1530
escapement (E)	423	estetica (I)	3023
escapement lever (E)	441	esthétique (F)	3023
esecuzione (I)	3015	estinguendo (I)	3909
eseguire (I)	2709	estinguendosi (I)	903
esempio (I)	3016	estinto (I)	848
esercitare (I)	2710	estomac (F)	3478
esercizio (I)	3017	estompé (F)	1495
esercizio per le dita (I)	3018	estrade (F)	3231
esercizio vocale (I)	605	estratto (I)	3024
Eses (D)	2203	estremamente (I)	1698
esile (I)	1147	estro (con) (I)	1153
esitando (I)	746	estroso (I)	1154
esitante (I)	746	esuberante (I)	1601
esordiente (I)	3019	esultante (I)	1155
esordio (I)	2974	esultanza (con) (I)	1156
esordire (I)	2711	esultare (I)	2716
espandendosi (I)	817	esultazione (con) (I)	1156
espansione (con) (I)	1148	et ainsi de suite (F)	3003
espiègle (F)	1327	etc (I)	3003
espirando (I)	832	éteindre (F)	2828
espirare (I)	2712	éteint (F)	848, 911
esplosivo (I)	3822	étendu (F)	1530
espoir (F)	3349	étendue (F)	3022
esposizione (I)	1973, 3020	etereo (I)	1157
espressione (con) (I)	1149	eternal (E)	3025
espressionismo (I)	3021	éternel (F)	3025
espressivo (I)	1150	eterno (I)	3025
esprimere (I)	2713	éthéré (F)	1157
esquisse (F)	3318	ethereal (E)	1157
essai (F)	2902, 3304	étincelant (F)	1489
essayer (F)	2777	étoile (F)	3359
essential note (E)	2042	étonnant (F)	3110
essere fuori tempo (I)	2714	étouffé (F)	96, 238
essere in ritardo (I)	2715	étouffer (F)	389
essouflé (F)	930	étouffoir (F)	444
Estampie (D)	2370	étrange (F)	1531
estampie (E, F)	2370	être en retard (F)	2715
estasi (con) (I)	1151	être hors du tempo (F)	2714
estatico (I)	1152	Etüde (D)	2471
estendendo (I)	817	étude (F)	2471
estensione (I)	3022	étude concertante (F)	2472
estensione vocale (I)	606	étude de concert (F)	2472

étude de virtuosité (F)	2473	exceptional (E)	3364
étude transcendentale (F)	2474	exceptionnel (F)	3364
étudier (F)	2837	excerpt (E)	3024
étui (F)	35	excessively (E)	1693
etwas (D)	1625, 1849	excessivement (F)	1693
etwas mehr (D)	1778	exchange (E)	3311
etwas weniger (D)	1777	excité (F)	1125
eufonia (I)	3026	excited (E)	1125
eunuch flute (E)	301	exciting (E)	1125
Euphonie (D)	3026	exécuter (F)	2709
euphonie (F)	3026	exécution (F)	3015
euphonium (E, F)	119	exemple (F)	3016
euphony (E)	3026	exercer (F)	2710
eurhythmics (E)	3027	exercice (F)	3017
Eurhythmie (D)	3027	exercice pour les doigts (F)	3018
euritmia (I)	3027	exercice vocal (F)	605
eurythmie (F)	3027	exercise (E)	3017
evanescente (I)	1584	exhibition (E)	3020
evaporandosi (I)	904	exit (E)	3414
evaporating (E)	904	exitant (F)	1125
éveillé (F)	1091	exotic music (E)	3146
even (E)	1314, 1518, 3106	exotische Musik (D)	3146
evening song (E)	2296	expédié (F)	774
every (E)	1759	experimental music (E)	3170
every time (E)	1760	Experimentalmusik (D)	3170
everybody (E)	1838	expirer (F)	2712
everywhere (E)	1681	expliquer (F)	2829
evirato (I)	656	explorer (F)	570
ewig (D)	3025	Exposition (D)	1973
exact (E, F)	1146	exposition (E, F)	1973, 3020
exagéré (F)	1140	expressif (F)	1150
exagérer (F)	2708	expression mark (E)	2114
exaggerated (E)	1140	expressionism (E)	3021
exaltant (F)	1141	expressionisme (F)	3021
exalté (F)	1142	Expressionismus (D)	3021
exalted (E)	1142	expressive (E)	1150
exalting (E)	1141	exprimer (F)	2713
example (E)	3016	exquisite (E)	1430
exasperated (E)	1144	extatique (F)	1152
exaspéré (F)	1144	extemporieren (D)	2732
excellent (E, F)	3002	extended position (E)	2074
except (E)	1694	extending (E)	817
excepté (F)	1694	extension (E)	3022
exception (E, F)	1695, 3004	extinguished (E)	848, 911

extinguishing (E)	903, 910	facilité (F)	3029
extra (E)	2951	facility (E)	3029
extrait (F)	3024	facilmente (I)	1159
extraordinaire (F)	3364	facoltativo (I)	1699
extraordinary (E)	3364	facultatif (F)	1699
extravagant (D, E, F)	1532	fade out (E)	3823
Extravaganza (D, E, F, I)	2529	Faden (D)	3041
extremely (E)	1698	fading away (E)	832
extremely fast (E)	762	Fado (D, E, F, I)	2530
extremely slow (E)	723	Fagott (D)	141
extremely soft (E)	863	Fagottist (D)	3507
extrèmement (F)	1698	fagottista (I)	3507
extrêmement lent (F)	752	Fagottistin (D)	3507
extrêmement lent (F)	723	fagotto (I)	141
exubérant (F)	1436, 1601	fähig zu (D)	2868
exultant (E)	1155	Fähnchen (D)	1934
exulter (F)	2716	faible (F)	1069
eye (E)	3461	faiblement (F)	1071
F (D, E)	2204	failure (E)	3036
F double flat (E)	2208	faint (E)	1186
F double sharp (E)	2207	fair (E)	3825
F flat (E)	2206	faire (F)	2717
F sharp (E)	2205	faire descendre (F)	2674
F-Loch (D)	57	faire une faute (F)	2810
Fa (F, I)	2204	fairy tale (E)	3031
Fa bémol (F)	2206	faithful to the original (E)	3032
Fa bemolle (I)	2206	falange (I)	3441
Fa dièse (F)	2205	fall (E)	420
Fa diesis (I)	2205	„falle ein" (D)	1645
Fa doppio bemolle (I)	2208	fallen (D)	2673
Fa doppio diesis (I)	2207	falls (D)	1793
Fa double bémol (F)	2208	falsa relazione (I)	1974
Fa double dièse (F)	2207	falsch (D)	1160, 3309
Fabel (D)	3031	falsch singen (D)	692
fable (E, F)	3031	falsch spielen (D)	2833
faburden (E)	1975	falsche Note (D)	3186
faccia (I)	3440	false (E)	1160
face (E)	3440	false note (E)	3186
facezia (con) (I)	1158	false relation (E)	1974
…fach (D)	1855	Falsett (D)	676
facile (F, I)	3028	falsettista (I)	603
facilement (F)	1159	falsetto (E, I)	676
facilità (I)	3029	falso (I)	1160, 3309
facilità (con) (I)	937	falso bordone (I)	1975

falso bordone 317

fameux (F)	2937	fascino (con) (I)	1166
famoso (I)	2937	Fassung (D)	3420
famous (E)	2937	fast (D, E)	763, 1789
fanatic (E)	1161	fast nichts (D)	869
fanatico (I)	1161	fast unvernehmlich (D)	1618
fanatique (F)	1161	fast wie eine Fantasie (D)	1414
fanatisch (D)	1161	Fastnacht (D)	2932
fanciful (E)	1163	fastoso (I)	1167
fancy (E)	2344	fastueux (F)	1167, 1488
Fandango (D, E, F, I)	2531	fate vibrare (I)	1700
fanfara (I)	2343, 2909	fatica (con) (I)	1168
Fanfare (D)	2343, 2909	faticoso (I)	1168
fanfare (E, F)	2343, 2909	fatigué (F)	1528
fanfare de cuivres (F)	2910	faul (D)	3228
fantaisie (F)	2344	fault (E)	2982
fantasia (E, I)	2344	fausse note (F)	3186
fantasia (con) (I)	1162	fausse relation (F)	1974
Fantasie (D)	2344	fausset (F)	676
fantasioso (I)	1163	faute (F)	3310
fantasma (I)	3030	fauteuils d'orchestre (F)	3230
fantasque (F)	1154, 1163	faux (F)	1160, 3309
fantastic (E)	1164	faux-bourdon (F)	1975
fantastico (I)	1164	Fauxbourdon (D)	1975
fantastique (F)	1164	fauxbourdon (E)	1975
fantôme (F)	3030	favola (I)	3031
far away (E)	855, 1107	fearful (E)	1378
farandola (I)	2345	febbrile (I)	1169
Farandole (D)	2345	fébrile (F)	1169
farandole (E, F)	2345	fedele all'originale (I)	3032
Farbe (D)	2948	fee (E)	3193
farbig (D)	1048	feed back (E)	550
farblos (D)	1477	feeling comfortable (E)	1053
Farce (D)	2346	Fehler (D)	2982, 3310
farce (E, F)	2346	fehlerhaft (D)	3319
farceur (F)	1165	feierlich (D)	1508
farcical (E)	1165	feiern (D)	2720
fare (I)	2717	feiernd (D)	1177
farewell! (E)	2876	feigned (E)	3042
faringe (I)	3442	fein (D)	1183
Farruca (D, E, F, I)	2532	feint (F)	3042
farsa (I)	2346	felice (I)	3033
farsesco (I)	1165	felicitare (I)	2718
Fasching (D)	2932	féliciter (F)	2718
fascia (I)	58, 361	Fell (D)	365, 368

felt (E)	424	feuille d'acier (F)	292
felt stick (E)	350	feuille d'album (F)	2348
feltro (I)	424	feurig (D)	984, 1190
female voice (E)	712	feutre (F)	424
fermamente (I)	1170	feux de la rampe (F)	3105
fermare (I)	2719	feverish (E)	1169
fermata (E)	1946	few (E)	1773
Fermate (D)	1946	fiaba (I)	3031
fermé (F)	2941	fiacco (I)	1305
ferme (F)	1172	fiasco (I)	3036
fermement (F)	1170	fiati (I)	3037
fermer (F)	2683	fiato (I)	3038
fermezza (con) (I)	1171	fickle (E)	1606
fermo (I)	1172	fiddle (E)	27
fern (D)	855	Fidel (D)	27
Fernbedienung (D)	584	fidèle à l'original (F)	3032
Fernsehaufnahme (D)	559	fiducia (con) (I)	1179
Fernsehen (D)	3396	fieberhaft (D)	1169
Fernsehübertragung (D)	589	Fiedel (D)	27
féroce (F)	1173	fier (F)	1363
feroce (I)	1173	fieramente (I)	1180
ferocia (con) (I)	1174	fierce (E)	1173
ferocious (E)	1173	fièrement (F)	1180
Ferse (D)	3479	fierezza (con) (I)	1181
fervent (F)	1175	fiero (I)	1363
fervid (E)	1175	fiery (E)	1190
fervido (I)	1175	fievole (I)	1069
fervore (con) (I)	1176	fife (E)	142, 161
Fes (D)	2206	fiffero (I)	161
Feses (D)	2208	fifre (F)	161
Fest (D)	3034	fifth (E)	2242
festa (I)	3034	fifth movement (E)	2089
festeggiante (I)	1177	fignoler (F)	2704
festeggiare (I)	2720	Figur (D)	1976
festival (E)	3034	figura (I)	1976
festival de musique (F)	3035	figurant (F)	2951
festival musicale (I)	3035	figurante (F, I)	2951
festive (E)	1178	figuration (E, F)	1932, 3039
festivo (I)	1178	figurato (I)	1977
festlich (D)	1178	figurazione (I)	3039
festoso (I)	1233	figure (E)	1976
fête (F)	3034	figuré (F)	1977
fêter (F)	2720	figure (F)	1976
feuille (F)	3043	figured (E)	1977

figured bass (E)	1899	Fingerloch (D)	207
figuriert (D)	1977	Fingersatz (D)	2998
figuring (E)	1932	Fingertechnik (D)	3395
fil (F)	3041	fingertips (E)	3471
filando (I)	1182	Fingerübung (D)	3018
filar la voce (I)	607	Fingerwechsel (D)	470
filarmonica (I)	3040	fingiert (D)	3042
filarmonico (I)	3040	finir (F)	2721
filer le son (F)	607	finire (I)	2721
filet (F)	59	finished (E)	1702
filetto (I)	59	finito (I)	1702
filling-in part (E)	2187	fino (I)	1183
film music (E)	3157	fino al (I)	1703
Filmmusik (D)	3157	fino al segno (I)	1704
filo (I)	3041	finster (D)	1544
Filter (D)	511	finto (I)	3042
filter (E)	511	fioco (I)	700
filtre (F)	511	fioreggiando (I)	1185
filtre passe-bande (F)	512	fiorettando (I)	1185
filtro (I)	511	fioritura (I)	608, 1978
filtro passabanda (I)	512	fioriture (F)	608, 1978
Filz (D)	424	firm (E)	1172
Filzschlägel (D)	350	firmly (E)	1170
fin (F)	1183, 1701	first edition (E)	3247
final (F)	2347	first movement (E)	2079
final cadenza (E)	1912	first night (E)	3244
final part (E)	1655	first performance (E)	3245
final rehearsal (E)	3262	first phrase (E)	2077
finale (E, I)	2347	first time (E)	3248
finden (D)	2856	Fis (D)	2205
fine (E, I)	1183, 1701	fisarmonica (I)	395
finezza (con) (I)	1184	fisarmonica a bottoni (I)	396
Finger (D)	3438	fisarmonica bitonica (I)	396
finger (E)	3438	fisarmonica con tastiera di pianoforte (I)	397
finger action (E)	3395	fischiare (I)	2722
finger exercise (E)	3018	fischiettando (I)	717
finger-cymbals (E)	278	fischietto (I)	142
finger-hole (E)	207	Fisis (D)	2207
fingerboard (E)	75	Fistelstimme (D)	676
Fingercymbeln (D)	278	flabby (E)	1341
Fingerglied (D)	3441	flag (E)	1934
fingering (E)	2998	Flageolett-Töne (D)	2145
Fingerknochen (D)	3441	Flamenco (D, E, F, I)	2533
Fingerkuppe (D)	3471		

flasque (F)	1341	florid counterpoint (E)	1942
flat (E)	1905	florid ornaments (E)	608
Flatsche (D)	301	floscio (I)	1341
flatté (F)	1319	Flöte (D)	143
flattered (E)	1319	Flötenuhr (D)	477
flatterhaft (D)	1606	Flötenwerk (D)	477
Flatterzunge (D)	243	Flötist (D)	3508
flatteur (F)	1318	Flötistin (D)	3508
flautando (I)	115	flott (D)	954
flautato (I)	2145	flottant (F)	1225
flautist (E)	3508	flou (F)	1268
flautista (I)	3508	flourish (E)	2343
flauto (I)	143	flowing (E)	1462
flauto a becco basso (I)	144	flüchtig (D)	1210
flauto a becco contralto (I)	145	fluent (E)	1189
flauto a becco sopranino (I)	146	fluente (I)	1189
flauto a becco soprano (I)	147	fluet (F)	1147
flauto a becco tenore (I)	148	Flügel (D)	401
flauto a tiro (I)	149	Flügelhorn (D)	154
flauto contralto (I)	150	flugelhorn (E)	154
flauto di Pan (I)	151	Flügelröhre (D)	234
flauto diritto (I)	152	fluide (F)	1189
flauto dolc (I)	152	fluidezza (con) (I)	1188
flauto piccolo (I)	160	fluido (I)	1189
flauto traverso (I)	153	flüssig (D)	1312
flebile (I)	1186	flüstern (D)	649
fleet (E)	780	flute (E)	143
fleeting (E)	1210	flûte (F)	143
fleetly (E)	780	flûte à bec alto (F)	145
flehend (D)	1540	flûte à bec basse (F)	144
flessibilità (con) (I)	1187	flûte à bec sopranino (F)	146
Flexaton (D)	285	flûte à bec soprano (F)	147
flexaton (F, I)	285	flûte à bec ténor (F)	148
flexatone (E)	285	flûte à coulisse (F)	149
flexible (E)	1339	flûte alto (F)	145, 150
Flickoper (D)	2421	flûte basse (F)	150
flicorne (F)	154	flûte de Pan (F)	151
flicorno (I)	154	flûte douce (F)	152
fliegend (D)	1604	flûte droite (F)	152
fliegendes Staccato (D)	89	flûte lotine (F)	149
fließend (D)	1189	flute pipe (E)	415
flink (D)	1308	flûte traversière (F)	153
floating (E)	1225	flutist (E)	3508
flop (E)	3036	flûtiste (F)	3508

flutter-tonguing (E)	243
flying (E)	1604
flying above (E)	1512
flying away (E)	1604
focoso (I)	1190
fog horn (E)	281
foga (con) (I)	1255
foggy (E)	1348
foglio (I)	3043
foglio d'album (I)	2348
…fois (F)	1855
folclore (I)	3044
folding seat (E)	3365
Folge (D)	2140
folgen (D)	2813
folgen Sie (D)	1797
folgorante (I)	1212
Folia (D)	2349
folia (E)	2349
folie (F)	2349
folk dance (E)	2330
folk music (E)	3161
folk song (E)	2299
Folklore (D)	3044
folklore (E, F)	3044
folle (I)	1192
folleggiando (I)	1191
follement (F)	1192, 1379
follemente (I)	1192
follet (F)	3045
folletto (I)	3045
follia (I)	2349
follow (E)	1797
fonction (F)	1988
fond (F)	60
fondamental (F)	1979
fondamental position (E)	2073
fondamentale (I)	1979
fondling (E)	1590
fondo (I)	60
fondu (F)	1218
fonetica (I)	3046
foolish (E)	1192
foot (E)	3468
footlights (E)	3284
for (E)	1764
for four hands (E)	456
for singing (E)	651
for the last time (E)	1766
for the whole length (E)	1767
forcé (F)	873
forced (E)	852, 873
forceful (E)	1132
forcer (F)	2723
forchetta (I)	242
forcieren (D)	2723
forcierend (D)	851
forciert (D)	852
forcing (E)	851, 873
Förderer (D)	3109
forearm (E)	3430
forefinger (E)	3449
forehead (E)	3443
forest (E)	3047
foresta (I)	3047
forêt (F)	3047
fori (I)	425
fork (E)	78
fork fingering (E)	242
Forlana (D)	2353
forlana (E, I)	2353
forlane (F)	2353
Form (D)	1980
form (E)	1980
forma (I)	1980
forma binaria (I)	1981
forma ciclica (I)	1982
forma ternaria (I)	1983
Format (D)	3048
format (E, F)	3048
formato (I)	3048
formazione della voce (I)	604
forme (F)	1980
forme binaire (F)	1981
forme cyclique (F)	1982
forme ternaire (F)	1983
former speed (E)	776
foro (I)	207

fort (F)	849	Française (D)	2350
forte (I)	849	française (F)	2350
Fortepedal (D)	433	francamente (I)	1196
fortfahren (D)	2689	francese (I)	2350
fortgeschritten (D)	2904	franchement (F)	1196
fortissimo (I)	850	franchezza (con) (I)	1197
fortschreiten (D)	2773	frankly (E)	1196
fortschreitend (D)	788	frantic (E)	1203
Fortschreitung (D)	2081	Französische Suite (D)	2475
Fortschritt (D)	3255	frappé (F)	1998
fortsetzen (D)	2689	frapper (F)	380, 2671
Fortsetzung (D)	3328	frase (I)	1984
fortwährend (D)	3227	fraseggiare (I)	2724
forward (E)	790	fraseggio (I)	1985
forza (I)	3049	Frauenchor (D)	665
forza (con) (I)	1193	Frauenstimme (D)	712
forzando (I)	851	frech (D)	1486
forzare (I)	2723	freddamente (I)	1198
forzato (I)	852	freddezza (con) (I)	1199
fosco (I)	1066	freddo (I)	1200
fossa dell'orchestra (I)	3050	free (E)	755, 3060
fosse d'orchestre (F)	3050	free and easy (E)	1459, 1522
fou (F)	1192	freely (E)	1310
fouet (F)	286	freezing (E)	3054
fouetté (F)	88, 1209	frei (D)	755
fougeux (F)	1190	frei im Vortrag (D)	1310
four (F)	3036	Freikarte (D)	2918
four voices (E)	1862	freimütig (D)	1196
fourchette (F)	78	freiner (F)	2725
fourth (E)	2241	frêle (F)	1240
fourth movement (E)	2087	fremebondo (I)	1201
Foyer (D)	3286	fremente (I)	1201
foyer (E, F)	3286	frémissant (F)	1201
foyer des artistes (F)	2927	fremito (con) (I)	1202
fragen (D)	2682	frenando (I)	819
fragile (E, F, I)	1194	frenare (I)	2725
Fragment (D)	3051	French dance (E)	2350
fragment (E, F)	3051	french horn (E)	131
fragoroso (I)	1195	French suite (E)	2475
frail (E)	1240	frenetico (I)	1203
frais (F)	1205	frénétique (F)	1203
frame (E)	450	frenzied (E)	1203
frame drum (E)	323	fréquence (F)	513
frammento (I)	3051	frequency (E)	513

frequency band (E)	485
Frequenz (D)	513
frequenza (I)	513
Frequenzband (D)	485
freschezza (con) (I)	1204
fresco (I)	1205
fresh (E)	1205
fret (E)	76
fretboard (E)	75
frettando (I)	787
fretted (E)	74
fretted string (E)	51
frettoloso (I)	747
freudig (D)	1236
Friauler (D)	2353
fricassée (F)	2442
friction board (E)	333
friction drum (E)	273
friction wheel (E)	70
friedlich (D)	1369, 1396
frigio (I)	1986
frisch (D)	1205
frivole (F)	1206
frivolo (I)	1206
frivolous (E)	1206
frizzante (I)	1207
frog (E)	73
fröhlich (D	954, 1233, 1311
frohlockend (D)	1155
froid (F)	1200
froidement (F)	1198
frolicsome (E)	1191
from (E)	1674
from here (E)	1682
from the beginning (E)	1611, 1675
from the beginning to the end (E)	1676
from the beginning to the sign (E)	1677
from the sign (E)	1679
from the sign to the end (E)	1680
fromm (D)	1394
front (F)	3443
fronte (I)	3443
frontstage (E)	3259
Frosch (D)	73
frotter (F)	386
Frottola (D, E, F, I)	2534
früher (D)	1783
frullato (I)	243
frusciando (I)	1208
frusta (I)	286
frustato (I)	1209
fuga (I)	2351
fugace (F, I)	1210
fugal episode (E)	1884
fugato (I)	1987
Fuge (D)	2351
Fugen-Zwischenspiel (D)	1884
fugenartig (D)	1987
fughetta (E, I)	2352
Fughette (D)	2352
fughette (F)	2352
fugue (E, F)	2351
fugué (F)	1987
fühlen (D)	2815
führen (D)	2729
Führer (D)	1885
Führung der Stimme (D)	613
fulgido (I)	1211
fulgurant (F)	1212
full (E)	1769
full of live (E)	1014
full of pep (E)	1015
full organ (E)	426, 464
full score (E)	3217
Füllstimme (D)	2187
fulminant (F)	1212
fulminante (I)	1212
fulminating (E)	1212
function (E)	1988
functional music (E)	3132
fundamental (E)	1979, 2143
funèbre (F)	1213
funebre (I)	1213
funeral lament (E)	2398
funeral march (E)	2381

funeral music (E)	3148	Gage (D)	3193
funereal (E)	1213	gagliarda (I)	2354
funereo (I)	1213	Gagliarde (D)	2354
Fünfliniensystem (D)	2063	gagliardo (I)	1219
fünfter Satz (D)	2089	gagner (F)	702
funkelnd (D)	1489	gähnen (D)	683
Funktion (D)	1988	gai (F)	1222, 1233
funny (E)	2999	gaiamente (I)	1220
funzione (I)	1988	gaiezza (con) (I)	1221
fuoco (con) (I)	1214	gaillard (F)	1219
fuocoso (I)	1190	gaillarde (F)	2354
für (D)	1764	gaily (E)	1220
für die ganze Dauer (D)	1767	gaîment (F)	1220
furbescamente (I)	1215	gaio (I)	1222
furbo (I)	1215	Gala (D)	3052
furchtbar (D)	1570	gala (E, F, I)	3052
fürchterlich (D)	1364	galamment (F)	1223
furchtlos (D)	1290	galant (D, F)	1223
furchtsam (D)	1378, 1556	galante (I)	1223
furente (I)	1216	galanteria (con) (I)	1224, 2355
furia (con) (I)	1217	Galanterie (D)	2355
Furiant (D, E, F, I)	2535	galanteries (E, F)	2355
furibond (F)	1216	Galerie (D)	3053
furibondo (I)	1216	galerie (F)	3053
furieux (F)	1216, 1276	gallant (E)	1223
furioso (I)	1216	galleggiante (I)	1225
furious (E)	1216	galleria (I)	3053
furlana (E, I)	2353	gallery (E)	3053
furore (con) (I)	1217	galliard (E)	2354
fuso (I)	1218	galop (E, F)	2356
Fuß (Harfe) (D)	81, 3468	Galopp (D)	2356
Fußmaschine (D)	367	galoppo (I)	2356
Fußstück (D)	215	gamba (I)	3444
fût (F)	359, 361	Gambe (D)	29
fuyant (F)	1210	gambo (I)	1989
G (D, E)	2209	gamme (F)	2109
G double flat (E)	2213	gamme par tons (F)	2110
G double sharp (E)	2212	ganz (D)	1839
G flat (E)	2211	Ganze (D)	2224
G sharp (E)	2210	ganze Pause (D)	2231
G-Saite (D)	45	gänzlich (D)	2953
Gabel (D)	78	Ganzschluss (D)	1914
Gabelbecken (D)	271	Ganzton (D)	2170
Gabelgriff (D)	242	Ganztonleiter (D)	2110

gar (D)	1744
gar nichts (D)	1752
garbato (I)	959
garbo (con) (I)	958
garder la mesure (F)	2847
gardez (F)	1830
gardez la pédale (F)	3604
Garn (D)	3041
garniture (F)	422
gasping (E)	970
Gastdirigent (D)	2988
Gattung (D)	3055
gauche (á) (F)	3337
gaudio (con) (I)	1226
Gaumen (D)	3464
gavotta (I)	2357
gavotte (E, F)	2357
Gavotte (D)	2357
gay (E)	1222
Gebärde (D)	3058
Gebet (D)	3241
gebieterisch (D)	1254
gebildet (D)	2949
Gebrauchsmusik (D)	3132
gebrochen (D)	3300
gebrochener Akkord (D)	1878
gebunden (D)	854
gedämpft (D)	875
gedankenvoll (D)	1383
gedeckt (D)	238
gedehnt (D)	1530
Gedicht (D)	2428
gedrängt (D)	806
geebnet (D)	1518
gefällig (D)	1231
gefühllos (D)	1283
gefühlvoll (D)	3711
gegen (D)	1673
Gegenbewegung (D)	2032
Gegensatz (D)	1943
Gegenschlagzunge (D)	192
Gegenstimme (D)	1945
Gegenteil (D)	2965
Gegenthema (D)	1943
Gegenzeit (Betonung auf dem schlechten Taktteil) (D)	1944
gehalten (D)	1831
gehämmert (D)	463
gehauchter Einsatz (D)	646
Gehäuse (D)	416
geheimnisvoll (D)	1337, 1497
gehend (D)	729, 792
gehetzt (D)	798
Gehör (D)	2896, 3413
Gehörbildung (D)	3007
gehüpft (Bogenstrich) (D)	90, 108
Geige (D)	30
Geigenbauer (D)	3511
Geigenbauerin (D)	3511
Geiger (D)	3527
Geigerin (D)	3527
geisterhaft (D)	1517
geistesverwirrt (D)	1082
geistlich (D)	1525
geistliche Musik (D)	3164
geistliches Konzert (D)	2316
geistreich (D)	1523, 1524
geistvoll (D)	1524
gekünstelt (D)	993
gelassen (D)	1438
geläufig (D)	774
Gelenk (D)	3429
gelido (I)	1227, 3054
gemächlich (D)	939
gemäßigt (D)	758
gemebondo (I)	1228
gemeinsam (D)	2957
gemendo (I)	1228
gemessen (D)	1742
gemischt (D)	1741
gemischte Stimmen (D)	716
gemischter Chor (D)	667
gémissant (F)	1228
gemurmelt (D)	1345
gemütlich (D)	939
gemütlos (D)	1283
gemütsbewegend (D)	935
gemütvoll (D)	974

genau (D)	1146	gereizt (D)	1298
genau im Takt (D)	938	gerissen (D)	113
general pause (E)	2061	German dance (E)	2265
Generalbass (D)	1899, 1900	gerührt (D)	1050
Generalbassinstrument (D)	3380	Ges (D)	2211
Generalpause (D)	2061	gesammelt (D)	1418
Generalprobe (D)	3262	Gesamtausgabe (D)	3006
générateur (F)	514	Gesamtwerk (D)	3087
générateur de sons sinussoidaux (F)	515	Gesang (D)	2285
		gesanglich (D)	651, 1029, 1313
Generator (D)	514	Gesangskonzert (D)	2319
generator (E)	514	Gesangskunst (D)	641
generatore (I)	514	Gesangspartitur (D)	618
generatore di suoni genere (I)	3055	Gesangstechnik (D	694
		Gesangsübung (D)	605
généreux (F)	1229	Gesangverein (D)	642
generoso (I)	1229	gesangvoll (D)	1029
generous (E)	1229	Gesäß (D)	3476
genial (D)	3056	gesättigt (D)	1357
génial (F)	3056	geschickt (D)	2868
geniale (I)	3056	geschlagen (D)	862
Genick (D)	3460	geschleppt (D)	840
Genie (D)	3057	geschlossen (D)	2941
génie (F)	3057	geschmeichelt (D)	1319
genio (I)	3057	geschmeidig (D)	1375
Genius (D)	3057	geschwätzig (D)	3836
genius (E)	3057	geschwind (D)	775
genou (F)	3445	Gesellschaftstanz (D)	2907
genre (E, F)	3055	Geses (D)	2213
gentilezza (con) (I)	1230	gesetzt (D)	1401
gentilmente (I)	1231	Gesicht (D)	3440
gentiment (F)	1231	gespannt (D)	1551
gently (E)	1113	Gespenst (D)	3030
genug (D)	1610	gespenstisch (D)	1517
genug! (D)	2914	gesprungen (D)	107
genügend (D)	1610, 1647	Gestalt (D)	1980
gepeitscht (D)	88, 1209	Gestaltung (D)	3088
gequält (D)	1559	Geste (D)	3058
gerade (D)	1687	geste (F)	3058
gerader Takt (D)	2154	gestimmt (D)	2872
geräumig (D)	1515	gesto (I)	3058
Geräusch (D)	566	gestochen (D)	103
geräuschvoll (D)	1448	gestopft (D)	238
„geraubt" (D)	768	gestoßen (D)	691, 877

gesture (E)	3058	gioviale (I)	1237
gestützt (D)	843	gipsy (E)	3427
gesucht (D)	1430	gipsy dance (E)	2329, 2491
geteilt (D)	1689	gipsy music (E)	3173
getragen (D)	691, 868	gipsy song (E)	2291
getrennt (D)	111, 1806	giradischi (I)	516
getrillert (D)	1832	girotondo (I)	2359
gettato (I)	101	Gis (D)	2210
getting exhausted (E)	818	Gisis (D)	2212
getting faster (E)	785	Gitarre (D)	10
getting less (E)	908	Gitarrist (D)	3494
getting slower (E)	826	Gitarristin (D)	3494
gewaltig (D)	1402	giù (I)	1717
gewaltsam (D)	1594	giubilante (I)	1155, 1238
gewichtig (D)	1399	giubilo (con) (I)	1156, 1238
gewiss (D)	2939	giulivo (I)	1311
gewissenhaft (D)	1060	giustamente (I)	1706
Gewitter (D)	3398	Giustiniana (D, E, F, I)	2536
gewitterhaft (D)	1542	giusto (I)	1146, 1991
gewöhnlich (D)	1762	glacé (F)	3054
gewohnt (D)	1810	glacial (F)	1227, 3054
geworfen (D)	101	glad (E)	1311
geziert (D)	932, 1309	glance (E)	3332
gezupft (D)	104	glänzend (D)	1013, 1211
gezwickt (D)	104	Glasharmonika (D)	251
ghastly (E)	1517	glass harmonica (E)	251
ghastly (E)	1517	glatt (D)	1314
ghiribizzoso (I)	1154	Glee (D, E, F, I)	2537
ghironda (I)	17	gleich (D)	1808, 1841
ghost (E)	3030	gleichgültig (D)	1266
ghostly (E)	1517	Gleichheit (D)	3010
già (I)	1705	gleichmäßig (D)	1579, 1841
giambo (I)	1990	gleichzeitig (D)	1847, 3336
gierig (D)	1011	gleitend (D)	853
giga (I)	2358	gli altri (I)	1707
gigantesco (I)	1232	gli ottoni (I)	3374
gigantesque (F)	1232	gli stessi (I)	1708
gigantic (E)	1232	glissando (I)	853
Gigue (D)	2358	glisser (F)	853
gigue (F)	2358	glitzernd (D)	1489
ginocchio (I)	3445	Glocke (D)	257
giocondo (I)	1233	Glockenschlag (D)	375
giocoso (I)	1234	Glockenspiel (D)	265
gioia (con) (I)	1235	Glockenspiel (D)	261
gioioso (I)	1236		

grêle 329

glockenspiel (E)	261	gramophone (E, F)	517
gloomy (E)	1066, 1316	gran (I)	1710
glottal attack (E)	645	grancassa (I)	289
Glottisschlag (D)	645	grand (F)	1710
glücklich (D)	3033	grand orgue (F)	426
glückselig (D)	1005	grand piano (E)	401
glühend (D)	984, 1275	grand'organo (I)	426
go on (E)	1645, 1671	grande (I)	1710
goffo (I)	1239	grandezza (con) (I)	1242
going on (E)	788	grandiose (E, F)	1243
gola (I)	3446	grandioso (I)	1243
golfo mistico (I)	3050	grandir (F)	2694
gomito (I)	3447	gratis (D, I)	3060
Gong (D)	287	grattare (I)	2727
gong (E, F, I)	287	gratter (F)	2727
gong cinesi (I)	288	gratuit (F)	3060
Gongspiel (chromatisch) (D)	288	gratuito (I)	3060
good luck (E)	3077	gratuitous (E)	3060
gopak (E, F, I)	2360	gratulieren (D)	2718
gorge (F)	3446	grausam (D)	672
gorgheggio (I)	609	grave (F, I)	748, 1483
gorgia (I)	608	gravement (F)	1384
Grabgesang (D)	2290	graver (F)	2784
grace-note (E)	1887	graveur (F)	3509
graceful (E)	1245	graveuse (F)	3509
gracieusement (F)	1245	gravicembalo (I)	393
gracieux (F)	1245	gravità (con) (I)	1244
gracile (I)	1240	gravure (F)	412
gradatamente (I)	1709	grazia (con) (I)	1245
gradation (E)	3059	graziös (D)	1245
gradevole (I)	1241	grazioso (I)	1245
gradito (I)	1241	great (E)	1710
grado (I)	1992	great organ (E)	426
gradually (E)	1709	greatest (E)	1734
gradually less (E)	1775	greedy (E)	1011
gradually more (E)	1776	green-room (E)	2927
gradualmente (I)	1709	Greghesca (D, E, F, I)	2538
graduare (I)	2726	Gregorian (E)	3061
graduation (F)	3059	gregorianisch (D)	3061
graduazione (I)	3059	Gregorianischer Choral (D)	2293
graduellement (F)	1709	gregoriano (I)	3061
graduer (F)	2726	grégorien (F)	3061
grammofono (I)	517	greifen (D)	2840
Grammophon (D)	517	grêle (F)	1147

grezzo (I)	1450
gridando (I)	1580
gridare (I)	2728
grieved (E)	920, 1119
Griffbrett (D)	75
Griffloch (D)	207
grim (E)	1561
grimmig (D)	1561
grob (D)	1246, 1450
grölen (D)	2863
(der) größte (D)	1734
grogner (F)	2670
grognon (F)	1016
grommeler (F)	2669
groove (E)	412
groppo (I)	1993
groß (D)	1710
großartig (D)	1243
grosse caisse (F)	289
große Trommel (D)	289
grossier (F)	1246
großmütig (D)	1229
grossolano (I)	1246
großzügig (D)	1229
grotesk (D)	1247
grotesque (E, F)	1247
grottesco (I)	1247
ground bass (E)	1901
group lesson (E)	3103
groupe de notes (F)	1994
groupe de sons (F)	1994
grouper (F)	2781
growing louder (E)	885
grumbling (E)	1016
Grundstellung (D)	2073
Grundton (D)	2143, 2168
Gruppenunterricht (D)	3103
gruppetto (I)	1993
gruppetto final (F)	1930
gruppo di note (I)	1994
gruppo di suoni (I)	1994
Guajira (D, E, F, I)	2539
guancia (I)	3448
Guaracha (D, E, F, I)	2540
guardare (I)	2861
Guckloch (D)	3351
guerresco (I)	1248
guerrier (F)	1248
guerriero (I)	1248
guest conductor (E)	2988
guidare (I)	2729
guider (F)	2729
guidonian hand (E)	2009
Guidonische Hand (D)	2009
guilleret (F)	994
guimbarde (F)	315
Guiro (D)	290
guiro (E, F, I)	290
guitar (E)	10
guitare (F)	10
guitare de jazz (F)	11
guitare électrique (F)	490
guitare hawaïenne (F)	12
guitarist (E)	3494
guitariste (F)	3494
Gurgeltriller (D)	609
gusto (con) (I)	1249
gut (D)	1648
gut string (E)	46
gutmütig (D)	1396
guttural (E, F)	610, 677
gutturale (I)	610, 677
H (D)	2219
Haardingfele (I)	18
Haare (D)	3433
Habanera (D, E, F, I)	2541
habile (F)	2868
habituel (F)	1810
habituel (F)	1762
Hackbrett (D)	24
hair (E)	3433
hair of the bow (E)	55
halb (D)	1738
Halbe (D)	2225
halbe Kraft (D)	1739
halbe Pause (D)	2232
Halbkadenz (D)	1916
halblaut (D)	859

halbleise (D)	860	hängendes Becken (D)	308
Halbschluss (D)	1913	happy (E)	3033
Halbton (D)	2117	hard (E)	1123
haletant (F)	970	hard lever (E)	427
half (E)	1737, 1738	Hardanger fiddle (E)	18
half loud (E)	859	Hardanger Fiedel (D)	18
half note (Am.)	2225	hardi (F)	976, 988
half note rest (Am.)	2232	hardiment (F)	986
half soft (E)	860	Harding (E)	18
half strength (E)	1739	Harfe (D)	2
half voice (E)	858	Harfenist (D)	3487
half-close (E)	1913	Harfenistin (D)	3487
Hälfte (D)	1737	hargneux (F)	983
Hall (D)	565	harmonic (E)	1891
Halleffekt (D)	3291	harmonic curve (E)	56
Halling (D, E, F, I)	2542	harmonica (F)	117
Hals (D)	61, 3434	harmonica de verre (F)	251
Hals- und Beinbruch	3077	harmonics (E)	2145
Haltebogen (D)	2006	Harmonie (D)	1890
halten (D)	2846	harmonie (F)	1890, 2911
halten Sie (D)	1830	Harmonielehre (D)	2175
haltend (D)	1829	Harmoniemusik (D)	3156
Hammer (D)	364, 430	harmonieusement (F)	990
hammer (E)	364, 430	harmonieux (F)	990
hammered (E)	463	harmonious (E)	990
hämmern (D)	2748	harmoniously (E)	990
Hammond organ (E)	540	harmonique (F)	1891
Hammondorgel (D)	540	harmonisch (D)	1891
hampe (F)	1989	harmoniser (F)	2659
hanche (F)	3428	harmonisieren (D)	2659
Hand (D)	3453	Harmonium (D)	390
hand (E)	3453	harmonium (E, F)	390
hand castanets (E)	272	harmony (E)	1890
hand drum (E)	328	harp (E)	2
handbell (E)	262	harpe (F)	2
Hände kreuzend (D)	462	harpe à double mouvement (F)	3
Handfläche (D)	3465		
Handgelenk (D)	3473	harpist (E)	3487
Handglocke (D)	262	harpiste (F)	3487
Handharmonika (D)	395	harpsichord (E)	393
handle castanets (E)	270	harpsichordist (E)	3496
Handlung (D)	3407	harsch (D)	996
Handrücken (D)	3439	harsh (E)	996
Handtrommel (D)	323, 328	harsh voice (E)	706

hart (D)	1123
harter Einsatz (D)	645
hartnäckig (D)	1367, 1543
hastening (E)	787
hastig (D)	735, 747
hasty (E)	747
hat mute (E)	222
hâté (F)	725
hâter (F)	2645
hätschelnd (D)	1590
Hauch (D)	3340
häufig (D)	1818
haughty (E)	957
haunch (E)	3428
Haupt-... (D)	2080
Hauptbetonung (D)	1868
Hauptnote (D)	2042
Hauptrolle (D)	3302
Hauptstimme (D)	2188
Hauptthema (D)	2078
Hauptwerk (D)	426
Hauskonzert (D)	2959
Hausmusik (D)	3147
hausse (F)	73
hausser (F)	2652
haut (F)	2882
haut-parleur en coffret (F)	567
hautain (F)	957
hautbois (F)	156
hautbois d'amour (F)	157
hautboiste (F)	3515
haute-contre (F)	603
hauteur (F)	2881
hauteur du son (F)	1881
hautparleur (F)	481
Hawaii-Gitarre (D)	12
Hawaiian guitar (E)	12
head (E)	3480
head joint with beak (E)	230
head voice (E)	711
headphone (E)	495
hearing (E)	3413
hearing (E)	2896
heart (E)	3435
heart beat (E)	3211
heart-breaking (E)	1533
heart-felt (E)	1476
heartily (E)	1026
heavenly (E)	1039
heavy (E)	1386
Hebung (D)	1893
Heckelphon (D)	155
heckelphon (I)	155
heckelphone (E, F)	155
heel (E)	73, 3479
heftig (D)	1585
height (E)	2881
heilig (D)	3308
Heimweh (D)	3185
heiser (D)	622
heiß (D)	985
heiter (D)	728, 1481
heitere Oper (D)	2406
hektisch (D)	747
held (E)	1831
held back (E)	831
Heldentenor (D)	633
helicon (E)	140
hélicon (F)	140
Helikon (D)	140
hell (D)	1043, 1317
helle/klare Stimme (D)	707
hemidemisemiquaver (E)	2230
hemidemisemiquaver rest (E)	2237
hemiola (E)	1995
Hemiole (D)	1995
hemiolia (I)	1995
hemiolios (F)	1995
herablassen (D)	2674
herabstürzend (D)	3718
herausfordernd (D)	1408, 1490
herausklatschen (D)	3285
here (E)	1786
heroic (E)	1138
heroic tenor (E)	633
héroïque (F)	1138
heroisch (D)	1138
herunterstimmen (D)	2637

hervor (D)	1716	Hirtenpfeife (D)	121
hervorbringen (D)	1724	Hirtenstück (D)	2422
hervorgehoben (D)	870, 1723	His (D)	2220
hervorklatschen (D)	3285	Hisis (D)	2222
hervorstechend (D)	1724	histoire de la musique (F)	3362
hervortretend (D)	1716	historical (E)	3363
Herz (D)	3435	historique (F)	3363
herzlich (D)	1026	historisch (D)	3363
Herzschlag (D)	3211	history of music (E)	3362
herzzerreißend (D)	1533	hit (E)	2928
Heses (D)	2223	hoarse (E)	622
hésitant (F)	746	hoch (D)	2882
hesitating (E)	746	hochalteriert (D)	1896
heulen (D)	2859	hochdramatischer Sopran (D)	628
heureux (F)	3033	hochet (F)	321
Hexachord (D)	1972	hochmütig (D)	957
hexachord (E)	1972	höchst (D)	1813
hexacorde (F)	1972	hochzeitlich (D)	1358
Hexentanz (D)	2327	Hochzeitsmarsch (D)	2382
Hey (D, E, F, I)	2543	hocket (E)	2403
hi-hat pedal (E)	275	Hoffnung (D)	3349
hidden (E)	1748	höfischer Tanz (D)	2264
hidden consecutives (E)	2052	höfisches Lied (D)	2257
hier (D)	1786	Hofmusik (D)	3137
high (E)	2882	Höhe (D)	2881
high dramatic soprano (E)	628	Höhepunkt (D)	2888
highest (E)	1813	höher (D)	3388
Highland fling (D, E, F, I)	2544	höher stimmen (D)	2653
Hilfslinie (D)	2149	Hoketus (D)	2403
Himmel (D)	2943	hold (D)	1589
himmlisch (D)	1039	holding (E)	1829
hinaufstimmen (D)	2653	holding back (E)	839
hinkend (D)	952	holiday (E)	3034
hinlegen (D)	2765	höllisch (D)	1273
hinsterbend (D)	832	holy (E)	3308
hinten (D)	1684	Holz (D)	3100
hinter der Bühne (D)	2981	Holzbläser (D)	3099
Hinterbühne (D)	3282	Holzblasinstrumente (D)	3373
Hintergrundmusik (D)	3139	Holzblock (D)	254
hinterlassen (D)	3237	Holzschlägel (D)	351
hinzufügen (D)	2646	Holzstäbe (D)	279
hip (E)	3428	Holztrommel (D)	329
Hirtengedicht (D)	2340	homage (E)	3192
Hirtenpfeife (D)	190	homesickness (E)	3185

hommage (F)	3192	hunting music (E)	3129
Homophonie (D)	2048	Hupfauf (D, E, F, I)	2547
homophonie (F)	2048	hüpfend (D)	1453
homophony (E)	2048	hurdy-gurdy (E)	17
Hopak (D)	2360	hurler (F)	2859
hope (E)	3349	hurried (E)	725
hopper (E)	441	hurrying (E)	787
hopping (E)	1453	hurtig (D)	780
hoquet (F)	2403	Huschdämpfer (D)	227
hörbar (D)	1840, 3223	hush mute (E)	227
horchen (D)	2662	husky (E)	700
hören (D)	2815, 2857	husten (D)	695
Hörer (D)	2895	Hutdämpfer (D)	222
Hörerin (D)	2895	hymn (E)	2363
horizontal (D, E, F)	2050	hymn of praise (E)	2363
Horn (D)	131	Hymne (D)	2363
horn (E)	131	hymne (F)	2363
horn player (E)	3504	hymne national (F)	2364
Hornist (D)	3504	i legni (I)	3373
Hornistin (D)	3504	iamb (E)	1990
Hornpipe (D, E, F, I)	2546	ici (F)	1786
Horo (D, E, F, I)	2545	icy (E)	1227, 3054
horrible (F)	1364	idea (E, I)	3062
horrifying (E)	1364	ideal (D, E)	3063
Hörzentrum (D)	2938	idéal (F)	3063
house concert (E)	2959	ideale (I)	3063
housse (F)	35	Idee (D)	3062
how (E)	1659	idée (F)	3062
however (E)	1768	idée fixe (F)	2031
hübsch (D)	1589	idilliaco (I)	1250
Hüfte (D)	3428	idyllic (E)	1250
huitième de soupir (F)	2236	idyllique (F)	1250
Huldigung (D)	3192	idyllisch (D)	1250
Hülse (D)	233	if (E)	1793
humble (E, F)	1576	if necessary (E)	1794
humming (E)	636	if possible (E)	1781
Humoreske (D)	2484	il più possibile (I)	1712
humoresque (E, F)	2484	il più... (I)	1711
humoristique (F)	1578	il sipario si abbassa (I)	3064
humoristisch (D)	1578	il sipario si alza (I)	3065
humorous (E)	1578	il sipario si apre (I)	3066
Hungarian dance (E)	2334	il sipario si chiude (I)	3067
hunt (E)	2277	ilare (I)	1311
hunting horn (E)	132	illanguidendosi (I)	1303

illibato (I)	1037
illuminazione (I)	3068
im (D)	1749
im alten Stil (D)	944
im Delirium (D)	1083
im gleichen Tempo (D)	756
im Hintergrund (D)	3386
im Takt (D)	720
im Vordergrund (D)	1722
im Vorigen (D)	1782
im Zeitmaß (D)	720
image musicale (F)	3269
image sonore (F)	3069
imboccatura (I)	208, 244
imitando (I)	1713
imitare (I)	2730
imitating (E)	1713
Imitation (D)	1996
imitation (E, F)	1996
imitazione (I)	1996
imiter (F)	2730
imitieren (D)	2730
immaginazione (con) (I)	1251
immagine musicale (I)	3269
immagine sonora (I)	3069
immediatamente (I)	1822
immediate attack (E)	1646
immediately (E)	1822
immédiatement (F)	1822
immer (D)	1798
immer belebter (D)	805
immutato (I)	1714
imparare (I)	2731
imparfait (F)	1997
impatient (E, F)	1252
impaziente (I)	1252
impazienza (con) (I)	1253
imperceptible (E, F)	3070
impercettibile (I)	3070
imperfect (E)	1997
imperfect cadence (E)	1913
imperfetto (I)	1997
impérieusement (F)	1254
impérieux (F)	1254
imperioso (I)	1254
imperious (E)	1254
impertinent (E, F)	1494
impertinente (I)	1494
impeto (con) (I)	1255
impétueux (F)	1256
impetuoso (I)	1256
impetuous (E)	1256
implacabile (I)	1257
implacable (E, F)	1257
implorant (F)	1258
implorante (I)	1258
imploring (E)	1258
imponente (I)	1259
important (E, F, I)	3071
imposant (F)	1259
impossibile (I)	3072
impossible (E, F)	3072
impostazione (I)	613
imprécis (F)	3073
impreciso (I)	3073
impreparato (I)	3074
impressionism (E)	3075
impressionisme (F)	3075
impressionismo (I)	3075
Impressionismus (D)	3075
impressive (E)	1259
Impromptu (D)	2361
impromptu (E, F)	2361
Improvisation (D)	3076
improvisation (E, F)	3076
improvisé (F)	1620
improvised (E)	1620
improviser (F)	2732
improvisieren (D)	2732
improvisierend (D)	1260
improvisiert (D)	1620
improvising (E)	1260
improvvisamente (I)	1715
improvvisando (I)	1260
improvvisare (I)	2732
improvvisazione (I)	3076
improvviso (I)	1715, 2361
impudent (E, F)	1494

Impuls (D)	518
impulse (E)	518
impulsion (F)	518
impulso (I)	518
in (D)	1749
in ... Weise (D)	1720
in a ... manner (E)	1720
in a ... way (E)	1720
in a ballad style (E)	914
in a dance style (E)	1068
in a hurry (E)	747
in a lyrical way (E)	1313
in a singing style (E)	1029
in an undertone (E)	876
in battere (I)	1998
in bequemer Weise (D)	1052
in besonnener Weise (D)	1451
in bitterer Weise (D)	960
in bocca al lupo (I)	3077
in der Mitte geschlagen (D)	373
in der Oktave (D)	1621
in deutlicher Weise (D)	1108
in einfacher Weise (D)	1469
in eleganter Weise (D)	1126
in enormer Weise (D)	1696
in entschlossener Weise (D)	1077
in entzückender Weise (D)	1085
in Ermangelung von (D)	1719
in evidenza (I)	1716
in fließender Weise (D)	1188
in freier Weise (D)	1310
in fretta (I)	735
in front (E)	1683
in fugal style (E)	1987
in fuori (I)	1716
in gipsy style (E)	951
in giù (I)	1717
in gleichförmiger Weise (D)	1697
in halben Noten (D)	1622
in haste (E)	735
in heiterer Weise (D)	1220
in hervorstechender Weise (D)	1519
in herzlicher Weise (D)	934
in Hungarian style (E)	956
in keinem Fall (D)	1721
in klarer Weise (D)	1041, 1352
in kühner Weise (D)	986, 998
in langer Weise (D)	1730
in launenhafter Weise (D)	1033
in leichter Weise (D)	1159
in levare (I)	1999
in liebevoller Weise (D)	966
in lontananza (I)	1107
in luogo di (I)	1718
in mancanza di (I)	1719
in maniera (I)	1720
in many parts (E)	1861
in mäßiger Weise (D)	757
in misura (I)	720
in modo (I)	1720
in närrischer Weise (D)	1191
in nessun caso (I)	1721
in no case (E)	1721
in old style (E)	944
in order to finish (E)	1765
in pain (E)	1117
in place of (E)	1718
in primo piano (I)	1722
in Raserei (D)	1083
in rilievo (I)	1723
in risalto (I)	1724
in ruhiger Weise (D)	1368
in sanfter Weise (D)	1113
in schwacher Weise (D)	1071
in stile recitativo (I)	1287
in stolzer Weise (D)	1180
in strenger Weise (D)	1790
in su (I)	1726
in tempo (I)	720
in the (E)	1749
in the absence of (E)	1719
in the background (E)	3386
in the foreground (E)	1722
in the manner of (E)	946
in the same way (E)	1750
in the style of German dance (E)	949

in time (E)	720
in trauriger Weise (D)	1573
in Turkish style (E)	950
in two (E)	1616
in vollständiger Weise (D)	2953
in warmherziger Weise (D)	1021
in zarter Weise (D)	1078
in zwei Zählzeiten (D)	1616
inaccurate (E)	3073
inafferando (I)	1261
inalterato (I)	1714
inattendu (F)	3078
inatteso (I)	3078
inbrünstig (D)	1175
incalzando (I)	794
incalzante (I)	749
incantato (I)	1262
incantatoire (F)	1263
incantevole (I)	1263
incanto (con) (I)	1263
incertain (F)	3079
incerto (I)	3079
inchangé (F)	1714
inchino (I)	3080
incidental music (E)	3142
incidere (I)	2784
incisif (F)	1264
incisive (E)	1264
incisivo (I)	1264
incisore (I)	3509
incollerito (I)	1047
incominciare (I)	2733
incomplet (F)	3081
incomplete (E)	3081
incompleto (I)	3081
incorrect (E, F)	3319
incostante (I)	1606
increasing (E)	883
incrociare (I)	2734
incudine (I)	291
indebolendo (I)	894
indécis (F)	1265
indeciso (I)	1265
indépendance (F)	3083
independence (E)	3083
index (F)	3449
indicare (I)	2735
indication de la mesure (F)	2153
indication métronomique (F)	3082
indicazione metronomica (I)	3082
indice (I)	3449
indietro (I)	1684
indifferent (E)	1266
indifférent (F)	1266
indifferente (I)	1266
indifferenza (con) (I)	1266
indignantly (E)	1267
indignato (I)	1267
indigné (F)	1267
indipendenza (I)	3083
indiquer (F)	2735
indistinctly (E)	1268
indistinto (I)	1268
indolent (F)	3228
indolenza (con) (I)	1269
indomitable (E)	1270
indomito (I)	1270
indomptable (F)	1270
indugiando (I)	820
inebriante (I)	1271
inebriating (E)	1271
inesatto (I)	3073
ineseguibile (I)	3084
inexact (E, F)	3073
inexécutable (F)	3084
infant prodigy (E)	2908
infantile (F, I)	1272
inférieur (F)	3085
inferior (E)	3085
inferiore (I)	3085
infernal (E, F)	1273
infernale (I)	1273
infiammato (I)	1274
inflamed (E)	1274
inflated (E)	969
inflection (E)	611
inflessione (I)	611

inflexion (F)	611
infocato (I)	1275
infuriato (I)	1276
ingegnoso (I)	1277
ingénieur du son (F)	3523
ingénieux (F)	1277
ingenious (E)	1277, 3056
ingénu (F)	1278
ingenuo (I)	1278
ingenuous (E)	1278
inglese (I)	2362
ingratiating (E)	1284
ingresso (I)	2917
Inhalt (D)	2963
inizio (I)	3086
innalzare la voce (I)	612
Innenstimme (D)	2056
inner part (E)	2056
innerlich (D)	1289
innerst (D)	1289
innig (D)	1289
inno (I)	2363
inno nazionale (I)	2364
innocenza (con) (I)	1279
input (E)	509
inquiet (F)	1281
inquiétant (F)	1280
inquietante (I)	1280
inquieto (I)	1281
ins vorige Zeitmaß zurückkehrend (D)	1629
insaisissable (F)	1261
insegnante (I)	3510
insegnare (I)	2736
insensibile (I)	1282
insensibilmente (I)	1283
insensible (E, F)	1282
insensiblement (F)	1283
insensitively (E)	1283
insieme (I)	1725
insinuant (F)	1284
insinuante (I)	1284
insistenza (con) (I)	1285
insister (F)	2737
insistere (I)	2737
insolente (I)	3228
insolenza (con) (I)	1286
inspirare (I)	2740
Inspiration (D)	3096
inspiration (E, F)	3096
inspirer (F)	2740
instituteur (F)	3253, 3510
institutrice (F)	3253, 3510
Instrument (D)	3368
instrument (E, F)	3368
instrument à clavier (F)	3379
instrument accompagnateur (F)	3369
instrument de percussion électronique (F)	486
instrument jouant la partie de basse (F)	3380
instrument mélodique (F)	3381
instrument rythmique (F)	3382
instrument soliste (F)	3383
instrument solo (F)	3383
instrumental (D, E, F)	3366
instrumental music (E)	3171
Instrumentalmusik (D)	3171
instrumentation (E, F)	2138, 3205
instrumentation variable (F)	3367
instrumenter (F)	2836
instrumentieren (D)	2836
Instrumentierung (D)	2138
instruments à clavier (F)	3377
instruments à cordes (F)	3370, 3371
instruments à cordes pincées (F)	3376
instruments à percussion (F)	3375
instruments à vent (F)	3372
instruments transpositeurs (F)	3378
inszenieren (D)	2750
Inszenierung (D)	3111
intavolatura (I)	2000
integrale (I)	3087
intense (E)	1288

intense (F)	1288	intervallo (I)	3091
intensif (F)	1288	intervallo (I)	2001
intensità sonora (I)	3049	intesa (I)	3092
Intensität des Klanges (D)	3049	intimate (E)	1289
intensité du son (F)	3049	intime (F)	1289
intensité du son (F)	598	intimo (I)	1289
intensity (E)	598	intonare (I)	2741
intensity (E)	3049	Intonation (D	2002
intensiv (D)	1288	intonation (E)	2002
intensivo (I)	1288	intonation (F)	2002
intenso (I)	1288	intonazione (I)	2002
intérieur (F)	1289	intrada (E)	2367
interligne (F)	2133	intrada (I)	2367
interlude (E)	2366	Intrade (D)	2367
interlude (E)	2365	intreccio (I)	3407
interlude (F)	2365	intrepid (E)	1290
interludio (I)	2365	intrépide (F)	1290
intermède (F)	2366	intrepido (I)	1290
intermedio (I)	2366	introduction (E)	2368
intermezzo (I)	2366	introduction (F)	2368
intermission (E)	3091	introduire (F)	2742
intermission (E)	3090	introdurre (I)	2742
interno (I)	1289	introduzione (I)	2368
intero (I)	2224	intuition (E)	3093
Interpret (D)	3089	intuition (F)	3093
interpretare (I)	2738	intuizione (I)	3093
Interpretation (D)	3088	invariabile (I)	3094
interpretation (E)	3088	invariable (E)	3094
interprétation (F)	3088	invariable (F)	3094
interpretazione (I)	3088	invectivant (F)	1291
interprète (F)	3089	Invention (D)	2369
interprete (I)	3089	invention (E)	2369
interpreter (E)	3089	invention (F)	2369
interpréter (F)	2738	invenzione (I)	2369
interpretieren (D)	2738	inverser (F)	2743
interrompere (I)	2739	inversion (E)	2107
interrompre (F)	2739	inversion (F)	2107
interruption (E)	3090	inverted mordent (E)	2029
interruption (F)	3090	invertire (I)	2743
interruzione (I)	3090	invettivando (I)	1291
interval (E)	2001	involved (E)	1656
interval sign (E)	3327	inward (E)	1289
Intervall (D)	2001	ionian (E)	2003
intervalle (F)	2001	ionico (I)	2003

ionien (F)	2003	Jambus (D)	1990
ionisch (D)	2003	jambus (F)	1990
ira (con) (I)	1415	Janitscharenmusik (D)	3172
iracondo (I)	1292	Jarabe (D, E, F, I)	2552
irascible (E)	1292	jauchzend (D)	1238
irato (I)	1293	jaw (E)	3454
ironia (con) (I)	1294	jazz guitar (E)	11
ironical (E)	1295	jazz trombone (E)	183
ironico (I)	1295	jazz trumpet (E)	176
ironique (F)	1295	Jazzbesen (D)	322
ironisch (D)	1295	Jazzgitarre (D)	11
iroso (I)	1293	Jazzposaune (D)	183
irregolare (I)	3095	Jazztrompete (D)	176
irregular (E)	3095	je m'excuse (F)	3326
irrégulier (F)	3095	jede (D)	1759
(sich) irren (D)	2810	jeder (D)	1759
irrequieto (I)	1281	jedes (D)	1759
irreredend (D)	1081	jedesmal (D)	1760
irrésolu (F)	1296	jedoch (D)	1732, 1768
irresolute (E)	1296	jesting (E)	1458
irresoluto (I)	1296	jeté (F)	101
irritant (F)	1297	jeter (F)	2672
irritante (I)	1297	jetzt (D)	2877
irritated (E)	1293, 1298	jeu (F)	54
irritating (E)	1297	jeu de gongs (F)	288
irritato (I)	1298	jeu de timbres (F)	261
irrité (F)	1293, 1298	jeu perlé (F)	466
Irrtum (D)	3310	jeux d'orgue (F)	439
ispirazione (con) (I)	1153, 3096	jew's harp (E)	315
issue (E)	3005	jig (E)	2358
istampita (I)	2370	joindre (F)	2858
istesso (I)	1735	joint (E)	3429
it follows (E)	1796	joke (E)	3317
Jabadao (D, E, F, I)	2548	joking (E)	1019
Jabo (D, E, F, I)	2549	joli (F)	1589
Jacara (D, E, F, I)	2550	jolly (E)	1233
jack (E)	64, 438, 440	Jota (D, E, F, I)	2553
Jagd (D)	2277	joue (F)	3448
Jagdhorn (D)	132	jouer (F)	2840
Jagdmusik (D)	3129	jouer à vue (F)	2843
Jahreszeit (D)	3353	jouer d'oreille (F)	2842
jähzornig (D)	1292	jouer faux (F)	2833
Jaleo (D, E, F, I)	2551	jouer par cœur (F)	2841
jambe (F)	3444	jovial (D, E, F)	1237

joyeusement (F)	1177	Kasten (D)	35
joyeux (F)	1236, 1311	Kastrat (D)	656
joyful (E)	1236	Katzenmusik (D)	3138
joyous (E)	1311	kaum (D)	1639
jubeln (D)	2716	Kavatine (D)	2305
jubelnd (D)	1238	kazoo (E)	301
jubilant (E, F)	1155, 1238	keck (D)	1002, 1522
judas (F)	3351	keep on (E)	1830
jugendlich-dramatischer		keep quiet! (E)	3334
Sopran (D)	631	Kehle (D)	3446
jump (E)	3307	kehlig (D)	610, 677
jumped (E)	107	Kehlkopf (D)	3451
jusqu'au (F)	1703	Kehlstimme (D)	709
jusqu'au signe (F)	1704	Kehrreim (D)	2105
jusque (F)	1809	kein (D)	1751
just (E)	1812	keinesfalls (D)	1721
juste (F)	1146, 1991	Kern (D)	408
justement (F)	1706	Kernspalt (D)	201
Kadenz (D)	1910	Kessel (D)	229, 359
kadenzierend (D)	1651	Ketten (D)	274
Kakophonie (D)	2920	kettledrums (E)	336
kalt (D)	1200	keuchend (D)	970
Kammerkantate (D)	2281	keusch (D)	1037
Kammermusik (D)	3130	key (E)	203, 448, 2169
Kammerorchester (D)	3197	key change (E)	1918
Kammersonate (D)	2466	key signature (E)	1889
Kammerton (D)	2980	key work (E)	211
Kanal (D)	488	key-note (E)	2168
Kanon (D)	2279	keyboard (E)	447
Kantate (D)	2280	keyboard instrument (E)	3379
Kantilene (D)	2286	keyboard instruments (E)	3377
Kanzone (D)	2295	keyboards (E)	577
Kanzonette (D)	2300	keyed glockenspiel (E)	264
Kapelle (D)	2930	keyed xylophone (E)	345
Kapellmeister (D)	3506	Kiefer (D)	3454
Kapellmeisterin (D)	3506	Kiel (D)	438
Kapodaster (D)	39	Kinderlied (D)	2297
kapriziös (D)	917	Kinderstimme (D)	714
Karneval (D)	2932	kindlich (D)	1272
Karnevalslied (D)	2287	kindly (E)	1231
Kartondämpfer (D)	224	kinetic (E)	1044
Kassation (D)	2304	Kinn (D)	3455
Kassettenrekorder (D)	553	Kinnhalter (D)	62
Kastagnetten (D)	269	Kinnlade (D)	3454

Kirche (D)	2940
Kirchenchor (D)	662
Kirchenkantate (D)	2282
Kirchenmusik (D)	3131, 3166
Kirchensonate (D)	2467
Kirchentonart (D)	2022
kit (E)	22
Klage (D)	2372
klagend (D)	1301
kläglich (D)	1186
Klammer (D)	1873
Klang (D)	2142
Klangänderung (D)	594
Klangbild (D)	3069
Klangboden (E)	449
Klangeffekt (D)	503
Klangerzeugung (D)	546
Klangfarbe (D)	2948
Klangfülle (D)	3342
Klanggemisch (D)	535
Klanghölzer (D)	279
Klangregler (D)	494
Klangspeicherung (D)	526
Klangstäbe (D)	279
Klangsteuerung (D)	492
Klangsynthese (D)	573
Klangumwandlung (D)	587
klangvoll (D)	1511
Klappe (D)	203, 420
Klappenmechanik (D)	211
Klappholz (D)	286
Klappsitz (D)	3365
klar (D)	1043, 1315
Klarinette (D)	122
Klarinettist (D)	3495
Klarinettistin (D)	3495
Klassik (D)	2945
klassisch (D)	2944
klassische Musik (D)	3122
klatschen (D)	2657
Klaviatur (D)	447
Klaviaturglockenspiel (D)	264, 266
Klaviaturxylophon (D)	345
Klavichord (D)	394
Klavier (D	400, 404
Klavierauszug (D)	3288
Klavierkonzert (D)	2314
Klaviersonate (D)	2468
Klavierstuhl (D)	440
kleine Arie (D)	2258
kleine Flöte (D)	160
kleine Fuge (D)	2352
kleine Klarinette (D)	120
kleine Posse (D)	2275
kleine Trommel (D)	332
kleiner (Intervall) (D)	2016
kleiner Finger (D)	3456
kleines Scherzo (D)	2456
(der) kleinste (D)	1740
klimpern (D)	2835
klingelnd (D)	1557
klingen lassen (D)	1700, 1727
klopfen (D)	2671
Klöppel (D)	356
Knabenchor (D)	660
knapp (D)	1639, 1669, 1770
Knarre (D)	309
knee (E)	3445
Knie (D)	3445
Knochen (D)	3463
Knopf (D)	37, 410
Knopfgriff-Akkordeon (D)	396
kokett (D)	658, 1045
Kokettierend (D)	1045
Koleda (D, E, F, I)	2554
Kolo (D, E, F, I)	2555
Kolophonium (D)	43
Koloratur (D)	669
Koloraturarie (D)	2256
Koloratursopran (D)	629
komisch (D)	1049
komische Oper (D)	2407
Komma (D)	1935
Komödie (D)	2950
Komparse (D)	2951
Komparsin (D)	2951
komponieren (D)	2685

Komponist (D)	3497	Kopfstimme (D)	711
Komponistin (D)	3497	Kopfstück mit Schnabel (D)	230
Komposition (D)	2955	kopieren (D)	2690
Kompressor (D)	493	Kopist (D)	3500
Kondensatormikrophon (D)	529	Kopistin (D)	3500
konkrete Musik (D)	3123	Koppel (D)	407
Konservatorium (D)	2961	Kornett (D)	128
Konsonant (D)	2962	Körpergewicht (D)	468
Konsonanz (D)	1940	korrekt (D)	2969
Kontaktmikrophon (D)	530	Korrepetition (D)	3261
Kontinuität (D)	2964	Korrepetitor (D)	3520
Kontrabass (D)	14	Korrepetitorin (D)	3520
Kontrabassist (D)	3499	korrigieren (D)	2692
Kontrabassistin (D)	3499	Kostüm (D)	2971
Kontrabassklarinette (D)	125	Kotillon (D)	2324
Kontrabassposaune (D)	182	kräftig (D)	849, 1590
Kontrabasstuba (D)	187	kraftvoll (D)	1590
Kontrafagott (D)	127	kratzen (D)	2727
Kontrapunkt (D)	1941	krebsgängig (D)	2094
Kontrast (D)	2966	kreischend (D)	1535
Kontrasubjekt (D)	1943	kreisend (D)	733
Kontratenor (D)	603	Kreuz (D)	1954
Kontretanz (D)	2321	kreuzen (D)	2734
konzentriert (D)	1054	kreuzsaitig (D)	421
Konzert (D)	2309, 2958	kriegerisch (D)	1007, 1248, 1328
Konzert für Orchester (D)	2312	kristallklar (D)	1062
Konzertagentur (D)	2878	Kritik (D)	2970
konzertant (D)	1668	kritisieren (D)	2695
konzertante Sinfonie (D)	2460	Krummhorn (D)	138
konzertanter Tanz (D)	2326	Kuckuckspfeife (D)	282
Konzertarie (D)	2253	Kuhglocke (D)	258
Konzertetüde (D)	2472	kühl (D)	1198
konzertieren (D)	2696	kühn (D)	988, 997
konzertierend (D)	1668	Kujawiak (D, E, F, I)	2556
Konzertkasse (D)	2920	Kulisse (D)	3270
Konzertmeister (D)	3251	Kunst (D)	2893
Konzertmeisterin (D)	3251	Künstler (D)	2894, 3489
Konzertouvertüre (D)	2415	Künstlereingang (D)	3012
Konzertsaal (D)	3306	Künstlerin (D)	2894, 3489
Konzertsaison (D)	3354	Künstlername (D)	3265
Konzertstück (D)	2426	Künstlerzimmer (D)	2927
Kopf (D)	3268, 3480	künstlich (D)	993
Kopfhörer (D)	495	Kürbisrassel (D)	290, 296
Kopfsatz (D)	2079	kurz (D)	1650

kürzer und schneller als Adagio (D)	721	lamento (I)	2372
		lamento funebre (I)	2398
kürzer und schneller als Largo (D)	750	lamentoso (I)	1301
		Lampenfieber (D)	3221
kurzer Vorschlag (D)	1870	Lancers (D)	2373
Kürzung (D)	1866	lancieri (I)	2373
l'art du décor (F)	3316	lanciers (E, F)	2373
l'avant-scène (F)	3259	lancinante (I)	1533
l'istesso tempo (I)	756	landa (I)	2374
l'œuvre intégrale (F)	3087	Lande (D)	2374
La (F, I)	2214	lande (F)	2374
La bémol (F)	2216	Ländler (D, E, F, I)	2557
La bemolle (I)	2216	ländlich (D)	943, 1449
La dièse (F)	2215	lands (E)	2374
La diesis (I)	2215	lang (D)	1730
La doppio bemolle (I)	2218	längeres Fugenthema (D)	1884
La doppio diesis (I)	2217	langsam (D)	722, 736, 753, 754
La double bémol (F)	2218	langsamer werdend (D)	826
La double dièse (F)	2217	Langspielplatte (D)	533
la même chose (F)	1735	langue (F)	3452
labbro (I)	3450	languendo (I)	1302
labial pipe (E)	415	languette (F)	409
Labialpfeife (D)	415	languid (E)	1303
lacerated (E)	1299	languidamente (I)	1302
lacero (I)	1299	languide (F)	1303
lächeln (D)	2824	languidezza (con) (I)	1302
lächelnd (D)	687	languido (I)	1303
lachen (D)	2791	languishing (E)	1302
lachend (D)	682	languissamment (F)	1302
lächerlich (D)	1433	languissant (F)	1303
lacking (E)	822	langweilig (D)	3184
lacrimando (I)	1389	largamente (I)	1304
lacrimoso (I)	1300	largando (I)	821
Lage (D)	3233	large (F)	751
Lagenwechsel (D)	93	largement (F)	1304
lagnoso (I)	1301	largeur (F)	3097
lagrimoso (I)	1300	largeur de bande (F)	519
lai (F, I)	2371	larghetto (I)	750
laisser vibrer (F)	1727	larghezza (I)	3097
laissez vibrer (F)	1700	larghezza di banda (I)	519
lame (E)	952	largo (I)	751
lament (E)	2372	largo assai (I)	752
lamentation (F)	2372	laringe (I)	3451
lamenting (E)	1301	Lärm (D)	3303

lärmend (D)	1448	le rideau se lève (F)	3065
larmoyant (F)	1390	leader (E)	3251
larmoyant (F)	1300	leading motif (E)	2031
larynx (E)	3451	leading note (E)	2118
larynx (F)	3451	leading soprano (E)	620
las (F)	1305	leading tone (E)	2118
lasciar vibrare (I)	1727	leaned (E)	843
lasciate vibrare (I)	1700	leaning (E)	842
lassé (F)	1305	leap (E)	3307
lasso (I)	1305	leather stick (E)	349
last (E)	1843	Lebe wohl! (D)	2876
last movement (E)	2347	lebendig (D)	1602
last movement (E)	2180	lebhaft (D)	782
last time (E)	1842	lebhaft (D)	728
lastra (I)	292	lebhafter werdend (D)	789
lau (D)	1552	leçon (F)	3102
lau (D)	1549	Lederschlägel (D)	349
Lauf (D)	2185	leer (D)	1858
laufend (D)	745	leere Saite (D)	97
laughing (E)	682	left (E)	3337
launenhaft (D)	917	left pedal (E)	434
launisch (D)	1033	leg (E)	3444
laut (D)	849	legare (I)	2745
Laute (D)	20	legato (I)	854
Lautkunde (D)	3046	legatura (I)	2004
Lautsprecher (D)	481	legatura di fraseggio (I)	2005
Lautsprecherbox (D)	567	legatura di valore (I)	2006
Lautstärke (D)	598	legen (D)	2749
lavolta (I)	2375	legend (E)	2376
lavorare (I)	2744	Legende (D)	2376
lay (E)	2371	légende (F)	2376
laye (F)	442	léger (F)	1307
lazy (E)	3228	leger line (E)	2149
lazy (E)	1393	légèrement (F)	1306
le même mouvement (F)	756	leggenda (I)	2376
le mieux possible (F)	1624	leggere (I)	2746
le plus… (F)	1711	leggere a prima vista (I)	2843
le plus doucement possible (F)	866	leggerezza (con) (I)	1306
le plus fort possible (F)	865	leggermente (I)	1306
le plus possible (F)	1712	leggero (I)	1307
le rideau s'ouvre (F)	3066	leggiadro (I)	1036
le rideau se baisse (F)	3064	leggiero (I)	1307
le rideau se ferme (F)	3067	leggio (I)	3098
		legnetti da percuotere (I)	279

legni (I)	3099	letizia (con) (I)	1235
legno (I)	3100	letter (E)	3101
legno frullante (I)	293	lettera (I)	3101
lehren (D)	2736	lettre (F)	3101
Lehrer (D)	3253, 3510	letzte (D)	1843
Lehrerin (D)	3253, 3510	letzter (D)	1843
Leich (D)	2371	letztes Mal (D)	1842
leicht (D)	1307, 3028	leuchtend (D)	1317
leichte Musik (D)	3149	leutselig (D)	929
leichtfertig (D)	1206	levare (I)	2850
Leichtigkeit (D)	3029	levata (I)	1999
leichtsinnig (D)	1516	levate i sordini (I)	1728
leidend (D)	1116	levée (F)	1999
leidenschaftlich (D)	981	level (E)	522
leidenschaftslos (D)	1514, 1552	lever (F)	2850
Leier (D)	17	lever la voix (F)	612
Leierkasten (D)	478	lèvre (F)	3450
leihen (D)	2772	lezione (I)	3102
leise (D)	864	lezione collettiva (I)	3103
Leitmotiv (D)	2031	leziosamente (I)	1309
Leitton (D)	2118	liaison (F)	2004
Leitung (D)	2989	liberamente (I)	1310
Lektion (D)	3102	libero (I)	755
lena (con) (I)	989, 1603	libre (F)	755
lent (F)	722, 754	librement (F)	719, 1310
lentamente (I)	753	libretto (E, I)	678
lentando (I)	826	libro (I)	3104
lentement (F)	753	licenza (con) (I)	1310
lentissimo (I)	723	lid (E)	420
lento (I)	754	lidio (I)	2007
lernen (D)	2731, 2837	lié (F)	854
les autres (F)	1707	liebenswürdig (D)	959
les bois (F)	3373	lieber (D)	1772
les cuivres (F)	3374	Liebesfuß (D)	213
les mêmes (F)	1708	Liebesoboe (D)	157
lesen (D)	2746	liebevoll (D)	933, 965
Lesginka (D, E, F, I)	2560	Liebhaber (D)	2986
less (E)	1736	liebkosend (D)	918
lessing (E)	897	lieblich (D)	1504
lesson (E)	3102	Lied (D, E, F, I)	2295, 2558
leste (F)	1308	(Kirchen-)Lied (D)	2285
lesto (I)	1308	Lied ohne Worte (D)	2451
let sound (E)	1727	Liedersammlung (D)	3271
let vibrate (E)	1727	lier (F)	2745

lieto (I)	1311	liquido (I)	1312
lieu (F)	1731	lira (I)	19
lieve (I)	1307	lire (F)	570, 2746
ligado (I)	854	lirica (I)	679
ligature (E)	2134	liricamente (I)	1313
light (E)	1307	lirico (I)	1313
light music (E)	3149	liscio (I)	1314
lighting (E)	3068	lispeln (D)	649
lightly (E)	1306	lisse (F)	1314
lightly detached (E)	103	listener (E)	2895
ligne (F)	2095	listening centre (E)	2938
ligne supplémentaire (F)	2149	Litanei (D)	2377
like (E)	1659	litania (I)	2377
like a cadenza (E)	1664	litanie (F)	2377
like a march (E)	947	litany (E)	2377
like a peasant dance (E)	945	litofono (I)	294
limelights (E)	3105	Litophon (D)	294
limitatore (I)	520	litophone (E, F)	294
limiter (E)	520	little (E)	1773
limiteur (F)	520	little by little (E)	1774
limpid (E)	1043	little finger (E)	3456
limpide (F)	1043	little jest (E)	2275
limpido (I)	1043	little scherzo (E)	2456
limping (E)	952	liturgical drama (E)	2392
limply (E)	1343	liturgisches Drama (D)	2392
line (E)	2095, 3422	liutaio (I)	3511
linea (I)	2095	liuto (I)	20
linéaire (F)	521	live broadcast (E)	591
linear (D, E)	521	live recording (E)	556
linear construction (E)	1937	live transmission (E)	591
lineare (I)	521	Live-Aufnahme (D)	556
lingua (I)	3452	Live-Sendung (D)	591
linguetta (I)	209	livello (I)	522
Linie (D)	2095	lively (E)	728, 784, 1602
Linienführung (D)	1937	livre (F)	3104
Liniensystem (D)	2063	livret (F)	678
linkes Pedal (D)	434	livret d'opéra (F)	678
linkisch (D)	1239	lo stesso (I)	1808
links (D)	3337	lo stesso tempo (I)	756
lip (E)	3450	lobby (E)	3286
lip (E)	244	loben (D)	2705
Lippe (D)	3450	Lobgesang (D)	2363
liquid (E)	1312	lockern (D)	2793
liquide (F)	1312	lockernd (D)	813

loco (L)	1729	lucido (I)	1315
lodare (I)	2705	luftig (D)	928
Loge (D)	3210	Luftpause (D)	624
loge (F)	3210	Luftröhre (D)	3482
loggione (I)	3053	Luftstoß (D)	3340
lointain (F)	855	lugubre (F, I)	1316
lombardischer Rhythmus (D)	2104	lukewarm (E)	1549
		lukewarmly (E)	1552
long (E, F)	1730	lullaby (E)	2399
long-playing record (E)	533	lumière (F)	196
longing (E)	1356	lumineux (F)	1317
longuement (F)	1730	luminoso (I)	1317
longueur d'onde (F)	523	Lungen (D)	3470
lontano (I)	855	lunghezza d'onda (I)	523
look (E)	3332	lungo (I)	1730
loosening (E)	813	lungs (E)	3470
löschen (D)	489	luogo (I)	1731
losco (I)	1561	lusingando (I)	1318
losschnellend (D)	1456	lusingato (I)	1319
lostrennen (D)	2831	lustig (D)	1222
Lotusflöte (D)	149	lustro (con) (I)	1320
louche (F)	1561	lute (E)	20
loud (E)	849	luth (F)	20
loudness (E)	598, 3049	luthier (F)	3511
loudspeaker (E)	481	lutin (F)	3045
louer (F)	2705	lutrin (F)	3098
lourd (F)	1386	luttuosamente (I)	1321
Loure (D, E, F, I)	2559	luxuriant (E)	1436
lovely (E)	1036	lydian (E)	2007
lovingly (E)	935, 964, 966	lydien (F)	2007
low (E)	864, 2913	lydisch (D)	2007
lower (E)	3085	Lyra (D)	19
lower bout (E)	80	lyre (E, F)	19
lower joint (E)	215	lyric (E)	679
lower part (E)	2055	lyric drama (E)	2337
lowering (E)	891, 898	lyric piece (E)	2427
lowest part (E)	2055	lyric soprano (E)	630
LP (E)	533	lyric tragedy (E)	2483
luccicante (I)	1013	lyrical tenor (E)	634
lucente (I)	1013	Lyrik (D)	679
luci della ribalta (I)	3105	lyrique (F)	679
lucid (E)	1315	lyrisch (D)	1313
lucidamente (I)	1315	lyrische Komödie (D)	2308
lucide (F)	1315	lyrische Tragödie (D)	2483

lyrischer Sopran (D)	630	main accent (E)	1868
lyrischer Tenor (D)	634	main guidonienne (F)	2009
lyrisches Drama (D)	2337	main part (E)	3302
lyrisches Stück (D)	2427	main theme (E)	2078
ma (I)	1732	mainly (E)	1815
ma non tanto (I)	1733	mains croisées (F)	462
ma non troppo (I)	1733	maintenant (F)	2877
macchina (I)	210	maintenez (F)	1830
macchina per il tuono (I)	295	mais (F)	1732
machen (D)	2717	mais pas trop (F)	1733
machine à rythme (F)	484	maison d'édition musicale (F)	2935
machine à vent (F)	284		
machine drum (E)	337	maître de ballet (F)	3512
machine pour le tonnerre (F)	295	maîtresse de ballet (F)	3512
mâchoire (F)	3454	maîtrise (F)	3323
mächtig (D)	1402	majestätisch (D)	1322
mad (E)	1192	majestic (E)	1322
madly (E)	1192, 1379	majestueux (F)	1322
Madrigal (D)	2378	majeur (F)	2008
madrigal (E, F)	2378	major (E)	2008
madrigale (I)	2378	make vibrate (E)	1700
maecenas (E)	3109	making fun (E)	1031
maestoso (I)	1322	…mal (D)	1855
maestria (con) (I)	1323	maladroit (F)	1239
maestro di ballo (I)	3512	Malagueña (D, E, F, I)	2561
maestro sostituto (I)	3520	maldestro (I)	1239
magazine (E)	3298	male voice (E)	715
Magen (D)	3478	malerisch (D)	1395
maggiolata (I)	2379	malgrado (I)	3106
maggiore (I)	2008	malgré (F)	3106
magic (E)	1324	malicieux (F)	1327
magico (I)	1324	malicious (E)	1327
magique (F)	1324	malin (F)	1215
magisch (D)	1324	malinconia (con) (I)	1325
Magnetband (D)	537	malinconico (I)	1326
Magnetbandgerät (D)	552	malizioso (I)	1327
magnetic head (E)	585	mallet (E)	362
magnetic tape (E)	537	man nehme weg (D)	1807
magnétique (F)	532	management (E)	2989
Magnetkopf (D)	585	mancando (I)	822
magnétophone (F)	552	manche (F)	61
Mailied (D)	2379	mandolin (E)	21
mailloche (F)	362	Mandoline (D)	21
main (E, F)	2080, 3453	mandoline (F)	21

mandoline 349

350 mandolino

mandolino (I)	21
manetta (I)	427
Manfredina (D, E, F, I)	2562
Mangel (D)	2982
mani incrociate (I)	462
manico (I)	61
manierato (I)	932
maniéré (F)	932
manly (E)	1329
Männerchor (D)	666
Männerstimme (D)	715
männlich (D)	1329
mano (I)	3453
mano guidoniana (I)	2009
Manseque (D, E, F, I)	2563
mansueto (I)	1396
Manta (D, E, F, I)	2564
mantenete (I)	1830
mantice (I)	428
Manual (D)	429
manual (E)	429
manuale (I)	429
Manubrium (D)	427
manuel (F)	429
many (E)	1827
maracas (E, F, I)	296
marcando (I)	856
marcare (I)	2747
marcato (I)	857
march (E)	2380
marche (F)	2380
marche funèbre (F)	2381
marche nuptiale (F)	2382
marche triomphale (F)	2383
Märchen (D)	3031
marcia (I)	2380
marcia funebre (I)	2381
marcia nuziale (I)	2382
marcia trionfale (I)	2383
marimba (F)	297
marimba (I)	297
marimba(phone) (E)	297
Marimbaphon (D)	297
marinesca (I)	2384
marinière (F)	2384
mark (E)	1795
marked (E)	857
markieren (D)	2747
markierend (D)	856
markiert (D)	857
markig (D)	1132
marking (E)	856
marqué (F)	857
marquer (F)	2747
Marsch (D)	2380
marteau (F)	364, 430
martelé (F)	463
marteler (F)	2748
martellare (I)	2748
martellato (I)	463
martelletto (I)	430
martello (I)	364, 430
martial (E, F)	1328
marvellous (E)	3110
marziale (I)	1328
mascarade (F)	2385
mascella (I)	3454
maschera (I)	3107, 3108
mascherata (I)	2385
Maschinenpauke (D)	337
maschio (I)	1329
mask (E)	3107
Maske (D)	3107
Maskenspiel (D)	2385
Maskerade (D)	2385
masque (E, F)	2385, 3107
mass (E)	2389
mass for the dead (E)	2390
mäßig (D)	758
mäßig bewegt (D)	729
mäßigen (D)	2753
mäßigend (D)	823, 912
massimo (I)	1734
masterpiece (E)	2929
mastery (E)	1323
Matelote (D	2384
matelote (F)	2384
Matrosentanz (D)	2384

matt (D)	1361	meek (E)	1396
mattinata (I)	2386	mehr (D)	1770
Maultrommel (D)	315	mehr als (D)	1771
mauresque (F)	2395	Mehrchörigkeit (D)	2067
maximum (F)	1734	Mehrspurverfahren (D)	555
may song (E)	2379	mehrstimmig (D)	1861
Mäzen (D)	3109	Mehrstimmigkeit (D)	2068
mazurca (I)	2387	Meisterwerk (D)	2929
Mazurka (D)	2387	melancholic (E)	1326
mazurka (E, F)	2387	mélancolique (F)	1326
mazza (I)	362	melanconico (I)	1326
mazza del tambur maggiore (I)	363	mélangé (F)	1741
mazzuolo (I)	362	mélanger (F)	534
mbira (I)	313	mélangeur de son (F)	527
measure (E)	2018	Mellotron (D)	524
measure number (E)	2046	mellotron (E, I)	524
measured (E)	1742	mellow (E)	1375
mécanique (F)	431	melodia (I)	2011
mécaniquement (F)	1330	melodic (E)	1332, 2012
mécanisme des clefs (F)	211	melodic instrument (E)	3381
mécanisme du piston (F)	210	melodico (I)	1332, 2012
meccanica (I)	431	Melodie (D)	2011
meccanicamente (I)	1330	mélodie (F)	2011
meccanismo delle chiavi (I)	211	Melodieinstrument (D)	3381
mecenate (I)	3109	Melodiesaite (D)	51
mécène (F)	3109	Melodiestimme (D)	2057
mechanical music (E)	3151	mélodieusement (F)	1333
mechanically (E)	1330	mélodieux (F)	1332
Mechanik (D)	431	melodiös (D)	1333
Mechanikbogen (D)	56	melodioso (I)	1333
mechanisch (D)	1330	melodious (E)	1333
mechanische Musik (D)	3151	mélodique (F)	2012
medesimo (I)	1735	melodisch (D)	1332, 2012
medesimo tempo (I)	756	Melodram (D)	2388
mediant (E)	2010	Melodrama (D)	2388
Mediante (D)	2010	melodrama (E)	2388
médiante (F)	2010	mélodrame (F)	2388
mediante (I)	2010	melodramma (I)	2388
meditando (I)	1331	melody (E)	2011
méditatif (F)	1331	melody part (E)	2057
meditating (E)	1331	mélomane (F)	2883
meditativo (I)	1331	melomane (I)	2883
medley (E)	2433	mélotron (F)	524
		melted (E)	1218

membrana (I)	365, 368
même (le) (F)	1735
mémorisation (F)	525
mémorisation du son (F)	526
memorizzazione (I)	525
memorizzazione del suono (I)	526
men's choir (E)	666
men's chorus (E)	666
menaçant (F)	1336
menacing (E)	1336
meno (I)	1736
Mensur (D	2018
mensuration (E)	2018
mento (I)	3455
menton (F)	3455
mentoniera (I)	62
mentonnière (F)	62
menuet (F)	2391
Menuett (D)	2391
meraviglia (con) (I)	1537
meraviglioso (I)	3110
mercy (E)	681
merveilleux (F)	3110
mescolatore di suono (I)	527
messa (I)	2389
messa dei defunti (I)	2390
messa di (da) Requiem (I)	2390
messa di (in) voce (I)	613
messa in scena (I)	3111
messanza (I)	2442
Messe (D)	2389
messe (F)	2389
messe des morts (F)	2390
messen (D)	2752
Messglöckchen (D)	263
Messklingeln (D)	263
mestamente (I)	1334
mestizia (con) (I)	1574
mesto (I)	1335
mesure (F)	2152
mesure (F)	1902, 2018
mesuré (F)	1742
mesure binaire (F)	2154
mesure composée (F)	1903
mesure simple (F)	1904
mesure ternaire (F)	2157
mesurer (F)	2752
metà (I)	1737, 2225
metal block (E, F, I)	298
metal castanets (E)	271
metal mute (E)	225
metal string (E)	48
metalizzare il suono (I)	245
Metallblock (D)	298
Metalldämpfer (D)	225
Metallkastagnetten (D)	271
Metallophon (D)	299
Metallsaite (D)	48
metalofono (I)	299
metalophone (E)	299
métalophone (F)	299
meticoloso (I)	1463
méticuleux (F)	1463
meticulous (E)	1463
metre (E)	2014, 2152
mètre (F)	2014
metric(al) (E)	2013
metrico (I)	2013
métrique (F)	2013
metrisch (D)	2013
metro (I)	2014
Metronom (D)	3112
Metronomangabe (D)	3082
metronome (E)	3112
métronome (F)	3112
metronome mark(ing) (E)	3082
metronomo (I)	3112
Metrum (D)	2014, 2018
mettere (I)	2749
mettere il punto di valore (I)	2015
mettere in scena (I)	2750
mettere la sordina (I)	246
mettre (F)	2749
mettre en scène (F)	2750
mettre en valeur (F)	1724
mettre la sourdine (F)	246
mezza (I)	1738
mezza forza (I)	1739

mezza luna (I)	300	mild (E)	1396
mezza voce (I)	614, 858	militairement (F)	948
mezzo (I)	1738	militarily (E)	948
mezzo soprano (E)	615	militärisch (D)	948
mezzo-soprano (F)	615	Militärkapelle (D)	2911
mezzo-soprano clef (E)	1926	militarmente (I)	948
mezzoforte (I)	859	Militärmusik (D)	3152
mezzopiano (I)	860	Militärtrommel (D)	332
Mezzosopran (D)	615	military band (E)	2911
mezzosoprano (I)	615	military music (E)	3152
Mezzosopranschlüssel (D)	1926	minacciosamente (I)	1336
Mi (F, I)	2199	minaccioso (I)	1336
Mi bémol (F)	2201	mince (F)	1147
Mi bemolle (I)	2201	mineur (F)	2016
Mi dièse (F)	2200	miniature score (E)	3218
Mi diesis (I)	2200	minim (E)	2225
Mi doppio bemolle (I)	2203	minim beat (E)	1622
Mi doppio diesis (I)	2202	minim rest (E)	2232
Mi double bémol (F)	2203	minima (I)	2225
Mi double dièse (F)	2202	minimo (I)	1740
mi-doux (F)	860	minimum (E, F)	1740
mi-fort (F)	859	minor (E)	2016
microfono (I)	528	minore (I)	2016
microfono a condensatore (I)	529	minuet (E)	2391
microfono a contatto (I)	530	minuetto (I)	2391
microfono elettrodinamico (I)	531	minuziös (D)	1463
microfono elettromagnetico (I)	532	minuzioso (I)	1463
		Mirliton (D)	301
microphone (E, F)	528	mirliton (F, I)	301
microphone à condensateur (F)	529	miroitant (F)	1013
		mis en relief (F)	870
microphone à contact (F)	530	miscelare (I)	534
microphone électro-dynamique (F)	531	Mischpult (D)	527
		mise en scène (F)	3111
microphone électro-magnetique (F)	532	misolidio (I)	2017
		Misserfolg (D)	3036
microsolco (I)	533	Missklang (D)	2923
middle joint (E)	214	Misston (D)	3186
middle part (E)	2056	mistake (E)	3310
migliorare (I)	2751	misteriosamente (I)	1337
mignolo (I)	3456	misterioso (I)	1337
mignon (F)	1036, 1080	mistero (I)	2392
Mikrophon (D)	528	mistico (I)	1338
		misto (I)	1741

mistuned (E)	3361	mit einiger Freiheit (D)	740
mistura (I)	535	mit Ekstase (D)	1151
misty (E)	1348	mit Eleganz (D)	1127
misura (I)	2018	mit Empfindsamkeit (D)	1471
misurare (I)	2752	mit Empfindung (D)	1475
misurato (I)	1742	mit Emphase (D)	1133
mit (D)	1666	mit Energie (D)	1131
mit Ausdehnung (D)	967	mit Entrüstung (D)	1047
mit Abscheu (D)	1428	mit Entschlossenheit (D)	
mit Adel (D)	1354		1072, 1442
mit Anbetung (D)	925	mit Ergebung (D)	1424
mit Andacht (D)	1417	mit Erhabenheit (D)	1129
mit aufgehobener Dämpfung		mit Ernsthaftigkeit (D)	1244, 1482
(D)	472	mit Erregung (D)	1130
mit Aufschwung (D)	1501	mit Feierlichkeit (D)	1398, 1509
mit Ausdauer (D)	1385	mit Feinheit (D)	1184
mit Ausdehnung (D)	1148	mit Fertigkeit (D)	1092
mit Ausdruck (D)	1149	mit Festigkeit (D)	1171
mit Bangen (D)	977	mit Feuer (D)	1214
mit Beben (D)	1202	mit Flexibilität (D)	1187
mit Bedauern (D)	1440	mit Frechheit (D)	1286
mit Bedeutung (D)	1582	mit Freimut (D)	1197
mit Begeisterung (D)	1136	mit Freude (D)	1235
mit Begierde (D)	1010	mit Frieden (D)	1370
mit Behändigkeit (D)	941	mit Frische (D)	1204
mit Beharrlichkeit (D)	1285	mit Fröhlichkeit (D)	955
mit Beständigkeit (D)	1385	mit Frohlocken (D)	1156
mit Bestimmtheit (D)	1094	mit Furcht (D)	1555
mit Betrübnis (D)	919	mit Galanterie (D)	1224
mit Bitterkeit (D)	962	mit gedämpfter Stimme (D)	635
mit Bravour (D)	1012	mit Gefälligkeit (D)	1230
mit Bünden versehen (D)	74	mit Gefühl (D)	1475
mit Charakter (D)	1034	mit Geläufigkeit (D)	743
mit Dämpfer (D)	96, 459	mit Gemütsbewegung (D)	1130
mit dem / - der / - den (D)	1666	mit Genauigkeit (D)	1145
mit dem Bogen (D)	94	mit Geringschätzung (D)	1464
mit der Bogenstange (D)	95	mit Geschicklichkeit (D)	1092
mit der Hand (D)	378	mit geschlossenem Mund (D)	636
mit der Stimme (D)	1657	mit Geschmack (D)	1249
mit Deutlichkeit (D)	1042	mit Geschwindigkeit (D)	744
mit Diskretion (D)	1099	mit Gewalt (D)	1595
mit Eifer (D)	1609	mit Geziertheit (D)	1429
mit einem Finger (D)	1667	mit Glanz (D)	1320
mit Einfachheit (D)	1470	mit Gleichgültigkeit (D)	1266

mit Glückseligkeit (D)	1235	mit Mäßigung (D)	1340
mit Groll (D)	1441	mit Meisterschaft (D)	1323
mit Größe (D)	1242	mit Müdigkeit (D)	1528
mit großer Freiheit (D)	737	mit Mühe (D)	1168
mit großer Geschwindigkeit (D)	763	mit Mut (D)	975
mit größter Kraft (D)	847	mit Nachdruck (D)	1131
mit halber Stimme (D)	614, 637, 858	mit Natürlichkeit (D)	1347
		mit Niedergeschlagenheit (D)	1461
		mit Phantasie (D)	1162
mit Haltung (D)	1400	mit Präzision (D)	1403
mit Härte (D)	1122	mit Prunk (D)	1398, 1487
mit Hartnäckigkeit (D)	1366	mit Raffinesse (D)	1421
mit Heftigkeit (D)	1586	mit Rastlosigkeit (D)	1502
mit heiterer Gelassenheit (D)	1480	mit Reinheit (D)	1411
mit Heiterkeit (D)	1221	mit Respekt (D)	1444
mit Herz (D)	1065	mit Ruhe (D)	1023, 1564
mit Hingabe (D)	916	mit Sanftheit (D)	1114
mit Hochachtung (D)	1365	mit Sanftmut (D)	1114
mit höchster Virtuosität (D)	1056	mit Schärfe (D)	995
mit höherem Tempo (D)	797	mit Schaudern (D)	1202, 1416
mit Hohn (D)	1457	mit Schmelz (D)	1302
mit Humor (D)	1577	mit Schmerz (D)	1111, 1118
mit Inbrunst (D)	1176	mit Schnelligkeit (D)	741
mit Ironie (D)	1294	mit Schüchternheit (D)	1554
mit Jubel (D)	1156	mit Schwäche (D)	1070
mit Kälte (D)	1199	mit Schwermut (D)	1325
mit Keckheit (D)	1002	mit Schwung (D)	1501
mit Klarheit (D)	1042	mit Seele (D)	974
mit Koketterie (D)	1046	mit Seelenfrieden (D)	1370
mit Kraft (D)	1193	mit Seelenqual (D)	972
mit Kühnheit (D)	987, 999	mit Selbstgefälligkeit (D)	1539
mit Lärm (D)	1534	mit Sicherheit (D)	1498
mit Lauheit (D)	1548	mit Sorgfalt (D)	922, 1097
mit Lebenskraft (D)	1592	mit Sorglosigkeit (D)	1355
mit Lebhaftigkeit (D)	1600	mit Spaß (D)	1158
mit Leichtigkeit (D)	937, 1306	mit Staunen (D)	1537
mit Leidenschaft (D)	1373	mit Steifheit (D)	1434
mit Leidenschaftslosigkeit (D)	1548	mit Stolz (D)	1181
		mit Strenge (D)	742, 1434, 1484
mit leiser Stimme (D)	635, 876	mit Tapferkeit (D)	1582
mit Liebe (D)	964	mit Trägheit (D)	1269
mit Liebenswürdigkeit (D)	958, 1230	mit Traurigkeit (D)	1574
		mit Überschwang (D)	1136
mit Lust (D)	1603	mit Überschwänglichkeit (D)	1143

mit Überzeugung (D)	1058
mit Unbefangenheit (D)	1101
mit Unbeständigkeit (D)	1607
mit Ungeduld (D)	1253
mit Ungestüm (D)	1255
mit Ungezwungenheit (D)	1521
mit Unruhe (D)	1281
mit Unschuld (D)	1279
mit Vehemenz (D)	1586
mit Verachtung (D)	1106
mit Verehrung (D)	1588
mit Vergnügen (D)	1110
mit Vertrauen (D)	1179
mit Verwegenheit (D)	987
mit Verzückung (D)	1151
mit Verzweiflung (D)	1105
mit Virtuosität (D)	1596
mit vollem Ton (D)	1769
mit voller Kraft (D)	847
mit voller Stimme (D)	647
mit Vorsicht (D)	1410
mit Vorstellungskraft (D)	1251
mit Wärme (D)	1025
mit Weite (D)	967
mit Wildheit (D)	1174
mit Willen (D)	1605
mit Wonne (D)	1084, 1226
mit Wucht (D)	1255
mit Würde (D)	1096
mit Wut (D)	1415
mit Zartheit (D)	1079
mit Zärtlichkeit (D)	1546
mit Zauber (D)	1166
mit Zorn (D)	1047
mit Zuneigung (D)	933
mit Zurückhaltung (D)	1505
mit zwei Schlägeln (D)	377
mite (I)	1396
mitigando (I)	906
Mitleid (D)	681
mitleidig (D)	1392
mitschneiden (D)	2784
Mitschnitt (D)	556
mittelleise (D)	860
mittelstark (D)	859
Mittelstimme (D)	2056
Mittelstück (D)	214
Mitwirkung (D)	2946
mixage (F)	535
mixed (E)	1741
mixed chorus (E)	667
mixed voices (E)	716
mixer (F)	534
mixing board (E)	527
mixo-lydien (F)	2017
mixolydian (E)	2017
mixolydisch (D)	2017
mixte (F)	1741
moaning (E)	1228
mobile (F, I)	1339
mocking (E)	1006, 1031
mockingly (E)	1020
modal (D, E, F)	2019
modale (I)	2019
modalità (I)	2020
Modalität (D)	2020
modalité (F)	2020
modality (E)	2020
mode (E, F)	2021
mode ecclésiastique (F)	2022
model (E)	3113
modèle (F)	3113
modello (I)	3113
moderando (I)	823
moderare (I)	2753
moderatamente (I)	757
moderate (E)	758
moderately (E)	757
moderating (E)	823, 912
moderato (I)	758
moderazione (con) (I)	1340
modéré (F)	758
modérément (F)	757
modérer (F)	2753
modern (D, E)	3114
moderne (F)	3114
moderno (I)	3114
modificare (I)	2754

modification du son (F)	594	monotonous (E)	1342
modifier (F)	2754	monter l'accord (F)	2653
modo (I)	2021	monter l'intonation (F)	2653
modo ecclesiastico (I)	2022	monter sur les planches (F)	2924
modulare (I)	2023	montrer (F)	2755
Modulation (D)	2024	mood (E)	3358
modulation (E, F)	2024	mood music (E)	3126
modulation passagère (F)	2025	moog (E)	572
modulazione (I)	2024	moquant (F)	1019
modulazione di transizione (I)	2025	moqueusement (F)	1031
		morbidezza (con) (I)	1343
moduler (F)	2023	morbido (I)	1547
modulieren (D)	2023	morceau (F)	2921
Modus (D)	2021	morceau de concert (F)	2426
modus (E)	2021	morceau imposé (F)	3226
moelleux (F)	1375	mordace (I)	1344
möglich (D)	1780	mordant (F)	1344, 2027, 2028
möglichst (D)	1781	mordant supérieur (F)	2029
moins (F)	1736	Mordent (D)	2027, 2028
moins rapide que allegro (F)	726	mordent (E)	2027, 2028
moitié (F)	1737	mordent with note above (E)	2029
Moll (D)	2016	mordente (I)	1344, 2027
molle (I)	1341	mordente inferiore (I)	2028
mollezza (con) (I)	1341	mordente superiore (I)	2029
moltissimo (I)	1743	more (E)	1770
molto (I)	1744	more then (E)	1771
molto accentuato (I)	861	morendo (I)	824
Moment musical (D)	2393	moresca (I)	2395
moment musical (F)	2393	Moreske (D)	2395
momento musicale (I)	2393	Morgenständchen (D)	2386
Monferrina (D, E, F, I)	2565	morire (I)	680
monodia (I)	2026	Moriskentanz (D)	2395
Monodie (D)	2026	mormorando (I)	1345
monodie (F)	2026	mormorato (I)	1345
Monodram (D)	2394	morne (F)	1066
monodrama (E)	2394	morning music (E)	2386
monodrame (F)	2394	morris dance (E)	2395
monodramma (I)	2394	mosso (I)	759
monody (E)	2026	most vivacious (E)	783
monofonia (I)	2026	mostrare (I)	2755
monophony (E)	2026	motet (E, F)	2397
monoton (D)	1342	Motette (D)	2397
monotone (F)	1342	moteur (F)	1044
monotono (I)	1342	motif (E, F)	2030

358 motif conducteur

motif conducteur (F)	2031
motion (E)	1745
Motiv (D)	2030
motivo (I)	2030
motivo conduttore (I)	2031
motivo ricorrente (I)	2031
moto (I)	1745
moto contrario (I)	2032
moto obliquo (I)	2033
moto perpetuo (I)	2396
moto retto (I)	2034
motor (E)	1044
motore (I)	1044
motorisch (D)	1044
motteggiando (I)	1019
mottetto (I)	2397
mou (F)	1341
mourir (F)	680
mournful (E)	1213, 1321
mournfully (E)	1334
mouth (E)	3431
mouth organ (E)	117
mouth-hole (E)	208
mouthpiece (E)	198, 199
mouvant (F)	795
mouvement (F)	1745, 2035
mouvement contraire (F)	2032
mouvement initial (F)	778
mouvement oblique (F)	2033
mouvement parallèle (F)	2034, 2036
mouvement perpétuel (F)	2396
moved (E)	1050
movement (E)	2035
movendo (I)	795
movimento (I)	1745, 2035
movimento parallelo (I)	2036
moving (E)	795, 1051
moving away (E)	895
moving forward (E)	790
mû (F)	759
much (E)	1710, 1744
müde (D)	1528
mue (F)	616
muet (F)	3180
muffle (E)	1816
muffled (E)	379
mühevoll (D)	1529
mühsam (D)	1168
mühselig (D)	1381
multiple (E, F)	1746
multiplo (I)	1746
multitrack recording (E)	555
Mund (D)	3431
Mundharmonika (D)	117
Mundloch (D)	208
Mundspalt (D)	196
Mundstück (D)	199
Muñeira (D, E, F, I)	2566
munter (D)	994
muovendo (I)	795
muoversi (I)	2756
Murciana (D, E, F, I)	2567
murmelnd (D)	1345
murmuring (E)	1345
mürrisch (D)	983
musa (I)	3115
muscle (E, F)	3457
muscolo (I)	3457
Muse (D)	3115
muse (E, F)	3115
Musette (D, E, F, I)	2568
music (E)	3116
music computer (E)	505
music critic (E)	3505
music dictation (E)	1951
music drama (E)	2338
music festival (E)	3035
music for strings (E)	3159
music hall (E)	3416
music lover (E)	2883
music lyre (E)	218
music of the future (E)	3135
music publishing house (E)	2935
music school (E)	2866, 3324
music stand (E)	3098
music therapy (E)	3179
music-paper (E)	2933

musica (I)	3116
musica a programma (I)	3119
musica a quarti di tono (I)	3120
musica aleatoria (I)	3117
musica antica (I)	3118
musica assoluta (I)	3121
musica classica (I)	3122
musica concreta (I)	3123
musica contemporanea (I)	3124
musica corale (I)	3125
musica d'ambiente (I)	3126
musica d'avanguardia (I)	3127
musica d'uso (I)	3132
musica da ballo (I)	3128
musica da caccia (I)	3129
musica da camera (I)	3130
musica da chiesa (I)	3131
musica da consumo (I)	3132
musica da salotto (I)	3133
musica da tavola (I)	3134
musica dell'avvenire (I)	3135
musica della Passione (I)	3140
musica descrittiva (I)	3136
musica di corte (I)	3137
musica di gatti (I)	3138
musica di Natale (I)	3141
musica di scena (I)	3142
musica di sottofondo (I)	3139
musica dodecafonica (I)	3143
musica domestica (I)	3147
musica drammatica (I)	3144
musica elettronica (I)	3145
musica esotica (I)	3146
musica familiare (I)	3147
musica folcloristica (I)	3161
musica funebre (I)	3148
musica informatica (I)	536
musica leggera (I)	3149
musica lirica (I)	3150
musica liturgica (I)	3131
musica meccanica (I)	3151
musica militaire (I)	3152
musica nella (della) strada (I)	3153
musica orchestrale (I)	3154
musica per balletto (I)	3155
musica per banda (I)	3156
musica per coro (I)	3125
musica per film (I)	3157
musica per la scuola (I)	3158
musica per strumenti a corda (I)	3159
musica per strumenti a fiato (I)	3160
musica popolare (I)	3161
musica profana (I)	3162
musica puntillistica (I)	3163
musica pura (I)	3121
musica religiosa (I)	3164
musica rinascimentale (I)	3165
musica sacra (I)	3166
musica scenica (I)	3142
musica seria (I)	3167
musica seriale (I)	3168
musica sinfonica (I)	3169
musica sperimentale (I)	3170
musica strumentale (I)	3171
musica turca (I)	3172
musica tzigana (I)	3173
musica vocale (I)	3174
musical (E)	2307
Musical (D)	2307
musical (E, F)	3175
musical box (E)	475, 479
musical clock (E)	477, 479
musical comedy (E)	2308
musical competition (E)	2960
musical contest (E)	2960
musical electronics (E)	508
musical imagery (E)	3269
"musical moment" (E)	2393
musical press (E)	3357
musical saw (E)	316
musicale (I)	3175
musicalità (I)	3176
musicalité (F)	3176
musicality (E)	3176
musician (E)	3513
musicien (F)	3513

musicien d'orchestre (F)	3518
musicien professionel (F)	3177
musicienne (F)	3513
musicienne d'orchestre (F)	3518
musicista (I)	3513
musicista di professione (I)	3177
musicologia (I)	3178
musicologie (F)	3178
musicologist (E)	3514
musicologo (I)	3514
musicologue (F)	3514
musicology (E)	3178
musicoterapia (I)	3179
musicothérapie (F)	3179
Musik (D)	3116
Musik für Saiteninstrumente (D)	3159
Musik für Streichinstrumente (D)	3159
Musikakademie (D)	2866
musikalisch (D)	3175
„musikalischer Augenblick" (D)	2393
Musikalität (D)	3176
Musikcomputer (D)	505
Musikdiktat (D)	1951
Musikdrama (D)	2338
Musikelektronik (D)	508
Musiker (D)	3513
Musikerin (D)	3513
Musikfest(spiel) (D)	3035
Musikgeschichte (D)	3362
Musikhochschule (D)	2866
Musikinstrumentenkunde (D)	3206
Musikkritiker (D)	3505
Musikkritikerin (D)	3505
Musikliebhaber (D)	2883
Musikliebhaberin (D)	2883
Musikschule (D)	3324
Musiktheorie (D)	3400
Musiktherapie (D)	3179
Musikverlag (D)	2935
Musikwettbewerb (D)	2960
Musikwissenschaft (D)	3178
Musikwissenschaftler (D)	3514
Musikwissenschaftlerin (D)	3514
musique (F)	3116
musique à programme (F)	3119
musique aléatoire (F)	3117
musique ancienne (F)	3118
musique chorale (F)	3125
musique classique (F)	3122
musique concrète (E, F)	3123
musique contemporaine (F)	3124
musique d'ambiance (F)	3126, 3139
musique d'avant-garde (F)	3127
musique d'avenir (F)	3135
musique d'église (F)	3131
musique d'orchestre (F)	3154
musique de ballet (F)	3155
musique de chambre (F)	3130
musique de chasse (F)	3129
musique de cour (F)	3137
musique de danse (F)	3128
musique de film (F)	3157
musique de fond (F)	3139
musique de la Passion (F)	3140
musique de la Renaissance (F)	3165
musique de Noël (F)	3141
musique de rue (F)	3153
musique de salon (F)	3133
musique de scène (F)	3142
musique de table (F)	3134
musique descriptive (F)	3136
musique dodécaphonique (F)	3143
musique domestique (F)	3147
musique dramatique (F)	3144
musique électronique (F)	3145
musique en quarts de ton (F)	3120
musique exotique (F)	3146
musique expérimentale (F)	3170
musique folklorique (F)	3161
musique fonctionelle (F)	3132
musique funèbre (F)	3148

musique instrumentale (F)	3171
musique légère (F)	3149
musique liturgique (F)	3131
musique lyrique (F)	3150
musique méchanique (F)	3151
musique microtonale (F)	3120
musique militaire (F)	2911, 3152
musique par ordinateur (F)	536
musique populaire (F)	3161
musique pour harmonie (F)	3156
musique pour instruments à cordes (F)	3159
musique pour instruments à vent (F)	3160
musique profane (F)	3162
musique pure (F)	3121
musique religieuse (F)	3164
musique sacrée (F)	3166
musique scolaire (F)	3158
musique sérielle (F)	3168
musique sérieuse (F)	3167
musique symphonique (F)	3169
musique turque (F)	3172
musique tzigane (F)	3173
musique vocale (F)	3174
Muskel (D)	3457
Muster (D)	3113
muta (I)	616, 1747
mutando (I)	1652
mutare (I)	2676
Mutation (D)	616
mutation (E)	616
mute (E)	1816, 3180
mute off (E)	248
muted (E)	96
mutig (D)	976
muto (I)	3180
mystérieusement (F)	1337
mystérieux (F)	1337
mysterious (E)	1337, 1497
mystic (E)	1338
mystique (F)	1338
mystisch (D)	1338
nacaire (F)	302
Nacara (sarazenische Handpauke) (D)	302
nacchere (I)	269
naccherone (I)	302
nach (D)	1690
nach Art der Hirten (D)	1374
nach Art der Zigeuner (D)	951
nach Art der/des/von (D)	946
nach Belieben (D)	718, 719, 724
nach deutscher Tanzart (D)	949
nach Gehör spielen (D)	2842
nach oben (D)	1726
nach türkischer Art (im Stil der Janitscharen-Musik) (D)	950
nach ungarischer Art (D)	956
nach unten (D)	1717
nachahmen (D)	2730
nachahmend (D)	1713
Nachahmung (D)	1996
nachdenken (D)	2792
nachdenkend (D)	1331
nachdenklich (D)	1384
nachdrücklich (D)	1132
nachgeben (D)	2679
nachgebend (D)	899
nachgelassen (D)	3237
Nachhall (D)	502
Nachklang (D)	563
nachlassen (D)	2679
nachlassend (D)	828
nachlässig (D)	1350
Nachschlag (D)	1930
Nachspiel (D)	2432
nächste (D)	1785
nächstes Mal (D)	3260
nächstfolgend (D)	1785
Nachtigall (D)	699
Nachtstück (D)	2401
Nacken (D)	3460
Nadel (Grammophon) (D)	547
Nagel (D)	3483
Nagelgeige (D)	31
nahe (D)	3423

nahe am Griffbrett (D)	115	near the sounding board (E)	105
nahe am Korpus anzupfen (D)	105	nearly (E)	1789
		neat (E)	3267
naïf (F)	1278	nebbioso (I)	1348
nail (E)	3483	nebelhaft (D)	1349
nail violin (E)	31	Nebelhorn (D)	281
naiv (D)	1278	neben (D)	1613, 2111
naïvement (F)	1278	Nebenbetonung (D)	1869
nakers (E)	302	Nebennote (D)	2039
Nänie (D)	2398	Nebenrolle (D)	2956
nape of the neck (E)	3460	Nebenton (D)	2172
narrando (I)	1346	neblig (D)	1348
narrante (I)	1346	nébuleux (F)	1349
narrating (E)	1346, 1419	nebuloso (I)	1349
narrator (E)	3181	nebulous (E)	1349
narratore (I)	3181	nécessaire (F)	3183
närrisch (D)	1192	necessario (I)	3183
nasal (D, E, F)	617	necessary (E)	3183
nasale (I)	617	neck (E)	56, 61, 3434
nascosto (I)	1748	neckisch (D)	1458
Nase (D)	3458	needle (E)	547
nasello (I)	66	négligemment (F)	1350
naso (I)	3458	negligentemente (I)	1350
nastro magnetico (I)	537	negligently (E)	1350
national anthem (E)	2364	nehmen (D)	2769
Nationalhymne (D)	2364	neighbour note (E)	2172
natural (E)	1906, 3182	nel (I)	1749
natural notes (E)	2146	nella (I)	1749
natural tones (E)	2146	nello (allo) stesso modo (I)	1750
natural trumpet (E)	177	nenia (E, I)	2398
naturale (I)	3182	nénie (F)	2398
naturalezza (con) (I)	1347	nerf (F)	3459
naturally (E)	1347	Nerv (D)	3459
naturel (F)	3182	nerve (E)	3459
naturellement (F)	1347	nerveusement (F)	1351
Naturklangspeicher (D)	574	nervig (D)	1351
natürlich (D)	3182	nervo (I)	3459
natürliche Position (D)	247	nervös (D)	1351
Naturtöne (D)	2146	nervosamente (I)	1351
Naturtrompete (D)	177	nervously (E)	1351
ne....pas (F)	1753	nessuno (I)	1751
neapolitan sixth (E)	2121	net (F)	3267
neapolitanische Sexte (D)	2121	nettamente (I)	1352
near (E)	3423	nettement (F)	1352

netto (I)	3267	noch (D)	1636
neu (D)	3190	noch einmal (D)	1637
neu belebend (D)	791	noch einmal! (D)	2919
neuf (F)	3190	nochmals (D)	1686
Neufassung (D)	3189	nocturne (E, F)	2401
neugierig (D)	1067	noioso (I)	3184
neuma (E, I)	2037	noire (F)	2226
neume (E, F)	2037	noise (E)	566, 3303
Neumen (D)	2037	noise reduction (E)	561
new (E)	3190	noise supression (E)	561
new version (E)	3189	noisily (E)	1448
next (E)	1785	noisy (E)	1448
next time (E)	3260	nombre de mesures (F)	2046
nez (F)	3458	non (I)	1753
nice (E)	1036	non legato (I)	874
nicht (D)	1753	non lié (F)	874
nicht gehalten (D)	1756	non molto (I)	1754
nicht genug (D)	1835	non préparé (F)	3074
nicht mitwirken (D)	1823, 1824	non presto (I)	760
nicht schnell (D)	760	non tanto (I)	1755
nicht sehr (D)	1754	non tenu (F)	1756
nicht viel (D)	1754	non tenuto (I)	1756
nicht zu sehr (D)	1755	non troppo (I)	1757
nicht zu viel (D)	1757	nona (I)	2246
nichts (D)	1752	noncuranza (con) (I)	1355
niedergeschlagen (D)	1335	None (D)	2246
niederlegen (D)	2765	none (F)	2246
niedrig (D)	2913	nonet (E, F)	2400
niedriger (D)	3085	Nonett (D)	2400
niemand (D)	1751	nonetto (I)	2400
niente (I)	1752	nonostante (I)	3106
Nietenbecken (D)	304	nose (E)	3458
nightingale (E)	699	nostalgia (I)	3185
nimble (E)	940	nostalgic (E)	1356
ninna nanna (I)	2399	nostalgico (I)	1356
ninth (E)	2246	nostalgie (F)	3185
nitido (I)	1043	nostalgique (F)	1356
niveau (F)	522	nostalgisch (D)	1356
no one (E)	1751	not (E)	1753
nobilmente (I)	1353	not as fast as allegro (E)	726
nobiltà (con) (I)	1354	not at all (E)	1752
noblement (F)	1353	not enough (E)	1835
nobly (E)	1353	not fast (E)	760
nobody (E)	1751	not held (E)	1756

not much (E)	1754	Notturno (D)	2401
not slurred (E)	874	notturno (I)	2401
not so (E)	1755	nourished (E)	1357
not too much (E)	1757	nourri (F)	1357
not very (E)	1754, 1755	nouvelle version (F)	3189
nota (I)	2038	novelette (E, F)	2402
nota ausiliare (I)	2039	novelletta (I)	2402
nota cambiata (I)	2040	Novellette (D)	2402
nota di passaggio (I)	2041	now (E)	2877
nota falsa (I)	3186	nuage (F)	3191
nota principale (I)	2042	nuance (F)	2948, 3331
nota puntata (I)	2043	nuancer (F)	2726
notable (F)	3187	nuances (F)	2987
Notation (D)	2044	nuca (I)	3460
notation (E, F)	2044	nulla (I)	1752
notazione (I)	2044	number (E)	3188
Note (D)	2038	numérique (F)	499
note (E, F)	2038	numéro (F)	3188
note changée (F)	2040	numero (I)	3188
note cluster (E)	1994	numero di battute (I)	2046
note de passage (F)	2041	Nummer (D)	3188
note pointée (F)	2043	nuova versione (I)	3189
note principale (F)	2042	nuovo (I)	3190
note secondaire (F)	2039	nuptial (E, F)	1358
note value (E)	2183	nuque (F)	3460
Noten schreiben (D)	2812	nur (D)	1812
Notenbalken (D)	2134, 2176	nursery song (E)	2297
Notendruck (D)	3357	nutrito (I)	1357
Notenfahne (D	1934	nuvola (I)	3191
Notenhals (D)	1989	nuziale (I)	1358
Notenhalter (D)	218	obbligato (E, I)	1758, 2047
Notenpapier (D)	2933	obbligatorio (I)	1758
Notenpult (D)	3098	oben (D)	1726, 1814
Notenschrift (D)	2044	ober (D)	3388
Notenständer (D)	3098	Oberarm (D)	3432
Notenwert (D)	2183	Oberbügel (D)	79
noter (F)	2812	Oberek (D, E, F, I)	2569
notevole (I)	3187	Obersattel (D)	39
nothing	1752	Oberstimme (D)	2058
notice (F)	2885	Oberstück (D)	234
notieren (D)	2812	Obertas (D, E, F, I)	2570
nötig (D)	3183	Obertöne (D)	2145
notina (I)	2045	obligat (D)	1758, 2047
Notiz (D)	2885	obligatoire (F)	1758

obligatory (E)	1758	ogni (I)	1759
obligé (F)	1758, 2047	ogni volta (I)	1760
oblique motion (E)	2033	ohne (D)	1800
Oboe (D)	156	ohne Anstrengung (D)	1478
oboe (E, I)	156	ohne bestimmtes Zeitmaß (D)	770
Oboe d'amore (D)	157	ohne Dämpfer (D)	110
oboe d'amore (E, I)	157	ohne davonzurennen (D)	1802
Oboist (D)	3515	ohne Eile (D)	769
oboist (E)	3515	ohne Instrumente (D)	1612, 1805
oboista (I)	3515	ohne Unterbrechung (D)	1803
Oboistin (D)	3515	ohne Wiederholung (D)	1804
obscur (F)	1544	ohne zu schleppen (D)	771
obstinate (E)	1367	ohne zu wechseln (D)	1801
obstinately (E)	1366	Ohr (D)	3462
obstiné (F)	1367	ohrenbetäubend (D)	1644
ocarina (E, F, I)	158	Okarina (D)	158
occhiata (I)	3332	Oktave (D)	2245
occhio (I)	3461	Oktett (D)	2412
ochetus (I)	2403	omaggio (I)	3192
octave (E, F)	2245	omesso (I)	1761
octet (E)	2412	omis (F)	1761
octuor (F)	2412	omitted (E)	1761
odd (E)	1531	omofonia (I)	2048
Ode (D, E, F, I)	2571	on (E)	1814, 1821
oder (D)	1763	on enlève (F)	1807
oder auch (D)	1763	on his place (E)	1628
œil (F)	3461	on the (E)	1821
œuvre (F)	3194	on the fingerboard (E)	115
œuvre chorale (F)	2408	on the rim (E)	387
off-beat (E)	2155	on the stage (E)	3385
offen (D)	1638	on the string (E)	82
offended (E)	1359	on the tip of the tongue (E)	1618
offensé (F)	1359	once (E)	1845
öffentlich (D)	3266	once again (E)	1637
offertoire (F)	2404	once more (E)	1686
offertorio (I)	2404	onda (I)	538
Offertorium (D)	2404	onde (F)	538
offertory (E)	2404	ondeggiando (I)	102
offeso (I)	1359	ondeggiante (I)	1360
öffnen (D)	2658	ondoyant (F)	102
oficleide (I)	159	ondulante (I)	1360
oft (D)	1818	onduleux (F)	1360
often (E)	1818	one string (E)	474
oftmals (D)	1818		

ongle (F)	3483	ora (I)	2877
only (E)	1812	orage (F)	3398
onorario (I)	3193	orageusement (F)	1541
opaco (I)	1361	orageux (F)	1542
opaque (E, F)	1361	oratorio (E, F, I)	2411
open (E)	1638, 2074	Oratorium (D)	2411
open string (E)	97	Orchester (D)	3195
opening night (E)	3244	Orchesteranordnung (D)	2995
Oper (D)	2405	Orchestereinsatz (D)	3011
opera (E, I)	2405, 3194	Orchestergraben (D)	3050
opéra (F)	2405	Orchestermusik (D)	3154, 3169
opéra bouffe (F)	2406	Orchestermusiker (D)	3518
opera buffa (I)	2406	Orchestermusikerin (D)	3518
opera chorus (E)	664	orchestra (E, I)	3195
opera comica (I)	2407	orchestra box (E)	3050
opéra comique (F)	2407	orchestra d'archi (I)	3198
opera corale (I)	2408	orchestra d'opera (I)	3199
opera orchestra (E)	3199	orchestra da ballo (I)	3196
opera seria (I)	2409	orchestra da camera (I)	3197
opéra sérieux (F)	2409	orchestra da salotto (I)	3200
operatic (E)	2337	orchestra dell'opera (I)	3199
operatic aria (E)	2254	orchestra della radio (I)	3201
operatic music (E)	3150	orchestra sinfonica (I)	3202
operatic overture (E)	2414	orchestral layout (E)	2995
operetta (E, I)	2410	orchestral music (E)	3154
Operette (D)	2410	orchestral pit (E)	3050
opérette (F)	2410	orchestralist (E)	3518
Opernarie (D)	2254	orchestrare (I)	2757
Opernchor (D)	664	Orchestration (D)	2049
Opernmusik (D)	3150	orchestration (E, F)	2049
Opernorchester (D)	3199	orchestrazione (I)	2049
Opernouvertüre (D)	2414	orchestre (F)	3195
Operntextbuch (D)	678	orchestre à cordes (F)	3198
ophicleide (E)	159	orchestre d'opéra (F)	3199
ophicléide (F)	159	orchestre de chambre (F)	3197
Ophikleide (D)	159	orchestre de danse (F)	3196
oppressé (F)	1362	orchestre de l'opéra (F)	3199
oppressed (E)	1362	orchestre de la radio (F)	3201
oppresso (I)	1362	orchestre de salon (F)	3200
opprimé (F)	1362	orchestre symphonique (F)	3202
oppure (I)	1763	orchestrer (F)	2757
optional (E)	1699	orchestrieren (D)	2757
opus (L)	3194	Orchestrierung (D)	2049
or (E)	1763	Orchestrion (D)	476

orchestrion (E, F, I)	476	originale (I)	3207
order (E)	3203	orizzontale (I)	2050
ordinario (I)	1762	orlo (I)	366
ordinary (E)	1762	Ornament (D)	2051
ordinateur musical (F)	505	ornament (E)	2051
ordine (I)	3203	ornamento (I)	2051
Ordnung (D)	3203	ornando (I)	926
ordre (F)	3203	orné (F)	927
orecchio (I)	3462	ornement (F)	2051
orecchio assoluto (I)	3204	ornementé (F)	1865
oreille (F)	3462	orologio a carillon (I)	479
oreille absolue (F)	3204	orologio a soneria (I)	477
organ (E)	398	orrendo (I)	1364
organ concerto (E)	2313	orrido (I)	1364
organetto (I)	478	Ort (D)	1731
organetto automatico (I)	477	os (F)	3463
organico (strumentale) (I)	3205	oscillateur (F)	541
Organist (D)	3516	oscillation (E, F)	542
organist (E)	3516	oscillation triangulaire (F)	592
organista (I)	3516	oscillator (E)	541
organiste (F)	3516	oscillatore (I)	541
Organistin (D)	3516	oscillazione (I)	542
organo (I)	398	oscuro (I)	1544
organo di Barberia (I)	478	osservanza (con) (I)	1365
organo elettronico (I)	539	ossia (I)	1763
organo Hammond (I)	540	osso (I)	3463
organo pieno (I)	464	ostentativo (I)	1491
organo portativo (I)	399	ostentatoire (F)	1491
organologia (I)	3206	ostinatezza (con) (I)	1366
organologie (F)	3206	Ostinato (D)	1901
organology (E)	3206	ostinato (I)	1367
Orgel (D)	398	ostinazione (con) (I)	1366
Orgelkonzert (D)	2313	Oszillator (D)	541
Orgelpunkt (D)	2062	ôter (F)	2850
orgoglioso (I)	1363	ôter la sourdine (F)	248
orgue (F)	398	other (E)	1634
orgue de Barbarie (F)	478	otherwise (E)	1633, 1763
orgue électronique (F)	539	ottava (I)	2245
orgue Hammond (F)	540	ottavino (I)	160
orgue portatif (F)	399	ottavizzare (I)	245
orgueilleux (F)	1363	ottavo (I)	2227
original (D, E, F)	3207	ottetto (I)	2412
original speed (E)	778	ottoni (I)	3208
original version (E)	3421	ou bien (F)	1763

oublier (F)	2700	panchina (I)	443
ouïe (F)	57, 3413	pancia (I)	3466
out of tune (E)	3361	Panflöte (D)	151
outer part (E)	2054	panpipes (E)	151
output (E)	593	panting (E)	970
ouvert (F)	1638	pantomima (I)	3212
Ouvertüre (D)	2413	Pantomime (D)	3212
ouverture (F, I)	196, 2413	pantomime (E, F)	3212
ouverture d'opéra (F)	2414	papier à musique (F)	2933
ouverture d'opera (I)	2414	Papierblatt (D)	3043
ouverture da concerto (I)	2415	par cœur (F)	2884
ouverture de concert (F)	2415	par hasard (F)	3804
ouvreur (F)	3108	paradiesisch (D)	1371
ouvreuse (F)	3108	paradis (F)	3053
ouvrir (F)	2658	paradisiac (E)	1371
overstrung scale (E)	421	paradisiaco (I)	1371
overture (E)	2413	paradisiaque (F)	1371
ovvero (I)	1763	parafrasi (I)	2416
pacatamente (I)	1368	parallel (D, E)	2053
pacato (I)	1369	parallel motion (E)	2034
pace (con) (E, I)	1370, 2152	parallel movement (E)	2036
pacifico (I)	1369	Parallelbewegung (D)	2034
Pädagogik (D)	3222	parallèle (F)	2053
padded stick (E)	353	parallele nascoste (I)	2052
padiglione (I)	212	Parallelen (D)	2141
padiglione piriforme (I)	213	parallèles cachées (F)	2052
padiglioni in alto (I)	237	Parallelführung (D)	2036
padovana (I)	2423	parallelo (I)	2053
page (E, F)	3209	Paralleltonart (D)	2167
pagina (I)	3209	Parameter (D)	543
painful (E)	1119, 1381	parameter (E)	543
painstaking (E)	1463	paramètre (F)	543
paisible (F)	1369	parametro (I)	543
paisiblement (F)	1368	parapenne (I)	63
palais (F)	3464	Paraphrase (D	2416
palate (E)	3464	paraphrase (E, F)	2416
palato (I)	3464	pardon	3326
palco (I)	3210	pareil (F)	1808
palcoscenico (I)	3314	paresseux (F)	1393, 3228
pallet (E)	454	parfait (F)	3224
palm of the hand (E)	3465	Parkett (D)	3230
palmo della mano (I)	3465	parlando (I)	1372
Palotas (D, E, F, I)	2572	parlare (I)	2758
palpito (I)	3211	parler (F)	2758

parodia (I)	2417, 3213	pas beaucoup (F)	1754
Parodie (D)	2417, 3213	pas trop (F)	1755, 1757
parodie (F)	2417, 3213	pas vite (F)	760
parody (E)	2417, 3213	pass auf! (D)	2900
parola (I)	3214	passable (F)	2994
parole (F)	3214	Passacaglia (D)	2418
parrucca (I)	3215	passacaglia (E, I)	2418
part (E)	3301	passacaille (F)	2418
part-writing (E)	1938	Passage (D)	2059, 3219
parte (I)	3301	passage (E, F)	2059, 2185, 3219
parte di ripieno (I)	2187	passage du pouce (F)	465
parte estrema (I)	2054	passage rapide de notes (F)	2185
parte inferiore (I)	2055	passaggio (I)	2059, 3219
parte intermedia (I)	2056	passaggio del pollice (I)	465
parte melodica (I)	2057	Passamezzo (D, E, F, I)	2574
parte superiore (I)	2058	passare (I)	2760
partecipare (I)	2759	Passepied (D)	2419
parterre (F)	3230	passepied (E, F, I)	2419
partials (E)	2147	passer (F)	2760
participer (F)	2759	passing chord (E)	1875
Partie (D)	3301	passing note (E)	2041
partie (F)	3301	passing the thumb under (E)	465
partie de dessus (F)	2058	Passion (D)	2420
partie extrême (F)	2054	passion (E, F)	2420
partie finale (F)	1655	passion music (E)	3140
partie inférieure (F)	2055	passionate (E)	981
partie mélodique (F)	2057	passionately (E)	981
partie principale (F)	2188	passionato (I)	981
partie supérieure (F)	2058	passione (I)	1373, 2420
parties de remplissage (F)	2187	passionné (F)	981
Partita (D, E, F, I)	2573	passionnément (F)	981
partition (F)	3216	Passionsmusik (D)	3140
partition de direction (F)	3217	passo (I)	3219, 3220
partition de poche (F)	3218	pasticcio (E, I)	2421
partition pour piano (F)	3288	pastiche (E, F)	2421
partition vocale (F)	618	pastoral (E, F)	1374, 2422
Partitur (D)	3216	Pastorale (D)	2422
partitura (I)	3216	pastorale (F, I)	1374, 2422
partitura per il direttore (I)	3217	pastoso (I)	1375
partitura tascabile (I)	3218	Pastourelle (D, E, F, I)	2575
partitura vocale (I)	618	pastourelle (F)	2422
partout (F)	1681	pataud (F)	1239
party (E)	3034	patetico (I)	1376
pas (F)	3220	pathetic (E)	1376

pathétique (F)	1376	peak (E)	66
pathetisch (D)	1376	pear-shaped bell (E)	213
patimento (con) (I)	1111	pearly (E)	466
patron (E)	3109	peasant dance (E)	2331
patte (F)	215	peau (F)	365, 368
pattern (E)	3113	peau de batterie (F)	357
Pauken (D)	336	peau supérieure (F)	357
Paukenfell (D)	365	pedagogia (I)	3222
Paukenschlägel (D)	355	pédagogie (F)	3222
Paukenwirbel (D)	383	pedagogy (E)	3222
Pauker (D)	3524	Pedal (D)	432
Paukerin (D)	3524	pedal (E)	432
paume de la main (F)	3465	pedal drum (E)	339
paura (con) (I)	1377	pedal keyboard (E)	436
paura dinanzi al pubblico (I)	3221	pedal point (E)	2062
pauroso (I)	1378	pédale (F)	432
pausa (I)	2060, 3090	pedale (I)	432
pausa di biscroma (I)	2236	pedale d'armonia (I)	2062
pausa di croma (I)	2234	pédale de la grosse caisse (F)	367
pausa di minima (I)	2232	pédale de prolongation (F)	435
pausa di semibiscroma (I)	2237	pedale del piano (I)	434
pausa di semibreve (I)	2231	pedale della gran cassa (I)	367
pausa di semicroma (I)	2235	pedale destro (I)	433
pausa di semiminima (I)	2233	pedale di risonanza (I)	433
pausa generale (I)	2061	pédale droite (F)	433
Pause (D)	2060, 3091	pédale forte (F)	433
pause (E, F)	1946, 2060, 2231	pédale gauche (F)	434
pause générale (F)	2061	pédale hi-hat (F)	275
Pausenwert (D)	2184	pédale inférieure (F)	2062
Pausenzeichen (D)	3327	pedale sinistro (I)	434
pausiere (D)	1823	pedale tonale (I)	435
pausieren (D)	1824	pédalier (F)	436
pavan (E)	2423	pedaliera (I)	436
pavana (I)	2423	Pedalklaviatur (D)	436
Pavane (D)	2423	Pedalpauke (D)	339
pavane (F)	2423	Pedalwerk (D)	432
paventato (I)	1378	pedana (I)	3231
pavillon (F)	200, 212, 300	pedestal (E)	81
pavillon en l'air (F)	237	peep-hole (E)	3351
pavillon piriforme (F)	213	peg box (E)	42
pazzamente (I)	1379	Pegel (D)	522
pazzescamente (I)	1379	peiné (F)	982
peaceable (E)	1368, 1369	peinlich genau (D)	1463
peaceful (E)	1368	peinture sonore (F)	3269

peinvoll (D)	1117	percuté (F)	862
Peitsche (D)	286	perdendosi (I)	905
peitschend (D)	872	perfect (E)	1991, 3224
pelle (I)	368	perfect cadence (E)	1914
pen-name (E)	3265	perfect pitch (E)	3204
penando (I)	833	perfection (E, F)	3225
pendant (F)	1692	perfekt (D)	3224
pendant toute la durée (F)	1767	perfetto (I)	3224
pendule à carillon (F)	477, 479	perfezionarsi (I)	2762
pendule à musique (F)	479	perfezione (I)	3225
pénétrant (F)	1380	performance (E)	3015, 3273, 3350
penetrante (I)	1380	performer (E)	3089
penetrating (E)	1380	performing practice (E)	3238
pénétré (F)	1058	performing rights (E)	2991
pénible (F)	1381, 1529	perigordino (I)	2424
péniblement (F)	1529	Périgourdine (D, E, F, I)	2424, 2577
Penillion (D, E, F, I)	2576		
penoso (I)	1381, 1529	perigourdine (E)	2424
pensando (I)	1382	périgourdine (F)	2424
pensare (I)	2761	period (E)	2065
penser (F)	2761	Periode (D)	2065
pensieroso (I)	1383	période (F)	2065
pensif (F)	1383	periodo (I)	2065
pensive (E)	1383	perlato (I)	466
pensosamente (I)	1384	perlé (F)	466
pensoso (I)	1383	perlend (D)	466
pentagramma (I)	2063	perno (I)	437
pentatonic (E)	2064	però (I)	1768
pèntatonico (I)	2064	perpetual (E)	3227
pentatonique (F)	2064	perpetual motion (E)	2396
pentatonisch (D)	2064	perpétuel (F)	3227
per (I)	1764	perpetuo (I)	3227
per finire (I)	1765	perpetuum mobile (L)	2396
per l'ultima volta (I)	1766	perruque (F)	3215
per tutta la durata (I)	1767	perseveranza (con) (I)	1385
perçant (F)	1380, 1536	persistant (F)	1367
perce (F)	425	persistent (E)	1367
percepibile (I)	3223	persistente (I)	1367
perceptible (E, F)	3223	personne (F)	1751
percettibile (I)	3223	Perücke (D)	3215
percing (E)	1380	pesant (F)	1386
percosso (I)	862	pesante (I)	1386
percuotere (I)	380	pesato (I)	1387
percussion instruments (E)	3375	pesé (F)	1387

372 peso del braccio

peso del braccio (I)	467
peso del corpo (I)	468
pétillant (F)	1207
petit corps (F)	234
petit doigt (F)	3456
petit scherzo (F)	2456
petite branche (F)	234
petite clarinette (F)	123
petite farce (F)	2275
petite flûte (F)	160
petite note (F)	2045
petto (I)	3467
peu (F)	1773
peu à peu (F)	1774
peureux (F)	1378
pezzo (I)	2921
pezzo caratteristico (I)	2425
pezzo da concerto (I)	2426
pezzo di mezzo (I)	214
pezzo imposto (I)	3226
pezzo inferiore (I)	215
pezzo lirico (I)	2427
Pfeife (D)	142, 413
pfeifen (D)	2722
pfeifend (D)	717
pfiffig (D)	1015, 1215
Pflichtstück (D)	3226
phalange (F)	3441
phalanx (E)	3441
phantastisch (D)	1164
pharynx (E, F)	3442
philharmonic (E)	3040
philharmonique (F)	3040
philharmonisch (D)	3040
phonetics (E)	3046
Phonetik (D)	3046
phonétique (F)	3046
phonograph (Am.)	517
Phrase (D)	1984
phrase (E, F)	1984
phrasé (F)	1985
phrase mark (E)	2005
phraser (F)	2724
phrasieren (D)	2724
Phrasierung (D)	1985
Phrasierungsbogen (D)	2005
phrasing (E)	1985
phrygian (E)	1986
phrygien (F)	1986
phrygisch (D)	1986
piacere (con) (I)	1110
piacevole (I)	1388
piacevolezza (con) (I)	1388
piangendo (I)	1389
piangente (I)	1390
piangevole (I)	1390
Pianino (D)	404
pianissimo (I)	863
Pianist (D)	3517
pianist (E)	3517
pianista (I)	3517
pianiste (F)	3517
Pianistin (D)	3517
piano (E, F, I)	400, 864
piano à queue (F)	401
piano accordion (E)	397
piano concerto (E)	2314
piano droit (F)	404
piano mécanique (F)	480
piano préparé (F)	402
piano score (E)	3288
piano sonata (E)	2468
piano stool (E)	443
Pianoakkordeon (D)	397
pianoforte (F, I)	400
pianoforte a coda (I)	401
pianoforte a un quarto di coda (I)	403
pianoforte preparato (I)	402
pianoforte verticale (I)	404
Pianola (D)	480
pianola (I)	480
piatti (I)	303
piatti chiodati (I)	304
piatti cinesi (I)	305
piatti turchi (I)	306
piatto (I)	1314
piatto charleston (I)	307

piatto sospeso (I)	308
picardische Terz (D)	2159
picardy third (E)	2159
piccante (I)	1391
piccato (I)	103
picchettato (I)	95
picchiettato (I)	103
piccolo (E, F)	160
pick-up (E, F)	564
picking up again speed (E)	767
picking up again volume (E)	767
picturesque (E)	1395
piece (E)	2921
pièce (F)	2921
pièce de charactère (F)	2425
pièce lyrique (F)	2427
pied (F)	67, 3468
piede (I)	3468
pieno (I)	1769
piercing (E)	1527
pietà (I)	681
pietoso (I)	1392
pieux (F)	1394
piffero (I)	161
pigro (I)	1393, 3228
Pikkolo (D)	160
pincé (F)	104, 2028
pincé étouffé (F)	1870
pio (I)	1394
pious (E)	1394
pipe (E)	142, 413
pipeau (F)	121, 190
piquant (F)	1391
piqué (F)	103, 877
pirolo (I)	36
Piston (D)	129
piston (E, F)	216
piston flute (E)	149
pistone (I)	216
pitch (E)	2002
pitch (E)	1881
pitch level (E)	1881
pitch pipe (E)	2979
pitié (F)	681
pittoresco (I)	1395
pittoresque (F)	1395
pity (E)	681
pitying (E)	1392
più (I)	1770
più che (I)	1771
più del (I)	1771
più forte possibile (I)	865
più piano possibile (I)	866
più tosto (I)	796
più veloce (I)	797
piuttosto (I)	1772
piv (I)	162
Piva (D, E, F, I)	2578
pizzicato (F, I)	104
placando (I)	906
place (E, F)	1731, 3234, 3235
place assise (F)	3235
place debout (F)	3236
placid (E)	1396
placide (F)	1396
placido (I)	1396
placing of the voice (E)	613
plagal (D, E, F)	2066
plagal cadence (E)	1915
plagale (I)	2066
plagale Kadenz (D)	1915
plagiare (I)	2763
plagiarism (E)	3229
Plagiat (D)	3229
plagiat (F)	3229
plagier (F)	2763
plagiieren (D)	2763
plagio (I)	3229
plain-chant (F)	2293
plainsong (Gregorian chant) (E)	2293
plaintif (F)	1186, 1301
plaintive (E)	1186
plaisant (F)	1388
plaisanterie (F)	3317
Plakat (D)	2934
planche à laver (F)	252
planche de friction (F)	333

planches (F)	3314
planchette ronflante (F)	293
plaque de protection (F)	63
plat (F)	1314
plate (E)	206
platea (I)	3230
plateau (F)	206
Plattenspieler (D)	516
Platz (D)	3234
Platzanweiser (D)	3108
Platzanweiserin (D)	3108
plaudern (D)	2681
Playback (D)	544
playback (E, F, I)	544
playbill (E)	3254
player piano (E)	480
player roll (E)	418
playful (E)	1233, 1234
pleadingly (E)	1540
pleasant (E)	1388
pleased (E)	1422
pleasing (E)	1388
plectre (F)	64, 438
plectrum (E)	64, 438
plectrum guard (E)	63
plein (F)	1357, 1769
plein d'allant (F)	1015
plein de couleur (F)	1048
plein de dignité (F)	1076
plein de vivacité (F)	1597
plein jeu (F)	464
Plektrum (D)	64, 438
plettro (I)	64, 438
plot (E)	3407
plötzlich (D)	1685, 1715
plucked (E)	104
plucked instruments (E)	3376
plump (D)	1239
pluralité des choeurs (F)	2067
plus (F)	1770
plus court et plus rapide que adagio (F)	721
plus court et plus rapide que largo (F)	750
plus du (F)	1771
plus lent ou plus rapide que andante (F)	730
plus que (F)	1771
plus rapide (F)	797
plus vite (F)	796
plutôt (F)	1772
pochette (F, I)	22
pocket score (E)	3218
poco (I)	1773
poco a poco (I)	1774
poco a poco meno (I)	1775
poco a poco più (I)	1776
poco meno (I)	1777
poco più (I)	1778
poderoso (I)	1402
Podest (D)	3231
podio (I)	3231
Podium (D)	3231
podium (F)	3231
Poem (D)	2428
poem (E)	2428
poema (I)	2428
poema sinfonico (I)	2429
poème (F)	2428
poème symphonique (F)	2429
poetic (E)	1397
poetico (I)	1397
poétique (F)	1397
poggiato (I)	843
poi (I)	1690
poi segue (I)	1779
poids du bras (F)	467
poids du corps (F)	468
poignant (F)	1533
poignet (F)	3473
point (E, F)	66, 2084, 3268
point culminant (F)	2888
point d'arrêt (F)	1946
point trop vite (F)	3629
pointé (F)	2083
pointe (F)	66, 3268
pointed out (E)	1723
pointer (F)	2015

posizione 375

pointillisme musical (F)	3163
pointillist music (E)	3163
pointu (F)	1391
poitrine (F)	3467
polacca (I)	2430
polca (I)	2431
policoralità (I)	2067
polifonia (I)	2068
polifonia policorale (I)	2067
polimetria (I)	2069
poliritmica (I)	2070
politonalità (I)	2071
Polka (D)	2431
polka (E, F)	2431
pollice (I)	3469
polmoni (I)	3470
Polo (D, E, F, I)	2579
Polonaise (D)	2430
polonaise (E, F)	2430
polpastrello (I)	3471
Polska (D, E, F, I)	2580
polso (I)	3472, 3473
Polster (D)	422
Poltergeist (D)	3045
polternd (D)	1195
polychoral music (E)	2067
polymetre (E)	2069
polymétrie (F)	2069
Polymetrik (D)	2069
Polyphonie (D)	2068
polyphonie (F)	2068
polyphony (E)	2068
polyrhythm (E)	2070
Polyrhythmik (D)	2070
polyrythmie (F)	2070
Polytonalität (D)	2071
polytonalité (F)	2071
polytonality (E)	2071
Pommer (D)	118
pompa (con) (I)	1398
pompa a tiro (I)	217
pompa mobile a coulisse (I)	217
pompeux (F)	1488
pomposo (I)	1488
pompous (E)	1488
ponctué (F)	841
ponderato (I)	1387
pondéré (F)	1399
ponderoso (I)	1399
ponderous (E)	1399
pont (F)	2072
ponte (I)	2072
pontet (F)	371
ponticello (I)	65
popolare (I)	3232
populaire (F)	3232
populär (D)	3232
popular (E)	3232
popular music (E)	3161
porre (I)	2749
portamento (I)	619
portamento (con) (I)	1400
portamusica (I)	218
portando (I)	867
portare (I)	2764
Portativ (D)	399
portative organ (E)	399
portato (I)	868
porté (F)	868
portée (F)	2063
porter (F)	2764
porter la voix (F)	619
posare (I)	2765
posatamente (I)	1401
posato (I)	1401
Posaune (D)	180
Posaunist (D)	3526
Posaunistin (D)	3526
posé (F)	1401
pose de la voix (F)	613
posément (F)	1401
poser (F)	2749, 2765
position (E, F)	3233
position fondamentale (F)	2073
position large (F)	2074
position naturelle (F)	247
position serrée (F)	2075
posizione (I)	3233

posizione fondamentale (I)	2073	practical (E)	3239
posizione lata (I)	2074	prahlerisch (D)	1491
posizione normale (I)	247	praktisch (D)	3239
posizione stretta (I)	2075	Praller (D)	2029
Posse (D)	2346	Pralltriller (D)	2029
possenhaft (D)	1020, 1165	präludieren (D)	2768
possente (I)	1402	Präludium (D)	2435
possibile (I)	1780	präpariert (D)	3242
possibilmente (I)	1781	präpariertes Klavier (D)	402
(as) possible (E, F)	1780	prassi d'esecuzione (I)	3238
poster (E)	2934	pratica d'esecuzione (I)	3238
Posthorn (D)	135	pratico (I)	3239
posthorn (E)	135	pratique (F)	3239
posthume (F)	3237	pratique de l'exécution (F)	3238
posthumous (E)	3237	prayer (E)	3241
postlude (E, F)	2432	praying (E)	1405
postludio (I)	2432	präzis (D)	1404
posto (I)	1731, 3234	preamble (E)	2434
posto a sedere (I)	3235	préambule (F)	2434
posto in piedi (I)	3236	preambulo (I)	2434
postponed (E)	3293	précédent (F)	1782
postumo (I)	3237	precedente (I)	1782
pot-pourri (E, F, I)	2433	preceding (E)	1782
potente (I)	1402	preceding tempo (E)	1828
Potentiometer (D)	545	precious (E)	1430
potentiometer (E)	545	precipitando (I)	798
potentiomètre (F)	545	precipitare (I)	2766
potenziometro (I)	545	precipitate (E)	761
Potpourri (D)	2433	precipitately (E)	798
pouce (F)	3469	precipitato (I)	761
poulailler (F)	3053	précipité (F)	761
pouls (F)	3472	précipiter (F)	2766
poumons (F)	3470	precipitoso (I)	761
pour (F)	1764	précis (F)	1404
pour finir (F)	1765	precise (E)	1404
pour la dernière fois (F)	1766	precisione (con) (I)	1403
pour le chant (F)	651	preciso (I)	1404
pourtant (F)	1768	preface (E)	3240
poussé (F)	87, 691	préface (F)	3240
pousser (F)	2830	prefazione (I)	3240
powerful (E)	1402	pregando (I)	1405
Präambel (D)	2434	pregare (I)	2767
prächtig (D)	1167	preghiera (I)	3241
prachtvoll (D)	1167	prelude (E)	2435

prélude (F)	2435	presse musicale (F)	3357
préluder (F)	2768	pressez (F)	799
preludiare (I)	2768	pressing (E)	794, 799
preludio (I)	2435	pressing forward (E)	808
premendo (I)	884	pressing on (E)	749
premier mouvement (F)	2079	presso (I)	3423
premier violon solo (F)	3251	presso la tavola (I)	105
Premiere (D)	3244	prestamente (I)	765
première (F)	3244	prestare (I)	2772
première chanteuse (F)	620	prestissimo (I)	762
première édition (F)	3247	presto (I)	763
première exécution mondiale (F)	3246	prêter (F)	2772
		pretty (E)	1589
première fois (F)	3248	previous tempo (E)	776
première représentation (F)	3245	prickelnd (D)	1207
prendere (I)	2769	prier (F)	2767
prendre (F)	2769	prière (F)	3241
preparare (I)	2770	prikly (E)	1391
preparation (E)	2076	prima (I)	1783, 3244
préparation (F)	2076	prima che (I)	1784
preparato (I)	3242	prima di (I)	1784
preparazione (I)	2076	prima donna (I)	620
préparé (F)	3242	prima edizione (I)	3247
prepared (E)	3242	prima esecuzione (I)	3245
prepared piano (E)	402	prima esecuzione mondiale (I)	3246
préparer (F)	2770		
près (F)	3423	prima frase (I)	2077
près de la table (F)	105	prima volta (I)	3248
près du chevalet (F)	116	Primarius (D)	3251
presence (E)	3243	Prime (D)	2238
presentare (I)	2771	primitif (F)	3249
présenter (F)	2771	primitiv (D)	3249
presenza (I)	3243	primitive (E)	3249
presque (F)	1789	primitivo (I)	3249
presque comme une fantaisie (F)	1414	primo leggio (I)	3250
		primo tema (I)	2078
presque rien (F)	869	primo tempo (I)	2079
press (E)	3356	primo violino (I)	3251
press stud (E)	410	principal (E, F)	2080, 3250
pressando (I)	799	principal part (E)	2188
pressante (I)	799	principal voice (E)	2188
Presse (D)	3356	principale (I)	2080
pressé (F)	747	principiante (I)	3019
presse (F)	3356	principio (I)	3086

private concert (E)	2959	prolonger (F)	2774
Probe (D)	3261	prolonging (E)	825
proben (D)	2798	prolungamento (I)	3256
Probespiel (D)	2902	prolungando (I)	825
probieren (D)	2777	prolungare (I)	2774
procedendo (I)	788	prominente (I)	1723
prochain (F)	1785	promoter (E)	3257
prochaine fois (F)	3260	promoteur (F)	3257
producer (E)	3519	promotore (I)	3257
production (E)	3111	prompt (D, E, F)	764, 772
production du son (F)	546	promptement (F)	764
produzione del suono (I)	546	prompter (E)	3522
profan (D)	3252	promptly (E)	764, 807
profane (E, F)	3252	prononcé (F)	1407
profano (I)	3252	prononcer (F)	2775
professeur (F)	3253, 3510	prononciation (F)	621
professional musician (E)	3177	pronounced (E)	1407
professor (E)	3253	prontamente (I)	764
Professor (D)	3253	pronto (I)	764
professore (I)	3253	pronuncia (I)	621
professore d'orchestra (I)	3518	pronunciare (I)	2775
professoressa (I)	3253	pronunciation (E)	621
professoressa d'orchestra (I)	3518	pronunciato (I)	1407
Professorin (D)	3253	pronunziato (I)	1407
profond (F)	1406	proporre (I)	2776
profondo (I)	1406	proportion (E, F)	3258
profound (E)	1406	proporzione (I)	3258
Programm (D)	3254	proposer (F)	2776
programma (I)	3254	proposition (F)	2077, 2082
programme (E, F)	3254	Proposta (D)	2082
programme music (E)	3119	proposta (I)	2082
Programmmusik (D)	3119, 3136	propre (F)	3267
progredire (I)	2773	props (E)	2869
progrès (F)	3255	proscenio (I)	3259
progress (E)	3255	prossima volta (I)	3260
progresser (F)	2773	prossimo (I)	1785
progression (E,F)	2081	proud (E)	1363
progressione (I)	2081	proudly (E)	1180
progresso (I)	3255	prova (I)	3261
projecteur (F)	3289	prova generale (I)	3262
Prolog (D)	2436	provare (I)	2777
prologo (I)	2436	Provenzalische Trommel (D)	325
prologue (E, F)	2436	provisional (E)	3263
prolongation (E, F)	3256	provisoire (F)	3263

provisorisch (D)	3263	punta (I)	66, 3268
provocant (F)	1408	puntale (I)	67
provocante (I)	1408	puntato (I)	2083
provocative (E)	1408	puntina (I)	547
provvisorio (I)	3263	punto culminante (I)	2888
prudence (E, F)	3264	punto di valore (I)	2084
prudent (E, F)	1409	punto doppio (I)	2085
prudente (I)	1409	pupil (E)	2879
prudenza (con) (I)	1410, 3264	pupitre (F)	3098
prunkvoll (D)	1488	pupitre portatif (F)	218
Psalm (D)	2453	pur (F)	1413
psalm (E)	2453	pure (E)	1413
psalmodic (E)	1452	pure tone (E)	2171
Psalmodie (D)	2108	purezza (con) (I)	1411
psalmodie (F)	2108	purfling (E)	59
psalmodierend (D)	1452	purità (con) (I)	1411
psalmody (E)	2108	puritain (F)	1412
psaltérion (F)	23	puritan (E)	1412
Psalterium (D)	23	puritanisch (D)	1412
psaltery (E)	23	puritano (I)	1412
psaume (F)	2453	puro (I)	1413
pseudonimo (I)	3265	pushed (E)	691
Pseudonym (D)	3265	pushing (E)	808
pseudonym (E)	3265	puzzling (E)	1135
pseudonyme (F)	3265	qua (I)	1786
pubblico (I)	3266	quadrifonia (I)	548
public (E, F)	3266	quadriglia (I)	2437
Publikum (D)	3266	Quadrille (D)	2437
publique (F)	3266	quadrille (E, F)	2437
puff (E)	3340	quadrille à la cour (F)	2373
puis poursuit (F)	1779	quadro di distribuzione (I)	549
puissance (F)	3049	quadro musicale (I)	3269
puissant (F)	1402	Quadrophonie (D)	548
pulito (I)	3267	quadrophonie (F)	548
pulling (E)	838	quadrophony (E)	548
Puls (D)	3472	Quadrupelkonzert (D)	2310
pulse (E)	3472	quadruple concerto (E, F)	2310
Pumpventil (D)	216	quadruple croche (F)	2230
pungente (I)	1391	quadruplet (E)	2086
Punkt (D)	2084	qualche (I)	1787
punktieren (D)	2015	qualvoll (D)	1560
punktiert (D)	2083	quanto (I)	1788
punktierte Note (D)	2043	quart de soupir (F)	2235
punktuelle Musik (D)	3163	quarta (I)	2241

quarta corda (I)	45	quintage (F)	245
Quarte (D)	2241	Quinte (D)	2242
quarte (F)	2241	quinte (F, I)	2242, 3270
quarter note (Am.)	2226	quinteggiare (I)	245
quarter note rest (Am.)	2233	Quintenzirkel (D)	1933
quarter-tone music (E)	3120	quintet (E)	2440
quartet (E)	2438	Quintett (D)	2440
Quartett (D)	2438	quintette (F)	2440
quartetto (I)	2438	quintette à vent (F)	2441
quartetto d'archi (I)	2439	quintetto (I)	2440
quartina (I)	2086	quintetto per (di) fiati (I)	2441
quarto (I)	2226	quintina (I)	2088
quarto tempo (I)	2087	quinto tempo (I)	2089
Quartole (D)	2086	Quintole (D)	2088
quartolet (F)	2086	quintolet (F)	2088
quasi (I)	1789	quintuplet (E)	2088
quasi niente (I)	869	quite (E)	1610
quasi una fantasia (I)	1414	quivering (E)	1201
quatrième corde (F)	45	Quodlibet (D)	2442
quatrième mouvement (F)	2087	quodlibet (E, F, I)	2442
quatuor (F)	2438	rabbia (con) (I)	1415
quatuor à cordes (F)	2439	rabbioso (I)	991
quaver (E)	2227	raccapriccio (con) (I)	1416
quaver rest (E)	2234	raccoglimento (con) (I)	1417
que (F)	1653	raccolta (I)	2947
quelque(s) (F)	1787	raccolta di canzoni (I)	3271
quelque peu (F)	1625	raccolto (I)	1418
Querbalken (D)	2176	raccontando (I)	1419
Querflöte (D)	153	raccontare (I)	2778
Querpfeife (D)	161	raccorciare (I)	2779
Querstand (D)	1974	raccourcir (F)	2779
Quersteg (D)	232	Rache (D)	701
Quetschung (D)	1870	Rachen (D)	3446
„queue" (F)	1655	Rachenhöhle (D)	3442
qui (I)	1786	racket (E, F)	163
quick (E)	774, 781	raconter (F)	2778
quicker (E)	797	raddolcendo (I)	907
quickly (E)	781	raddolcente (I)	907
quiet (E)	1024	raddoppiare (I)	2780
quietly (E)	1565	raddoppio (I)	2090
quieto (I)	1024	radiant (E)	1420
quietschfidel (D)	994	radieux (F)	1420
quil (E)	438	radio choir (E)	661
quinta (I)	2242	radio chorus (E)	661

radio orchestra (E)	3201	rappel (F)	3285
radio recording (E)	558	rappeler (F)	2788
radio transmission (E)	588	rappresentazione (I)	3273
radiodiffusion (F)	3272	rapsodia (I)	2443
radiodiffusione (I)	3272	rasch (D)	732, 781
radioso (I)	1420	raschelnd (D)	1208
Radleier (D)	17	raschiare (I)	381
(sich) räuspern (D)	684	rasend (D)	1216, 1276
raffinatezza (con) (I)	1421	raspa (I)	310
rafforzando (I)	886	raspe (E)	310
raffrenando (I)	819	Raspel (D)	310
raganella (I)	309	rassegnato (I)	1423
rageur (F)	991	rassegnazione (con) (I)	1424
raggiante (I)	1420	Rassel (D)	321
raggruppare (I)	2781	rastlos (D)	1503
Rahmen (D)	450	rather (E)	1625, 1772
Rahmentrommel (D)	323	Ratsche (D)	309
raide (F)	1435	rätselhaft (D)	1135
railleur (F)	1006	rattenendo (I)	839
raise the bell (E)	237	rattle (E)	309, 321
raised (E)	1896	rau (D)	622, 1450
raked (E)	113	rauco (I)	622
ralenti (F)	827	raucous (E)	622
ralentir (F)	2782	Raum (D)	3022
rallegrato (I)	1422	Raumakustik (D)	2875
rallentando (I)	826	Raumklang (D)	576
rallentare (I)	2782	rauque (F)	622
rallentato (I)	827	Rauschen (D)	566
Rampe (D)	3284	rauschend (D)	1345
rampe (F)	3284	Rauschunterdrückung	561
Rampenlicht (D)	3105	raving (E)	1081, 1082
Rand (D)	366	ravivé (F)	801
range (E)	606, 3022	ravvivando (I)	800
Rankett (D)	163	ravvivato (I)	801
rankett (E, I)	163	rayonnement (F)	3243
râper (F)	381	Ré (F)	2194
râpeur (F)	310	Re (I)	2194
râpeur en bambou (F)	311	Ré bémol (F)	2196
rapid (E)	766	Re bemolle (I)	2196
rapidamente (I)	765	Ré dièse (F)	2195
rapide (F)	732, 766, 781	Re diesis (I)	2195
rapidement (F)	732, 765, 781	Re doppio bemolle (I)	2198
rapidly (E)	765	Re doppio diesis (I)	2197
rapido (I)	766	Ré double bémol (F)	2198

Ré double dièse (F)	2197	reciting (E)	1425
re-awakening (E)	888	reco-reco (F, I)	311
réaction (F)	550	recommencer (F)	2789
real answer (E)	2100	record (E)	500
reale Antwort (D)	2100	record player (E)	516
réalisation (F)	2091	recorder (E)	152
realism (E)	3419	recording (E)	554
Realität (D)	3274	rectangle (E, F)	560
réalité (F)	3274	recueil (F)	2947
reality (E)	3274	recueil de chansons (F)	3271
realization (E)	2091	recueilli (F)	1418
realizzazione (I)	2091	redegewandt (D)	3820
really (E)	3418	redend (D)	1372
realtà (I)	3274	redoublement (F)	2090
reanimating (E)	802	Redowa (D, E, F, I)	2581
reazione (I)	550	reduction (E)	3287
rebondir (F)	2794	réduction (F)	3287
rebounding (E)	106	réduire (F)	2779
recapitulation (E)	2097	Reduktion (D)	3287
receding (E)	895	reed (E)	191
recherché (F)	1430	reed organ (E)	390
Rechner (D)	504	reed pipe (E)	414
Rechteck (D)	560	Reel (D, E, F, I)	2582
rechtes Pedal (D)	433	réenregistrement (F)	544
rechts (D)	2976	réexposition (F)	2097
recita (I)	3273	réfléchi (F)	1387
recital (E)	2958	réfléchir (F)	2792
récital (F)	2958	Refrain (D)	2105
recitando (I)	1425	refrain (E, F)	2105
récitant (F)	3181	regard (F)	3332
recitare (I)	2783	regarder (F)	2861
récitatif (F)	2444	Regel (D)	3276
récitatif accompagné (F)	2445	regelmäßig (D)	3277
récitatif seulement avec continuo ("sec") (F)	2446	regia (I)	551, 3275
		Regie (D)	3275
recitative (E)	2444	régie (F)	3275
recitative with continuo accompaniment ("dry") (E)	2446	Regisseur (D)	3519
		régisseur (F)	3519
		Regisseurin (D)	3519
recitative-like (E)	1287	regista (I)	3519
recitativo (I)	2444	Register (D)	439, 623
recitativo accompagnato (I)	2445	register (E)	439, 623
recitativo secco (I)	2446	Registerzüge (D)	411
réciter (F)	2783	registrare (I)	2784

registration (E, F)	469	related key (E)	2166, 2167
registratore (I)	552	relatif (F)	2092
registratori a cassetta (I)	553	relation (F)	2093
registrazione (I)	469, 554	relationship (E)	2093
registrazione a più piste (I)	555	relative (E)	2092
registrazione dal vero (I)	556	relativo (I)	2092
registrazione di dimostrazione (I)	557	relaxed (E)	1438
		relazione (I)	2093
registrazione radiofonica (I)	558	releasing (E)	828
		relevé (F)	1723
registrazione televisiva (I)	559	religieux (F)	1426
registre (F)	427, 439, 606, 623	religiös (D)	1426
Registrierung (D)	469	religioso (I)	1426
registro (I)	439, 623	religious (E)	1426
règle (F)	3276	religious music (E)	3164
régleur de tonalité (F)	494	remain silent (E)	1823
regola (I)	3276	remarcable (F)	3187
regolare (I)	3277	remarkable (E)	3187
regolatore del suono (I)	494	reminiscendo (I)	1432
regular (E)	3277	reminiscing (E)	1432
régulier (F)	3277	remote control (E)	584
rehearsal (E)	3261	remove the mutes (E)	1728
Reibbrett (D)	333	remplaçant (F)	3345
reiben (D)	386	remplaçante (F)	3345
Reibtrommel (D)	273	remplacer (F)	2826
reich (D)	1431	remplacer au pied levé (F)	2808
reichlich (D)	2867	remuer (F)	2756
Reigen (D)	2359	Renaissance (D, E, F)	3292
Reihe (D)	2120	renaissance music (E)	3165
Reihenfolge (D)	3203	Renaissancemusik (D)	3165
Reim (D)	3290	rendere (I)	2785
rein (D)	1413	rendre (F)	2785
rein singen (D)	653	renforcé (F)	887
reiner Ton (D)	2171	renforcer (F)	2796
reinlich (D)	3267	rennend (D)	745
reißen (D)	2834	renverser (F)	2806
reizend (D)	1036	renvoyé (F)	3293
reizvoll (D)	1589	renvoyer (F)	2797
Rejdovak (D, E, F, I)	2583	repeat (E)	2096, 2097
rejoicing (E)	1177	repeat performance (E)	3279
rejouer (F)	2802	repeat sign (E)	2116
réjoui (F)	1422	repente (I)	1685
Réjouissance (D, E, F, I)	2584	Repertoire (D)	3278
relâche (F)	3633	répertoire (F)	3278

repertoire playbill (E)	3278	Resonator (D)	369
repertorio (I)	3278	resonator (E)	369
repertory (E)	3278	résonnant (F)	1439, 1443
répéter (F)	2798	résonner (F)	1727
répétiteur (F)	3520	résoudre (F)	2800
repetition (E)	2096	respect the text (E)	1791
répétition (F)	2096, 3261	respecter le texte (F)	1791
répétition générale (F)	3262	respectful (E)	1444
répétitrice (F)	3520	respirando (I)	1427
replica (I)	3279	respirare (I)	2786
réplique (F)	3279	respiration (F)	624, 3280
répondre (F)	2801	respirazione (I)	3280
reponse (E)	100	respirer (F)	2786
réponse (F)	2099	respiro (I)	624, 3280
réponse réelle (F)	2100	resplendent (E)	1211, 1492
réponse tonale (F)	2101	resplendissant (F)	1211
repos (F)	3294	ressenti (F)	1476
reprendre (F)	2799	ressentir (F)	2815
reprendre sans refrapper (F)	3634	rest (E)	2060, 3294
représentation (F)	3273	rest value (E)	2184
Reprise (D)	2097	restare (I)	2787
reprise (F)	2096, 2097, 3279	rester (F)	2787, 2832
reproduction (E, F)	562	restless (E)	1281, 1503
Requiem (D, E, F, I)	2390, 2585	restricting (E)	804
requiem mass (E)	2390	result (E)	3008
Requisiten (D)	2869	retard (F)	2102
resentful (E)	1441	retardation (E)	2102
résigné (F)	1423	retardé (F)	830
resigned (E)	1423	retarder (F)	2803
resigniert (D)	1423	retarding (E)	829
resin (E)	43	retenir (F)	2804
resolute (E)	1073	retentir (F)	2795
resolution (E)	2098	retentissant (F)	1195, 1439, 1527
résolution (F)	2098	retenu (F)	831
resonance (E)	563	retro (I)	3281
résonance (F)	563	retrograde (E)	2094
resonant (E)	1443	rétrograde (F)	2094
resonant body (E)	40	retrogrado (I)	2094
Resonanz (D)	563	retroscena (I)	3282
Resonanzboden (D)	40	rettangolo (I)	560
Resonanzboden (D)	449	retto (I)	1687
Resonanzkörper (D)	40	return (E)	2097
Resonanzsaite (D)	52	returning (E)	1792
résonateur (F)	369		

returning to the original speed (E)	779
rêve (F)	2464
revêche (F)	983
réveillé (F)	888
revenir (F)	2851
rêver (F)	2822
reverb (E)	565
reverberation (E)	3297
révérbération (F)	565, 3297
révérence (F)	3080
révérenciel (F)	1445
reverent (E)	1445
rêverie (F)	2464
rêveur (F)	1507
review (E)	3298
Revision (D)	3283
revision (E)	3283
révision (F)	3283
revisione (I)	3283
revived (E)	801
reviving (E)	800
Revolutionsgesang (D)	2302
Revue (D)	3298
revue (F)	3298
Rezitativ (D)	2444
Rezitativ nur mit continuo („trocken") (D)	2446
rezitativisch (D)	1287
rezitierend (D)	1425
Rhapsodie (D)	2443
rhapsodie (F)	2443
rhapsody (E)	2443
Rheinländer (D, E, F, I)	2586
rhyme (E)	3290
rhythm (E)	2103
rhythm brush (E)	322
rhythm units (E)	484
rhythmer (F)	2805
rhythmic (E)	871
rhythmic instrument (E)	3382
rhythmical (E)	871
rhythmisch (D)	871
rhythmisieren (D)	2805
Rhythmus (D)	2103
Rhythmusinstrument (D)	3382
Rhythmusmaschine (D)	484
rianimando (I)	802
rib (E)	58
ribalta (I)	3284
ribattuta (E, F)	625
ribattuta di gola (I)	625
ribrezzo (con) (I)	1428
riccio (I)	68
ricco (I)	1431
Ricercar (D)	2447
ricercar (E)	2447
ricercare (F, I)	2447
ricercatezza (con) (I)	1429
ricercato (I)	1430
rich (E)	1431
riche (F)	1431
richiamare (I)	2788
richiamo (I)	3285
richiamo per uccelli (I)	312
richtig (D)	1146, 1991
richtiges Zeitmaß (D)	777
ricochet (F)	106
ricominciare (I)	2799
ricominciare (I)	2789
ricordando (I)	1432
ricordarsi (I)	2790
rideau (F)	3339
rideau d'avant-scène (F)	3338
ridente (I)	682
ridere (I)	2791
ridicolo (I)	1433
ridicolosamente (I)	1433
ridicule (F)	1433
ridiculous (E)	1433
ridotto (I)	3286
ridurre (I)	2779
riduttore di rumore (I)	561
riduzione (I)	3287
riduzione per pianoforte (I)	3288
rien (F)	1752
riesig (D)	1232
riesposizione (I)	2097

rieur (F)	682	rinforzato (I)	887
rifinire (I)	2704	ring (E)	3352
riflettere (I)	2792	ring key (E)	194
riflettore (I)	3289	ringing (E)	1527
rigadoon (E)	2448	rintronante (I)	1439
Rigaudon (D)	2448	rinviare (I)	2797
rigaudon (F, I)	2448	rinviato (I)	3293
righetta (I)	2149	rioso (I)	682
right (on the) (E)	1146, 1687, 2976	ripetere (I)	2798
right pedal (E)	433	ripetitore (I)	3520
rigid (E)	1435	ripetizione (I)	2096, 3261
rigide (F)	1435	Ripienist (D)	3295
rigidezza (con) (I)	1434	ripièniste (F)	3295
rigido (I)	1435	ripieno (I)	3295
rigo (I)	2095	ripieno violinist (E)	3295
rigoglioso (I)	1436	riposo (I)	3294
rigorosamente (I)	1790	riprendendo (I)	767
rigoroso (I)	1437	riprendere (I)	2799
rigorous (E)	1437	ripresa (I)	2096, 2097
rigorously (E)	1790	riproduzione (I)	562
rigoureusement (F)	1790	rire (F)	2791
rigoureusement en mesure (F)	1626	risaltato (I)	870
rigoureux (F)	1437	riscaldando (I)	803
rilasciando (I)	828	risentimento (con) (I)	1441
rilassando (I)	828	risentito (I)	1441
rilassarsi (I)	2793	rising (E)	881
rilassato (I)	1438	risolutezza (con) (I)	1442
rim (E)	366	risoluto (I)	1073
rima (I)	3290	risoluzione (con) (I)	1442, 2098
rimanere (I)	2787, 2832	risolvere (I)	2800
rimbalzando (I)	106	risonante (I)	1443
rimbalzare (I)	2794	risonanza (I)	563
rimbombante (I)	1439	rispettare il testo (I)	1791
rimbombare (I)	2795	Rispetto (D, E, F, I)	2587
rimbombo (I)	3291	rispetto (con) (I)	1365, 1444
rime (F)	3290	rispondere (I)	2801
rimettendo (I)	767	risposta (I)	2099
rimpianto (con) (I)	1440	risposta reale (I)	2100
rimpiazzare (I)	2826	risposta tonale (I)	2101
Rinascimento (I)	3292	ristretto (I)	809
rinforzando (I)	886	ristringendo (I)	804
rinforzare (I)	2796	risuonare (I)	2802
		risuonatore (I)	369
		risvegliando (I)	888

risvegliato (I)	888	rôle secondaire (F)	2956
ritardando (I)	829	Rolle (D)	3301
ritardare (I)	2803	roller (E)	420
ritardato (I)	830	rolling (E)	1360
ritardo (I)	2102	Rolltrommel (D)	268
ritenendo (I)	839	romance (E, F)	2450
ritenere (I)	2804	romance sans paroles (F)	2451
ritenuto (I)	831	Romanesca (D, E, F, I)	2588
ritmare (I)	2805	romantic (E)	1446
ritmato (I)	871	romanticism (E)	3299
ritmico (I)	871	romanticismo (I)	3299
ritmo (I)	2103	romantico (I)	1446
ritmo lombardo (I)	2104	Romantik (D)	3299
ritornando (I)	1792	romantique (F)	1446
Ritornell (D)	2449	romantisch (D)	1446
ritornello (E, I)	2105, 2449	romantisme (F)	3299
ritorto (I)	219	romanza (I)	2450
ritournelle (F)	2449	romanza senza parole (I)	2451
ritterlich (D)	1038	Romanze (D)	2450
ritual (E)	3296	rond (F)	1447
rituale (I)	3296	Ronda (D, E, F, I)	2589
rituel (F)	3296	ronde (F)	2224, 2359
rituell (D)	3296	Rondeau (D, E, F, I)	2590
rivelatore (I)	564	rondeau (F)	2452
riverbero (I)	3297	Rondeña (D, E, F, I)	2591
riverbo (I)	565	Rondo (D)	2452
riverente (I)	1445	rondo (E, F)	2452
riverso (I)	2106	rondò (I)	2452
rivet cymbals (E)	304	rosa (I)	69
rivista (I)	3298	rose (E, F)	69
rivolto (I)	2107	Rosette (D)	69
roaring (E)	1195, 1439	rosin (E)	43
"robbed" (E)	768	rossignol (F)	699
robuste (F)	1593	rostrum (E)	3231
robusto (I)	1593	rotary valve (E)	205
rocchetta (I)	163	rotella (I)	220
rocking (E)	1064	rotondo (I)	1447
roco (I)	622	rotto (I)	3300
roh (D)	1018	roue de frottement (F)	70
Rohrblatt (D)	191	rough (E)	1450
Röhrenglocken (D)	260	roulade (F)	609
role (E)	3301	rouleau (F)	220, 418, 420
rôle (F)	3301	roulement de tambour (F)	382
rôle principal (F)	3302	roulement de timbales (F)	383

round (E)	1447
round dance (E)	2359
rovente (I)	984
rovesciare (I)	2806
rovescio (I)	2107
row (E)	2120
royalties (E)	2990
rozzo (I)	1246
rubando (I)	768
rubato (I)	768
Rücken (D)	3475
Rückkoppelung (D)	550
Rückstrahlung (D)	3297
rückwärts (D)	1684, 3281
rückwärtsgehend (D)	2094
rude (F, I)	1450
Rueda (D, E, F, I)	2592
rufend (D)	1040
Ruggiero (D, E, F, I)	2593
rugueux (F)	1450
Ruhe (D)	3294
Ruhe! (D)	3334
ruhevoll (D)	1565
ruhig (D)	1024, 1369, 1565
rühren (D)	2684
rührend (D)	1051
Rührtrommel (D)	268
rule (E)	3276
rullo del timpano (I)	383
rullo di tamburo (I)	382
rumba (I)	280
Rumbakugeln (D)	296
Rumbastäbe (D)	279
rumore (I)	566, 3303
rumorosamente (I)	1448
rumoroso (I)	1448
run (E)	2185
rund (D)	1447
Rundfunk (D)	3272
Rundfunkaufnahme (D)	558
Rundfunkchor (D)	661
Rundfunkorchester (D)	3201
Rundfunkübertragung (D)	588
running (E)	745
ruolo (I)	3301
ruolo principale (I)	3302
ruota a sfregamento (I)	70
rural (E)	943
rusé (F)	1215
rushing (E)	798
rustic (E)	1449
rusticano (I)	1449
rustico (I)	1449
rustique (F)	1449
rustling (E)	1208, 1345
Rute (D)	372
ruvido (I)	1246, 1450
rythmé (F)	871
rythme (F)	2103
rythme lombard (F)	2104
rythmique (F)	871
s'éclaircir la voix (F)	626, 684
s'éclaircir la gorge (F)	626
s'éloigner (F)	2648
sacco (I)	221
Sackpfeife (D)	162, 189
sacred concerto (E)	2316
sacred music (E)	3166
sad (E)	1572
saddle (E)	71
sadly (E)	1573
Saeta (D, E, F, I)	2594
sagely (E)	1451
sagement (F)	1451
Sägezahn (D)	497
saggiamente (I)	1451
saggio (I)	3304
sagoma inferiore (I)	80
sagoma superiore (I)	79
sailor-like dance (E)	2384
Sainete (D, E, F, I)	2595
saint (E, F)	3308
Saison (D)	3353
saison (F)	3353
saison de concerts (F)	3354
saison théâtrale (F)	3355
Saite (D)	44
Saitenchor (D)	54

Saitenfessel (D)	39	sans changer (F)	1801
Saitenhalter (D)	53	sans comprendre (F)	1261
Saiteninstrumente (D)	3371	sans couleur (F)	1477
Saitenschraube (D)	371	sans courir (F)	1802
sala da ballo (I)	3305	sans effort (F)	1478
sala da concerto (I)	3306	sans instruments (F)	1612, 1805
salary (E)	3193	sans interruptions (F)	1803
salle de concert (F)	3306	sans mesure (F)	770
salle de danse (F)	3305	sans passion (F)	1514
salmeggiando (I)	1452	sans reprise (F)	1804
salmo (I)	2453	sans s'arrêter (F)	1803
salmodia (I)	2108	sans se presser (F)	769
salon music (E)	3133	sans soucis (F)	1516
salon orchestra (E)	3200	sans sourdine (F)	110
Salonmusik (D)	3133	sans traîner (F)	771
Salonorchester (D)	3200	Sansa (D)	313
saltare (I)	2807	sansa (E, F, I)	313
saltare al posto di un'altro		santo (I)	3308
(I)	2808	sapere (I)	2809
Saltarello (D, E, F, I)	2596	Sapo (D)	314
saltato (I)	107, 112	sapo (E, F)	314
saltellando (I)	1453	sapo cubano (I)	314
saltellato (I)	108	sarabanda (I)	2454
salterello (I)	440	Sarabande (D)	2454
salterio (I)	23	sarabande (E, F)	2454
salterio tedesco (I)	24	sarcastic (E)	1454
salto (I)	3307	sarcastico (I)	1454
same (E)	1735	sarcastique (F)	1454
Sammelwerk (D)	2887	sardana (E, I)	2455
Sammlung (D)	2947	Sardane (D)	2455
samtartig (D)	1587	sardane (F)	2455
sanctus bells (E)	263	sarkastisch (D)	1454
sanft (D)	1112	sarrusofono (I)	164
sanft werdend (D)	893	Sarrusophon (D)	164
sanfter werdend (D)	907	sarrusophone (E, F)	164
sanftmütig (D)	1396	sassofonista (I)	3521
sang (F)	3474	sassofono (I)	165
Sänger (D)	3493	sassofono baritono (I)	166
Sängerin (D)	3493	sassofono basso (I)	167
sanglich (D)	703	sassofono contralto (I)	168
sangloter (F)	2818	sassofono soprano (I)	169
Sangsaite (D)	38	sassofono tenore (I)	170
sangue (I)	3474	Sattel (D)	71
sans (F)	1800	Satz (D)	2035

sauber (D)	3267	scène (F)	3314
saut (F)	3307	scenery (E)	3315
sauté (F)	107	scenografia (I)	3316
sauter (F)	2807	scénographie (F)	3316
sautereau (F)	440	scenography (E)	3316
sautillé (F)	90, 108	Schachtel (D)	3312
sauvage (F)	1467	schalkhaft (D)	1215
savoir (F)	2809	Schall (D)	2142, 3352
saw tooth (E)	497	Schallbecher (D)	200, 212
saxhorn (E)	154	Schalldose (D)	498
saxhorn contrebasse (F)	187	schallend (D)	1443, 1527
Saxophon (D)	165	Schallkasten (D)	40
saxophone (E, F)	165	Schallplatte (D)	500
saxophone alto (F)	168	Schallstärke (D)	598
saxophone baryton (F)	166	Schallstück (D)	212
saxophone basse (F)	167	Schalltrichter hoch (D)	237
saxophone soprano (F)	169	Schallwandler (D)	580
saxophone ténor (F)	170	Schalmei (D)	121
Saxophonist (D)	3521	Schalttafel (D)	549
saxophonist (E)	3521	scharf (D)	1391, 1615
saxophoniste (F)	3521	schattiert (D)	1495
sbadigliare (I)	683	Schattierung (D)	2948, 3331
sbagliare (I)	2810	schauen (D)	2861
sbagliato (I)	3309	schaukelnd (D)	1120
sbaglio (I)	3310	Schauspiel (D)	3350
scacciapensieri (I)	315	Schauspieler (D)	3490
scala (I)	2109	Schauspielerin (D)	3490
scala esatonale (I)	2110	Scheide (D)	231
scale (E)	2109	Scheinwerfer (D)	3289
scambio (I)	3311	Schelle (D)	321
scappamento (I)	441	Schellenbaum (D)	300
scarcely (E)	1639	Schellengeläute (D)	320
scarso (I)	1639, 1773	Schellentrommel (D)	324
scatenato (I)	1455	scherno (con) (I)	1457
scatola (I)	3312	Scherz (D)	3317
scatola dell'altoparlante (I)	567	scherzando (I)	1458
scatola musicale (I)	475	scherzend (D)	1019, 1458
scattante (I)	1456	scherzetto (I)	2456
scelta (I)	3313	scherzhaft (D)	1020
scemando (I)	908	scherzino (I)	2456
scena (I)	3314	Scherzo (D, E, F, I)	2597
scénario (F)	3315	scherzo (I)	3317
scenario (I)	3315	scherzoso (I)	1458
scene (E)	3314	schiarirsi la gola (I)	626, 684

schiarirsi la voce (I)	626
Schichtung (D)	2132
schiena (I)	3475
schietto (I)	1413
Schifferklavier (D)	397
schimmernd (D)	1013
schizzo (I)	3318
Schlacht (D)	2268
schlaff (D)	1341
Schlag (D)	374, 1658, 1902
Schlagbass (D)	15
Schlagbrett (D)	63
Schlägel (D)	347, 362
schlagen (D)	380, 2667
Schlager (D)	2298, 2928
Schlagfell (D)	357
Schlaggitarre (D)	11
Schlaginstrumente (D)	3375
Schlagstäbe (D)	279
Schlagzeug (D)	253
Schlagzeuger (D)	3492
Schlagzeugerin (D)	3492
Schlangenbass (D)	171
schlau (D)	1215
schlechter Taktteil (D)	2155
Schleifer (D)	1871
schleppen (D)	2852
schleppend (D)	836
schleunig (D)	772
schlicht (D)	1314
schließen (D)	2683
Schlitztrommel (D)	330
schluchzen (D)	2818
schluchzend (D)	685
Schluss (D)	1701
Schlüssel (D)	1921
Schlusskadenz (D)	1912
Schlusssatz (D)	1936, 2180, 2347
Schlussstück (D)	2347
Schlussteil (D)	1655
schmachtend (D)	1302, 1303
schmächtig (D)	1147, 1240
schmähend (D)	1291
schmeichelnd (D)	1318
schmelzend (D)	1218
schmerzend (D)	1117
schmerzhaft (D)	1119
schmerzlich (D)	1119
schmettern (D)	245
schmückend (D)	926
Schnabel (D)	198
Schnarre (D)	309
Schnarrsaite (D)	358
schnaubend (D)	1201
Schnecke (D)	68
schneiden (D)	2845
schnell (D)	734, 763, 765, 766
Schneller (D)	2029
schneller oder langsamer als Andante (D)	730
schneller Schlussteil (D)	2135
Schnitt (D)	582
schön (D)	1705, 2916
schöner Gesang (D)	648
Schönheit (D)	2915
school (E)	3321
school music (E)	3158
schöpferisch (D)	2972
Schottischer (D)	2457
schränken (D)	388
schrapen (D)	381
Schraube (D)	235
schrecklich (D)	1550
schreiben (D)	2811
schreien (D)	2728
schreiend (D)	1580
schrill (D)	1536
Schritt (D)	1992, 3220
schrittweise (D)	1939
schrullig (D)	1154
schüchtern (D)	1553
Schuhplattler (D, E, F, I)	2598
Schule (D)	3321
Schüler (D)	2879
Schülerin (D)	2879
Schulmusik (D)	3158
Schulter (D)	3477
Schulterstütze (D)	72

schütteln (D)	385
Schüttelrohr (D)	317
schwach (D)	1069
schwacher Taktteil (D)	2155
schwächer werdend (D)	894
schwächlich (D)	1069
Schwammschlägel (D)	352
schwankend (D)	1004
„Schwanz" (D)	1655
schwärmerisch (D)	163
Schwebung (D)	487, 542
schweige (D)	1823
Schweigen (D)	3334
schweigen (D)	1824, 2844
Schwellkasten (D)	417
schwer (D)	1386, 2984
schwerer Taktteil (D)	2156
schwerfällig (D)	1386
schwermütig (D)	1326
Schwerpunkt (D)	1867
Schwert (D)	3347
schwierig (D)	2984
Schwierigkeit (D)	2985
schwimmend (D)	1225
schwingen (D)	2862
Schwingung (D)	542, 596
Schwingungserzeuger (D)	541
Schwirrholz (D)	293
schwülstig (D)	969
schwungvoll (D)	1014
scie musicale (F)	316
scintillante (I)	1489
scintilleting (E)	1489
sciolto (I)	1459
sconsolato (I)	1090
scontroso (I)	983
scoperto (I)	384
scoppiante (I)	1460
scoramento (con) (I)	1461
scordato (I)	3361
scordatura (E, F, I)	109
score (E)	3216
scorrendo (I)	1462
scorretto (I)	3319
scorrevole (I)	1462
scotch snap (E)	2104
Scottish dance (E)	2457
scozzese (I)	2457
scraper (E)	290, 310
screaming (E)	1580
screw (E)	235
scrittura (I)	3320
scrivere (I)	2811
scrivere della musica (I)	2812
scrivere delle note (I)	2812
scroll (E)	68
scrupoloso (I)	1463
scrupuleux (F)	1463
scrupulous (E)	1463
scuola (I)	3321
scuola di balletto (I)	3322
scuola di coro (I)	3323
scuola di musica (I)	3324
scuola viennese (I)	3325
scuotere (I)	385
scurire (I)	568
scuro (I)	1544
scusa (i)	3326
sdegno (con) (I)	1464
sdegnoso (I)	1464
se (I)	1793
se bisogna (I)	1794
se concentrer (F)	2687
se détendre (F)	2793
se mouvoir (F)	2756
se perfectionner (F)	2762
se relaxer (F)	2793
se souvenir (F)	2790
se taire (F)	1824, 2844
se tromper (F)	2810
season (E)	3353, 3355
seat (E)	3234, 3235
sec (F)	1465
secco (I)	1465
Sechzehntel (D)	2228
Sechzehntelpause (D)	2235
second (E)	2239
second corps (F)	214

second movement (E)	2113	sehr langsam (D)	723, 748, 752
second theme (E)	2112	sehr laut (D)	850
second thème (F)	2112	sehr lebhaft (D)	727, 783, 1601
seconda (I)	2239	sehr leise (D)	863
secondaire (F)	2111	sehr rhythmisch (D)	846
secondario (I)	2111	sehr sanft (D)	1115
secondary (E)	2111	sehr schnell (D)	727, 762
secondary accent (E)	1869	sehr viel (D)	1743
secondary dominant (E)	1961	Seite (D)	3209
secondary subject (E)	2112	Seitenbewegung (D)	2033
seconde (F)	2239	Seitenthema (D)	2112
secondo tema (I)	2112	seizième de soupir (F)	2237
secondo tempo (I)	2113	Sekunde (D)	2239
secouer (F)	385	Selbstlaut (D)	3425
section violinist (E)	3295	selection (E)	3313
secular (E)	3252	sélection (F)	3313
secular cantata (E)	2283	selezione (I)	3313
secular music (E)	3162	sella (I)	71
sedate (E)	1401	seltsam (D)	1531
sedately (E)	1401	selvaggio (I)	1467
sedere (I)	3476	semblable (F)	1808
sedicesimo (I)	2228	semibiscroma (I)	2230
seducente (I)	1466	semibreve (E, I)	2224
seductive (E)	1466	semibreve rest (E)	2231
séduisant (F)	1466	semicroma (I)	2228
see (E)	1854	semiminima (I)	2226
seelenvoll (D)	1025	semiquaver (E)	2228
sega (I)	316	semiquaver rest (E)	2235
segnale d'intervallo (I)	3327	semitone (E)	2117
segno (I)	1795	semitono (I)	2117
segno d'espressione (I)	2114	semplice (I)	1468
segno di ripetizione (I)	2116	semplicemente (I)	1469
segno di ritornello (I)	2116	semplicità (con) (I)	1470
segno dinamico (I)	2115	semplificare (I)	2814
segreta (I)	442	semplificato (I)	3329
segue (I)	1796	sempre (I)	1798
seguire (I)	2813	sempre lo stesso (I)	1799
seguite (I)	1797	sempre più animato (I)	805
seguito (I)	3328	Sendung (D)	3409
sehen (D)	2861	senken (D)	2626
sehr (D)	1641, 1744	senkrecht (D)	2186
sehr betont (D)	861	Senkung (D)	2162
sehr genau (D)	1820	sens (F)	3330
sehr gut! (D)	2922	sense (E)	3330

sensibile (I)	2118	Sequencer (D)	569
sensibilità (con) (I)	1471	sequencer (E, F, I)	569
sensibilmente (I)	1472	Sequenz (D)	2119
sensible (F)	2118	sequenza (I)	2119
sensiblement (F)	1472	serafico (I)	1479
sensitively (E)	1472	seraphic (E)	1479
senso (I)	3330	séraphique (F)	1479
sensual (E)	1473	serein (F)	1481
sensuale (I)	1473	serenade (E)	2458
sensuel (F)	1473	sérénade (F)	2458
sentimental (D, E, F)	1474	serenata (I)	2458
sentimentale (I)	1474	serene (E)	1481
sentimento (con) (I)	1475	serenità (con) (I)	1480
sentire (I)	2815	sereno (I)	1481
sentito (I)	1476	serial music (E)	3168
senza (I)	1800	série (F)	2120
senza cambiare (I)	1801	serie (I)	2120
senza colore (I)	1477	série de trilles (F)	657
senza correre (I)	1802	serielle Musik (D)	3168
senza fermarsi (I)	1803	series (E)	2120
senza fretta (I)	769	serietà (con) (I)	1482
senza interruzioni (I)	1803	sérieux (F)	1483
senza misura (I)	770	serio (I)	1483
senza replica (I)	1804	serious (E)	1483
senza sforzo (I)	1478	serious music (E)	3167
senza sordina (I)	110	serious opera (E)	2409
senza strascicare (I)	771	Serpent (D)	171
senza strumenti (I)	1805	serpent (E, F)	171
senza trascicare (I)	771	serpentone (I)	171
separare (I)	2816	serrando (I)	806, 810
separated (E)	1806	serrato (I)	806
separato (I)	111, 1806	serré (F)	806, 809
séparé (F)	1806	sessantaquattresimo (I)	2230
séparer (F)	2816	sesta (I)	2243
septet (E)	2460	sesta napolitana (I)	2121
Septett (D)	2460	sestetto (I)	2459
septième (F)	2244	sestina (I)	2122
septième de dominante (F)	2123	set (E)	3315
Septime (D)	2244	settima (I)	2244
Septole (D)	2124	settima di dominante (I)	2123
septolet (F)	2124	settimina (I)	2124
septuor (F)	2460	settimino (I)	2460
septuplet (E)	2124	setzen (D)	2749
sequence (E, F)	2119	setzen Sie fort (D)	1671

seufzen (D)	2825	shaken (E)	1832
seufzend (D)	1513	shaker (E, I)	317
Seufzer (D)	688	shank (E)	220
seul (F)	1811	Shanty (D, E, F, I)	2600
seulement (F)	1812	sharp (E)	1391, 1535, 1954
seventh (E)	2244	shawm (E)	121
severe (E)	1485	sheet (E)	3043
sévère (F)	1485	shell (E)	359, 361
severità (con) (I)	1484	shift (E)	93, 1819
severo (I)	1485	shifty (E)	1561
Sevillana (D, E, F, I)	2599	shimmering (E)	1013
Sexte (D)	2243	shining (E)	1013
sextet (E)	2459	shivaree (E)	3138
Sextett (D)	2459	short (E)	1650
Sextole (D)	2122	short appoggiatura (E)	1870
sextolet (F)	2122	short aria (E)	2258
sextuor (F)	2459	shoulder (E)	3477
sextuplet (E)	2122	shoulder rest (E)	72
sfacciato (I)	1486	shouting (E)	1580
sfarzo (con) (I)	1487	show (E)	3350
sfarzoso (I)	1488	showing off (E)	1491
sfavillante (I)	1489	showy (E)	1598
sferzando (I)	872	shrill (E)	1536, 1615
sfidando (I)	1490	Si (F, I)	2219
sfiorare (I)	570, 2817	si (F)	1793
sfogato (I)	1638	Si bémol (F)	2221
sfoggiando (I)	1491	Si bemolle (I)	2221
sfolgorante (I)	1492	si cela est possible (F)	1781
sforzando (I)	873	Si dièse (F)	2220
sforzato (I)	873	Si diesis (I)	2220
sfregare (I)	386	Si doppio bemolle (I)	2223
sfrenato (I)	1493	Si doppio diesis (I)	2222
sfrontato (I)	1494	Si double bémol (F)	2223
sfuggevole (I)	1210	Si double dièse (F)	2222
sfumando (I)	1495	si leva (I)	1807
sfumato (I)	1495	si nécessaire (F)	1794
sfumatura (I)	3331	sibillino (I)	1497
sgabello (I)	443	sich beruhigend (D)	892
sgargiante (I)	1598	sich besänftigend (D)	816
sgomento (con) (I)	1496	sich bewegen (D)	2756
sguardo (I)	3332	sich entfernen (D)	2648
shaded (E)	1495	sich entfernend (D)	895
shading (E)	3331	sich erinnern (D)	2790
shake (E)	2027, 2178	sich erinnernd (D)	1432

sich erschöpfend (D)	818	silenzioso (I)	1499
sich hingebend (D)	915	silky (E)	1547
sich konzentrieren (D)	2687	sillaba (I)	3333
sich räuspern (D)	626	sillet (F)	39, 71, 76
sich täuschen (D)	2810	simbolo (I)	3335
sich überstürzend (D)	798	similar (E)	1808
sich verlierend (D)	905	simile (I)	1808
sich vervollkommnen (D)	2762	simple (E, F)	1468
sich weiterbilden (D)	2762	simple time (E)	1904
sich wohl fühlend (D)	1053	simplement (F)	1469
sicher (D)	2939	simplifié (F)	3329
Sicht (D)	3424	simplified (E)	3329
siciliana (E, I)	2461	simplifier (F)	2814
Siciliano (D)	2461	simply (E)	1469
sicilienne (F)	2461	simulé (F)	3042
sicurezza (con) (I)	1498	simultané (F)	3336
sicuro (I)	2939	simultaneo (I)	3336
side (E)	58	simultaneous (E)	3336
sidedrum (E)	332	sin (I)	1809
siegen (D)	702	sincere (E)	1500
siegreich (D)	1599	sincère (F)	1500
siehe (D)	1854	sincero (I)	1500
siffler (F)	2722	sincope (I)	2125
sifflet (F)	142	sincronizzazione (I)	571
sigh (E)	688	sine tone (E)	579
sighing (E)	1513	sine-wave generator (E)	515
sight (E)	3424	sinfonia (I)	2413, 2462
sign (E)	1795	sinfonia concertante (E)	2463
signal d'entracte (F)	3327	sinfonia concertante (I)	2463
Signalhorn (D)	132	Sinfonie (D)	2462
signe (F)	1795	Sinfoniekonzert (D)	2317
signe d'expression (F)	2114	Sinfonieorchester (D)	3202
signe d'interprétation (F)	2114	Sinfonietta (D, E, F, I)	2601
signe de liaison du phrasé (F)	2005	sinfonische Dichtung (D)	2429
signe de répétition (F)	2116	singen (D)	2677
signe de tenue (F)	2006	singend (D)	1030
signe dynamique (F)	2115	singende Säge (D)	316
Silbe (D)	3333	singer (E)	3493
silence (E, F)	2060, 3334	singhiozzando (I)	685
silencieux (F)	1499	singhiozzare (I)	2818
silent (E)	1499, 1824	singing (E)	1030
silenzio (I)	2060, 3334	single manual (E)	458
silenzio! (I)	3334	single tonguing (E)	240
		Singsaite (D)	38

Singspiel (D, E, F, I)	2602
sinister (E)	1316
sinistra (a) (I)	3337
sinistre (F)	1316
sinistro (I)	1316
sinken (D)	2674
Sinn (D)	3330
sinnend (D)	1331
sinnlich (D)	1473
sino (I)	1809
sino al (I)	1703
sintesi del suono (I)	573
sintetizzatore (I)	572
sinusoidali (I)	515
Sinuston (D)	579
Sinustongenerator (D)	515
siparietto (I)	3338
sipario (I)	3339
siren (E)	318
sirena (I)	318
Sirene (D)	318
sirène (F)	318
sirène de brume (F)	281
siringa (I)	151
sistema tonale (I)	2126
sistre (F)	319
sistro (I)	319
Sistrum (D)	319
sistrum (E)	319
Sitar (D)	25
sitar (E, F, I)	25
Sitz (D)	3234
Sitzplatz (D)	3235
sixte (F)	2243
sixte napolitaine (F)	2121
sixteenth note (Am.)	2228
sixteenth note rest (Am.)	2235
sixth (E)	2243
sixty-fourth note (Am.)	2230
sixty-fourth note rest (Am.)	2237
sizzle cymbals (E)	304
sketch (E)	3318
skin (E)	357, 368
skip (E)	3307
Skizze (D)	3318
Skordatur (D)	109
sky (E)	2943
slancio (con) (I)	1501
slap bass (E)	15
slargando (I)	812
Slavic dance (E)	2332
slawischer Tanz (D)	2332
slegato (I)	874
sleigh bells (E)	320
slender (E)	1147
slentando (I)	813
slide (E)	217, 1871
slide casing (E)	231
slide trombone (E)	184
slide trumpet (E)	179
sliding (E)	853
slit drum (E)	330
slow (E)	722, 754
slower (E)	827
slowing down (E)	826
slowly (E)	753
slur (E)	2004
smania (con) (I)	1502
smanioso (I)	1503
smettere (I)	2819
smiling (E)	687
sminuendo (I)	902
smooth (E)	1314, 1518
smorzando (I)	909
smorzare (I)	2820
smorzato (I)	875
smorzo (I)	444
snappy (E)	1015
snare (E)	358
snare drum (E)	332
snuff box (E)	475
so (E)	1827
so gut es geht (D)	1624
so laut wie möglich (D)	865
so leise wie möglich (D)	866
so much (E)	1827
so sehr (D)	1827
so viel (D)	1827

so viel wie (D)	1788	solennel (F)	1508
so viel wie möglich (D)	1712	solennità (con) (I)	1509
soave (I)	1504	solfège (F)	2128
sobbing (E)	685	Solfeggetto (D, E, F, I)	2604
sober (E)	1506	Solfeggio (D)	2128
sobre (F)	1506	solfeggio (I)	2128
sobrietà (con) (I)	1505	soli (I)	1811
sobrio (I)	1506	solid voice (E)	713
società di canto (I)	642	Solist (D)	3341
société chorale (F)	642	solista (I)	3341
socle (F)	81	soliste (F)	3341
sodann folgt (D)	1779	Solistin (D)	3341
sofern (D)	1793	solito (I)	1810
soffiare (I)	2821	sollecitando (I)	785
soffio (I)	3340	sollecito (I)	772
soffrendo (I)	1116	Solmisation (D)	686, 2129
sofort (D)	1822	solmisation (F)	686, 2129
sofort umblättern (D)	1856	solmisazione (I)	686, 2129
soft (E)	864, 1112	solmization (E)	686, 2129
soft attack (E)	644	solo (I)	1811
soft pedal (E)	434	solo instrument (E)	3383
softening (E)	893	Soloinstrument (D)	3383
soggetto (I)	2127	soloist (E)	3341
sogleich (D)	1822	soltanto (I)	1812
sognante (I)	1507	sombre (F)	1066
sognare (I)	2822	some (E)	1625, 1787
sogno (I)	2464	somewhat (E)	1849
soigné (F)	921	somewhat faster and lighter	
soigneusement (F)	921	than adagio (E)	721
Sol (F, I)	2209	somewhat freely (E)	740
Sol bémol (F)	2211	somewhat quicker and lighter	
Sol bemolle (I)	2211	than largo (E)	750
Sol dièse (F)	2210	somewhat quicker or slower	
Sol diesis (I)	2210	than andante (E)	730
Sol doppio bemolle (I)	2213	somiere (I)	445
Sol doppio diesis (I)	2212	sommesso (I)	1510
Sol double bémol (F)	2213	sommier (F)	445
Sol double dièse (F)	2212	sommo (I)	1813
solch	1825	somptueux (F)	1167
sold out (E)	3014	son (F)	2142
sole (E)	1846	son fondamental (F)	2143
Soleà (D, E, F, I)	2603	son sinusoidale (F)	579
solemn (E)	1508	sonagliera (I)	320
solenne (I)	1508	sonaglio (I)	321

sonata (E, I)	2465	soprano leggero (I)	629
sonata da camera (I)	2466	soprano lirico (I)	630
sonata da chiesa (I)	2467	soprano lirico spinto (I)	631
sonata per pianoforte (I)	2468	soprano lyrique (F)	630
Sonate (D)	2465	soprano recorder (Am.)	147
sonate (F)	2465	soprano saxophone (E)	169
sonate d'église (F)	2467	Sopransaxophon (D)	169
sonate de chambre (F)	2466	Sopranschlüssel (D)	1927
sonate pour piano (F)	2468	sopratutto (I)	1815
sonatina (E, I)	2469	sordina (I)	1816
Sonatine (D)	2469	sordina a cappello (I)	222
sonatine (F)	2469	sordina a doppio cono (I)	223
sonderbar (D)	1009	sordina di cartone (I)	224
song (E)	2295, 2298	sordina di metallo (I)	225
song without words (E)	2451	sordina diritta (I)	226
songbook (E)	3271	sordina hush-hush (I)	227
sonnailles (F)	320	sordina wawa (I)	228
sonnerie (F)	3352	sordino (I)	1816
sonore (F)	1511	sordo (I)	3343
sonorità (I)	3342	sordone (I)	172
sonorité (F)	3342	Sordun (D)	172
sonority (E)	3342	sordun (E, F)	172
sonoro (I)	1511	sorgfältig (D)	921
sonorous (E)	1511	sorglos (D)	1350
sons harmoniques (F)	2145	sorpresa (I)	3344
sons naturels (F)	2146	sorridendo (I)	687
sons ouverts (F)	2146	sorridere (I)	2824
sons partiels (F)	2147	sorrowful (E)	920
sonst (D)	1633	sorry (E)	3326
sopprimere (I)	2823	sortie (F)	593, 3414
sopra (I)	1814	sorvolando (I)	1512
Sopran (D)	627, 631	sospirando (I)	1513
Sopranblockflöte (D)	147	sospirare (I)	2825
sopranino recorder (E)	146	sospiro (I)	688
Sopraninoblockflöte (D)	146	sostenere (I)	689
Sopranistin (D)	627	sostenuto (I)	773
soprano (E, F, I)	627	sostenuto pedal (E)	435
soprano clarinet (E)	123	sostituire (I)	2826
soprano clef (E)	1927	sostituta (I)	3345
soprano dramatique (F)	628	sostituto (I)	3345
soprano dramatique lyrique d'agilité (F)	631	sostituzione delle dita (I)	470
		sostituzione enarmonica (I)	2130
soprano drammatico (I)	628	sottile (I)	1147
soprano léger (F)	629	sotto (I)	1817

sotto la direzione di ... (I)	3346	sourd (F)	379, 3343
sottodominante (I)	2131	sourdine (F)	434, 444, 1816
sottovoce (I)	876	sourdine à calotte (F)	222, 227
Soubrette (D)	690	sourdine à double cône (F)	223
soubrette (E, F, I)	690	sourdine droite (F)	226
soudain (F)	1715	sourdine en carton (F)	224
souffle (F)	3038, 3340	sourdine en métal (F)	225
souffler (F)	2821, 2839	sourdine wa-wa (F)	228
soufflet (F)	428	sourir (F)	2824
Souffleur (D)	3522	sous (F)	1817
souffleur (F)	3522	sous la direction de ... (F)	3346
Souffleuse (D)	3522	sous-dominante (F)	2131
souffleuse (F)	3522	sousafono (I)	173
soufflieren (D)	2839	Sousaphon (D)	173
soumis (F)	1510	sousaphone (E, F)	173
sound (E)	2142	soutenir (F)	689
sound board (E)	449	soutenu (F)	773
sound control (E)	492	souvent (F)	1818
sound duration (E)	1967	sovente (I)	1818
sound effect (E)	503	sovrapposizione (I)	2132
sound engineer (E)	3523	soyeux (F)	1547
sound mixer (E)	527	space (E)	2133
sound mixture (E)	535	spacieux (F)	1515
sound moderation (E)	594	spacious (E)	1515
sound modulation (E)	587	spada (I)	3347
sound picture (E)	3069	spalla (I)	3251, 3477
sound post (E)	33	spalliera (I)	72
sound production (E)	546	spanischer Tanz (D)	2333
Sound Sampler (D)	574	Spanish dance (E)	2333
sound sampler (E)	574	spannen (D)	388
sound sampler (memorizzazione del suono) (I)	574	Spannung (D)	597, 3399
		sparire (I)	2827
sound shaping (E)	587	sparkling (E)	1207, 1489
sound storage (E)	526	spartito (I)	3216
sound transducer (E)	580	spaßhaft (D)	1019
sound-board (E)	445	spassionato (I)	1514
sound-box (E)	40	spaventoso (I)	1364, 1550
sound-hole (E)	57	spazio (I)	2133
sounding as written (E)	1729	spazioso (I)	1515
soundsampler (F)	574	spazzole (I)	370
soundtrack (E)	491	spazzolino metallico (I)	322
soupape (F)	454	speaker cabinet (E)	567
soupir (F)	624, 688, 2233	speaking (E)	1372
soupirer (F)	2825	special (E)	3348

spécial (F)	3348	Spieltisch (D)	419
special effects equipment (E)	578	Spieluhr (D)	479
speciale (I)	3348	Spielzeit (D)	3355
specification (E)	460	spigliatezza (con) (I)	1521
spectacle (F)	3350	spigliato (I)	1522
spectral (F)	1517	spike (E)	67
spectre (F)	575	spiky (E)	1391
spectrum (E)	575	spinet (E)	405
spedendo (I)	807	Spinett (D)	405
spedito (I)	774	spinetta (I)	405
speech (E)	100	spingendo (I)	808
speech song (E)	655	spingere (I)	2830
speed (E)	2152	spinnend (D)	1182
speedy (E)	775	spinning (E)	1182
spegnendo (I)	910	spinto (I)	691
spegnere (I)	2828	spirando (I)	832
Speicherung (D)	525	spirited (E)	1524
Spektrum (D)	575	spirito (con) (I)	1523
spensierato (I)	1516	spiritoso (I)	1524
spento (I)	848, 911	spiritual (E)	1525
speranza (I)	3349	spirituale (I)	1525
spesso (I)	1818	spirituel (F)	1524, 1525
spettacolo (I)	3350	spirituoso (I)	1524
spettrale (I)	1517	Spitzdämpfer (D)	226
spettro (I)	575, 3030	Spitze (D)	66, 3268
spezial (D)	3348	spitzig (D)	1344
spezzato (I)	3300	splendente (I)	1492
spia (I)	3351	splendid (E)	1211
spianato (I)	1518	splendide (F)	1211
spiccatamente (I)	1519	splendido (I)	1211
spiccato (I)	112	sponge-headed stick (E)	352
spiegando (I)	889	spontan (D)	1526
spiegare (I)	2829	spontané (F)	1526
spiegata (I)	647	spontaneo (I)	1526
spiegato (I)	1520	spontaneous (E)	1526
Spielblättchen (D)	64	spostamento (I)	1819
Spieldauer (D)	3001	spostare (I)	2853
Spieldose (D)	475	spotlight (E)	3289
spielen (D)	2840	spottend (D)	1031
spielerisch (D)	1234	spöttisch (D)	1006
Spielleiter (D)	3519	spread out (E)	1520
Spielleiterin (D)	3519	spreading (E)	968
Spielleitung (D)	3275	Sprechchor (D)	668
Spielplan (D)	2934, 3278	sprechen (D)	2758

sprechend (D)	1372
Sprecher (D)	3181
Sprechgesang (D)	655
Sprechkasten (E-Gitarre) (D)	4079
Springbogen (D)	89
springen (D)	2807
springend (D)	3854
Springer (D)	440
springing (E)	90, 108
springing (bowing) (E)	89
Springtanz (D, E, F, I)	2605
spritzig (D)	1015
Sprung (D)	3307
squarciato (I)	1299
squillante (I)	1527
squillo (I)	3352
Stabglockenspiel (D)	261
stabile (I)	1061
stable (E, F)	1061
staccare (I)	2831
staccato (I)	111, 877
staccato volant (F)	89
Stachel (D)	67
stage (E)	3314
stage direction (E)	3275
stage fright (E)	3221
staggering (E)	1004
staging (E)	3111
stagione (I)	3353
stagione concertistica (I)	3354
stagione teatrale (I)	3355
Stahlplatte (D)	292
Stahlsaite (D)	47
stalls (E)	3230
stammelnd (D)	1001
stammering (E)	1001
stampa (I)	3356
stampa musicale (I)	3357
stance (F)	2470
stanchezza (con) (I)	1528
stanco (I)	1528
stand in (E)	3345
Ständchen (D)	2458
standhaft (D)	1172
ständig (D)	1798
standing out (E)	1519
standing-room (E)	3236
stanghetta (I)	2134
Stanza (D)	2470
stanza (E, I)	2470
staple (E)	233
star (E)	3359
stare (I)	2832
stark (D)	849
stark betonend (D)	851
stark betont (D)	852
stark hervorgehoben (D)	873
starker Taktteil (D)	2156
starr (D)	1227, 1435
Statist (D)	2951
Statistin (D)	2951
stato d'anima (I)	3358
staves (E)	2063
steady (E)	1061
stealthily (E)	1284
stecca (I)	3186
steccare (I)	2833
stechend (D)	1391
Stecher (D)	3509
Stecherin (D)	3509
steel brushes (E)	370
steel drum (E)	331
steel plate (E)	292
steel string (E)	47
Steel-Drum (D)	331
steel-drum (F)	331
Steg (D)	65
Stehplatz (D)	3236
steif (D)	1435
steigern (D)	2664
steigernd (D)	883
Steinspiel (D)	294
stella (I)	3359
Stelle (D)	1731, 3219
stellen (D)	2749
Stellung (D)	3233
Stellvertreter (D)	3345, 3390
Stellvertreterin (D)	3345

stem (E)	1989	Stimmlage (D)	623
Stempelflöte (D)	149	stimmlos (D)	638
stentando (I)	833	Stimmpfeife (D)	2979
stentato (I)	1529	Stimmstock (D)	33
step (E)	3220	Stimmtechnik (D)	694
step dance (E)	3404	Stimmumfang (D)	606
Steptanz (D)	3404	Stimmung (D)	2002, 3358
sterben (D)	680	Stimmung	
sterbend (D)	824	(eines Instrumentes) (D)	2873
stereo (E)	576	Stimmungsmusik (D)	3126
stereofonia (I)	576	stinto (I)	911, 1477
Stereophonie (D)	576	stiracchiando (I)	834
stéréophonie (F)	576	stirando (I)	835
stereophony (E)	576	Stirn (D)	3443
Stern (D)	3359	stizzito (I)	924
steso (I)	968, 1530	stockend (D)	746
stesso (I)	1735	Stockfagott (D)	163
stetig (D)	1061	stöhnend (D)	1228
stets (D)	1798	stolz (D)	1363
stets das Gleiche (D)	1799	stomach (E)	3478
Stichnote (D)	2045	stomaco (I)	3478
stick (E)	347, 2905	stonare (I)	692, 2833
Stiefel (D)	221	stonato (I)	3361
Stielkastagnetten (D)	270	stone discs (E)	294
Stierhorn (D)	137	stop (E)	439
Stift (D)	233	stopgap (E)	3390
Stil (D)	3360	stopped (E)	238
stile (I)	3360	storage (E)	525
still (D, E)	1499, 1636	storia della musica (I)	3362
Stimmbalken (D)	41	storico (I)	3363
Stimmbänder (D)	670	stormy (E)	1542
Stimmbildung (D)	604	Stornello (D, E, F, I)	2606
Stimmbogen (D)	219	störrisch (D)	1032
Stimmbruch (D)	616	Stoß (D)	1658
Stimme (D)	705	stoßen (D)	2830
stimmen (D)	2643	stoßend (D)	808
Stimmer (D)	3486	stottern (D)	2665
Stimmerin (D)	3486	straff (D)	1551
Stimmfall (D)	611	strahlend (D)	1420
Stimmführer (D)	3250	straight (E)	1687
Stimmführerin (D)	3250	straight mute (E)	226
Stimmführung (D)	1938	strainer (E)	371
Stimmgabel (D)	2978	Strambotto (D, E, F, I)	2607
Stimmgattung (D)	659	stramm (D)	1219

strange (E)	1531	striking reed (E)	192
strano (I)	1531	strimpellare (I)	2835
straordinario (I)	3364	string (E)	44
strapontin (F)	3365	string drum (E)	273
strappare (I)	2834	string holder (E)	53
strappato (I)	113	string orchestra (E)	3198
strapuntino (I)	3365	string quartet (E)	2439
strascinando (I)	836	string section (E)	2891
Straßenmusik (D)	3153	stringato (I)	1669
Strathspey (D, E, F, I)	2608	stringed instruments (E)	3371
stravagante (I)	1532	stringendo (I)	810
straziante (I)	1533	strisciando (I)	114
street music (E)	3153	strofa (I)	2137
street organ (E)	478	stroke (E)	1658
Streicher (D)	2891	stroke of the bow (E)	85
Streichinstrumente (D)	3370	stroked in the middle (E)	373
Streichorchester (D)	3198	strong (E)	849
Streichquartett (D)	2439	strong beat (E)	2156
Streichrad (D)	70	Strophe (D)	2137
streifen (D)	2817	strophe (F)	2137
streifend (D)	114	struck (E)	862
streng (D)	809, 1437, 1485	structure (E, F)	2139
streng im Takt (D)	742, 1626	struggling (E)	833
strength of tone (E)	3049	Struktur (D)	2139
strengthened (E)	887	strumentale (I)	3366
strengthening (E)	886	strumentare (I)	2836
strepito (con) (I)	1534	strumentazione (I)	2138
strepitoso (I)	1195	strumentazione variabile (I)	3367
stress (E)	1867	strumenti a corda (I)	3371
stretched (E)	1530	strumenti a fiato (I)	3372
stretching (E)	835	strumenti a fiato di legno (I)	3373
stretching out (E)	814	strumenti a fiato di ottone (I)	3374
stretta (I)	2135	strumenti a percussione (I)	3375
strettamente (I)	1820	strumenti a pizzico (I)	3376
strette (F)	2135, 2136	strumenti a tastiera strumenti a tastiera (I)	3377
stretto (E, I)	809, 2135, 2136	strumenti ad arco (I)	3370
Strichart (D)	85	strumenti generatori di strumenti traspositori (I)	3378
strictement (F)	1820	strumentini (I)	3099
strictly (E)	1820	strumento (I)	3368
strictly in time (E)	1626	strumento a tastiera (I)	3379
strident (F)	1535	strumento accompagnatore (I)	3369
stridente (I)	1535		
stridulo (I)	1536		
striker (E)	347		

strumento di basso continuo (I)	3380	Subjekt (D)	2127
strumento di fondamento (I)	3380	sublime (E, F, I)	1538
strumento elettrofono (I)	507	submissive (E)	1510
strumento melodico (I)	3381	subscription (E)	2865
strumento ritmico (I)	3382	substituer (F)	2826
strumento solistico (I)	3383	substitute (E)	3390
struttura (I)	2139	substitution des doigts (F)	470
stubborn (E)	1032	substitution enharmonique (F)	2130
Stück (D)	2921	succès (F)	3384
student song (E)	2292	success (E)	3384
Studentenlied (D)	2292	succession (E, F)	2140
studiare (I)	2837	successione (I)	2140
studieren (D)	2837	successioni parallele (I)	2141
studio (F, I)	551, 2471	successions parallèles (F)	2141
studio (transmitting station) (E)	551	successo (I)	3384
studio da concerto (I)	2472	such (E)	1825
studio di virtuosità (I)	2473	suchen (D)	2680
studio trascendentale (I)	2474	sudden (E)	1685
study (E)	2471	suddenly (E)	1715
Stufe (D)	1992	suddividere (I)	2838
stufenweise (D)	1709, 1939	suffering (E)	1116
stumm (D)	3180	sufficient (E)	1647
stupendo (I)	3110	sufficiente (I)	1647
stupore (con) (I)	1537	sufficienza (con) (I)	1539
stürmisch (D)	1541	suffisamment (F)	1610
Stürze (D)	200	suffisant (F)	1647
Stürze hoch (D)	237	suggerire (I)	2839
stützen (D)	639, 689	suggeritore (I)	3522
stützend (D)	842	suggeritrice (I)	3522
Stutzflügel (D)	403	suitably (E)	1706
style (E, F)	3360	Suite (D, E, F, I)	2610
style de chapelle (F)	1612	suite (F)	3328
Styrienne (D, E, F, I)	2609	suite anglaise (F)	2476
su (I)	1821	suite française (F)	2475
suave (E, F)	1504	suite francese (I)	2475
subdiviser (F)	2838	suite inglese (I)	2476
subdominant (E)	2131	suivez (F)	1797
Subdominante (D)	2131	suivre (F)	2813
subdued (E)	875	sujet (F)	2127
subduing (E)	909	sul (I)	1821
subito (I)	1822	sul bordo (I)	387
subject (E)	2127	sul ponticello (I)	116
		sull'orlo (I)	387

sulla (I)	1821	sur la (F)	1821
sulla scena (I)	3385	sur la levée (F)	1999
sulla tastiera (I)	115	sur la scène (F)	3385
sullo sfondo (I)	3386	sur la touche (F)	115
summen (D)	636	sur le (F)	1821
sumptuous (E)	1167	sur le bord (F)	387
sung (E)	2298	sur le fond (F)	3386
suonare (I)	2840	sure (E)	2939
suonare a memoria (I)	2841	surly (E)	983
suonare a orecchio (I)	2842	surprise (E, F)	3344
suonare a prima vista (I)	2843	surtout (F)	1815
suoni armonici (I)	2145	suspended cymbal (E)	308
suoni naturali (I)	2146	suspension (E)	2102
suoni parziali (I)	2147	sussurrare (I)	649
suono (I)	2142	sustained (E)	773
suono fondamentale (I)	2143	sustaining pedal (E)	433
suono simpatico (I)	2144	susurrer (F)	649
suono sinusoidale (I)	579	svanendo (I)	837
suono trasduttore (I)	580	svegliando (I)	890
superbo (I)	957	sveglio (I)	1091
superflu (F)	3387	svelte (F)	775
superfluo (I)	3387	svelto (I)	775
superfluous (E)	3387	sviluppo (I)	2148
supérieur (F)	3388	sviscerato (I)	981
superimposition (E)	2132	svolgimento (I)	2148
superior (E)	3388	swanee whistle (E)	149
superiore (I)	3388	sweet (E)	1112
superposition (F)	2132	sweetening (E)	907
suppléant (F	3390	swell-box (E)	417
supplement (E)	3389	swift (E)	732, 1308
supplément (F)	3389	swifter (E)	796
supplémentaire (F)	3390	swiftly (E)	732
supplemento (I)	3389	swinging (E)	1120
supplente (I)	3390	switchboard (E)	549
suppliant (F)	1540	sword (E)	3347
supplicando (I)	1540	sybillin (F)	1497
supplichevole (I)	1540	syllabe (F)	3333
supporti a lettura ottica (I)	581	syllable (E)	3333
supporting role (E)	2956	Symbol (D)	3335
suppression du bruit (F	561	symbol (E)	3335
supprimer (F)	2823	symbole (F)	3335
suprême (F)	1813	sympathetic string (E)	52
sûr (F)	2939	sympathetic tone (E)	2144
sur (F)	1821	symphonic music (E)	3169

symphonic poem (E)	2429	tailpiece (E)	53
symphonie (F)	2462	tailpin (E)	67
symphonie concertante (F)	2463	tais-toi (F)	1823
symphony (E)	2462	taisez-vous! (F)	3334
symphony concert (E)	2317	take away (E)	1807
symphony orchestra (E)	3202	take care! (E)	2900
Synchronisation (D)	571	take the damper away (E)	472
synchronisation (F)	571	taking away (E)	913
synchronization (E)	571	Takt (D)	1902, 2018
syncopation (E)	1944, 2125	Takt halten (D)	2847
syncope (F)	2125	Takt schlagen (D)	2668
Synkope (D)	2125	Taktart (D)	2153
synthèse électronique (F)	573	Taktschlag (D)	1902
Synthesizer (D)	572	Taktstock (D	2905
synthesizer (E)	572	Taktstrich (D)	2134
synthétiseur (F)	572	Taktwechsel (D)	1917
syrinx (F)	151	Taktzahl (D)	2046
system (E)	2063	tale (I)	1825
système tonal (F)	2126	talent (E, F)	3391
Szene (D)	3314	talento (I)	3391
tabatière à musique (F)	475	tallone (I)	73, 3479
tablature (E, F)	2000	talon (F)	73, 3479
table (E)	77	talonnant (F)	749
table d'harmonie (F)	449	Tam-tam (D)	335
table d'harmonie (F)	77	tam-tam (E, F, I)	335
table music (E)	3134	tambour (F)	327, 328
tableau de distribution (F)	549	tambour à friction (F)	273
tablette (F)	334	tambour bongo (F)	255
tabor (E)	325	tambour de basque (F)	324
tabouret de piano (F)	443	tambour de bois (F)	330
Tabulatur (D)	2000	tambour de cadre (F)	323
tace (I)	1823	tambour de provence (F)	325
tacere (I)	2844	tambour en bois (F)	329
tacesi (I)	1823	tambour militaire (F)	332
tacet (L)	1824	Tambourin (D, E, F, I)	2611
taci (I)	1823	tambourin (F)	326
tadeln (D)	2695	tambourin à main (F)	323
Tafelmusik (D)	3134	tambourin basque (F)	324
Tagelied (D)	2248	tambourin provençal (F)	325
tagliare (I)	2845	tambourine (E)	324, 326
taglio (I)	582	Tambourstab (D)	363
taglio addizionale (I)	2149	tamburello (I)	323
"tail" (E)	1655	tamburello basco (I)	324
tail (E)	1934	Tamburin (D)	324, 325, 326

tamburino (I)	326
tamburino provenzale (I)	325
tamburo (I)	327
tamburo a cornice (I)	323
tamburo a frizione (I)	273
tamburo a mano (I)	328
tamburo basso (I)	324
tamburo di ferro (I)	331
tamburo di latta (I)	331
tamburo di legno (I)	329
tamburo di legno a fessura (I)	330
tamburo militare (I)	332
tamburo muto (I)	340
tangent (E)	446
Tangente (D)	446
tangente (F, I)	446
Tann (D)	3047
tant (F)	1827
Tantiemen (D)	2990
tantièmes (F)	2990
tantino (I)	1826
tanto (I)	1827
Tanz (D)	2906
tanzen (D)	2666
tanzend (D)	1068
Tänzer (D)	3491
Tänzerin (D)	3491
tänzerisch (D)	1068
Tanzkastagnetten (D)	272
Tanzmusik (D)	3128
Tanzorchester (D)	3196
tap dance (E)	3404
tape speed (E)	595
tape-recorder (E)	552
tapfer (D)	1583
tapoter (F)	2835
tappato (I)	238
Tarantella (D)	2477
tarantella (E, I)	2477
tardando (I)	829
tardo (I)	754
tarentelle (F)	2477
Taschengeige (D)	22
Taschenpartitur (D)	3218
tastato (I)	74
taste (D)	448
Tasteninstrument (D)	3379
Tasteninstrumente (D)	3377
tastiera (I)	75, 447
tasto (I)	76, 448
taub (D)	3343
Tausch (D)	3311
tavola armonica (I)	77, 449
tavola da frizione (I)	333
tavoletta (I)	334
tavoletta sibilante (I)	293
tavolo di missaggio (I)	527
tazza (I)	229
teacher (E)	3253, 3510
tearful (E)	1300
teatrale (I)	3392
teatro (I)	3393
Technik (D)	3394
technique (E, F)	3394
technique des doigts (F)	3395
technique numérique (F)	583
technique vocale (F)	694
tecnica (I)	3394
tecnica della respirazione (I)	693
tecnica delle dita (I)	3395
tecnica digitale (I)	583
tecnica vocale (I)	694
tecnico del suono (I)	3523
teeth (E)	3436
teilen (D)	2703
teilnehmen (D)	2759
Teiltöne (D)	2147
tel (F)	1825
tel quel (F)	1663
telaio (I)	450
telecast (E)	3409
telecomando (I)	584
télécommande (F)	584
television (E)	3396
télévision (F)	3396
television recording (E)	559
television transmission (E)	589
televisione (I)	3396

telone (I)	3339	tenacious (E)	1543
tema (I)	2150	tender (E)	1547
tema con variazioni (I)	2478	tendere (I)	388
tema principale (I)	2078	tenderly (E)	965, 1545
tema secondario (I)	2112	tendre (F)	388, 965, 1547
téméraire (F)	988	tendrement (F)	966, 1545
temerario (I)	988	tendu (F)	1551
Tempelblock (D)	254	ténébreux (F)	1544
Temperament (D)	3397	tenebroso (I)	1544
temperament (E)	3397	tenendo (I)	1829
tempérament (F)	3397	teneramente (I)	1545
temperamento (I)	2151, 3397	tenere (I)	2846
temperando (I)	912	tenere il tempo (I)	2847
Temperatur (D	2151, 3397	tenerezza (con) (I)	1546
temperierte Stimmung (D)	2151	tenero (I)	1547
tempestosamente (I)	1541	tenete (I)	1830
tempestoso (I)	1541	tenez (F)	1830
tempestuous (E)	1541	tenir (F)	2846
tempétueux (F)	1542	Tenor (D)	632
temple block (E)	254	tenor (E)	632
templeblock (F)	254	ténor (F)	632
tempo (I)	2035, 2152, 2153	tenor clef (E)	1928
tempo anteriore (I)	776	ténor dramatique (F)	633
tempo binario (I)	2154	tenor drum (E)	268
tempo debole (I)	2155	ténor héroïque (F)	633
tempo dispari (I)	2157	tenor joint (E)	234
tempo forte (I)	2156	ténor lyrique (F)	634
tempo giusto (I)	777	tenor recorder (E)	148
tempo ordinario (I)	778	tenor saxophone (E)	170
tempo pari (I)	2154	Tenorblockflöte (D)	148
tempo précédent (F)	1828	tenore (I)	632
tempo precedente (I)	776, 1828	tenore di forza (I)	633
tempo primo (I)	778	tenore drammatico (I)	633
tempo ternario (I)	2157	tenore eroico (I)	633
temporale (I)	3398	tenore lirico (I)	634
temporalesco (I)	1542	Tenorsaxophon (D)	170
temporary (E)	3263	Tenorschlüssel (D)	1928
temporary modulation (E)	2025	Tenortrommel (D)	268
temps (F)	2152	tense (E)	1551
temps faible (F)	2155	tension (E, F)	3399
temps fort (F)	2156	tensione (I)	3399
temps juste (F)	777	tenson (E, F)	2479
temps premier (F)	778	tenth (E)	2247
tenace (F, I)	1543	tenu (F)	1831

tenue (I)	1147
tenuto (I)	1831
Tenzone (D)	2479
tenzone (I)	2479
teoria degli affetti (I)	3401
teoria musicale (I)	3400
tepid (E)	1549
tepidezza (con) (I)	1548
tepidly (E)	1548, 1552
tepido (I)	1549
terminaison (F)	1930
terminare (I)	2848
termination of trill (E)	1930
terminé (F)	1702
terminer (F)	2848
termpérament (F)	2151
ternaire (F)	2158
ternario (I)	2158
ternary (E)	2158
ternary form (E)	1983
terribile (I)	1550
terrible E, F)	1550
Terz (D)	2240
terza (I)	2240
terza picarda (I)	2159
Terzett (D)	2480
terzetto (I)	2480
terzina (I) (I)	2160
terzo tempo (I)	2161
tesi (I)	2162
teso (I)	1551
tessitura (I)	606
tessiture (F)	606
testa (I)	3480
testa di morto (I)	254
testardo (I)	1032
testata con becco (I)	230
testina magnetica (I)	585
testo (I)	3402
tête (F)	3480
tête avec bec (F)	230
tête magnétique (F)	585
Tetrachord (D)	2163
tetrachord (E)	2163
tétracorde (F)	2163
tetracordo (I)	2163
tetralogia (I)	3403
Tetralogie (D)	3403
tétralogie (F)	3403
tetralogy (E)	3403
tetro (I)	1316
têtu (F)	1032
Text (D)	3402
text (E)	3402
Textbuch (D)	678
texte (F)	3402
that (E)	1653
that's enough (E)	2914
the curtain closes (E)	3067
the curtain goes down (E)	3064
the curtain goes up (E)	3065
the curtain opens (E)	3066
the curtain rises (E)	3065
the most… (E)	1711
the others (E)	1707
the same (E)	1708, 1735
the same pace (E)	756
the same speed (E)	756
the stage door (E)	3012
Theater (D)	3393
Theaterkasse (D)	2920
Theatervorhang (D)	3339
théâtral (F)	3392
theatralisch (D)	3392
theatre (E)	3393
théâtre (F)	3393
theatrical (E)	3392
Thema (D)	2150
Thema mit Variationen (D)	2478
theme (E)	2150
thème (F)	2150
thème avec variations (F)	2478
thème principal (F)	2078
thème secondaire (F)	2112
theme with variations (E)	2478
then follows (E)	1779
Theorbe (D)	26
théorbe (F)	26

theorbo (E)	26	tief (D)	1406, 2913
théorie de l'expression des émotions (F)	3401	tief empfunden (D)	1476
		tiefer stimmen (D)	2637
théorie musicale (F)	3400	tiefgründig (D)	1406
theory of emotional expression (E)	3401	Tiento (D, E, F, I)	2612
		tiepidamente (I)	1552
theory of harmony (E)	2175	tiepido (I)	1549
theory of music (E)	3400	tierce (F)	2240
Thesis (D)	2162	tierce picarde (F)	2159
thesis (E)	2162	Tierstimmeneffekte (D)	2889
thésis (F)	2162	tight (E)	809
thing (E)	2970	tightening (E)	810
thinking (E)	1382	tightly (E)	806
thinning out (E)	901	timbale chromatique (F)	338
third (E)	2240	timbale chromatique mécanique (F)	339
third movement (E)	2161		
thirty-second note (Am.)	2229	timbale mécanique (F)	337
thirty-second note rest (Am.)	2236	timbales (F)	336
thorax (E, F)	3481	timbalier (F)	3524
thoughtful (E)	1384, 1418	timbre (E, F)	358, 2948
thread (E)	3041	timbrel (E)	324
threatening (E)	1336	timbres à clavier (F)	264
three strings (E)	473	timbro (I)	2948
three voices (E)	1863	time (E)	2152
throat (E)	3446	time signature (E)	2153
throat voice (E)	709	…times (E)	1855
through composed (E)	1860	timidamente (I)	1553
through-bass (E)	1900	timidement (F)	1553
throughout (E)	1678	timidezza (con) (I)	1554
thrown (E)	101	timidly (E)	1553
thumb (E)	3469	timore (con) (I)	1555
thumb-hold (E)	195	timorosamente (I)	1556
thunder (E)	3412	timorous (E)	1378
thunder machine (E)	295	timorously (E)	1556
thunder stick (E)	293	timpani (E, I)	336
thundering (E)	1558	timpani stick (E)	355
thunderstorm (E)	3398	timpanist (E)	3524
thundery (E)	1542	timpanista (I)	3524
ticket (E)	2917	timpano a macchina (I)	337
tidy (E)	3267	timpano cromatico (I)	338
tie (E)	2006	timpano pedale (I)	339
tied (E)	854	tin whistle (E)	190
tiède (F)	1549	tinkling (E)	1557
tièdement (F)	1552	tintinnando (I)	1557

tiorba (I)	26
tip (E)	66
tip of the bow (E)	83
tip-tap (I)	3404
tiracorda (I)	371
tirage (F)	3005
Tirana (D, E, F, I)	2613
tirando (I)	838
tirant (F)	453
tirante (I)	453
tirare (I)	2849
tiré (F)	86
tired (E)	1306, 1528
tirer (F)	2849
tiring (E)	1168
tiro (I)	231
Tiroler Ländler (D)	2481
Tiroler Lied (D)	2481
tirolese (I)	2481
titubante (I)	1296
to (E)	1764
to accelerate (E)	2640
to accompany (E)	2642
to adapt (E)	2644
to add (E)	2646
to adjourn (E)	2797
to alter (E)	2650
to alternate (E)	2651
to animate (E)	2655
to announce (E)	2656
to answer (E)	2801
to appear (E)	2706
to appear on stage (E)	2707
to applaud (E)	2657
to articulate (E)	2661
to ask (E)	2682
to augment (E)	2664
to be late (E)	2715
to be out of tempo (E)	2714
to be out of tune (E)	2833
to be silent (E)	2844
to beat (E)	2667
to beat the time (E)	2668
to beg (E)	2767
to begin (E)	2733
to blow (E)	2821
to bounce (E)	2794
to brake (E)	2725
to breathe (E)	2786
to breathe out (E)	2712
to calm (E)	2675
to carry (E)	2764
to celebrate (E)	2720
to change (E)	2676
to chat (E)	2681
to choke (E)	389
to clear one's throat (E)	626, 684
to close (E)	2683
to compose (E)	2685
to concentrate (E)	2687
to conduct (E)	2702
to congratulate (E)	2718
to connect (E)	2858
to continue (E)	2689
to copy (E)	2690
to correct (E)	2692
to cough (E)	695
to count (E)	2688
to cover (E)	568, 2691
to create (E)	2693
to criticize (E)	2695
to cross (E)	2734
to cut (E)	2845
to damp (E)	389
to dance (E)	2666
to declaim (E)	2697
to dedicate (E)	2698
to delay (E)	2803
to describe (E)	2699
to die (E)	680
to die out (E)	98
to diminish (E)	2701
to disappear (E)	2827
to divide (E)	2703
to do (E)	2717
to dot (E)	2015
to double (E)	2780
to drag (E)	2852

to dream (E)	2822	to indicate (E)	2735
to elaborate (E)	2704	to inhale (E)	2740
to embellish (E)	2638	to insist (E)	2737
to emphasize (E)	1724	to interpret (E)	2738
to emphasize the rhythm (E)	2805	to interrupt (E)	2739
to end (E)	1765, 2848	to intone (E)	2741
to enlarge (E)	2654	to introduce (E)	2742
to enter (E)	2706	to invert (E)	2743
to erase (E)	489	to join (E)	2858
to exagerate (E)	2708	to jump (E)	2807
to explain (E)	2829	to keep (E)	2846
to express (E)	2713	to keep time (E)	2847
to extinguish (E)	2828	to knock (E)	2671
to exult (E)	2716	to know (E)	2809
to fall down (E)	2673	to laugh (E)	2791
to feel (E)	2815	to lay down (E)	2765
to fetch (E)	2764	to lead (E)	2729
to figure (E)	1931	to learn (E)	2731
to find (E)	2856	to lend (E)	2772
to finish (E)	2721	to lengthen (E)	2649
to follow (E)	2813	to let down (E)	2674
to force (E)	2723	to link together (E)	2686
to forget (E)	2700	to listen (E)	2662
to give back (E)	2785	to look (E)	2861
to give concerts (E)	2696	to look for (E)	2680
to give in (E)	2679	to lower (E)	2636
to go away (E)	2648	to make (E)	2717
to graduate (E)	2726	to make a mistake (E)	2810
to group (E)	2781	to make one's début (E)	2711
to grow (E)	2694	to mark (E)	2747
to grumble (E)	2670	to measure (E)	2752
to guide (E)	2729	to mistake (E)	2810
to hammer (E)	2748	to mix (E)	534
to harmonize (E)	2659	to moderate (E)	2753
to hasten (E)	2645	to modify (E)	2754
to hear (E)	2815, 2857	to modulate (E)	2023
to hold (E)	2846	to move (E)	2684, 2756
to hold back (E)	2725, 2804	to muffle (E)	389
to howl (E)	2859	to mumble (E)	2669
to hum (E)	654	to mute (E)	246
to hurry (E)	2766	to notate (E)	2812
to imitate (E)	2730	to open (E)	2658
to improve (E)	2751, 2762	to orchestrate (E)	2757
to improvise (E)	2732	to overturn (E)	2806

to pass (E)	2760	to resound (E)	2795
to perform (E)	2709, 2738	to retake (E)	2799
to phrase (E)	2724	to return (E)	2851
to plagiarize (E)	2763	to rub (E)	386
to play (E)	2840	to scan (E)	570
to play arpeggios (E)	2660	to score (E)	2836
to play at sight (E)	2843	to scrape (E)	381
to play by ear (E)	2842	to scratch (E)	2727
to play by heart (E)	2841	to scream (E)	2728, 2863
to play together (E)	3752	to see (E)	2861
to practise (E)	2710	to seek (E)	2680
to praise (E)	2705	to separate (E)	2816
to pray (E)	2767	to shade (E)	2726
to precipitate (E)	2766	to shake (E)	385
to prelude (E)	2768	to shorten (E)	2639, 2779
to prepare (E)	2770	to shout (E)	2728
to present (E)	2771	to show (E)	2755
to proceed (E)	788	to shut (E)	2683
to progress (E)	2773	to sigh (E)	2825
to prolong (E)	2774	to sight-read (E)	2843
to prompt (E)	2839	to sight-sing (E)	652
to pronounce (E)	2775	to simplify (E)	2814
to propose (E)	2776	to sing (E)	2677
to pull (E)	2849	to sing flat (E)	650
to push (E)	2830	to sing in tune (E)	653
to put (E)	2749	to sing out of tune (E)	692
to put off (E)	2797	to sing sharp (E)	671
to raise (E)	2652	to slow down (E)	2782
to raise the voice (E)	612	to slur (E)	2745
to read (E)	2746	to smile (E)	2824
to recall (E)	2788	to sob (E)	2818
to recite (E)	2783	to speak (E)	2758
to recommence (E)	2789	to speak in a low voice (E)	635
to record (E)	2784	to spin the voice (E)	607
to reduce (E)	2779	to stage (E)	2750
to rehearse (E)	2798	to stammer (E)	2665
to reinforce (E)	2796	to start again (E)	2789
to relax (E)	2793	to stay (E)	2787, 2832
to remain (E)	2787	to stop (E)	2719, 2819
to remember (E)	2790	to stress (E)	2641
to remove (E)	2850	to strike (E)	380
to repeat (E)	2798	to strike a false note (E)	2833
to replay (E)	2802	to strike up (E)	2733
to resolve (E)	2800	to strum (E)	2835

to study (E)	2837	to waver in pitch (E)	2833
to subdivide (E)	2838	to whisper (E)	649
to subdue (E)	2820	to whistle (E)	2722
to substitute (E)	2826	to widen (E)	2647
to support (E)	639, 689	to win (E)	702
to suppress (E)	2823	to wobble (E)	697
to take (E)	2769	to work (E)	2744
to take away (E)	2850	to write (E)	2811
to take off the mute (E)	248	to yawn (E)	683
to take over a part (E)	2808	tobend (D)	1203
to take part (E)	2759	tobsüchtig (D)	1217
to talk (E)	2758	toccare (I)	2840
to tape (E)	2784	Toccata (D)	2614
to teach (E)	2736	toccata (E, F, I)	2614
to tear (E)	2834	tocco (I)	471
to tell (E)	2778	together (E)	1725, 1847
to the (E)	1703	togliendo (I)	913
to the coda (E)	1623	togliere (I)	2850
to the end (E)	1619	togliere il pedale sinistro (I)	472
to the final part (E)	1623	togliere la sordina (I)	248
to the sign (E)	1627	toi, toi, toi (D)	3077
to think (E)	2761	toiling (E)	833
to think over (E)	2792	tollkühn (D)	988
to throw (E)	2672	tölpelhaft (D)	1239
to tie (E)	2745	Tom-tom (D)	340
to tighten (E)	388	tom-tom (E, F, I)	340
to touch (E)	2840	Tombeau (D, E, F, I)	2615
to touch lightly (E)	2817	tomber (F)	2673
to transpose (E)	2853	Ton (D)	2169
to tread the stage (E)	2924	ton (F)	2169
to treat (E)	2854	ton concomittant (F)	2172
to tremble (E)	2855	ton entier (F)	2170
to try (E)	2777	ton naturel (F)	2171
to tune (E)	2643	Tonabnehmer (D)	564
to tune down (E)	2637	Tonadilla (D, E, F, I)	2616
to tune up (E)	2653	tonal (D, E, F)	2164
to turn (E)	2864	tonal answer (E)	2101
to understand (E)	2678	tonal effect (E)	503
to understudy (E)	2808	tonal system (E)	2126
to undo (E)	2831	tonale (I)	2164
to upset (E)	2806	tonale Antwort (D)	2101
to vary (E)	2860	tonalità (I)	2165
to vibrate (E)	2862	tonalità affine (I)	2166
to wait (E)	2663	tonalità relativa (I)	2167

Tonalität

Tonalität (D	2165
tonalité (F)	2165, 2169
tonalité relative (F)	2167
tonalité voisine (F)	2166
tonality (E)	2165
tonando (I)	1558
tonante (I)	1558
Tonart (D)	2165, 2169
Tonartvorzeichnung (D)	1889
Tonartwechsel (D)	1918
Tonballung (D)	1994
Tonband (D)	537
Tonbandgerät (D)	552
Tondauer (D)	1967
Tondichter (D)	3497
Tondichterin (D)	3497
tondo (I)	1447
tone (E)	2169
tone cluster (E)	1994
tone control (E)	494
tone hole (E)	207
tone mixture (E)	535
tone painting (E)	3269
tone synthesis (E)	573
tone system (E)	2126
tone-colour (E)	2948
toneless (E)	643
Tonfall (D)	611
Tonfarbe (D)	2948
Tonfolge (D)	3219
Tongebung (D)	2002
Tongemisch (D)	535
Tongeschlecht (D)	2021
tongue (E)	209, 409, 3452
Tonhaltepedal (D)	435
Tonhöhe (D)	1881
tonic (E)	2143, 2168
tonic sol-fa (E)	2128
tonica (I)	2168
Tonika (D)	2143, 2168
tonique (F)	2168
Tonkopf (D)	585
Tonlänge (D)	1967
Tonleiter (D)	2109
tonlos (D)	643
Tonmalerei (D)	3269
Tonmeister (D)	3523
Tonmeisterin (D)	3523
Tonmischpult (D)	527
tonnant (F)	1558
tonnerre (F)	3412
tono (I)	2169
tono intero (I)	2170
tono naturale (I)	2171
tono secondario (I)	2172
Tonreihe (D)	2120
Tonspur (D)	491
Tonsystem (D)	2126
Tontraube (D)	1994
too (E)	1635
too much (E)	1834
top nut (E)	39
top part (E)	2058
torace (I)	3481
tordion (F)	2482
tormentato (I)	1559
tormented (E)	1559
tormenting (E)	1560
tormentoso (I)	1560
torn (E)	113, 1299
tornando (I)	1792
tornando al tempo (I)	779
tornare (I)	2851
tortiglione (I)	2482
torturant (F)	1560
torve (F)	1561
torvo (I)	1561
tosend (D)	1195
tossire (I)	695
tostamente (I)	780
tosto (I)	780
totalmente (I)	2953
Totenklage (D)	2398
Totenmesse (D)	2390
Totentanz (D)	2328
tottering (E)	1004
touch (E)	471
touchant (F)	1051

touche (F)	75, 448	tragisch (D)	1562
toucher (F)	471, 2840	Tragödie (D)	3406
touching (E)	1051	trainando (I)	836
touching slightly (E)	114	traîné (F)	840
toujours (F)	1798	traîner (F)	2852
toujours le (la) même (F)	1799	trait (F)	3219
Tourbillon (D, E, F, I)	2617	traité d'harmonie (F)	2175
Tourdion (D)	2482	traiter (F)	2854
tourdion (E)	2482	traître (F)	1160
tourmenté (F)	931, 1559	Traktur (D)	451
tourne-disques (F)	516	trällern (D)	654
tourner (F)	2864	trama (I)	3407
tournez (F)	1857	tramando (I)	1568
tournez aussitôt (F)	1856	tränenvoll (D)	1300
tous (F)	1838	tranquillamente (I)	1565
tousser (F)	695	tranquille (F)	1565
tout (F)	1839	tranquillement (F)	1565
tout à coup (F)	1685	tranquillità (con) (I)	1564
tout de suite (F)	1822	tranquillo (I)	1565
toute (F)	1836	transcendental study (E)	2474
toutes (F)	1838	transcription (E, F)	3408
trac (F)	3221	transducteur acoustique (F)	580
trachea (I)	3482	transducteur de son (F)	580
trachée (F)	3482	transfiguré (F)	1566
tracker (E)	453	transfigured (E)	1566
traction (F)	451	transformateur (F)	586
traditore (I)	1160	transformation du son (F)	587
traduction (F)	3405	transformer (E)	586
traduzione (I)	3405	Transistor (D)	590
träge (D)	1393, 3228	transistor (E, F, I)	590
tragedia (I)	3406	transition (E, F)	2072, 2173
tragedia lirica (I)	2483	transizione (I)	2173
tragédie (F)	3406	Transkription (D)	3408
tragédie lyrique (F)	2483	translation (E)	3405
tragedy (E)	3406	transparent (E, F)	1567
tragen (D)	2764	transponieren (D)	2853
tragend (D)	619, 867	transponierende Instrumente (D)	3378
tragi-comic (E)	1563		
tragi-comique (F)	1563	Transponierung (D)	2174
tragic (E)	1562	transposer (F)	2853
tragico (I)	1562	transposing instruments (E)	3378
tragicomico (I)	1563	Transposition (D)	2174
tragikomisch (D)	1563	transposition (E, F)	2174
tragique (F)	1562	transverse flute (E)	153

Transzendentaletüde (D)	2474
trascicando (I)	836
trascicare (I)	2852
trascinando (I)	836
trascinare (I)	2852
trascrizione (I)	3408
trasfigurato (I)	1566
trasformatore (I)	586
trasformazione del suono (I)	587
trasmissione (I)	451, 3409
trasmissione dal vivo (I)	591
trasmissione radiofonica (I)	588
trasmissione televisiva (I)	589
trasognato (I)	1507
trasparente (I)	1567
trasportare (I)	2853
trasporto (con) (I)	1136, 2174
trattare (I)	2854
trattato d'armonia (I)	2175
trattenendo (I)	839
trattenuto (I)	831
tratto (I)	840
tratto d'unione (I)	2176
Trauermarsch (D)	2381
Trauermusik (D)	3148
trauernd (D)	1321
trauervoll (D)	1213
Traum (D)	2464
träumen (D)	2822
träumend (D)	1507
Träumerei (D	2464
träumerisch (D)	1507
traurig (D)	1572
travailler (F)	2744
traversino (I)	232
travestimento (I)	3410
tre corde (I)	473
treacherous (E)	1160
treble (E)	38
treble clef (E)	1929
treblestring (E)	51
treiben (D)	2830
treibend (D)	808
tremando (I)	1569
tremare (I)	2855
tremblant (F)	452, 1569
tremblement (F)	2178
trembler (F)	2855
trembling (E)	878, 1569
trembloté (F)	878
tremendo (I)	1570
tremendous (E)	1570
tremolando (E, I)	696, 878
tremolare (I)	697
tremolieren (D)	697
tremolierend (D)	696, 878
Tremolo (D)	698
tremolo (E, I)	452, 698, 878
trémolo (F)	698, 878
Tremolo (Harfe) (D)	92
tremolo (harp) (E)	92
trémolo (harpe) (F)	92
trémolo dental (F)	243
Tremulant (D)	452
tremulant (E)	452
trennen (D)	2816
trentaduesimo (I)	2229
Trepak (D, E, F, I)	2618
trepidante (I)	979, 1569
très (F)	1641, 1744
très accentué (F)	861
très bien! (F)	2922
très détaché (F)	112
très doucement (F)	863
très doux (F)	1115
très en mesure (F)	938
très fort (F)	850
très lent (F)	723, 748
très net (F)	112
très rapide (F)	727
très vif (F)	727, 783
très vite (F)	762
Tresca (D, E, F, I)	2619
Trescone (D, E, F, I)	2620
treuherzig (D)	1027
Trezza (D, E, F, I)	2621
triad (E)	2177
triade (F, I)	2177

Triangel (D)	341	tritono (I)	2179
triangle (E, F)	341, 592	Tritonus (D)	2179
triangle-wave (oscillation) (E)	592	trittico (I)	3411
		triumphal march (E)	2383
triangolo (I)	341, 592	triumphant (E)	1571
trill (E)	2178	triumphierend (D)	1571
trillato (I)	1832	Triumphmarsch (D)	2383
trille (F)	2178	trocken (D)	1465
trillé (F)	1832	trois cordes (F)	473
Triller (D)	2178	trois fois merde (F)	3077
Trillerkette (D)	657	troisième corps (F)	215
trillo (I)	2178	troisième mouvement (F)	2161
trilogia (I)	3411	Troll (D)	3045
Trilogie (D)	3411	tromba (I)	174, 3525
trilogie (F)	3411	tromba a pistoni (I)	178
trilogy (E)	3411	tromba a tirarsi (I)	179
Trinklied (D)	2272	tromba a tiro (I)	179
Trio (D)	2480, 2622	tromba bassa (I)	175
trio (E, F, I)	2480, 2622	tromba da jazz (I)	176
Triole (D)	2160	tromba naturale (I)	177
triolet (F)	2160	trombone (E, F, I)	180, 3526
triomphal (F)	1571	trombone a cilindri (I)	181
trionfante (I)	1571	trombone à coulisse (F)	184
Tripelkonzert (D)	2318	trombone à pistons (F)	181
Tripelzunge (D)	249	trombone a tiro (I)	184
triple (E, F)	1833	trombone contrabbasso (I)	182
triple articulation (F)	249	trombone contrebasse (F)	182
triple concerto (E, F)	2318	trombone da jazz (I)	183
triple coup de langue (F)	249	trombone de jazz (F)	183
triple croche (F)	2229	trombonist (E)	3526
triple time (E)	2157	tromboniste (F)	3526
triple-tonguing (E)	249	Trommel (D)	267, 327
triplet (E)	2160	Trommelfell (D)	365
triplo (I)	1833	Trommelreifen (D)	360
triplo colpo di lingua (I)	249	Trommelsaite (D)	358
triptych (E)	3411	Trommelschlag (D)	376
Triptychon (D)	3411	Trommelschlägel (D)	348
triptyque (F)	3411	Trommelwirbel (D)	382
triste (F, I)	1335, 1572	Trompete (D)	174
tristement (F)	1334, 1573	Trompeter (D)	3525
tristemente (I)	1573	Trompeterin (D)	3525
tristezza (con) (I)	1574	trompette (F)	174, 3525
triton (F)	2179	trompette à coulisse (F)	179
tritone (E)	2179	trompette à pistons (F)	178

trompette basse (F)	175	tumultueux (F)	1256
trompette de jazz (F)	176	tumultuoso (I)	1256
trompette naturelle (F)	177	tumultuous (E)	1256
trop (F)	1834	tune (E)	2011
trop peu (F)	1835	tuned (E)	2872
troppo (I)	1834	tuned gong-carillon (E)	288
troppo poco (I)	1835	tuner (E)	3486
tröstend (D)	1055	tuning (E)	2873
trostlos (D)	1090	tuning bar (E)	41
tröstung (D)	2320	tuning fork (E)	2978
Trotto (D, E, F, I)	2623	tuning peg (E)	36
trotzdem (D)	3106	tuning pin (E)	36
trotzig (D)	1032	tuonando (I)	1558
trou (F)	207	tuono (I)	3412
troublé (F)	1575	turbato (I)	1575
trouver (F)	2856	türkische Becken (D)	306
trovare (I)	2856	Turkish cymbals (E)	306
trüb (D)	1361	Turkish music (E)	3172
trübselig (D)	919	Turmglockenspiel (D)	265
Trugschluss (D)	1911	turn (E)	1857, 1993
trumpet (E)	174	turn the page immediately (E)	1856
trumpeter (E)	3525	Tusch (D)	2343
trumpetist (E)	3525	tutta (I)	1836
trunken (D)	1124	tutta la forza (I)	1837
Tuba (D)	185	tutte (I)	1838
tuba (E, F, I)	185	tutti (I)	1838
tuba bassa (I)	186	Tuttigeiger (D)	3295
tuba basse (F)	186	tutto (I)	1839
tuba contrabbasso (I)	187	tuyau (F)	413
tuba ténor (F)	188	tuyau à anche (F)	414
tuba Wagner (F)	188	tuyau à bouche (F)	415
tuba wagneriana (I)	188	twelve-tone music (E)	1959, 3143
tube (E, F)	233, 2928	twice (E)	1617
tubetto (I)	233	twig brush (E)	372
Tubo (D)	276	two strings (E)	461
tubo piccolo (I)	234	two voices (E)	1859
tubo sonoro (I)	276	tympanon (F)	24
tubo sonoro di bambù (I)	342	typographie musicale (F)	3357
tubular bells (E)	260	tyrolienne (E, F)	2481
tugendhaft (D)	1037	tzigane (F)	2491, 3427
tugging (E)	834	U-Musik (D)	3149
Tumba (D, E, F, I)	2624	üben (D)	2710
tumbling (E)	761	über (D)	1814, 3388
tummy (E)	3466		

überall (D)	1681	Umkehrung (D)	2107
überblasen (D)	245	umore (con) (I)	1577
überdenken (D)	2792	umoresca (I)	2484
übereilt (D)	725	umoristico (I)	1578
Übereinstimmung (D)	3092	Umspielung (D)	2416
überfliegend (D)	1512	umstimmen (D)	3771
überflüssig (D)	3387	un petit peu (F)	1848
Übergang (D)	2173	un peu (F)	1849
übergehen (D)	2760	un peu moins (F)	1777
übergreifen (D)	462	un peu plus (F)	1778, 1850
überhaupt (D)	1815	un pochettino (I)	1848
überhetzt (D)	761	un pochino (I)	1848
überladen (D)	1035	un poco (I)	1849
überleiten (D)	2760	un poco più (I)	1850
Überleitung (D)	2072	un tantinet (F)	1826
übermäßig (D)	1693, 1896	un'altra volta (I)	1686, 1844
Überraschung (D)	3344	una corda (I)	474
überschwänglich (D)	1142, 1601	una volta (I)	1845
Übersetzung (D)	3405	Unabhängigkeit (D)	3083
überspannt (D)	1142	unaccompanied vocal music (E)	1612
überspringen (D)	2807	unausführbar (D)	3084
überstürzen (D)	2766	unbändig (D)	1493
überstürzt (D)	739, 761	unbedeckt (D)	384
Übertragung (D)	3287, 3408	unbedingt (D)	1642
übertreiben (D)	2708	unbefangen (D)	1100
übertrieben (D)	1140	unbekümmert (D)	1516
üblich (D)	1762	unbeständig (D)	1606
Übung (D)	3017	unbestimmt (D)	1581
udibile (I)	1840	unbridled (E)	1493
udire (I)	2857	uncertain (E)	3079
udito (I)	3413	unchanged (E)	1714
uguale (I)	1841	uncino (I)	78
uisant (F)	1013	unconstrained (E)	1100
ulkig (D)	1049	uncovered (E)	384
ultima (I)	1843	und so weiter (D)	3003
ultima volta (I)	1842	undecided (E)	1265
ultimo (I)	1843	under (E)	1817
ultimo movimento (I)	2347	under the direction of ... (E)	3346
ultimo tempo (I)	2180	"under the voice" (E)	876
Umbau (D)	2926	understudy (E)	3345
umblättern (D)	2864	undeutlich (D)	1268
Umfang (D)	3022	undulating (E)	102, 1360
umile (I)	1576	undurchsichtig (D)	1361
umkehren (D)	2743, 2806		

une autre fois (F)	1844
une corde (F)	474
une fois (F)	1845
unentgeltlich (D)	3060
unentschieden (D)	1265
unentschlossen (D)	1265, 1296
unerbittlich (D)	1257
unerwartet (D)	1715, 3078
unexpected (E)	3078
unfaßbar (D)	1261
unfolding (E)	889
ungarischer Tanz (D)	2334
ungeachtet (D)	3106
ungebändigt (D)	1270
ungebunden (D)	874, 1459
ungeduldig (D)	1252
ungefähr (D)	1654
ungekünstelt (D)	1518
ungenau (D)	3073
ungerader Takt (D)	2157
ungestüm (D)	1256
ungezwungen (D)	1522
unghia (I)	3483
unheimlich (D)	1316
uni (F)	1847
unico (I)	1846
uniform (E)	1579
uniforme (F, I)	1579, 1841
unique (E, F)	1846
unir (F)	2858
unire (I)	2858
unison (E)	2181, 2238
unisono (I)	2181, 2238
unisson (F)	2181, 2238
unitamente (I)	1847
unito (I)	1847
unklar (D)	1349
unkorrekt (D)	3319
unmerklich (D)	3070
unmittelbar (D)	1822
unmittelbar anschließen (D)	1646
unmöglich (D)	3072
unordentlich (D)	1102
unplayable (E)	3084
unprepared (E)	3074
unregelmäßig (D)	3095
unrestrained (E)	1455
unruhig (D)	942
unsicher (D)	3079
unspielbar (D)	3084
unten (D)	1717
unter (D)	1817, 3085
unter der Leitung von ... (D)	3346
„unter der Stimme" (D)	876
Unterarm (D)	3430
unterbrechen (D)	2739
Unterbrechung (D)	3090
Unterbügel (D)	80
unterdrückt (D)	1362
unterhaltend (D)	2999
„Unterhaltung" (D)	2336
Unterhaltungsmusik (D)	3149
unterlassen (D)	1761
Unterricht (D)	3102
unterrichten (D)	2736
Unterschied (D)	2983
Unterstimme (D)	2055
Unterstück (D)	215
unterteilen (D)	2838
unterwürfig (D)	1510
untidy (E)	1102
until (E)	1703, 1809
ununterbrochen (D)	1672
unveränderlich (D)	3094
unverändert (D)	1714
unvernehmlich (D)	3070
unverschämt (D)	1486
unvollkommen (D)	1997
unvollkommene Kadenz (D)	1916
unvollständig (D)	3081
unvorbereitet (D)	1620, 3074
up beat (E)	1999
up to (E)	1703
up to the sign (E)	1704
up-bow (E)	87
upon (E)	1814
upper (E)	3388
upper bout (E)	79

upper part (E)	2058	valve trombone (E)	181
üppig (D)	1436	valve trumpet (E)	178
upright piano (E)	404	valve unit (E)	210
Uraufführung (D)	3245	valvola (I)	454
urgent (E, F)	811	valzer (I)	2485
urgente (I)	811	valzer viennese (I)	2486
urging (E)	785	vaneggiando (I)	1081
Urheberrecht (D)	2992	vanishing (E)	837
urlando (I)	1580	vaporeux (F)	1584
urlare (I)	2859	vaporoso (I)	1584
Urtext (D)	3421	vaporous (E)	1584
urtümlich (D)	3249	variabile (I)	1851
uscita (I)	593, 3414	variable (E, F)	1851
usher (E)	3108	variable Besetzung (D)	3367
usherette (E)	3108	variante (I)	1851
usignolo (I)	699	variare (I)	2860
usual (E)	1810	Variation (D)	2487
usuale (I)	1762	variation (E, F)	2487
usw. (D)	3003	variato (I)	1852
Ut (F)	2189	variazione (I)	2487
vacillando (I)	1004	variazione del suono (I)	594
vagamente (I)	1581	varié (F)	1852
vagheggiando (I)	1089	varied (E)	1852
vaghezza (con) (I)	1245	varier (F)	2860
vago (I)	1581	varietà (I)	3415, 3416
vague (E, F)	1581	Varieté (D)	3416
vaguement (F)	1581	variété (F)	3415, 3416
vaillant (F)	1583	variety (E)	3415
vaincre (F)	702	variiert (D)	1852
valente (I)	1583	Varsovienne (D, E, F, I)	2625
valeur (F)	2182	varying (E)	1851
valeur de la note (F)	2183	vast (E)	968
valeur de la pause (F)	2184	vaste (F)	968
valeureux (F)	1583	Vaudeville (D, E, F, I)	2626
valore (con) (I)	1582, 2182	vaudeville (theatre) (E)	3416
valore della nota (I)	2183	vedere (I)	2861
valore della pausa (I)	2184	veemente (I)	1585
valoroso (I)	1583	veemenza (con) (I)	1586
valorous (E)	1583	vehement (E)	1585
valse (F)	2485	véhément (F)	1585
valse viennoise (F)	2486	vehemently (E)	1255
value (E)	2182	veiled (E)	700
valve (E)	216, 454	vein (E)	3484
valve cornet (E)	129	veine (F)	3484

velare (I) 389
velato (I) 379, 700
vellum (E) 365, 368
vellutato (I) 1587
veloce (I) 781
veloce passaggio di note (I) 2185
velocemente (I) 781
velocità del nastro (I) 595
velouté (F) 1587
velvety (E) 1587
vena (I) 3484
vendetta (I) 701
venerazione (con) (I) 1588
Veneziana (D, E, F, I) 2627
vengeance (E, F) 701
vent (F) 3417
Ventil (D) 216, 454
Ventilkornett (D) 129
Ventilmaschine (D) 210
Ventilposaune (D) 181
Ventiltrompete (D) 178
vento (I) 3417
ventre (F) 3466
vents (F) 3037
venusto (I) 1589
vêpres (F) 2489
verächtlich (D) 1464
veramente (I) 3418
verändere (D) 1747
veränderlich (D) 1851
verändern (D) 2650, 2860
verändert (D) 1852, 1880
Veränderung (D) 2487
Veranstalter (D) 3257
verbessern (D) 2692, 2751
Verbeugung (D) 3080
verbinden (D) 2858
verbittert (D) 961
verborgen (D) 1748
verbreiternd (D) 821
verbreitert (D) 1630
verdächtig (D) 1561
verdeckte Parallelen (D) 2052
verdoppeln (D) 2780
Verdopplung (D) 2090
verdünnend (D) 901
verdunstend (D) 904
verebbend (D) 905
vereinfachen (D) 2814
vereinfacht (D) 3329
verführerisch (D) 1466
verga (I) 372
verge (F) 372
vergessen (D) 2700
vergette (F 453
vergnüglich (D) 2999
vergnügt (D) 1311
vergriffen (D) 3014
vergrößern (D) 2664
Vergrößerung (der Zeitwerte) (D) 1897
verhalten (D) 773
Verhältnis (D) 3258
verhaucht (D) 1495
vérisme (F) 3419
Verismo (D) 3419
verismo (E, I) 3419
Verismus (D) 3419
verklärt (D) 1566
Verkleidung (D) 3410
Verkleinerung (der Notenwerte) (D) 1956
verkürzen (D) 2779
Verkürzung (D) 1866
verlängern (D) 2649, 2774
verlängernd (D) 814, 825
Verlängerung (D) 3256
verlangsamen (D) 2782
verlangsamt (D) 827
verlöschend (D) 903
vermehrend (D) 880, 883
vermindern (D) 2701
vermindernd (D) 902
vermindert (D) 1955
Verneigung (D) 3080
verpflichtend (D) 1758
verräterisch (D) 1160
verringernd (D) 896

verrückt (D)	1379	Verwandtschaft (D)	2093
Vers (D)	3422	verwegen (D)	997
vers (F)	3422	verweilen (D)	2787
verschieben (D)	2797	verwickelt in etwas (D)	1656
Verschiebung (D)	1819	verwirrt (D)	1575
Verschiebungspedal (D)	434	very (E)	1641, 1744
verschieden (D)	1688	very accentuated (E)	861
verschleiert (D)	700	very fast (E)	727
verschleppend (D)	836	very good! (E)	2922
verschmitzt (D)	1327	very lively (E)	727
verschmolzen (D)	1218	very loud (E)	850
verschoben (D)	3293	very measured (E)	938
verschönern (D)	2638	very much (E)	1743
verschwinden (D)	2827	very slow (E)	748, 752
verschwommen (D)	1268, 1348	very soft (E)	1115
verschwörerisch (D)	1568	Verzeichnis (D)	2936
verse (E)	2137, 3422	Verzerrung (D)	501
verset (E, F)	2488	verzierend (D)	1185
Versett (D)	2488	verziert (D)	927, 1865
versetto (I)	2488	Verzierung (D)	608, 1864, 2051
Versetzungszeichen (D	1872	verzögern (D)	2803
Version (D)	3420	verzögernd (D)	829
version (E, F)	3420	verzögert (D)	830
version originale (F)	3421	Verzögerung (D	2102
versione (I)	3420	verzweifelt (D)	1104
versione originale (I)	3421	verzweiflungsvoll (D)	1103
verso (I)	3422	Vesper (D)	2489
verstärken (D)	2796	vespers (E)	2489
verstärkend (D)	886	vespri (I)	2489
Verstärker (D)	483	vezzeggiando (I)	1590
verstärkt (D)	887	vezzoso (I)	1589
versteckt (D)	1748	vibrafono (I)	343
verstehen (D)	2678	vibrando (I)	1591
verstimmt (D)	3361	vibrant (E, F)	1591
verstört (D)	1575	vibrante (I)	1591
versuchen (D)	2777	Vibraphon (D)	343
vertagen (D)	2797	vibraphone (E, F)	343
vertical (E, F)	2186	vibrare (I)	2862
verticale (I)	2186	"vibrated" (E)	879
vertikal (D)	2186	vibration (E, F)	596
Vertonung (D)	2955	vibration sympathique (F)	2144
Vertrag (D)	3320	vibrato (E, I)	879
verwandt (D)	2092	vibrazione (I)	596
verwandte Tonart (D)	2166	vibré (F)	879

vibrer (F)	2862	viola da gamba (E, I)	29
vibrieren (D)	2862	viole de gambe (F)	29
vibrieren lassen (D)	1700	violent (E, F)	1594
vibrierend (D)	1591	violento (I)	1594
vibriert (D)	879	violenza (con) (I)	1595
vicendevole (I)	1853	violin (E)	30
vicino (I)	3423	violin concerto (E)	2315
victorieux (F)	1599	violin maker (E)	3511
victorious (E)	1599	Violine (D)	30
vide (F, L)	1854, 1858	violinist (E)	3527
viel (D)	1710, 1744	violinista (I)	3527
vièle (F)	27	violiniste (F)	3527
vielfach (D)	1746	Violinkonzert (D)	2315
Vielfältigkeit (D)	3415	violino (I)	30
viella (I)	27	violino di ferro (I)	31
vielle (F)	27	violino di fila (I)	3295
vielle à roue (F)	17	Violinschlüssel (D)	1929
Viennese school (E)	3325	violist (E)	3528
Viennese waltz (E)	2486	violista (I)	3528
vierhändig (D)	456	violon (F)	30
vierstimmig (D)	1862	violon rustique (F)	27
Viertel (D)	2226	violon de fer (F)	31
Viertelpause (D)	2233	violon de file (F)	3295
Vierteltonmusik (D)	3120	violon de Hardanger (F)	18
vierter Satz (D)	2087	violoncelle (F)	32
Vierundsechzigstel (D)	2230	violoncellista (I)	3529
Vierundsechzigstelpause (D)	2237	violoncelliste (F)	3529
vif (F)	1602	Violoncello (D)	32
vigore (con) (I)	1592	violoncello (E, I)	32
vigoroso (I)	1593	Virelai (D, E, F, I)	2630
vigorous (E)	1219, 1593	Virginal (D)	406
vigoureux (F)	1593	virginal (E, F)	406
villageoise (F)	2331	virginale (I)	406
Villancico (D, E, F, I)	2628	viril (F)	1329
Villanella (D)	2490	virile (E, I)	1329
villanella (E, I)	2490	virtuos (D)	1596
villanesca (I)	2490	virtuose (F)	1596
villanesco (I)	943, 1449	virtuose Etüde (D)	2473
villanesque (F)	2490	virtuosità (con) (I)	1596
Villotta (D, E, F, I)	2629	virtuosity (E)	2473
vincere (I)	702	virtuoso (E, I)	1596
Viola (D)	28	virtuoso study (E)	2473
viola (E, I)	28	vis (F)	235
		visage (F)	3440

vispo (I)	1597	voce intermedia (I)	2056
vista (I)	3424	voce maschile (I)	715
vistosov (I)	1598	voce principale (I)	2188
vite (F, I)	235, 763, 780	voce superiore (I)	2058
vitesse de la bande (F)	595	voci miste (I)	716
vittorioso (I)	1599	vociare (I)	2863
vivace (F, I)	782	vociférer (F)	2863
vivacious (E)	782	Vogelpfeife (D)	312
vivacissimo (I)	783	voglia (con) (I)	1603
vivacità (con) (I)	1600	voice (E)	640, 705
vivamente (I)	784	voice training (E)	604
vivant (F)	1602	voice type (E)	659
vivement (F)	784	voice-leading (E)	1938
vivente (I)	1602	voiceless (E)	638
vivezza (con) (I)	1600	voilé (F)	700
vivid (E)	1601	voir (F)	2861
vivido (I)	1601	vois (F)	1854
vivo (I)	1602	voix (F)	705
vocal (E, F)	703, 3425	voix âpre (F)	706
vocal art (E)	641	voix claire (F)	707
vocal concert (E)	2319	voix de gorge (F)	709
vocal cords (E)	670	voix de poitrine (F)	710
vocal exercise (E)	605	voix de remplissage (F)	2187
vocal music (E)	3174	voix de tête (F)	711
vocal score (E)	618	voix enfantine (F)	714
vocal techniques (E)	694	voix extrême (F)	2054
vocal training (E)	604	voix féminine (F)	712
vocale (I)	703, 3425	voix grave (F)	708
vocalise (E, F)	704	voix inférieure (F	2055, 2056
vocalist (E)	3493	voix intermédiaire (F)	2056
vocalizzo (I)	704	voix masculine (F)	715
voce (I)	705	voix mixtes (F)	716
voce aspra (I)	706	voix pleine (F)	713
voce chiara (I)	707	voix principale (F)	2188
voce cupa (I)	708	voix supérieure (F)	2058
voce di gola (I)	709	Vokal (D)	3425
voce di petto (I)	710	vokal (D)	703
voce di ripieno (I)	2187	Vokalise (D)	704
voce di testa (I)	711	Vokalmusik (D)	3174
voce estrema (I)	2054	volage (F)	1606
voce femminile (I)	712	volando (I)	1604
voce granita (I)	713	volant (F)	1604
voce infantile (I)	714	volante (I)	1604
voce inferiore (I)	2055	volé (F)	768

volenteroso (I)	1605	vom Zeichen bis zum Schluss (D)	1680
Volkslied (D)	2299	von (D)	1674
Volksmusik (D)	3161	von Anfang an (D)	1611, 1675
Volkstanz (D)	2330	von hier ab (D)	1682
volkstümlich (D)	3232	von neuem (D)	1686
volkstümliche Musik (D)	3161	von rückwärts (D)	2106
voll (D)	1357, 1447, 1769	von vorne (D)	1675
voll Leben (D)	1015	vor allem (D)	1815
voll Lebendigkeit (D)	1597	vorangehend (D)	792
voll Lebhaftigkeit (D)	1014	vorantreibend (D)	790
volle, kräftige Stimme (D)	713	Vorausnahme (D)	1886
Vollendung (D)	3225	vorbereiten (D)	2770
voller Glut (D)	989	vorbereitet (D)	3242
volles Werk (D)	464	Vorbereitung (D)	2076
vollkommen (D)	3063, 3224	Vorbild (D)	3113
vollkommene Kadenz (D)	1914	Vorbühne (D)	3259, 3284
vollständig (D)	2954	Vordersatz (D)	2077
volontà (con) (I)	1605, 3426	vorgetäuscht (D)	3042
volonté (F)	3426	Vorhalt (D)	2102
…volta (I)	1855	vorher (D)	1783
Volta (D)	2375	vorhergehend (D)	1782
volta (E, I)	2375	voriges Zeitmaß (D)	776, 1828
volta inferiore (I)	80	vorläufig (D)	3263
volta subito (I)	1856	vorlaut (D)	1494
volta superiore (I)	79	vorne (D)	1683
voltage (E, F)	597	vorsagen (D)	2839
voltaggio (I)	597	Vorschlag (D)	1887
voltare (I)	2864	vorschlagen (D)	2776
volte (F)	2375	Vorsicht (D)	3264
volteggiando (I)	462, 1604	vorsichtig (D)	1409
volti (I)	1857	Vorspiel (D)	2435, 3304
volubile (I)	1606	vorstellen (D)	2771
volubilità (con) (I)	1607	Vorstellung (D)	3273, 3350
volume (E, F, I)	3104	Vortrag (D)	675, 3015
volume sonoro (I)	598	vortragen (D)	2709, 2783
Voluntary (D, E, F, I)	2631	Vortragsbezeichnung (D)	2114
voluptueux (F)	1608	vorwärts (D)	790
voluptuous (E)	1608	vorwärts gehend (D)	788, 792
voluta (I)	36	Vorwort (D)	3240
volute (F)	68	Vorzeichen (D)	1872, 1889
voluttuoso (I)	1608	vorzutragen (D)	2783
vom Blatt singen (D)	652	vowel (E)	3425
vom Blatt spielen (D)	2843	voyant (F)	1598
vom Zeichen (D)	1679		

voyelle (F)	3425	wave (E)	538, 596, 3058
vraiment (F)	3418	wave-length (E)	523
vue (F)	3424	weak (E)	1069
vuoto (I)	1858, 2061	weak beat (E)	2155
waagrecht (D)	2050	weakening (E)	894, 901
wach (D)	1091	weakly (E)	1071
wachsen (D)	2694	wealthy (E)	1431
wackeln (D)	697	weary (E)	1305
Wagner tuba (E)	188	wechseln (D)	2676
Wagner-Tuba (D)	188	wechselnd (D)	1652
Wahl (D)	3313	Wechselnote (D)	2040
wahlfrei (D)	1699	Wechselton (D)	2040
wahnsinnig (D)	1379	wedding march (E)	2382
während (D)	1692	weeping (E)	1390
wahrnehmbar (D)	3223	weepy (E)	1390
wakening (E)	890	wegnehmen (D)	2850
Wald (D)	3047	wegnehmend (D)	913
Waldhorn (D)	131	wehklagend	1301
Waldhorn-Tuba (D)	188	wehmütig (D)	1186
walking (E)	792	weich (D)	1112
walking pace (E)	729	weicher Einsatz (D)	644
wallend (D)	1360	weichlich (D)	1343
waltz (E)	2485	weighted (E)	1387
Walze (D)	220, 418	Weihnachtslied (D)	2289
Walzer (D)	2485	Weihnachtsmusik (D)	3141
wandering (E)	1109	weinend (D)	1389, 1390
Wandler (D)	586	weinerlich (D)	1390
Wange (D)	3448	weit (D)	855, 968
waning (E)	898	weite Lage (D)	2074
wankend (D)	1004	welche (D)	1653
wantonly (E)	1379, 1455, 1493	welcher (D)	1653
warble (E)	609	welches (D)	1653
warlike (E)	1248	well (E)	1648
warm (D, E)	1022	well balanced (E)	1008
warmherzig (D)	1026	well rhythmed (E)	846
warming up (E)	803	Welle (D)	420, 538
warmly (E)	1021	Wellenlänge (D)	523
warten (D)	2663	Welterstaufführung (D)	3246
Waschbrett (D)	252	weltlich (D)	3252
washboard (E, F)	252	weltliche Kantate (D)	2283
Wasserklappe (D)	204	weltliche Musik (D)	3162
water key (E)	204	wenden (D)	2864
wattierter Schlägel (D)	353	wenig (D)	1773
Wau-wau-Dämpfer (D)	228	weniger (D)	1736

weniger bewegt als Allegro (D)	726	wieder (D)	1636
wenigstens (D)	2880	wieder anfangen (D)	2799
wenn (D)	1793	wieder aufnehmen (D)	2799
wenn nötig (D)	1794	wieder aufnehmend (D)	767
werfen (D)	2672	wieder beginnen (D)	2789
Werk (D)	3194	wieder belebt (D)	801
werkgetreu (D)	3032	wieder erweckend (D)	888
Wert (D)	2182	wieder lebhafter (D)	802
wesentlich (D)	1979	wieder von Anfang an bis zum Schluss (D)	1676
what (E)	1653	wieder von Anfang an bis zum Zeichen (D)	1677
which (E)	1653	wiederbelebend (D)	800
whimsical (E)	1154	Wiedergabe (D)	562
whimsically (E)	1033	wiederholen (D)	2798
whip (E)	286	Wiederholung (D)	2096, 3279
whipped (E)	88, 1209	Wiederholungszeichen (D)	2116
whipping (E)	872	Wiederkehr (D)	2097
whistle (E)	142, 190	wiegend (D)	1064
whistling (E)	717	Wiegenlied (D)	2399
who (E)	1653	Wiener Schule (D)	3325
whole note (Am.)	2224	Wienerwalzer (D)	2486
whole note rest (Am.)	2231	wig (E)	3215
whole tone (E)	2170	wild (D, E)	1173, 1467
whole-tone scale (E)	2110	will (E)	3426
wichtig (D)	3071	Wille (D)	3426
widening (E)	821	willig (D)	1605
widerhallen (D)	2795	willing (E)	1605
widmen (D)	2698	Wind (D)	3417
Widmung (D)	2975	wind (E)	3417
width (E)	3097	wind band (E)	2909
wie (D)	1659, 1789	wind chest (E)	442
wie anfangs (D)	1660	wind instruments (E)	3372
wie bei (D)	1659	wind machine (E)	284
wie beim Eingang (D)	1660	wind music (E)	3156, 3160
wie ein Bauerntanz (D)	945	wind quintet (E)	2441
wie ein Marsch (D)	947	wind section (E)	3037
wie eine Arie (D)	2259	windcap (E)	202
wie eine Ballade (D)	914	windchest (E)	445
wie eine Kadenz (D)	1664	Windkapsel (D)	202
wie es dasteht (D)	1663	Windkasten (D)	442
wie früher (D)	1661	Windlade (D)	445
wie im Rausch (D)	1124	Windladenraum (D)	412
wie oben (D)	1662	Windmaschine (D)	284
wie vorher (D)	1661		

windpipe (E)	3482
windway (E)	200
wing (E)	234
wings (E)	3270
Wirbel (D)	36
Wirbelkasten (D)	42
Wirbeltrommel (D)	268
wire (E)	322, 3041
wire brushes (E)	370
wirklich (D)	3418
Wirkung (D)	3008
wirkungsvoll (D)	3009
wisely (E)	1451
wissen (D)	2809
witches' dance (E)	2327
with (E)	1666
with a damped voice (E)	635
with abandonment (E)	916
with affection (E)	933
with agility (E)	941
with agitation (E)	942
with amazement (E)	1537
with amiability (E)	958
with amusement (E)	1110
with anger (E)	1047
with anguish (E)	972
with animation (E)	1600
with anxiety (E)	931, 977
with ardour (E)	989
with arrogance (E)	992
with audacity (E)	999
with bitterness (E)	962
with boldness (E)	987, 1002
with breadth (E)	967
with brightness (E)	1153
with calmness (E)	1564
with candour (E)	1028
with care (E)	922
with celerity (E)	734
with character (E)	1034
with charm (E)	1166
with clarity (E)	1042
with coldness (E)	1199
with conceit (E)	1539
with confidence (E)	1179
with conviction (E)	1058
with courage (E)	975
with damper (E)	459
with dash (E)	1501
with delicacy (E)	1079
with delight (E)	1084
with desire (E)	1089, 1603
with despair (E)	1105
with determination (E)	1094
with devotion (E)	1417
with dexterity (E)	1092
with dignity (E)	1096, 1400
with diligence (E)	1097
with discouragement (E)	1461
with discretion (E)	1099
with disdain (E)	1464
with disgust (E)	1428
with dismay (E)	1496
with ease (E)	937, 1521
with ecstasy (E)	1151
with effort (E)	1168
with elegance (E)	1127
with emotion (E)	1130
with emphasis (E)	1133
with enchantment (E)	1263
with energy (E)	1131
with enthusiasm (E)	1136
with exactitude (E)	1145
with exaltation (E)	1143
with expansion (E)	1148
with expression (E)	1149
with exultation (E)	1156
with fantasy (E)	1162
with fear (E)	1377, 1555
with feeling (E)	1475
with feeling (E)	974
with ferocity (E)	1174
with fervour (E)	1176
with fickleness (E)	1607
with fineness (E)	1184, 1429
with fire (E)	1214
with firmness (E)	1171
with flabbiness (E)	1341

with flexibility (E)	1187
with fluency (E)	1188
with force (E)	1193
with frankness (E)	1197
with frenzy (E)	1083
with freshness (E)	1204
with full force (E)	847
with full voice (E)	647
with fury (E)	1217
with gaiety (E)	1221
with gallantry (E)	1224
with grace (E)	1245
with grandeur (E)	1242
with gravity (E)	1244
with grief (E)	919
with half voice (E)	614, 637
with hankering (E)	1010
with happiness (E)	1226
with harshness (E)	995, 1122
with haste (E)	735
with heart (E)	1065
with horror (E)	1416
with humour (E)	1577
with imagination (E)	1251
with impatience (E)	1253
with indifference (E)	1266
with indolence (E)	1269
with innocence (E)	1279
with insistence (E)	1285
with insolence (E)	1286
with irony (E)	1294
with jest (E)	1158
with joy (E)	1235
with jubilation (E)	1156, 1238
with kindness (E)	1230
with lightness (E)	1306
with liveliness (E)	1600
with loftiness (E)	1129
with love (E)	964
with lustre (E)	1320
with melancholy (E)	1325
with mockery (E)	1457
with moderation (E)	1340
with mouth closed (E)	636
with movement (E)	738, 759
with much freedom (E)	737
with nobility (E)	1354
with noise (E)	1534
with one finger (E)	1667
with pain (E)	1111, 1118
with passion (E)	1373
with peace (E)	1370
with perseverance (E)	1385
with pleasure (E)	1110
with pomp (E)	1398
with precipitation (E)	739
with precision (E)	1403
with pride (E)	1181
with prudence (E)	1410
with purity (E)	1411
with quickness (E)	743
with rage (E)	1415
with rapidity (E)	741
with rapture (E)	1124
with refinement (E)	1421
with regret (E)	1440
with resentment (E)	1441
with resignation (E)	1424
with resolution (E)	1442
with respect (E)	1365, 1444
with restlessness (E)	1502
with rigidity (E)	1434
with rigour (E)	742
with sadness (E)	1574
with scorn (E)	1106
with selfconfidence (E)	1498
with sensitivity (E)	1471
with serenity (E)	1480
with seriousness (E)	1482
with severity (E)	1484
with simplicity (E)	1470
with skill (E)	1012, 1323
with slowness (E)	736
with sobriety (E)	1505
with softness (E)	1114
with solemnity (E)	1509
with some freedom (E)	768
with soul (E)	974

with speed (E)	741	without sorrow (E)	1516
with spirit (E)	1523	witty (E)	1524
with splendor (E)	1487	witzig (D)	1524
with steadfastness (E)	1385	wogend (D)	102, 1360
with taste (E)	1249	wohl erwogen (D)	1387
with tenderness (E)	1546	Wohlklang (D)	3026
with tepidness (E)	1548	wohlklingend (D)	990
with the (E)	1666	Wolke (D)	3191
with the bow (E)	94	wollüstig (D)	1608
with the hand (E)	378	women's choir (E)	665
with the highest virtuosity (E)	1056	women's chorus (E)	665
		wonderful (E)	3110
with the voice (E)	1657	wood (E)	3100
with the wood (E)	95	wood bloc (F)	254
with thrill (E)	1202	wood block (E, I)	254
with timidity (E)	1554	wood drum (E)	329
with trust (E)	1179	Woodblock (D)	254
with two sticks (E)	377	wooden stick (E)	351
with unconstraint (E)	1101	woodwind (E)	3099
with valour (E)	1582	woodwind instruments (E)	3373
with vehemence (E)	1586	word (E)	3214
with velocity (E)	744	work (E)	3194
with veneration (E)	1588	work for ten players (E)	2335
with verve (E)	1501	work song (E)	2288
with vigour (E)	1592	world première (E)	3246
with violence (E)	1595	Wort (D)	3214
with virtuosity (E)	1596	worthy (E)	1076
with warmth (E)	1025	wow-wow mute (E)	228
with weakness (E)	1070	wrathful (E)	923
with weariness (E)	1528	wrist (E)	3473
with will (E)	1605	wrong (E)	3309
with wrath (E)	1047, 1415	wrong note (E)	3186
with zea (E)	1609	wuchtig (D)	1256
without (E)	1800	Wulst (D)	197
without changing (E)	1801	wunderbar (D)	3110
without colour (E)	1477	Wunderkind (D)	2908
without dragging (E)	771	wunderlich (D)	1009, 1154
without haste (E)	769	würdevoll (D)	1076, 1483
without hurrying (E)	1802	würdig (D)	1076
without instruments (E)	1805	Wurstfagott (D)	163
without interruptions (E)	1803	wütend (D)	991
without measure (E)	770	xilofono (I)	344
without mute (E)	110	xilofono a tastiera (I)	345
without repetition (E)	1804	xilomarimba (I)	346

Xylomarimba (D) 346
xylomarimba (E, F) 346
Xylophon (D) 344
xylophone (E, F) 344
xylophone à clavier (F) 345
yielding (E) 899
young dramatic soprano (E) 631
zäh (D) 1543
Zahl (D) 3188
zählen (D) 2688
zählen Sie (bei Pausen) (D) 1670
Zählzeit (D) 2152
Zähne (D) 3436
Zamacueco (D, E, F, I) 2632
zampogna (I) 189
Zanza (D) 313
Zapateado (D, E, F, I) 2633
Zarge (D) 58, 361
zart (D) 1547
zartfühlend (D) 1080
zärtlich (D) 1545
Zarzuela (D, E, F, I) 2634
Zäsur (D) 1920
zauberhaft (D) 1263
zaudernd (D) 1296
zealous (E) 1609
Zeichen (D) 1795
Zeigefinger (D) 3449
zeigen (D) 2735, 2755
Zeitabschnitt (D) 3013
zeitgenössische Musik (D) 3124
Zeitmaß (D) 2152
Zeitschrift (D) 3298
zelante (I) 1609
zélé (F) 1609
zelo (con) (I) 1609
zerbrechlich (D) 1194
zerbrochen (D) 3300
zerrend (D) 834
zerrissen (D) 1299
ziehen (D) 2849
ziehend (D) 838
ziemlich (D) 1610, 1625
ziemlich gut (D) 2994

ziemlich langsam (D) 721
zierend (D) 926
Zigeuner (D) 3427
Zigeunerin (D) 3427
Zigeunerlied (D) 2291, 2491
Zigeunermusik (D) 3173
Zigeunertanz (D) 2329, 2491
Zimbal (D) 9
zingara (I) 3427
zingaresca (I) 2491
zingaro (I) 3427
Zink (D) 130
Zither (D) 8
zither (E) 8
zittern (D) 2855
zitternd (D) 1569
zoccolo (I) 81
zögernd (D) 746, 820
zoppo (I) 952
zornig (D) 923, 1293
Zortzico (D, E, F, I) 2635
zu (D) 1809
zu hoch singen (D) 671
zu spät kommen (D) 2715
zu tief singen (D) 650
zu viel (D) 1834
zu zweit (D) 1616
zuckend (D) 1059
zufolando (I) 717
zufolo (I) 190
zufolo a pistone (I) 149
Zug (D) 217, 453
Zugabe! (D) 2919
Züge (D 411
zügellos (D) 1270, 1493
zügig (D) 766
Zugposaune (D) 184
Zugtrompete (D) 179
zuhören (D) 2662
Zukunftsmusik (D) 3135
zum Anhang (D) 1623
zum letzten Mal (D) 1766
zum Schluss (D) 1765

zum Zeitmaß zurückkehrend
(D) 779
zunehmen (D) 2694
zunehmend (D) 880, 883
Zunge (D) 209, 409, 3452
Zungenpfeife (D) 414
Zungenschlag (D) 239
Zungenstoß (D) 239
Zupfinstrumente (D) 3376
zurück (D) 1684
zurück zum Refrain (D) 3794
zurückgeben (D) 2785
zurückgehalten (D) 831
zurückhalten (D) 2804
zurückhaltend (D) 839
zurückkehrend (D) 1792
zurückkommen (D) 2851
zurückkommend (D) 1792
zurückprallen (D) 2794
zurückrufen (D) 2788
Zurückschlag (Verzierung)
(D) 625
zurücksetzend (D) 767
zurücktreten (D) 3785
zusammen (D) 1725, 1847
zusammendrängend (D) 810

zusammengesetzter Takt (D) 1903
zusammenstellen (D) 2781
zuvor (D) 1783
zwei Saiten (D) 461
zweimal (D) 1617
zweimanualig (D) 455
zweistimmig (D) 1859
zweiteilig (D) 1907
zweiteilige Form (D) 1981
zweiter Satz (D) 2113
Zweiunddreißigstel (D) 2229
Zweiunddreißigstelpause
(D) 2236
Zwerchfell (D) 3437
Zwiebelflöte (D) 301
Zwischendominante (D) 1961
Zwischenraum (D) 2133
Zwischensatz (D) 1971
Zwischenspiel (D)
1971, 2365, 2366
Zwischenspiel (D) 1971
Zwölftonmusik (D) 3143
Zwölftontechnik (D) 1959
zyklische Form (D) 1982
Zyklus (D) 2942
Zylinderventil (D) 205